21世纪高等教育工业设计专业规划教材，宁波市高校特色教材
宁波市高校特色教材建设项目资助出版

产品设计与品牌管理

PRODUCT DESIGN AND BRAND MANAGEMENT

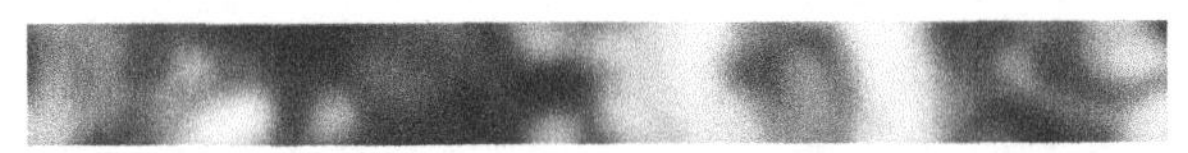

吴廷玉 主　编
白金龙 郁　波 副主编

图书在版编目(CIP)数据

产品设计与品牌管理 / 吴廷玉主编. —杭州：浙江大学出版社,2014.1(2020.8 重印)
ISBN 978-7-308-12593-2

Ⅰ.①产… Ⅱ.①吴… Ⅲ.①工业产品—产品设计—高等学校—教材②工业产品—产品管理—高等学校—教材
Ⅳ.①TB472②F405

中国版本图书馆 CIP 数据核字(2013)第 283282 号

产品设计与品牌管理
吴廷玉　主编

责任编辑　张凌静
封面设计　续设计
出版发行　浙江大学出版社
（杭州市天目山路 148 号　邮政编码 310007）
（网址：http://www.zjupress.com）
排　　版　浙江时代出版服务有限公司
印　　刷　浙江新华数码印务有限公司
开　　本　787mm×1092mm　1/16
印　　张　16.5
字　　数　402 千
版 印 次　2014 年 1 月第 1 版　2020 年 8 月第 5 次印刷
书　　号　ISBN 978-7-308-12593-2
定　　价　35.00 元

浙江大学出版社市场运营中心联系方式　(0571)88925591;http://zjdxcbs.tmall.com

编委会

主　编　吴廷玉

副主编　白金龙　郁　波

编　委　（以姓氏笔画为序）

王　宇　白金龙　齐　文　吴介然　吴廷玉

佘玉亮　郁　波　尚　淼　姜　超　高晨晖

前　言

本书是笔者主持的宁波市高校特色教材建设项目——工业设计系列教材之一。本书重点讨论产品设计管理与品牌建设管理问题，系统地介绍国内外在产品设计与品牌管理方面的先进理念和具体做法。本书注重理论联系实际，属于工业设计专业培养方案中的基础性教材，在工业设计专业学生的知识结构中具有奠基性的地位。

本书由一篇导论和十一章构成。在体例上建构了一种以设计为纽带，由产品到品牌的逻辑体系。其逻辑理路是由产品到品牌，纽带是设计，贯穿始终的主线是管理(如下图所示)。

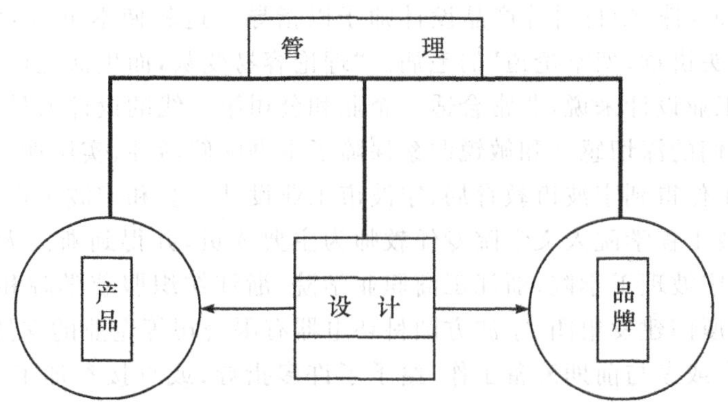

本书首先以导论的形式介绍了制造业发展模式与产品设计管理及品牌建设的关系，从而提出"时代要求设计师具备经理人的素质"、"企业可持续发展需要全面设计管理"、"基于品牌管理的系统设计理念"等观点。第一章导论的教学目的在于揭示产品设计管理与品牌管理之间的内在联系，使学生认识到现代工业设计必须认真考虑和处理好这些维度，形成一种和谐的知识建构。

第二章到第六章重点阐述产品设计中的一些重要问题。这五章的逻辑理路是：产品设计管理的基本内涵——基于产品整体概念的设计管理——产品设计的具体组织与方法——产品设计流程的信息系统建设管理——从产品设计到品牌管理。这五章的教学目的在于使学生理解产品设计走向管理时代需要特别掌握的知识。

第七章到第十二章由产品设计上升到品牌管理，重点探讨了产品及品牌的营销管理和品牌危机管理。前者是品牌管理的重点，包括市场调研管理、产品识别设计与品牌识别、产品设计与品牌营销管理、产品设计的品牌整合推广、产品设计的品牌延伸策略。后者是品牌管理的难点，重点论述了设计管理的伦理基础与品牌危机管理。这部分内容以大量的实例为主。

本书与已经面世的工业设计教材相比，具有以下两大特点。

第一，在当今这样一个信息爆炸、产品丰盈的时代，品牌为王已经是不争的事实。但品牌的物质基础是产品，制胜的关键在设计，为王的途径靠营销。而这一切都只有通过有效的管理才能够实现。然而，现在普遍存在的问题是在习惯的思维和因循的路数中各自为战，有鉴于此，本书特别强调两大理念：

一是现代设计的最新理念，即设计走向管理，设计必须管理。传统的看法是设计重感性。创意靠直觉和灵感，而这些似乎是与管理格格不入的。然而，国际最新设计理念认为，缺乏强有力的设计管理，设计师就难以很好地施展自己的才华；没有合理的设计管理就不能真正发挥设计的战略作用。

二是从产品设计到品牌营销的系统战理念。针对企业中普遍存在的"设计归设计，营销归营销，互不关联"的弊端，本书提出一方面产品要设计，品牌也要设计，营销更要设计；另一方面，设计要管理，品牌要管理，营销也要管理。所有这些方面必须进行系统整合，在设计阶段就要考虑到将来产品的营销。而在营销的过程中也要有设计性。

第二，本书的编写团队成员实现了跨界整合，不再是清一色的高校教师，而是吸纳了企业和产品设计公司以及品牌设计管理机构等业界的高级工程技术人员及设计师的参与，还邀请了韩国 AITEC(株)爱特科等产品设计师予以指导。这就使本书有效地避免了高校教材很容易犯的"高头讲章，架空论道"的毛病。"理论容易变灰，而生活之树长青"这句格言对特别强调时尚的工业设计来说，非常合适。企业和公司第一线的设计人员、营销人员滋养在源头活水之中，他们的深切感受和敏锐洞察保障了本书的鲜活性、实用性。

本书的编撰工作得到宁波市教育局、宁波市工业设计学会和宁波工程学院的大力支持。本书编委会以宁波工程学院人文学院专任教师为主要成员，并得到浙江大学现代工业设计研究所、浙江大学宁波理工学院、浙江工商职业学院、浙江纺织服装学院和上海冰清工业产品设计有限公司、厦门建发集团、宁波方圆科环电器有限公司等企业的支持。这些学校和公司企业的专家学者或参与前期筹备工作，给予了许多指导；或直接参加了本书的编写工作。在此表示诚挚的谢意。

本书由吴廷玉任主编，白金龙、郁波任副主编。参加撰写的既有高校教师，也有业界人士。吴廷玉负责全书框架与提纲设计，并通稿。郁波协助整理了部分稿件。具体分工如下：第一、第二章：吴廷玉；第三章：吴介然；第四章：高晨晖；第五章：佘玉亮；第六章：尚淼；第七、九、十、十一章：白金龙；第八、十二章：郁波。

本书在编撰的过程中参考了大量文献和网络资料及图片资料，在此对这些资料的原作者表示衷心的感谢！我们虽然尽量按照学术规范标明引用资料的出处，但限于本书性质、篇幅及时间等因素，还有一些资料一时未能找到准确出处，特此说明并恳请有关学者、设计者见谅。我们将继续查找核对，并等待机会弥补这些缺漏和遗憾。

吴廷玉

2013 年 7 月于宁波远行书屋

目　录

第一章 导 论

产品设计与品牌管理的理念与实务进入中国企业界,已有30多年的历史。虽然修炼的时间并不长,但已经显示出国人以快补晚的意识和能力。现在许多跨国大企业的设计部门也有了中国人的身影,中国的设计在国际赛事上也频频获奖,中国制造的品牌开始在国际市场上崭露头角。不过,实事求是地说,我们究竟有多少设计可以跻身国际经典行列?有多少产品可以与国际品牌分庭抗礼?再具体一点说,我们有多少企业有高效的设计管理组织?有多少企业真正把设计视为企业的核心资源?有多少企业真正将产品设计与品牌管理纳入顶层战略设计?可以毫不夸张地说,目前我国的设计管理尚处于起步阶段,无论是理论研究还是实践检验,都明显不足。

在西方金融危机的冲击下,我国不少企业,特别是东部沿海外向型企业都在思考转型升级。但是,概念易抄,步履艰难。其中最根本的原因之一就是我们还没有就如何利用、整合现有的设计资源,形成整体的合力,进而缔造民族的、地方的同时也是时尚的、国际化的品牌。因此,充分关注设计管理的重要性,深入研究产品设计与品牌管理,是帮助企业实现转型升级的重要环节。

1.1 制造业的模式与产品设计及品牌意识

任何一个企业的生存与发展都有其安身立命的根本所在。不同的生产模式、核心竞争力与不同的设计意识、品牌意识有密切的关系。我们可以把制造业分为三个阶段加以分析,更容易发现产品设计与品牌管理的重要意义。

1.1.1 OEM模式与设计及品牌的双重缺位

OEM是英文Original Equipment Manufacturer的缩写,按照字面意思,应翻译成“原始设备制造商”,是指某一厂家按照另一厂家的要求,为其生产产品或产品配件,业界一般称为“定牌生产”或“授权贴牌生产”,既可代表外委加工,也可代表转包合同加工。国内习惯称为“协作生产,三来加工”,俗称“加工贸易”。OEM模式处于原配件生产的低端阶段,是制造业的初级阶段。所制造的产品从外形到结构基本上都是由国外厂家制定并授权的或者是仿造国外厂家。我国制造业长期以来基本处于OEM模式阶段,大部分企业靠模仿抄袭或者加工国外订单产品生存。即使有设计,一般也是侧重于工程设计,几乎没有原创的工业设计。直到现在,长三角、珠三角地区仍然有大量私营企业都是靠承接国外订单,即授权贴牌生产而生存。受到金融危机极大冲击的就是这些企业。

OEM模式之所以能够存在,其核心竞争力是劳动力价格,即凭靠廉价的劳动力立足,赚取一点加工费。我国还有一些OEM模式的变种,即仿造国外品牌或某一名牌,所制造的产品完全没有自己的自主知识产权。这样的企业，设计意识非常淡薄，基本上没有多少预算花在工业设计上，甚至压根就没有自己的工业设计部门。有些企业即使委托专业的工业设计公司进行设计，强调的也是设计与生产的紧密结合，产品结构的优化甚至简化和生产成本的控制是这类企业关注的焦点。这类企业所雇佣的设计师主要为委托方提供与生产制造相关的设计支持服务，其最终目的是服务于生产制造。如果说他们有什么设计理念的话，那就是："能够方便地生产的设计才是好设计。"然而，经过三十多年的改革开放，我国经济社会已经有了长足的发展，随着人民生活水平和需求档次的提升，价格在人们消费决策中的敏感度相对减弱，中小企业当初靠简单模仿生产高度同一性的较低层次的产品，不仅不适应变化的形势，而且由于过度竞争使不少企业纷纷败北，没有特色的中小企业在低层次的过剩中很难生存。

1.1.2 ODM 模式与设计及品牌的整合营销

ODM 是英文 Original Design Manufacturer 的缩写，称为"模式原创设计管理"，也有人称其为"设计代工"。在这一模式下，企业已经意识到产品设计在市场竞争中的重要性，开始致力于设计生产有自己特色的产品；换言之，是市场告诉企业没有好的设计，就不会有好的产品；而没有好的产品，所谓整合营销传播也不过是"王婆卖瓜自卖自夸"，并没有真正的市场竞争力。因此，这一阶段的工业设计与市场营销策略和产品推广活动结合得比较紧密。实际上，这已经不是孤立的就设计搞设计了。整合营销理念的介入，使企业意识到这不仅仅是产品设计本身的问题，只靠个别设计师的单打独斗而没有各部门的协调互动是不可能设计生产出好产品的；换言之，工业设计师必须跟生产部门、管理部门、市场营销人员紧密合作。工业设计师不能天马行空地自说自话，必须根据整合营销传播的基本要求，即和其他资源一起，发出统一的声音。这就意味着对设计的全面有效管理势在必行。

ODM 模式为品牌建设开辟了道路，或者说是品牌营销的必由之路。但是目前在我国真正按照 ODM 模式将产品设计与品牌管理整合在一起的企业还比较少，这与我国对知识产权的保护不到位，企业热衷于走捷径、抄小路，满足于低成本模仿，而对开发新产品兴趣不浓有密切关系。

ODM 模式的核心竞争力是设计技术水平，但 ODM 模式的健康运行需要有效的管理。现在有越来越多的经营消费类产品企业开始由 OEM 模式转型为 ODM 模式。由于消费类产品市场竞争激烈，这类企业希望通过工业设计协助企业建立客户可信赖的品牌形象，所以企业把工业设计作为其研发的一部分，通过创新和改良设计赢得市场。在核心技术开发门槛较低的情况下，终端用户需求成为市场差异化竞争的关键驱动因素。如联想公司自 2002 年以来建立工业设计中心，工业设计被定义为次核心竞争力，服务于公司 PC 及其外设、数码产品、手机等所有以消费类为主的产品设计，并且以创新的设计赢得了国内外市场对联想品牌的逐步认可。

1.1.3 OBM 模式与设计及品牌的互动拱顶

OBM 是英文 Original Brand Manufacturer 的缩写，称为"原创品牌管理"，这是制造业的最高级阶段。此时，企业不仅有自主品牌，而且其品牌价值不仅仅是靠具体的产品来体现的，而是由独特的设计理念和品牌文化来表达的。换言之，是设计与品牌的互动拱顶实现了品牌的"珠峰效应"与价值,例如,世界著名企业"安利"、"壳牌"等。

在 OBM 模式下,设计已经由技术或战术上升为战略,成为企业战略的重要组成部分。这就是说,设计不仅创造产品,而且创造出新的商业模式,甚至创造出新的企业发展模式,所谓转型升级只有在 OBM 模式下才能够真正高质量地实现。这一模式下的设计与品牌互动拱顶有三个明显特征。

①卓越的设计与厚重的文化塑造出产品的形象特色。美国著名品牌学家詹姆斯·格雷戈里在《四步打造卓越品牌》一书中以名贵钢笔万宝龙(如图 1-1 所示)为例说明了这一点:"一支像万宝龙那样贵重的钢笔,在其特征上、设计上还有在写字的感觉上都显然不同于普通的钢笔,那就是为什么一支万宝龙钢笔要价 225 美元,而其他种类的笔只要 1 美元。"格雷戈里指出,这样大的价格差距是被卓越的设计和品牌特色拉开的。他形象地说:"品牌所赋予的特色通常会得到人们一声'哇'的惊叹。"①

图 1-1 万宝龙钢笔

②设计组织化、混成化,即超越了设计师单打独斗的传统格局,更加强调高度组织化的团队合作,团队成员也是由不同领域的人员构成,不仅由材料专家、营销专家、品牌专家、软件专家组成,甚至还有心理学家、社会学家、文化学家、民俗学家的参与。这种混成化势必要求各方面的协调一致,必须有一个高度组织化、系统化的管理,设计不再仅仅是设计师的事,而是关系到企业许多部门的协同合作,因此它是企业管理的一个重要内容。

③设计的对象和范围得到极大的拓展,设计在企业中的地位得到极大的提高,上升到企业战略的高度。在这一阶段,设计的对象和范围已远远超越了具体的工业产品,形成了以产品设计为中心的全面设计体系,即包括从生产到销售,从产品到服务,从实体到形象,从产品的"硬设计"到组织管理、市场开发、企业形象等"软设计"广阔领域,即立足于企业战略的高度把整个企业作为设计对象进行统一设计。在这一阶段,不仅仅是产品本身的设计问题,还是整个企业的整体形象设计问题;也不仅仅是纳入设计师的核心关注范围。

OBM 模式在我国还很不成熟,这与我们的体制、文化、科技等各方面条件不成熟有关。不过我们认为,该模式首先会在经营专业领域工业产品的企业得到推广,因为该类企业主要由核心技术的更替和演进来驱动市场,功能和技术领先成为市场决胜的关键,同时企业希望通过设计提升产品的整体质量,通过工业设计传达产品的价值感以获得专业用户的认可和忠诚度。如华为公司自 1994 年以来创建造型设计部,从事公司所有系统和网络终端的造型设计,造型设计部以专业化设计提升了华为网络产品的品质感和价值感,在公司国际化进程

① 詹姆斯·格雷戈里:《四步打造卓越品牌——品牌管理的革命》,哈尔滨出版社 2005 年版。

中协助华为产品塑造专业的品牌形象。

以上按照制造业的模式将工业设计分成三个发展阶段，并对各阶段的产品设计及品牌管理状态进行了简要的分析。需要指出的是，现实中的工业设计产业发展的道路要复杂得多，各阶段之间的界限也非常模糊，并不是截然分明的。即使在当今中国 OEM 模式占主要地位的情形下，在某种程度上也存在整合营销型的工业设计。当然，只有 ODM 模式和 OBM 模式大行其道之后，产品设计和品牌管理的互动拱顶才算真正走向了成功。也就是说，要提高我国制造业的层次，必须大力发展 ODM 模式和 OBM 模式。目前我国的制造业正面临结构性调整，逐步由劳动密集型向科技型转变，各企业已重视开发有自主知识产权的产品，政府也在加强对知识产权的保护。在我国的制造业中，ODM 模式和 OBM 模式正逐步发展，这势必会推进我国由低设计含量的制造业大国向高设计含量的创造性大国发展，势必会有越来越多的企业开始意识到这个问题，重视这个问题。设计管理对企业发展起着重要的作用，如海尔的产品设计开发战略，海信的产品设计战略，联想、TCL 的产品设计等。

1.2　设计师应具备的经理人素质

从事产品开发设计的人都知道，产品开发设计的失败率很高，然而大家几乎都是知其然而不知其所以然。很少有企业展开实验性的研究来探讨新产品不成功的原因。通常情况下，设计师要么把这种高失败率归咎于企业老总的思想意识不到位，要么是埋怨企业营销、财务、生产等部门不配合。实事求是地讲，在企业内部，对产品设计的这些掣肘因素都是存在的。但是这并不能成为怨天尤人的理由，因为企业的各个部门都有自己的职责，都可以拿出若干条不能够配合的理由，所以问题的关键在于企业内部不同职能部门人员之间的沟通与协调。那么，由谁来沟通协调？我们认为，在尚没有一个专门的组织之前，应该由设计师出面沟通协调。因为这些矛盾和问题都是围绕着产品开发设计而进行的，只有设计师最清楚问题的症结所在，也最有能力向企业老总说清楚此项开发设计的重要价值；也只有设计师能够向各个职能部门说清楚，为了此项开发设计需要什么样的配合。而这就意味着设计师所面对的不仅仅是物，还必须面对人；设计师要谋划的不仅仅是产品设计本身，还要谋划各个职能部门，因此，设计师应该具有经理人的素质。

1.2.1　设计师的角色转换及传统设计师的心智结构短板

“设计师”是一个比较受人推崇的头衔。他们普遍很有个性、富有灵气，善于以高超的想象和创意思维创造设计解决方案。就工业设计而言，主要是指三维空间产品设计的工业设计师。

犹如生产是为了消费一样，设计也是为了消费。而一件产品是否受到消费者的欢迎，往往与该产品所给予人的第一印象，即产品的造型与色彩等有很大的关系，这就会造成一种错觉，即工业设计的主要领域或中心工作就是外观形象的创造。就目前的实际情况来看，工业设计师所扮演的角色就是在产品设计开发阶段，以本身的创造性心智活动来塑造工业产品的形态，配合各类专业工程人员，并运用科技的成果制造出实用的产品，来充分满足人们的需求。在人们的观念中，设计属于艺术，而艺术是强调个性和自由的，这样一来，有着艺术情结的设计师普遍存在三种现象。

①对自己的设计师角色认识不准确，往往不能将自己置于企业的背景和社会现实中进行准确定位。比如，不少设计师艺术情愫膨胀，忽视普通大众的爱好和需求，总是想“引导”大众的审美情趣，做一些远离甚至背离消费者心理的设计。他们忘记了产品设计不同于纯艺术创作，不可以过分张扬艺术趣味；产品也不同于单纯供人欣赏的艺术品，产品设计一定要在审美与实用之间找到平衡点。因此，设计师在将审美因素加注到为企业设计的产品中时需要很慎重。因为所设计的产品必须满足市场需求，而不是满足设计师的创作欲望。甚至有一些设计师并没有致力于如何在企业现有的经济实力情况下提出符合企业发展战略的设计，而是好高骛远，提出一些不可能实现的设计。

②过分强调或张扬自己的独立个性。许多设计师喜欢说自己是搞艺术的，而艺术家都是极富独立思想和自我意识的，甚至表现出一种很酷的孤独感。对于设计来说，个性无疑是重要的。但是无论是在一个设计团队里，还是在企业产品开发的战略部署中，设计师永远都是团队的一员，是实现企业战略的其中一个因素，任何人都不能在工业设计中将自己的个性和自我凌驾于团队意识和企业战略之上。况且工业设计所具有的严谨性和科学性也绝不允许设计师有太强的个性发挥。一个设计师如果控制不了自己的个性或敏感的自我，那么唯一的出路就是离开企业，做自由设计师。比如像设计大师克拉尼一样，为自己做设计；像艺术家一样纯粹去玩个性，玩感受，玩自我。但这样的设计师就不是产品设计师了。

③从我国现行的设计人才培养模式来看，设计师在学校所接受的教育或者隶属于艺术学，或者隶属于工学，基本上没有隶属于管理学的，仅局限于本专业、学科的领域。其知识结构和能力基本上不涉及管理，到企业后又往往局限于设计职能而固步自封，很少介入管理的领域，因而管理方面的知识和能力就成为他们的一块“短板”，这势必造成设计的局限性和狭隘性。我们知道，在产品设计过程中，忽略任何一部分因素，都会给产品的制造、营销带来困难，从而阻碍整个产品的研发设计。

其实，产品存在的主要理由并不是它们的样子是否赏心悦目，而是因为它们所具有的功能是否可以满足人们的生产生活需求。也就是说，工业设计师必须透过设计理论、表现技法、市场调查、造型理论等专业技术，探求产品使用者的需求并设法满足这些需求。换言之，产品功能才是设计的核心，与产品功能紧密相关的一系列产品属性，诸如产品的安全性、耐用性、方便性等，都是设计中一个都不能少的要素。如此看来，设计师在角色定位上的口径是相当宽的。从徒手绘图能力、造型能力以及对色彩美学的了解和敏感度等方面要求看，设计师是视觉传达艺术家；从对产品结构、材料、功能等方面的把握能力以及工业技术知识等方面来看，设计师是产品制造工程师；从对市场需求的分析和把握、对营销原理和行销手段的熟悉来看，设计师是市场营销师；从与方方面面的沟通协调来看，设计师还是公关人员、客户代言者。

1.2.2 设计师与管理者的分野与整合

由于设计师和管理者在文化背景、教育背景等方面有较大的差异，进而在观察问题的立场、思考问题的角度、解决问题的方式等方面有明显的不同。一般来说，企业的管理者对于生产、价格、利润、市场等有浓厚的兴趣。就工业设计来说，管理者往往是从增加产品价值的视角来看待设计的；在他们的心目中，衡量产品的设计是否成功，主要是看投资的回报率有多高，市场占有率有多大。而设计师就不会首先想到用财务或管理术语来检验他们的设计成果，他们更加强调其他与设计相关的需优先考虑的事项。在设计师的设计目标中，首先考虑的往往是性能方面是否更加优越、可靠；造型方面是否更加赏心悦目；材料方面是否更加低碳环保等。简言之，管理者从商业的角度切入，通常将"好设计"定义为能为公司带来更多利益；而设计师则往往会从更加多维的角度看问题，将"好设计"与商业利益拉开一定的距离，视野更加高远一些。这种分野在市场及设计竞赛中也经常会有明显的反差：产品在市场上销售得好，却并不见得是好设计；赢得设计大奖的设计，也不一定能在市场上卖得好。这种现象的出现往往更加坚定了管理者对设计的认识，因为管理者首选市场效应，"不论白猫黑猫，抓住老鼠就是好猫"。再好的设计，如果没有市场也是毫无意义的。因此，期望管理者向设计靠拢，俯就设计是不现实的，正确的思路是使设计者成为管理者。

设计师在各种角色中转换，但有一个角色没有阐述，这就是"管理者"。什么是管理者？在文献上没有正式或普适的定义。但提到管理者，一般来说总是与地位和功能有关。就地位来看，管理者的头衔就是指在一个组织中高于一线员工的人员，这个意义上的管理者有不同的层级。就设计师而言，既可以是一个管理者，也可以是一个被管理者。从功能的角度来看，所谓管理就是对事物或人员的组织、协调与掌控。如财务管理、市场管理、仓库管理、储运管理等，设计管理也在其中。设计者成为管理者，并不意味着设计自主，设计统御一切；也不是所谓换位思考，完全以管理者的眼光来对待设计。而是说要实现更高层次的整合，实现有效的现代设计管理。设计管理者的位置如图 1-2 所示。

图 1-2　设计管理者的位置

1.2.3　现代设计管理对设计师的要求

现代设计管理对设计师究竟有哪些要求？我们就这个问题对宁波一些企业进行了广泛调研，普遍认为设计师必须具有设计和管理两方面的知识和经验的积累，才能够胜任设计岗位。具体来说主要有以下三个要求。

①善于调动和运用企业的各项资源，包括人脉资源和各种保障性资源，从而组织和创造出一个良好的设计环境。

②善于组织和协调设计师之间的沟通，营造出良好的设计研发氛围。

③善于把握设计的潮流，捕捉设计的信息，能对设计方案做出全面而恰当的评估。

以上是现代设计管理对设计师的基本要求，换言之，一个设计师要想在设计的道路上比较顺风顺水地获得成功，不能埋头只管干自己的，必须要环顾上下左右，吸纳所有的正能量为设计服务。从设计管理的角度来看，现代设计师应该充分理解和认识现代设计的整合性特征。现代企业的设计管理是一个资源整合的过程，其中每一个要素都是整个过程的一个重要环节，任何环节或部分发生问题都可能导致整个设计搁浅。如果从产品开发设计作为企业的核心命脉来说，整个企业就是一个设计团队，或者说是大团队。在现代企业发展中，设计越来越成为一项有目的、有计划，企业各部门相互协作的组织行为。且不说产品设计必须符合企业发展战略的要求，必须符合社会化大生产、市场规律及相应的指导方针的要求。如果设计师对这些宏观方面的东西一点也不把握，那么他的设计很可能事倍功半甚至费力而无功；单就设计实现的条件来说，设计需要建立在企业的经济状况、工艺水平、生产条件等物质基础之上，还需要市场情报部门的支持。另外，具体的设计工作，如设计方法、程序、理念等，都必须结合企业自身的特点进行管理。在这样的背景下，缺乏系统、科学、有效的管理，必然造成盲目、低效的设计和没有生命力的产品，从而浪费大量的时间和宝贵的资源，给企业带来致命的打击。同时，设计师的思想意图也不可能得到充分的贯彻和实施。

设计师必须深刻意识到，传统意义上的设计团队虽然属于设计的核心力量，但相对于大团队而言，它仅仅是一个小团队，其核心能量的充分发挥有待于整个大团队的协调运作。所以对于现代设计师来讲，不仅要清楚地认识到小团队中的每个成员在这个过程中所起的作用，而且要清楚地认识到大团队中每个职能部门在这个过程中所起的作用。这样，才能避免因为某一个环节的出错、掣肘而影响整个设计开发过程的顺利进行。

1.3 全面设计管理是企业可持续发展的需要

中国企业自觉地意识到设计在企业发展中的重要地位还是比较早的，但真正意识到设计管理的重要性则是比较晚的。早在改革开放初期的1987年，当时已经在国内冰箱市场上崭露头角的万宝电器集团，在市场竞争意识的驱动下，最早自觉意识到产品设计在抢占市场、拓展销路方面的重要作用。他们在国内首创了校企联合开展产品设计研发的崭新模式，与广州大学合作成立了“广州万宝工业设计研究院”。翌年，广州美术学院的一些教师又创立了“南方工业设计事务所”。这是国内较早开设的面向全社会，承揽工业设计业务的民办研发机构。接着，在深圳又诞生了“蜻蜓设计公司”，该公司是由上海、苏州和杭州等地的设计人才合作开办的。他们舍近求远南下寻求发展，足见当时在长三角地区尚不具备工业设计公司生存发展的条件。可以说，“南方工业设计事务所”和“蜻蜓设计公司”这两家工业设计公司正应了“小荷才露尖尖角，早有蜻蜓立上头”的前瞻意境。它们依托珠三角地区迅速崛起的乡镇企业和民营企业，设计出了大量进入国内外市场的家电产品以及时钟、灯具等，开创了中国工业设计业的先河，同时也为该地区成为中国领先的设计产业集聚地奠定了人才基础。在他们的榜样力量促动下，先期成立的广州万宝工业设计研究院也开始由专为万宝电器公司设计产品，逐步发展为向社会提供各类产品设计、平面设计、室内外环境设计的综合性设计实体。

1.3.1 中国企业的设计管理现状

我国的设计力量主要集中在广州、深圳两地，这是国内工业设计产业最发达的地区。此外，北京、上海、无锡、天津、南京、宁波等经济发达城市也聚集了一些设计力量。但与发达国家相比，中国企业界大多数管理者的设计意识不强，对设计在产品竞争力中的重要意义认识不足，一些驻厂设计师的宏观管理意识也非常缺乏，往往只是安于执行上级分派的设计任务。有些企业虽然意识到设计的重要性，但缺乏统筹管理，产品结构设计由工程部门负责，产品视觉传达设计由公关部门或市场开发部门负责，环境设计则由基建部门负责，整个企业以一种随意性的混乱方式开展工业设计，缺乏协调的整体控制，使得设计没有发挥其应有的作用。

我国的设计力量主要是以企业自有工业设计(即驻厂设计)和设计咨询企业设计两种方式存在，现分别阐述如下。

1. 企业自有工业设计管理现状

企业雇佣设计师的目的是为了满足企业对产品形象或者品牌形象塑造的要求，通过设计创新或改良使产品具有市场竞争力。从目前来，看雇佣设计师的企业大致存在三种典型的模式。

一种是没有专门的设计部门，由市场部或者研发核心部门管理工业设计，工业设计工作全部外包，即我们通常所说的 ODM 模式。企业雇佣熟悉工业设计的项目负责人来跟踪和监控受托方的设计进度和质量，如夏新公司在开发 A6 手机等成功产品时就是通过 ODM 模式，选用韩国 Designhouse 的解决方案实现的。另一种是在公司结构设计部或者工程部，设置造型设计师岗位。此时，企业对工业设计的定位基本停留在为产品作美化装饰的阶段，或者是作为结构设计的补充，如国内通讯企业中的华为、中兴就是采用这样的组织结构形式。另外，还有一种是确立工业设计的领导地位，工业设计定位为企业的次核心技术，特别是将工业设计定位为产品创新的引擎以及品牌塑造的利器，整合相关的结构设计、界面设计、包装广告设计业务为公司品牌塑造以及市场创新提供支持。如国内明基、联想等企业设置了相对独立的工业设计中心，由企业高层来直接领导，在企业研发和市场营销方面最大限度地借助工业设计提升产品竞争力。综合来看，不同企业的不同管理方式都在各自领域一定程度地证明了设计部门的有效性。至少在目前来看，这些都反映了企业的真实需求和恰当的策略取向。从发展角度来看，工业设计的定位和功能是被市场和企业不断试验并验证过的，正受到越来越多的关注和重视。特别是中国在从制造大国走向自主品牌创造的道路上，知识产权的要求促使企业更加重视产品创新和品牌塑造，从而更多地借助工业设计来实现这些目标。

经过近 30 年的发展，工业设计作为一个企业生存发展的核心竞争力，越来越被中国现代企业所接受，诸多生产型企业特别是沿海地区的企业，相继在公司内部成立了自己的工业设计部门，雇佣驻厂设计师为本企业进行设计工作。驻厂设计师一般不是单独工作，而是由一定数量的设计师组成企业内部的设计部门，或者加入到产品开发部门，从事产品设计工作。但目前仍存在诸多突出问题。

首先，企业管理者认识不到位。不少企业管理者总是太过于关注眼下的经济效益、市场效益，为此他们往往宁可采用保守陈旧的技术、材料、工艺等以降低成本，也不愿意冒险尝试新技术、新材料及新工艺。这势必阻碍设计的创新。有的企业领导甚至对设计有一种错误的认识，认为这只是在产品的表面做一些花样文章，不过是对产品的一种装饰。他们根本没有意识到设计在整个企业生存发展中的作用。因此，对管理者进行设计管理教育是必需补上的一课，给企业的管理者灌输现代设计管理的理念，使企业从上到下形成一个统一的设计管理体系，使企业的各个部门、每一位员工齐心协力，积极地参与到企业的设计管理中去。

其次，设计组织结构不完善。很多企业设计师职数很少，更没有专门的设计管理者，不仅不能形成团队优势，甚至是企业相对弱势的部门。比如一些企业在资金投入等方面卡得过紧，致使设计师为节省成本而跳过某些过程与环节，结果往往导致设计的大返工，再回到设计阶段进行设计上的调整。由于设计管理流程不规范，给一些企业带来了生产和流通过程中的麻烦，并造成了设计的混乱。

再者，缺乏不断创新的活力。一方面，驻厂设计师一般对企业的各个方面都较熟悉，因而设计的产品能较好地适应企业在技术、工艺等方面的要求，这是其优势所在；但另一方面，这些设计师因长期设计某一类型的产品而往往导致思维定势、僵化，缺乏新观念的刺激，导致设计模式化。因此，一些企业不得不邀请企业外的设计师参与特定设计项目的开发，以引进新鲜的设计创意。还有不少企业认为设计只是一种为产品、包装、展示或宣传所进行的零散性工作，它们与企业的其他事情毫无关系。同时，企业内部不同领域的设计人员也缺乏沟通，产品设计是由工程师们进行的，而视觉传达是由公共和市场研发部门的人员负责，环境则由基建部门负责。如果没有跨越传统部门界线的设计管理机制，混乱在所难免。

最后，不少企业是以一种随意的方式来开展设计的，缺乏系统的考虑。当他们认为需要设计某一产品或包装时，便聘请一位设计师进行设计，以应一时之需，而下次设计任务，也许会请另一位设计师来进行。在这种情况下，设计既不是系统的，也不是连续的。因而企业生产出来的产品在外观上和功能上都缺乏有机的联系，而不像是同出一门的"兄弟"，这就给消费者识别企业的产品带来了麻烦，影响了产品的销售。

业界将设计管理分为两个层次，即战略性的设计管理和实务性的设计管理。战略性的设计管理是指在战略的高度，将设计作为企业运作的一个重要组成部分，对整个企业的各项活动贯注相应的企业设计理念，并进行相应的规划与指导。实务性的设计管理是确保企业具有一个运转良好的设计部门，作为企业在设计方面的智囊，实施具体的设计任务。目前我国企业中设计管理的绝大部分还仅仅处于对设计部门进行管理的低层次阶段，真正导入设计管理的企业为数不多。在设计部门的管理方面，许多企业有"设计科"，但这些部门多以传统的工程设计为主，明确工业设计部门的企业较少，且这些设计部门大多由技术厂长或总工负责，对新产品开发决策的参与权有限；另外，这些设计部门还无法得到企业决策者的足够信任，因为企业并没有将设计部门置于企业发展的核心地位中。

2. 设计咨询企业设计管理现状

随着企业对设计的重视程度的提高和社会分工的细化，在中国沿海地区出现了协助产品研发的专业性工业设计企业。但是这些工业设计企业的规模一般都比较小，其管理者往往既充当设计者又充当业务员，设计管理往往被忽略。不过也有一些较大的设计公司在设计管理上做得不错。例如成立于 1995 年的上海龙域设计公司，现在已经发展成为一家规模化、多元化、国际化的设计公司。该公司以超前的设计理念、合理的设计管理模式成为国内颇具影响力的设计公司，在与国际顶尖企业和设计组织的成功合作中，不仅提升了设计能力，而且创造出了一套行之有效的组织结构和管理模式，逐步建立起具有中国特点的设计行业新形象和新标准。现在的龙域已成为上海最具规模、并且始终保持着活力的卓越工业设计公司之一，获得了国内外同行和制造企业的普遍赞誉。

龙域公司的组织划分比较细，它依据不同职能将人员分为市场及用户研究团队、工业设计团队、结构设计团队、产品生产技术支持团队和商业辅助设计团队。各个团队的基本职能也都有所不同。

①市场及用户研究团队是专门负责从事市场及行业信息的收集和整理分析的部门，他们在为多家跨国公司提供产品市场分析工作的同时，不断扩充和更新公司自身的基础信息资源库。这不仅缩短了日常设计业务前期的市场分析周期，更有利于从宏观上及时把握市场最新动态，在为客户节省调查成本的同时还能保持极高的准确性。作为专业的工业设计公司，团队一直致力于产品方案的系统解决及与产品相关的设计服务。

②工业设计团队是核心团队之一，基本上是由国内外资深设计师组成。擅长产品概念的完美演进，同时又对产品的商品化进程有深刻的理解。在与国内外品牌企业的合作中，建立了一系列成效卓著的设计控制体系，为最终的产品设计品质提供了保障。

③结构设计团队是与工业设计团队里的核心团队之一，是产品实施过程中的重要技术保障。与工业设计团队的紧密协作，使每次设计提案的质量都得到充分保证。同时，丰富的产品化经验也确保了龙域能够为客户提供从模具跟踪到量产监控的全程产品解决方案。

④产品生产技术支持团队是龙域特设的“施工团队”，对新研发的产品具有极强的理解能力和实现能力。如果客户需要，该团队可以提供从零件到整机的一站式服务。

⑤商业辅助设计团队是龙域特设的“品牌传播团队”。主要是协助客户完成与产品及品牌相关的所有视觉设计项目。该团队基于对产品品牌传播及其市场竞争规律的充分掌握等独特优势，帮助客户的产品在品牌化的道路上赢得先机。

综上所述，国内的许多企业虽然已经开始重视设计，但是还未能将设计和管理整合到企业的体制之中，仍脱离不了以市场、技术等习惯因素来指导产品开发的传统模式。许多企业尚没有深刻认识到企业所产生的任何一种产品都是企业的一面镜子，都会对企业形象产生影响，因此必须统筹管理。在这些企业中，设计实际上完全没有得到管理，甚至没有被看作是一种使企业内部协调一致的潜在力量。这些企业每年都在设计的各个方面花费大量的人力、物力，如产品开发设计、广告宣传、展览、包装、建筑、企业识别系统以及企业经营的其他项目等。但是，由于对这些不同的设计方面缺乏协调的控制，往往使它们各自传达出的信息毫无关联甚至相互矛盾。这样便失去了用设计手段建立企业完整的视觉形象、确立企业在市场中的地位并扩大企业影响的机会，浪费了一项重要的企业资源。

1.3.2 中国企业可持续发展亟待设计管理

我国的现代设计从改革开放至今已走过30余年，很多方面虽已取得长足的发展，但毕竟与国外百年的经验有很多差距。在一些中小型企业、甚至大型企业的管理过程中，设计管理似乎并没有或者根本就没有进入高层的视野中。其他方面暂不说，就其产品开发方面缺乏延续性、战略方向、市场竞争力、卖点、差异性等劣势，就给企业带来一系列问题。在设计理念上仍无法与韩国、日本、美国等发达国家比肩。比如，在企业界中有些管理者设计意识不强，认为设计在产品竞争力因素中可有可无；一些驻厂设计师的设计管理意识十分淡薄，往往将自己定位在一个单纯的执行设计项目的位置；有些企业虽然表现出对设计的重视，但却将这项具有系统性的工作割裂为许多条块，如产品设计是由研发部门负责，视觉传达设计由公关部门负责，市场调研由市场开发部门负责，设计经费预算由财务部门负责，整个企业以一种随意性的混乱方式安排设计，缺乏整体的协调控制，难以形成合力。针对以上问题，现代企业的可持续发展亟待设立或加强对管理者的设计教育和对设计师的管理教育，并整合资源、建构跨部门的设计管理体系，以扭转这种无序、低效的局面。

许多企业之所以对设计不重视，尤其是对设计管理没有概念，主要是经验主义在作怪。以浙东一带的中小民营企业为例，在改革开放初期，他们一路蓬勃发展，那是因为发挥了比较优势。即这些企业规模小，直接面对市场，机制灵活，主要投入的是一般劳动密集型产品，且工艺简单，一学就会；虽然质量上有一些问题，但价格较低，适应了当时我国居民收入水平较低、对产品需求的档次要求较低、对价格反应较为敏感的消费态势。但是，随着经济社会的进步和人们生活水平的日益提高，消费者对产品的要求发生了质的变化。质次价廉的产品不再具有优势，物美价廉（一般商品）的产品和物美价贵（奢侈品）的产品，成为当今社会消费市场的主流。于是，那些靠简单粗放生产而尝尽甜头的企业开始吃苦头了，他们开始认真思考和重新寻找自己的市场定位，而这个过程依然是一个重新认识自己、比较优势的过程。毫无疑问，这些企业的可持续发展必须转型升级，而强化设计无疑是最重要的路径之一。因为，制造业的可持续发展必须由单纯依赖低廉的人力资源转向更多地依靠工业设计。

随着市场竞争的日益激烈，不少企业已经把设计提升到战略的高度，通过设计增强产品的差异性和优势性，传达企业形象的独特性，从目标用户的某种价值观出发，从竞争中脱颖而出。设计具有引导消费，进而引导潮流、定义未来的潜力。对企业来说，在开发新产品的过程中，保持预测赢家的能力是让企业始终立于不败之地的法宝。从某种意义上说，设计就是对未来的一种预测。

但是，随着企业设计工作的日益系统化和复杂化，设计活动本身也需要进行系统的管理。因为现代经济社会对设计有了更高的要求，设计的广度与深度已使得设计很难再依靠个别设计师单打独斗来完成。现代设计活动是群体智慧的结晶，要使设计达到最大的功效，就必须依靠各种专业人才的通力合作。正是基于此，索尼公司才坚持认为“产品是集体智慧的结晶”。现代设计的性质决定了设计管理的必要性，在欧美工业发达国家，已经将设计管理放在和企业管理同等重要的地位。

设计与管理的结合可以为企业创造一个高效而富有凝聚力的设计团队，为设计师提供一个合理而清晰的设计流程，让设计成本更接近目标成本，实现真正有序和有效的产品开发。尽管目前系统的设计管理方法在我国中小民营企业尚未大规模地应用，但并不代表这些企业不需要设计管理，只是很多企业没有找到设计矛盾的解决办法。实际上，只要有设计，就有设计管理的需要和存在。一些企业发现了设计方面的问题，但是用常规的管理手段没有得到有效的解决，这就需要设计与管理相结合，寻找一种新的、针对设计矛盾的解决途径。随着制造业的深入发展，企业经营模式的逐步升级，这两股产业的核心力量必将发挥更大的作用。

设计管理是企业竞争发展的重要手段。设计管理通过对产品创新战略的研究，促使企业开发出新的产品，最终促进企业的发展。同时，企业对新产品问题提出了更为全面、科学的管理要求，不仅注重产品某项技术经济参数质和量的突破与提高，更强调创新设计思维贯穿新产品构思、设计、试制、营销的全过程(包括与产品有关的一切因素，如营销活动、公众服务、售后服务以及与企业有关的视觉形象的各个方面，包括商标、环境、色彩、企业文化等各方面的形象)。在技术与艺术结合、开发与市场结合中，突出产品设计创新(包括功能创新、形式创新、生产工艺创新等)、营销创新、品牌创新、服务创新等多维交织的组合创新。

由于激烈的市场竞争，任何一项设计活动都不可能由一两个人独立完成，它需要交叉背景及不同学科背景人员的配合来共同完成设计工作。由于产品在由构想变为商品的过程中，与许多环节发生联系。因此，设计师必然要与市场、管理、工程、营销等各部门相互合作，彼此互动，才能有效地完成任务。但是，在目前情况下，当设计师被指派为设计小组负责人或设计经理时，大都缺乏管理方面的知识和有效管理的技能与训练。他们常常从自己的角度出发，在设计中追求环保、品位、社会理想与责任，而不能从管理人员的角度去思考设计的目标。因此，会浪费很多资源，不能适应目前复杂多变的企业环境和市场环境。此外，若将此任务交给毫无设计经验的管理人员，由于他们缺乏设计方面的知识背景，总是从机械或会计等专业的角度去分析需求，预测产品走向，未做好充分准备就评判设计方案；加之不能有效判断，过于关注利益，把好的设计简单定义为销售得好的设计，给设计师造成不少困扰。这是由他们不具有指导决策与建立设计战略与策略的能力造成的。

所以，设计师有必要及时了解市场动态和消费者需求的变化，使自己成为企业竞争的有力一环。同时，管理人员也必须了解设计，把设计当作公司经营的战略工具，完全融入公司发展的整体战略中，增加产品的市场竞争力。

1.4　基于品牌管理的系统设计理念

品牌的英文单词是brand，源于古挪威文brand，意思是通过烧灼打上烙印。最初的含义是指在牲畜的身上烙印标记，以便使自家的牲畜与别人家的相区别。到了中世纪，欧洲的手工艺人在自己打造的艺术品上烙下标记，以便顾客识别该产品的生产者，这可以说是最初的商标。除了起到识别作用外，它已经具有品质担保和一定的品牌承诺的意思，这实际上就是品牌的雏形。随着商品经济的发展，品牌承载的内涵在不断地扩大。1997年，品牌专家戴维森提出了著名的品牌冰山概念，指出品牌的显性标识部分，如品名、徽标等，不过是浮出水面的冰山一角，仅占品牌内涵的15%左右；而品牌的隐性部分，如文化、价值、定位等，则蕴藏于水面之下，约占品牌内涵的85%。美国著名管理学家彼得·德鲁克曾经指出："21世纪的组织只有依靠品牌竞争了。"美国著名营销专家莱瑞·莱特则更加明确地指出："未来的营销是品牌的战争——品牌互争长短的竞争。拥有市场比拥有工厂更重要。拥有市场的唯一办法，就是拥有占市场主导地位的品牌。"正是在这个意义上，我们认为设计绝不是孤立的具体产品的设计，而是基于品牌管理战略的系统设计。

1.4.1　设计管理与品牌战略

设计管理与品牌战略的有机结合，是现代企业管理中最重要的课题之一，因为这是实现企业可持续发展，并在激烈的市场竞争中成功胜出的关键环节。

品牌战略一般分为总体经营战略和分项经营战略。总体经营战略是为实现企业的总体目标，对企业的未来发展所作的长期性和总体性规划，它是统筹企业各个分项战略的指导纲领。而各个分项战略如市场营销战略、投资战略、新产品开发战略等，则是企业具体部门为实现企业总体经营战略而制订的具体战略方针。因此，企业总体经营战略目标的实现又必须依托各分项战略的实施才能得以完成。

设计管理是企业在总体品牌战略下为使设计渗入各项工作而确立的总体设计方针。英国著名设计管理学者彼得·格罗布指出："从管理的角度而言，我把设计看作是完成公司产品目标，包括为达到目标所需信息的一种计划，因此可以说，设计管理是通过组织运作的计划过程。"①格罗布将设计管理界定为设计计划，是侧重于某一个具体产品所制订的设计要求、方法、步骤等具体实施方案。然而，设计计划的制订必须在品牌战略的指导原则下进行。换言之，设计计划的实施过程也必须围绕如何实现企业品牌战略的目标来进行。英国设计管理学者欧克雷认为，设计管理与企业的品牌战略有着紧密的内在联系。企业品牌战略是设计管理的基础与关注焦点，各项设计计划都是为实现企业总体品牌战略而采取的行动。正是品牌战略为各项设计活动提供了明确的方向和目标，因此它是设计真正取得成功的基本保证。所以，必须在品牌战略前提下，开发以产品为中心的系统设计；反之，如果产品设计是建立在偶然性与随意性的基础上的，而不是基于品牌战略的框架内精心的系统设计，那么以后要重新塑造或者整合品牌将要付出更高昂的代价，且将面对更加异常的困难。因此，设计必须加以管理，而设计管理的意义之一就是能够更好地为品牌战略服务。

设计师并不仅仅关注传统意义上的具体产品设计，更要注重企业怎样创建和提升品牌价值，实现企业的品牌战略。从提出概念、研发产品到营销推广，并最终建立企业品牌，是一个设计管理的过程。这一系统过程中的每个环节都需要设计师去规划、设计，不仅需要与企业各阶层交流，而且需要通过公司产品的统一形象设计，在市场上产生很强的视觉冲击力和统一感，以提高公司品牌的认同感。所以，设计管理是建立成功品牌的重要因素之一。企业实施品牌战略，提高自己的设计管理水平，对于提升经营能力、发展规模经营、使企业的社会效益和经济效益得以倍增，以及对整个企业加快现代化发展，既有重要的现实意义，更有深远的战略意义。从企业更本质的意义来说，实施品牌战略与设计管理相结合的战略，是提升品牌价值一个至关重要的条件。

1.4.2 设计管理与品牌定位

品牌定位是品牌战略的基础和首要任务。有人甚至认为，品牌的定位正确了，就等于品牌的战略成功了一半。"定位"这个术语最早是由美国两位广告经理艾尔·列斯和杰克·特罗于 1969 年在《广告时代》发表的名为"定位纪元"的系列文章中提出来的。他们的定义是：定位是指针对潜在客户的心理采取行动，即要为产品或服务在客户心目中确定一个适当的位置。菲利浦·科特勒则认为，定位就是对公司产品进行设计，从而使其能在客户心目中占有一个独特的、有价值的位置。所以，品牌定位与设计管理有密切关系。主要体现为以下两点。

①品牌的差异化定位。这是品牌定位的基本原则之一。品牌因其差异性而给消费者留

① 转引自钟鸣鸿编译：《创新与设计管理》，超越企管顾问有限公司 1997 年版。

下深刻印象，所以品牌定位的本质是塑造品牌的差异性，在当今这个日益同质化的时代，差异化成为企业制胜的法宝。事实上，在市场上存在着不同消费层次和消费群体，因而产品差异是市场发展的必然趋势。产品差异化战略实施主要体现在设计上，换言之，通过对产品的设计创造差异性，消除雷同性，使产品富有个性的外形、色彩、性能，以及品牌主张，构成独有的“品牌 DNA”。因此，设计是实现产品差异化战略的重要途径。

②品牌的竞争性定位。品牌战略必须考虑市场环境，清楚地知道企业处于什么样的参照体系之中，如何处理与竞争对手共有的品牌特征等。如果设计能力强大，就可以采取首位战略，即把最具有核心竞争力的东西确定为主题，做强做大这一主题价值，力争取得第一的定位。如果设计能力一般，就可以采取避强侧击战略，即避免与强大的对手直接交手，而是迅速进入某一细分市场并以独特的设计站稳脚跟，在客户心目中迅速树立起自己的形象。

1.4.3 设计管理与品牌识别

品牌识别是设计管理中最为关键的内容之一。品牌进行定位后，就必须有一套清晰、丰富的品牌识别设计管理，即基于物理性和心理性的各种维度对品牌进行描述和写真，创造或保持与品牌有关联的事物和理念，使品牌成为超越产品的存在，同时又赋予产品生命和灵魂。

品牌识别的设计必须有助于驱动品牌形象使其按照管理预期实现，避免出现形象与组织预期相背离的情况，否则便意味着品牌战略的失败。另外，品牌识别设计必须有助于建立、巩固和加强顾客关系，品牌识别设计不仅通过向顾客承诺提供功能性、情感性或自我表达性利益，而且通过向其他品牌提供可信度来创造关系价值。正因为如此，所有的强势品牌毫无例外地都拥有清晰、独特、丰富和活力的品牌识别。如著名汽车品牌宝马(BMW)，就以“终极驾驶乐趣、极致技术美学、非凡活力尊荣、全球顶级声望”的品牌识别在世界范围内广受推崇。

从品牌的内涵来看，品牌识别的设计由表及里可以分为三个层次。

①产品外在标识，即为了同其他产品相区别，而在名称、徽标、符号、图案等方面进行的系统设计。这些设计对品牌端识别有明显的指引作用，如果缺乏设计管理就会造成混乱，进而影响企业的声誉。美国的三大汽车工业支柱之一的克莱斯勒汽车公司，为扩大实力和影响，东渡西欧大肆吞并小汽车公司。但由于公司的领导者没有意识到设计管理的重要性，导致企业如一群乌合之众：有的汽车挂的是自己原来的标志；有的则既有自己的标志又有克莱斯勒的标志，使人们感到无所适从，迷惑不解。从而也使消费者对其公司的整体实力产生怀疑、丧失信心，致使克莱斯勒公司东扩西欧的计划马失前蹄。究其原因，就在于它没有建立起统一的管理体系。

②产品整体形象，即彰显某种特性、品质和服务的品牌特质，是品牌属性、价格、声誉、广告风格等因素的无形整合，使品牌形象识别成为可能，每个品牌都要有自己的个性，这种个性也将体现在企业的所有产品中。品牌的建设需要企业各部门的共同努力塑造，品牌建设的好坏直接影响企业自己在市场上的品牌形象，即企业在消费者心目中所建立起来的直接品牌形象。因为消费者最真实的感受是来自对品牌形象的体验，即该品牌形象是否满足消费者的需求，是否符合消费者的消费期望。这种体验会直接形成一个强有力的辐射圈并不断辐射开来，影响更多消费者的消费行为。

③产品文化内涵，即产品所蕴含的情感、所象征的社会地位、所代表的生活品位等。这就是说，设计的领域会大大拓宽，即不仅是设计和销售产品，还设计和销售理念。如果企业对此类市场状况不够敏感，不能在设计中充分地彰显出来，很可能进行的是目标失准的产品开发和主观臆断的市场定位。

从设计管理的角度来看，要完整地实现上述品牌内涵，设计识别必须做好两项工作：一是设计品牌识别要素模型，即什么样的品牌识别能够完整地定义和展现目标品牌；二是设计品牌识别实施系统，即在一系列具体的工作环节中如何使品牌识别贯彻到位。

1.4.4 设计管理与品牌价值的提升

品牌是通过一套价值主张而与用户沟通的，这种沟通必须最终通过品牌的传播来表达清楚，也就是说要使用户能够真切地感觉到品牌属性和个性。这就需要一套缜密的设计，即研究设计管理和品牌价值之间的关系，以及怎样将两者结合起来，有效地运用到现代企业的经营管理之中，以谋求品牌价值的不断提升，使企业永葆竞争优势和可持续发展。在这一过程中，品牌设计管理是一个关键环节，它的设计管理方向、设计风格直接影响到企业的最终形象，对企业品牌建设和价值的提升至关重要。

如何确定产品在时间上的延续性和空间上的一致性以及与其他同类产品的关系，是设计管理要把握的主要内容。也就是说，要站在管理的高度把握企业的发展方向，审视市场竞争对手的情况，密切关注消费者的情况，在市场环境、文化习俗等背景下制定产品设计战略。其实，这已经不再是具体的产品设计问题，而是企业通过这种形象，向消费者传达企业的经营理念、企业的信用度、企业的实力和企业的社会责任感。我们知道，企业最终形成的品牌价值提升，除了核心技术外，设计管理正在成为全球企业市场竞争的一个方向。例如，三星近年来成为世人瞩目的国际品牌，三星集团总裁李健熙多年前就提出："21世纪企业经营的最后决胜关键，就在设计！"三星品牌胜出的秘密就在于以国际视野培养"设计力"。在亚洲，除了日本企业之外，三星是亚洲第一家凭借设计的力量，成功跻身世界第一流的企业。三星拥有庞大的研发设计团队，致力于通过设计提升品牌价值和品牌竞争力。我国台湾地区最大渠道商、联强国际通信事业部总经理张永鸿就指出，过去中国台湾地区女性消费者偏好松下品牌(Panasonic)的手机，但在这几年，三星许多款手机的设计风格和时尚的行销手法，都针对一开始被忽视的女性族群设计，从而成功攻占不少原本属于松下的市场。

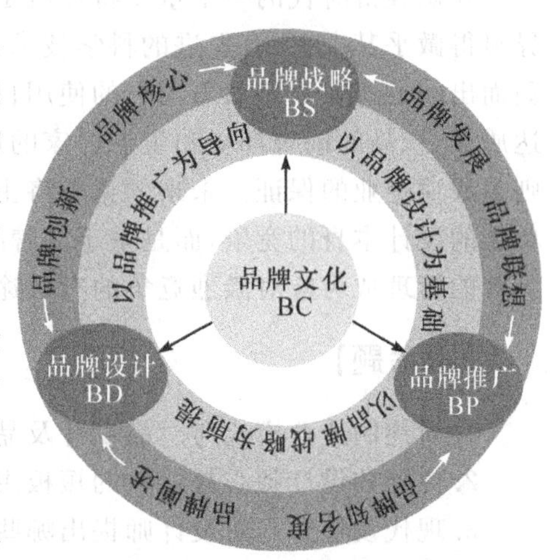

图 1-3 整合品牌传播

设计管理之所以能够有效提升品牌价值和竞争力，是因为它不仅仅是管理产品设计本身，而且是在市场定位、消费目标群体以及良好的售后服务等一系列因素中进行设计管理。比如，一个品牌的创造需要考虑产品特点和概念如何将价值传达给目标市场。其中包括由美学和形象识别两种价值机会所表达的产品外观和造型；用户与产品的身体互动，即人机工程价值机会；用户与产品的心理互动，即情感和影响力价值机会；以及通过技术和质量价值机会表现出来的功能、性能。在短期和长期的使用过程中，产品必须传达品牌价值。最初产品的印象和用户与产品的互动会推动消费者短期的购买兴趣，而长期的舒适、性能、与产品的互动和满意度则是打造品牌忠诚度的基础。消费者支持与他们有一致或相匹配的个人价值的公司产品，并通过价值机会与公司及其品牌进行沟通。

一个公司选择开发和实施价值机会的方式最终将定义产品的语义和它所联系的品牌特征，并导致其价值主张的产生，所有的品牌都可以用价值属性来衡量。但是，需要强调的是每一个不断发展的产品机会都会影响品牌的价值机会属性。价值机会必须整合到公司现有的品牌战略中，而且必须认识到它们的解释将会如何影响公司未来的战略，对价值机会的解释一半是科学，一半是艺术，它需要有远见的概念，并通过用户研究所获得的信息来验证和优化这些概念。从公司的角度讲，有必要好好审视一下价值的创造。哈佛大学的迈克尔·波特将价值链作为一个战略工具，用来确定能力消费者创造更多价值的途径。他把公司看作是设计、生产、销售、递送和支持产品的活动的集合。根据波特的看法，公司可以在任一价值创造活动中通过改进管理体系获得竞争优势。同时，他还强调了有效管理核心业务过程和跨功能的一体化以及合作的重要性。

知识经济时代的一个重要特点就是随着信息技术的爆炸式发展，使企业之间的技术差异显得微乎其微，仅有先进的科学技术并不能保证企业在竞争中保持优势。使一件产品脱颖而出的关键在于产品与用户的使用目的、技术和个性的相适应，以及产品所具有的视觉传达质量、产品的销售环境和生产厂家的形象质量。而这一切都是设计创造的。而设计管理则是成功企业的保证。未来的竞争将主要是文化的竞争、管理的竞争。就设计来说，不再是单纯的设计本身的竞争，而是基于品牌战略的设计管理的竞争。设计的专业化管理与产品品牌的管理成为应对激烈竞争的有效途径。

【思考题】

1. 简述制造业模式与产品设计及品牌建设的关系。
2. 传统的设计师心智结构的短板主要表现在哪些方面？
3. 现代设计管理对设计师提出哪些要求？
4. 简述企业可持续发展与全面设计管理的关系。
5. 为什么说设计不是孤立的具体产品的设计，而是基于品牌管理战略的系统设计？

第二章　产品设计管理

产品设计是工业革命的产物。它诞生于20世纪20年代的德国，到20世纪60年代便风靡欧美所有发达国家以及日本。产品设计作为制造业的核心竞争力，对企业的发展作出了历史性的贡献。但是我国的一些企业对现代意义上的产品设计接受得比较晚，理解还不够到位。在这些企业中，设计通常被认为是一种为产品包装、展示或宣传所进行的零散性工作，造成了设计上的无序化和随意性。企业内部不同部门间缺乏沟通，更没有一个统一的运作系统。然而，当今社会科技突飞猛进、市场瞬息万变、竞争日益激烈，不重视设计、不管理设计已经不能完全适应企业的发展和社会的需求。于是，设计与管理的结合成为大势所趋。对企业而言，设计管理是价值很高的东西，只有管理得好，才能发挥设计的力量与价值；只有抓好设计管理，企业才能真正在日益剧烈的市场竞争中前进。

2.1　设计管理思想的演进

2.1.1　设计管理活动的兴起与发展

设计管理(Design Management)作为一种活动是随着企业生产管理的需要而出现的。最早有意识地从事设计管理的开拓者当属现代设计先驱者之一的彼得·贝伦斯。

贝伦斯从事设计管理实践的企业是当时世界上最大的电器制造厂商之一的德国AEG公司，专业生产发电机、变压器、电缆、电机、灯泡等产品。公司的创始人埃米尔·拉泰罗之子瓦尔特·拉泰罗在AEG公司的管理上实行了一套集约而高效的集中管理制，设计管理自然成为题中应有之义。1907年，AEG聘请了著名的德国建筑师和设计师彼得·贝伦斯担任公司的设计艺术顾问，全面负责企业产品视觉形象方面的设计管理工作。贝伦斯不但为AEG设计了厂房、住宅和大量的产品，还负责广告和环境等方面的设计。特别是他在产品的设计上积极推进标准化设计，探索以有限的标准化部件组合成多样化产品的可能性，成果颇丰。例如，他设计的电水壶(如图2-1所示)，就可以通过不多的标准化零件装配成80多种类型的电水壶。这样不仅大大降低了生产成本、提高了生产率，而且使公司的产品形成统一的风格。他为AEG所设计的名称标志，即"AEG"字母，经他10多年反复设计、修改，数易其稿，成了公司的永久性标志，可以说他的这些工作是早期现代企业形象设计管理的典范。贝伦斯的意义不在于他的具体设计，而在于通过他在设计上一系列有效的管理，使AEG这样一个庞大而繁杂的企业呈现出一个完整的形象。从这一角度上说，贝伦斯无疑是设计管理方面的先驱者，具有极大的示范意义。

到20世纪三四十年代，许多企业开始将设计作为一种竞争的手段，并注重企业总体形象的设计与展示。除了企业的产品之外，还重视在视觉上给公众一种整体的企业形象，如环

图 2-1　贝伦斯为 AEG 设计的电水壶

境、用具、服装、车辆等。因为这些方面的设计涉及企业的方方面面，设计管理也成为一种必须。其中，意大利的奥利维蒂公司卓有成效的设计管理，对二战后设计管理的发展起到了很大的推动作用。二战后，设计管理有了进一步的发展，一些大型的企业完善了自己的设计政策，在企业的设计体系上和管理上均取得了很大的成就。其中较为突出的是美国商用机器公司(IBM)(如图 2-2 所示)和德国生产家用电器的博朗公司(BRAUN)(如图 2-3 所示)。

图 2-2　美国商用机器公司(IBM)标志及其产品

BRAUN
德国博朗

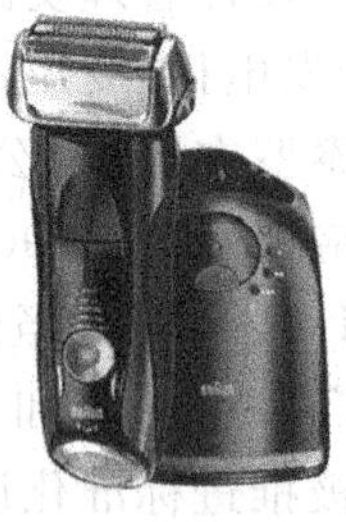

图 2-3　德国博朗公司(BRAUN)标志及其产品

这些公司虽然实践了设计管理，但同样没有提出设计管理的概念。设计管理作为一个理念的提出是在 20 世纪 50 年代。1955 年，亨利·德雷福斯(Henry Dreyfuss)出版了《为人设计》一书，该书虽然没有提出设计管理这一名词，但已经谈到属于设计管理的内容。比如，他在书中预见性地提出，“设计和设计师应从高层得到支持；设计师要通过正式和非正式的方式使沟通更容易；设计师要专注于产品未来的使用者，毫不妥协地关注细节……”。到 1957 年，日本开始进入经济高速发展期，形成了一套独特的管理模式。其实日本的管理模式大多引自欧美，因而许多管理名词仍以英文表示，然而唯独“设计管理”一词例外，这是很有意义的。深入研究，可以发现设计必须管理的两个必然趋势。第一是当时日本为加速现代化，包括工业设计在内的一切产业相关技术皆引自欧美，但是这些引进的设计需要落地，即必须通过科学管理实现本土化，以便产生适合日本消费者的产品设计；第二是由于设计业务发展速度过快，设计人员严重不足，为了统筹设计人员、提高设计部门的生产力，科学的设计管理势在必行。紧接着，日本能率协会与20家公司的设计部门的管理者，通过长达两年时间的研究，编撰了《设计管理》一书，首次提出"设计管理"这一术语。设计管理（Design Management）一词起源于1965年英国皇家艺术学会（The Royal Society of Arts，RSA）颁发的"设计管理最高荣誉奖"，借以鼓励企业设计活动，经由广泛性、合理性、计划性的步骤，使顾客、公司员工及相关人员对公司的整体品质有所认同。美国设计管理协会（Design Management Institute，简称DMI）成立于1975年，是设计管理领域主要的非赢利性国际权威组织，致力于提升作为经营策略不可或缺部分的设计意识。美国设计管理协会通过会议、研讨会、会员计划及出版物为业界提供宝贵的专门技术、工具和培训，为自己赢来了多元化组织的国际声誉。美国设计管理协会作为一个教育和研究机构，其宗旨是演绎设计在行业中的战略地位和改善设计管理及其利用。

20世纪70年代，美国IBM公司就把设计从战术的角度提升到企业战略的高度，制订了与公司发展战略同步的设计战略。为了使设计管理真正到位，他们在组织管理上设置了专门的机构，形成有序的管理机制，这使得他们把设计的价值与消费者和市场的脉动更好地联系起来。科勒公司、宝丽来公司、德国西门子公司都在以各自的方式推行设计管理，这也帮助他们在全球市场上不断取得成功。各种从事设计管理咨询的事务所也应运而生，为企业提供设计管理方面的指导。1988年，第一届欧洲设计奖把设计管理与设计本身并列，作为衡量企业成就的两个标准，强调设计作为一项管理的重要性，而不是仅仅根据企业的一两件产品来评价设计。

进入21世纪以来，随着市场需求的多样化、技术进步的复杂化、管理内容的集成化，以设计来增强企业竞争力，产品设计已不再是单一产品开发的含义。而是在激烈的市场竞争中，作为企业维护和开拓自己市场重要战略的组成部分，普通受到认同，设计管理受到世界各国的普遍重视。企业纷纷成立设计部门，许多设计师成为设计经理或设计顾问，开始参与企业的产品规划和企业发展战略策划。

可以说，设计师和管理者对设计活动在企业中的定位成为现代产品开发成败的关键。如今，面对更加广阔的市场、更加激烈的竞争、更加复杂的消费者需求、更短的产品开发周期、更多技术水平相当的产品，企业应该把与设计有关的各种因素，如市场、营销、广告、企业形象、工程技术等加以有效整合，达成一致，才能使自己的产品不断创新，有所作为。这个过程就是设计管理过程。

2.1.2　设计管理的理论研究与学科发展

管理理论是设计管理的先行者，设计管理是管理设计事务的行为方法，就如同理解设计管理就需先理解设计的含义一样。了解管理的理论才是开启设计管理之门的钥匙，设计与管理相结合就形成了设计管理这种行为方法。管理与设计管理既是前者与后者的关系，同时又相互联系、相互制约。管理学的理论由来已久，历史深远，是可以依靠的强大理论武器，设计的感性线条与管理的理性思维的结合是一种有机结合产物。而设计管理这种理论在实际的设计项目中效果显著。它不仅能推动设计目标的顺利达成，还能提高整个设计团队的工作效率，从而达到提升设计公司商业价值的最终目标。先有了管理这种工作方法来规范各个领域的工作项目，尔后引入设计这个行业，用于规范设计项目的策略方向、工作流程、实施方式，甚至是不同人物在项目中所扮演的角色、承担的责任和义务等。管理学的理论与设计事务相结合就形成了设计管理学的雏形，尔后随着设计管理的不断应用，设计管理学的体系也不断得到完善和丰富；同时，也使得管理学在新的领域得到发展和创新。

设计管理的理论研究和学科发展要远远晚于设计实践。对设计进行管理作为一种想法大约萌生于20世纪初。当时奥利维蒂、伦敦地铁等大企业，就已经发展出类似CI的理念①，开始系统地运用设计来提升企业的形象，传播企业的价值。到20世纪50年代末，日本能率协会组织出版的《设计管理》一书，是最早对设计管理进行理论概括的文献。该书认为，设计管理是使“设计技术部门之业务体系化，加以整理改善与管理”。1960年，英国的高斯雷特出版了《设计职业实务》一书，主要阐述设计事务所的经营管理。该书历经数次修订完善，成为许多设计院校的教材，为英国设计管理学科的发展奠定了基础。此后，设计管理的学术研究在英国迅速发展起来，代表人物有迈克尔·法尔和彼得·格罗布。前者著有《设计管理》一书，被推许为世界上第一位全面科学地论述设计管理的设计师。后者将设计管理进行细分，提出设计管理的五大领域，即设计部门的管理、设计项目的管理、设计组织的管理和教育设计师的管理知识与教育管理者的设计知识。他的研究成果被英国产品设计管理国家标准指导原则提炼后采纳。

如果说，在20世纪70年代以前，设计管理研究主要是实务性的具体项目和职能研究，并未上升到系统的理论层次和学术研究水平；那么，70年代后，随着设计理论的系统化，设计逐渐与企业管理联系起来，设计管理研究日益系统化、规范化。20世纪末到21世纪初，是设计管理学科研究的繁荣时期，各种新观点、新理念不断被提出。世界著名的设计管理杂志编辑托马斯·沃尔顿曾将各种关于设计管理的定义归纳为三大类：第一类是把设计管理视为实现梦想的具有远见性的领导行为，认为设计管理就是实现设计想象的组织保障体系。一般来说，组织本身就有平衡梦想与事实的功能。第二类是超越具体项目或事物管理的界限，将设计管理界定为一种态度管理，认为真正的设计管理就是了解组织的特性与战略并能够将其很好地传达。第三类是将设计管理视为公司企业的核心策略，通过设计管理将公司企业的愿景、目标、战略和行为具体化，进而使产品的使用者了解公司，成为公司的忠实客户。

关于设计管理的理论体系架构，韩国国际工业设计社团协会理事长Chung提出，设计管理作为一门学科，研究如何整合设计所需资源和活动，创造最适合的解决方法，以达成企业目标和改善生活品质。

国内研究大体上有两种不同的看法。

第一种是按照设计管理的层级分为设计管理战略和设计管理实务。设计管理战略具体包括设计创新战略、营销创新战略、品牌战略、专利战略；设计管理实务具体包括设计人才管理、设计过程管理、设计知识产权管理、企业品牌管理。

第二种是根据设计管理的内容分为设计决策、设计组织、设计项目管理和设计创新管理，认为设计管理理论体系建构和研究应当围绕这些内容展开。

我们可以将这两种分法整合起来，从三个维度建构设计管理的理论体系。第一个维度

① CI即企业形象或企业识别的简写，全称是Corporate Image或Corporate Identity。

是设计管理理论体系的基础研究，包括设计创新战略研究、设计决策研究、设计组织研究等；第二个维度是设计管理理论体系的应用研究，包括设计项目管理研究、设计人才管理研究、品牌管理研究等；第三个维度是设计管理理论体系的关系研究，即对设计管理的系统管理研究。第三个维度是将上述第一、二两个维度进行有机结合，形成整体合力，使它们相辅相成、相济相长，实现组织、目标、流程、信息的高效性。比如，产品创新专案经理与设计管理者如何协同创新；设计管理者如何在纵向上与工程、制造、行销、市场等产品生产、销售循环线上有关功能的各个职能部门协同创新，在如何横向上与社会学、文化学、生态环保学、人机工程学、产品语义学等与产品设计演进预测有关的专业领域协同创新。

我们知道，成功的设计离不开正确的决策，而设计决策必须通过合理的设计组织、适宜的环境氛围，以及有效的设计项目管理才能得以实现。而设计创新始终渗透在每一个具体的设计管理活动之中，它既是设计管理的最终目标，也是设计成功的原动力。因而，协同创新在整个设计管理活动中始终处于核心地位。以协同创新设计为中心的设计管理研究不仅是设计管理学科建设的需要，也是当前我国企业实现转型升级的需要。

首先，创新产品项目是任何一个企业战略最具竞争力的秘密武器。创新设计与产品开发必须符合企业的发展策略，突出企业的整体形象，传达企业的整体理念。其次，要使新产品在制造过程中不会走样，符合最初的设计目标，使设计质量得到保证，并充分整合利用企业现有的材料、设备、技术和设计水平等资源。第三，能够对新产品开发过程进行严格的控制，协调开发过程中不同背景、不同利益的人员，使他们能够朝着一个既定的目标努力，不会出现互相推诿责任、沟通困难等问题。在时间、资金和质量上，使新产品开发能够保质、保量地完成。最后，对新产品的评估能够按照比较规范的方式进行，并记录评估的结果，以作为下一轮新产品开发的参考。

2.2 产品设计管理的含义

2.2.1 设计的含义

设计(Design)，在我国《现代汉语词典》中其解释为："在正式做某项工作之前，根据一定的目的要求，预先制定方法、图样等。"《牛津英汉百科大辞典》里是指"艺术品的设计、图案、草稿，建筑、机械等的设计图或广告的图案"。在《中国百科大辞典》中亦解释为："原指艺术、文学、音乐及所有行动的企划和构想，但现在则狭义地指建筑、服饰、商品等作品的计划构想。"从这些定义中我们可以看出，设计是人类为了实现某种特定的目的而进行的创造性活动，它虽然包含一切人造物的创造过程，但是与工业产品具有天然的关系。换言之，从广义上说，人类所有生物性和社会性的原创活动都可以被称为设计，即为了实现某一目标而建立的方案。从狭义上讲，设计是按某种特定的目的进行的有秩序、有条理的技术造型活动，是在产品、使用者和环境之间取得最佳匹配协调的创造性活动。狭义设计的核心是产品设计。美国著名科学家、诺贝尔奖获得者赫伯特·西蒙认为："设计是一种为使存在环境变得美好的活动，设计好比是一种工具，通过它能把想法、技术、生产可能性、市场需要和企业的生产资源转化成明确的、有用的结果和产品。"欧洲的一些学者认为，"设计是一种解决问题的过程"、"设计是为了达到某种特定的要求和目的,借助正确的活动程序而制定出的一种适宜计划"[①]。随着创意产业的兴起,人们对设计的定义集中在创意、创新上,美国设计理论家维克多·巴巴纳克(Victor Papanek)定义设计是为构建有意义的秩序而付出的有意识的直觉上的努力;[②]英国设计协会(Design Council)指出,设计就是将创意转化为有价值的产品蓝图的活动;[③]Krippendorff认为设计意味着造物,让产品具备差异化的标记,并赋予产品独特的重要意义;[④]熊徽指出设计的本质是创意思维和造物文化[⑤]。

但在现实中,人们对设计的认识往往趋于表象。设计虽然与视觉表象有密切的关系,但绝不仅仅是一种表象性的样式传达。

著名华裔设计教育家王受之教授认为:"所谓设计,指的是把一种设计、规划、设想、问题解决的方法,通过视觉的方式传达出来的活动过程。"[⑥]这似乎容易使人们将设计误解为样式的设计,但他紧接着提出设计的三个核心内容:计划、构思的形成;视觉传达方式,即把计划、构思、设想、解决问题的方式利用视觉的方式传达出来;计划通过传达之后的具体应用——这就比较全面地涵盖了设计的性质。

其中,第一个核心内容是讲设计师必须具备将各种信息在自己的脑海里进行瞬间加工整合的能力。设计绝不仅仅是针对现有社会的需求,提供一个直接而短程的答案,而是要去发掘潜在的不易觉察的社会需求,并且针对这些需求,提出具有前瞻性的解决方案。而第三个核心内容则告诉我们,设计的本质就是通过一系列的创新活动,将企业中的资源,包括技术、人力、物力、资金等转化为有用的产品或服务形式,通过设计去创造新的价值。

因此,设计不仅仅是画出一个产品,而是要做出一个产品。德国著名设计家、柏林设计学院院长雷蒙教授曾明确指出:设计不是技术,设计不是好看,设计是运用我们的头脑去实现自己的愿望,而且必须考虑道德生态等问题,设计师应该是一个综合性人才,在知识结构、个人修养等方面都有极高的要求。一个好的设计,除了具有一定水准的外观之外,还应该易于制造、行销、维护、具信赖度及成本效益。正是因为产品设计是一个生产性的概念而不是一个装饰性的概念,所以国际工业设计协会联合会(ICSID)在1980年的巴黎年会上公布了修订后的工业产品设计的定义:"就批量生产的工业产品而言,凭借训练、技术知识、经验及视觉感受而赋予材料、结构、形态、色彩、表面加工及装饰以新的品质和资格,叫做工业设计。根据当时的具体情况,工业设计师应针对上述工业产品的全部侧面或其中几个方面进行工作,而且,当需要工业设计师对包装、宣传、展示、市场开发等问题的解决付出自己的技术知识和经验以及视觉评价能力时,也属于工业设计的范畴。"由何人可教授组织翻译的2006年国际工业设计联合会的"工业设计"最新定义是:设计是一种创造性的活动,其目的是为物品、过程、服务以及它们在整个生命周期中构成的系统建立起多方面的品质。因此,设计既是创新技术人性化的重要因素,也是经济文化交流的关键因素。

---

① 刘国余:《设计管理》,上海交通大学出版社2003年版。

② Papanek V. *Design for the Real World*. Thames and Hudson,1971.

③ Design Council. About Design. http://www.Designcouncil.org.uk/About Design[EB/OL].2009-4-15.

④ Krippendorff K. On the Essential Contexts of Artifacts or on the Proposition That "Design Is Making Sense(of Things)". *Design Issues*. 1989,Vol. 2.

⑤ 熊徽:创意文化性——设计的概念和本质再探,《中国陶瓷》,2006,42(11):70-72.

⑥ 王受之:《世界现代设计史》,中国青年出版社2002年版。

综上所述，产品设计要通过视觉传达表现出来，但它不是海报。所以对于设计师来说，除了美感与技术养成外，对消费者亲和度的关注，对市场趋势变化的敏感反应也是应具备的基本素质。设计师实际上扮演着一个提供人类感官与心灵享受的满足者的角色，他创造出令人期待并获得美好经验的物件，这样的物件不仅具有满足需要这一过去式的基本要素，而且要具有提供享受服务这一进行式的附加值因素。优秀的设计还要具备体验心灵，这一未来式的超值预设。

2.2.2 管理的含义

人类很早就开始了管理的实践，但是只是在20世纪的一百年里，管理才逐渐被人们所认识，才成为一门独立的应用科学而被人们研究学习。但是关于管理的定义在东西方至今没有得到统一，人们从不同的角度定义了对管理活动的认识。

美国管理学家泰罗认为，管理就是“确切地告诉你要别人去干什么，并使他用最好的方法去干”。这个定义显然突显了泰罗时代工业管理的管制型特色。美国管理学家赫伯特·西蒙认为：“管理就是决策。”美国管理学家小詹姆斯·唐纳利认为：“管理就是由一个或者更多的人来协调他们的活动，以便收到个人单独活动所不能收到的效果而进行的活动。”①这些定义比泰罗的说法要全面一些。真正为学术界认可的定义是1961年由法国现代管理学家法约尔提出的“管理是由计划、组织、指挥、协调及控制等职能为要素组成的活动过程”。人们普遍认为这一定义是管理定义的基础。

就企业管理而言，主要是指公司主管对公司生产要素进行计划、组织和管控，以发挥最大生产效率达到企业预定目标，主要有以下三个要点。

1. 系统性

系统的任务是将企业各个部门，以及生产、工作各个环节之间有机地整合。现代管理学对其内容很难有一个完全准确和全面的阐述。一般来说，企业的管理系统包括组织机构图、工作分析表、薪酬管理系统、绩效管理系统、招聘管理系统、生涯规划系统、培训管理系统。它是企业综合运作的基础和平台。任何企业都有自己的管理系统。其区别在于有些企业的管理系统是主动且不断完善的，与企业实际资源相匹配的，而有些企业的管理系统是杂乱的、被动的，是不自觉形成的，与企业资源不匹配的。管理系统的不同可以体现企业实际状况的不同。从理论上讲，以提出管理程序概念而成为管理程序学派之父的法国古典管理理论学家法约尔在其著作《一般及工业管理》中提出五大程序构成管理系统，分别为计划、组织、指挥（或领导）、协调与控制。孔兹则将管理系统概括为规划、组织、用人、指挥与控制五个方面。这些理念至今仍是从系统的高度指导管理工作最有效的理念之一。

2. 整体性

整体性的重点在于强调和保证整个组织的健全和完整。对于一个成熟的组织来讲，整体性是一个组织内部分工协作、互补递进的首要保证。如果一个组织在工作中或者执行任务时缺乏整体性的规划框架，势必会导致内部工作衔接、沟通上出现不必要的麻烦和问题。在管理上最容易陷入的误区是只关注具体性而忽视整体性，即侧重于从具体职责的角度出发表述管理的作用，而忽略了从整体协同的角度出发看待管理的功能。所以从整体性的角

---

① 史璞：《管理学哲理：系统、愿景、人本和权变的管理》，机械工业出版社2006年版。

度看管理，特别强调管理的计划、组织和领导三大职能。计划职能是指按照社会需要和组织本身的经营条件确定目标、方针政策、经营计划和制定行动方案的管理行为及其活动。组织职能是指围绕组织目标确定全体成员的职责、职务、职权、职利及其相互间的协调关系，从而使组织具有较高的生产力和工作效率。领导职能是指通过指挥、协调、激励、控制、沟通等工作，调动员工的主动性、自觉性和创造性的行为，引导团队人员实现组织既定的目标。设计管理是一个整体性的过程，它把企业及其周围的世界紧密连接起来，保持企业的一致性，并向消费者传达明确的信息。设计管理就好比指挥一支交响乐队，虽然不同乐器的音质不同，但通过统一的指挥，各种乐器就能够随着旋律组合成一支优美的交响乐。设计管理者就是其中的指挥者，努力去实现目标的统一。

如今越来越多的企业已经把设计管理作为重要的战略武器。设计管理已经参与企业战略的制定、市场调研、开发设计部门的每一个行为，可见，设计管理已经成为企业发展的调节器，对企业资源的有效配置以及企业部门之间的合作有着不可忽视的意义。

3. 层次性

一个组织内部各个部门之间明确的层次关系非常有利于工作的安排和推进，为组织管理提供了很大的便利。一般可以分为决策层、管理层、操作层。企业决策层的工作重心是决策、协调和控制，也是一个企业的战略层，是企业管理的最高层面，它在企业中起到的作用主要是为企业运作设计一些基本原则和宏观制度。一个企业的决策层需要对企业内部的大事从战略上给予规划。例如：产品的定位方向，招聘人员的要求等，都是决策层重要作用的体现。企业管理层的主要任务就是对于决策层安排的重大决策和宏观制度，详细地落实到企业运转的各个环节。企业执行层的具体工作来自于管理层安排下来的具体任务，重点在于保证决策层安排的各个环节能够实施到位。

2.2.3 设计管理的定义及演变

设计管理是管理学的一个分支学科，在管理学的基础上得到发展、延伸，并为人们所认可和广泛使用。设计管理的理论研究有一个从无到有、由浅入深的发展过程，其中关于设计管理的界定就显示出人们对设计管理的认识过程。据有关学者统计，中外学者关于设计管理的定义有四五十种之多，下面我们做一个简要的梳理，意在通过对设计管理定义演变的把握，加深对设计管理的全面理解。

设计管理的第一个定义由英国设计师米歇尔・法瑞（Michele Fan）于 1966 年首先提出，他认为“设计管理的功能是界定设计问题，寻找合适设计师，创造一种环境，并使他们在既定的时间和预算内及时解决设计问题”。他把设计管理视为解决设计过程中所遇到的问题的一种功能，是一种战术运作思路，近似于具体项目管理，可以说是最狭义的设计管理定义。这个层面的定义一直得到不少人的认同。如高伯（Gorb）将设计管理定义为“直线经理”，为满足组织诉求的目标，对设计资源展开有效配置的行为。该定义说明了设计管理的主题直接关系到有关设计的组织部门，确认了设计规律与管理难题解决方案之间密切相关的联系以及培训经理需要采纳何种措施来有效地运用设计。霍林斯（Hollins）将设计管理描述为“企业设计全新产品与服务的过程”①。钟明鸿认为设计管理的目的在于促进设计部

① 参见【美】凯瑟琳・贝斯特：《美国设计管理高级教程》，李琦等译，上海人民美术出版社 2008 年版。

门活动效率化，将设计部门的业务设定方针，以组织化、制度化方式来执行计划与管理，也指从战术运作的角度来界定设计管理。

比战术运作定义略高一个层次的是以格罗布为代表的战役职能管理定义。他将设计管理定义为："为实现企业的目标，管理者有效地分配公司内可供运用的设计资源。"英国伦敦商学院彼德教授的定义是："从管理的角度看，设计是一种合作性的，为使产品达到某种目标的计划过程，因此设计管理是这个计划过程中一个重要的也是最为核心的方面。"美国设计管理学会（DMI）主席 E. Power 将设计管理定义为"以使用者为中心，对有效产品、信息和环境进行开发、组织、计划和资源支配"。设计管理顾问 Robert Blaieh（曾经是 Hemrna Miller 和 Philips 的设计主管）将设计管理定义为"设计的实践，为企业内部正式活动方案，经由沟通设计主题以达成企业长程目标，协调企业各项活动与资源达成企业目标"。这些定义都是从如何有效配置公司的设计资源、强化设计合作的角度来看待设计管理的，都是从如何实现各个职能部门密切配合以顺利完成目标的设计职能角度定义管理的。

比战役职能管理定义更高一级的是从战略的角度出发，将设计管理视为公司战略的重要一环。国际设计管理协会主席厄尔·N. 鲍威尔博士曾说道："设计管理是企业实现商业成功的砝码，以使用者为着眼点，进行资源的开发、组织、规划与控制，以创造出有效的产品、沟通与环境。"①其中更为权威和准确的是国际设计管理学会于 20 世纪 80 年代提出的概念："以使用者为中心对特定的产品、界面和环境进行资源的开发、组织、计划和控制。"这是一个比较折中的、相对最为成熟的设计管理概念。托帕利安认为，在企业中，设计管理对设计各方面的管理分为两个截然不同的阶段：企业阶段和项目阶段。同时，设计管理的发展需要拓展从业者的实战经验，这种拓展将从各种亲身经历的设计难题、设计项目以及企业环境中获得。

我国台湾的著名设计管理学专家邓成连综合国内外学者的不同见解，在《设计管理：产品设计之组织、沟通与运作》一书中提出设计管理的定义："在设计活动中运用企划、组织、指导与控制等管理原则。设计活动则包括界定设计组织、规划设计企划、制定设计规范、拟定设计程序、执行创意设计、评价设计结果等，目的在于发挥设计效能、提高设计效率、增进设计竞争力。"②这个定义比较清楚地界定出设计管理的主要内容，强调以有效的设计管理和完善的组织活动来完成优良的设计商品。

归纳起来，可以对设计管理作这样的概括认识：设计管理是根据市场和消费者的需求，以开发、设计为龙头，有计划有组织地进行研发管理活动。它旨在有效地积极调动设计师的创造性思维，把对市场与消费者的认识体现在新产品中，以新的更合理、更科学的方式影响和改变人们的生活，并为企业获得最大限度的利润而进行一系列设计策略与设计活动的管理。设计管理通过计划、组织、统筹，规划和监督设计的全过程，协调各种资源，最终使设计达到预期的结果。因此，设计管理作为一门新兴学科的出现是现代经济发展的必然结果。设计管理是现代企业管理的重要一环。

需要特别指出的是，设计管理并不仅仅是对设计部门的管理或设计部门对设计的管理，这与质量管理、成本管理等名词的使用方法不同。换句话说，质量管理、成本管理都包含在

① 厄尔·N. 鲍威尔：《设计管理学的发展》，上海美术出版社 1997 年版。

② 邓成连：《设计管理：产品设计之组织、沟通与运作》，亚太图书出版社 1999 年版。

设计技术部门的管理范围内，而设计管理是对全部设计资源的管理。设计管理是界定设计问题与目标，寻找合适的设计师，整合、协调或沟通设计所需的资源，运用计划、组织、监督及控制等管理手段，寻求最合适的解决方法，并通过对设计战略、策略与设计活动的管理，在既定的预算内及时有效地解决问题，实现预定目的的方法。设计管理实施的成功与否在很大程度上取决于企业决策层对其认识的程度。中国企业的领导者往往对设计不甚了解，将设计师与美工简单地等同起来，并将其工作简单理解为对图案、包装、外形、色彩的设计。实际上，设计管理作为企业管理的重要组成部分，有必要实现自上而下的统一管理，促进设计部门与营销部门、生产部门等的交流。管理人员还应该对市场有敏锐的洞察力，引导新产品的开发与领导市场潮流。这样才能够有效地控制设计过程以实现预定目标并提高设计执行能力。

针对产品设计的设计管理的涵盖面将其定义的三个要点进行总结。

①在产品开发过程中，整合各部门、各领域的资源，形成协同创新的合力，是为基本层面。

②在发展和培育产品新观念、增加产品新价值的目标下，达成组织、流程、信息的效率性以增加产品的无形价值，是为提升层面。

③在理念上和价值取向上，不仅仅追求使用者及产品本身的完美性，还包括环境、社会及文化方面的公共认同性，是为延伸层面。

2.3 设计管理的内容及作用

2.3.1 设计管理的内容

与设计管理的定义一样，设计管理的范围与内容也有很大的弹性。随着企业对设计的重视程度越来越高，企业的规模和设计活动的内容不断扩展，设计管理的内容与范围也在不断地充实与发展。一些学者将设计管理的范围分成几个不同的层次，以便不同层次的管理人员在自己的职责范围内充分发挥对设计的管理作用。比较流行的看法是将设计管理的范围分为两部分：一是基础层面的“设计项目管理”，另一个是较高层次的“企业设计管理”。

在设计项目管理层面，设计管理的主要内容是如何解决在设计项目管理中所涉及的一系列具体问题，是围绕具体设计项目所展开的管理工作，属于工程操作层面的短期行为；而在企业设计管理层面，其中心内容主要是围绕如何使设计活动为企业经营带来贡献，如制定公司的设计政策与策略、监督设计，在达成企业组织与组织环境的关系中属于宏观方面的工作，是长期行为。一些学者在这些理论的基础上进一步细分，形成了内容分层的管理观念。如有学者将设计管理内容分为三个层次：一是操作层面的设计专案管理，即具体设计项目的管理，一般由项目专案经理负责；二是战术层面的设计组织管理，包括公司内部的设计组织和外部的设计顾问公司，属于设计活动方面的管理，一般由设计经理负责；三是策略层面的设计创新管理，包括公司形象识别、公司设计策略、公司产品识别与色彩计划等，属于企业层级的产品设计管理，由高阶管理阶层负责。另外，CISID、IDSA 及 SAID 等专业组织还总结了工业设计管理的工作要点：第一，发展产品的新观念及规范；第二，以改善外观及功能的手段，增加产品的价值；第三，除顾及使用者及销售者的需求外，还需综合社会、文化的共识；第四，其工作的特性是以二次及三次元的表达方式，聚合产品发展团队各成员的构想而产生共识，激发组织的工作程序。邓成连教授综合国内外学者的观点，提出一个阶梯式设计管理理念，下面我们由低到高拾阶而上。

①设计执行管理。即专案管理，这是全部设计管理的落地之基。由专案负责人具体执行。一般根据设计程序分为概念设计、具体化设计、细部设计、生产设计四个阶段，这四个阶段都需要跟踪关注设计师的表现。稍大一些的项目都会组建一个设计专案小组来执行设计专案工作，一个设计负责人负责控制设计进度，主持各种专案小组会议。

②低阶设计管理。主要负责管理设计组织内的一般日常设计行政与企划设计专案的提案。低阶设计管理的主要工作是提出专案项目、组织设计资源并加以沟通与协调。组织设计资源包括设计人员、设计设备与设计组织内的设计系统。他们还要针对专案企划向设计师提供明确的设计规范，在日常管理中要及时沟通协调，并对设计中的专案加以实时控制与审查。

③中阶设计管理。即设计策略管理，一般由设计副总经理负责。主要工作包括：研究和提出公司设计策略，规划公司的设计组织，策划与介绍设计管理系统，建立与维系设计标准，规划组织设计资源以及协调设计部门与其他功能部门如市场与生产部门，或作为公司与外部设计顾问进行沟通的渠道。

④高阶设计管理。主要考虑如何使设计与公司的发展战略相适应。特别是能够前瞻性地预测市场的需求，并策划产品能在适当的时间、适当的场合被设计与生产出来。高阶管理者还有一项重要工作就是物色和确定产品设计的各个战役的负责人。所以选对人（包括中、低二阶设计管理人才）、谋对事（设计战略及战役组织）、出对策（主要是促进设计创新的策略与政策）等如此重大的功能只能由最高层的管理者所负责，在特殊情况下由多人组成的董事会负责。

以上四个阶梯并不是所有公司企业都存在的。实际上，需要多少阶梯搭建设计“大厦”，取决于公司组织的结构和规模大小，在大型的公司里可能由以上四阶层的管理者负责，而在小型的公司则可能由特定的管理者或直接由总经理统御全部阶层的设计管理。高阶与中阶的设计管理属于设计政策面与策略面的管理，相比其他两个低阶的操作层面的设计管理，其活动更多地集中在企划与组织方面。在设计实务方面，低阶设计管理与设计执行管理更多地涉及设计具体活动，如设计行政的日常管理与设计小组的设计专案执行与控制。因此，在具体的管理活动中，不同层次的管理者所涉及的管理范围与内容是不同的。作为企业的高层领导或决策者，主要职责是制订企业设计政策及推动设计组织运作所需的支持等方面的工作。而作为设计经理或设计部门的负责人，其主要职责就是达到某个市场目标或完成某项设计项目所展开的各项工作。但在有些情况下，比如企业规模的大小不同，两者之间的管理范围区分得并不是十分明确。具体地说，管理者在设计管理中具有什么样的职责范围，需要管理哪些内容，要根据企业或组织的资深情况而定。总之，设计管理的范围与内容受到企业组织结构、特征及设计组织的规模大小等因素的影响，是极具弹性的。下面我们将设计管理的基本内容归纳为三大要点。

①具体分析产品设计开发的各个时间段，制定最初的设计目标，分配相应的工作重点，合理配置资源。

②充分调动企业各部门与设计相关的资源，形成协同创新的链条，使其明确自身任务与责任，充分发挥自身的潜能，为共同的目标而努力。

③从战略高度出发，制定公司的整体以及长远的发展计划与目标，为产品设计指出创新的方向及目标。完整的设计管理包括设计目标(理念)管理、设计策略(过程)管理与设计行政(资源)管理。

2.3.2 设计管理的作用

有许多研究已经表明，在设计管理上越有效能与效率的公司，总是比其竞争者具有更加良好的表现从而获得更高的利润。这是因为，决定公司成败的因素虽然很多，但产品一定是核心，而产品制胜的关键之一就是设计。设计工作不是孤立的、附属的行为，而是渗透到产品开发的各个阶段。这一切使得设计者的工作更高效，更切合企业发展的实际，更符合市场的需求。所以产品设计的状态如何，这其中除了设计师个人的技能与修养外，更重要的是设计的管理体制。每个企业都有许多资源，如人力资源、资金资源、物质资源、信息资源等，它们具有对企业进行集中管理或协调的可能性，都可以成为企业管理的重要手段。设计作为一种企业的资源，既可以为企业带来巨大的经济效益，也可以作为一种管理的手段。在现代工业社会，专业技能领域划分越来越细致，设计活动必须群体化，以技能组合的方式来进行。好的设计并不会在企业中自然产生，它需要企业通过一系列行之有效的管理来实现。设计管理的目标就是将企业的各种设计活动合理化和组织化，充分利用设计这种无形的资源，创造出富有竞争性的产品和鲜明的企业形象。越来越多的企业家和管理者开始意识到设计与管理的结合是企业发展的契机。通过有效的设计管理工作，管理者同设计师之间不断取得有效的沟通。设计管理能使企业的运作走向良性循环。

设计管理在组织设计行为中具有核心作用，能为公司所有的设计行为提供专门的技术知识及能力，调节公司各设计领域，提高设计方法、技术，综合设计资源。还可保证培训设计人员全力参与生产发展，并能够使公司外部可咨询的设计师与公司动作保持一致。设计管理的功能如图 2-4 所示。

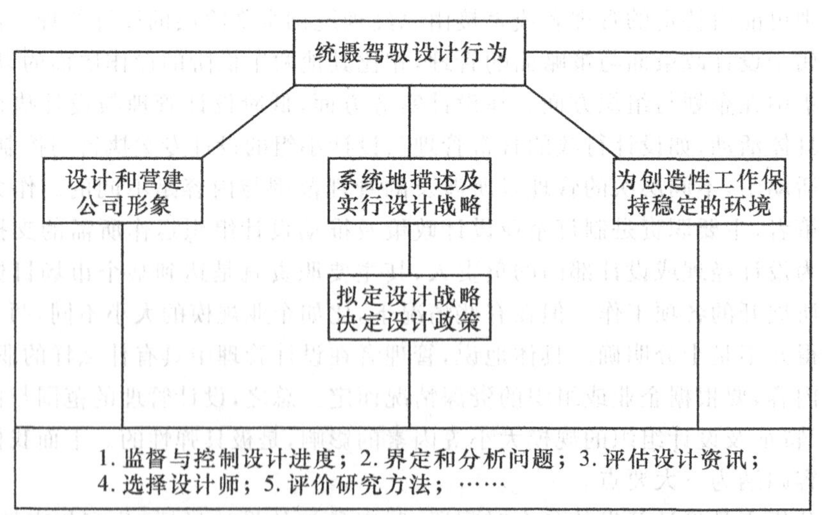

图 2-4 设计管理的功能

通过图 2-4 我们可以发现，设计管理是一个系统工程，企业的各种设计活动，无论是产品设计、环境设计、视觉传达设计，还是相关设计工程，均被纳入合理化和组织化的系统之中。就设计管理的特点而言，由于它跨越了企业中传统的部门界线，形成了一种新的结构，有助于建立起一种杂交优势，这种优势应用于产品创新，有助于提高产品开发设计的效率。而设计管理作为一个过程，对企业的各种设计活动（包括产品设计、环境设计、视觉传达设计等）进行合理化和组织化，充分发挥企业的设计资源，表现同一企业理念，有助于创造富有竞争力的产品，树立企业形象。设计管理的核心是开发新产品，在开发阶段就将产品的核心要素进行合理规划，确保以最适当的时间和成本将产品开发出来，这正是设计管理的最终目的之一。

①设计管理有助于在复杂的市场环境中为企业发展勾画一个清晰的蓝图。随着市场越来越复杂，竞争越来越激烈，许多企业已经开始意识到设计管理的重要性并把它作为企业发展的契机。设计管理不仅为企业发展指引了方向，而且还确保企业每个行为的一致性，避免设计的随意性、盲目性，将设计与公司战略无缝对接，满足公司发展战略的需要。设计管理还能有效整合公司的所有资源，建立起统一的公司形象，从而极大地提高公司的整体竞争力。

②设计管理是一个有效的交流手段。产品就好比一个符号，产品价格、性能、品质、服务等要素直接决定了产品与消费者交流的效果。设计管理将更有利于产品向消费者传达清晰友好的信息、体现企业的形象。企业同样可以通过设计管理增进与消费者之间的交流，使企业获得重要的信息，包括实现企业目标应当采取的经营理念；产品特征的提炼及企业未来的价值取向；实现这些产品目标的设计策略；在竞争中应当采取的经营策略。成功的设计管理注重以交流来传达企业理念、交换消费者信息、规范企业行为，从而进一步提高设计管理的效率。

③设计管理可以为企业创造额外价值，包括无形价值和有形价值。在无形价值方面，设计管理在企业与消费者、管理者与设计师之间建立了一种情感交流的纽带。在有形价值方面，设计管理保证设计过程的有效实施，包括企业目标的统一、设计的效率、产品与市场需求的一致性等。

④设计管理可以有效地控制企业所面临的各种变化因素，创造企业的差异性特征。企业设计管理的核心是建立一个能协调所有与设计活动相关的要素（比如设计目标、设计战略、设计范围、设计环境、设计运作模式等）的设计管理模型。通过整合这些相关要素，设计管理能为创造设计活动提供最优越的环境，调节设计师及各个有关部门的协同创新关系，能使各级行政部门和设计有关的专家组成的合作系统并保持良性运转。设计管理为企业构造了差异性特征，为竞争提供了先决要素。

2.4 设计管理的基本原理、规则及模式

在设计管理的过程中，设计管理者扮演了组织者、协作者、整合者、传达沟通者及媒介等诸多角色，这就需要把握好设计管理的一些基本原理、基本规则与基本方法，否则是无法应对设计管理过程中出现的各种挑战和困难的。

2.4.1 设计管理的基本原理

原理是指某种客观事物的实质及其运动的基本规律。设计管理原理是对设计管理工作实质内容进行科学分析总结而形成的基本原理。

1. 设计管理的系统原理

即将设计管理的整个过程视为一个开放式系统，运用系统理论和系统方法，对设计要素、设计组织、设计过程进行系统分析，旨在优化设计管理系统的最佳功能，实现企业产品的整体优化和创新设计的总体目的。

在设计管理工作及其内部以及其他管理工作都不是孤立存在的，往往构成错综复杂的关系。一方面，系统的整体目标规定着要素的根本性质及其存在和发展；另一方面，要素又随着管理系统的开放而同外部环境以及其他系统发生着各种形式的"输入和输出"，表现为一种相互制约、相互促进的动态相关图景。任何一种关系处理不好，任何一个环节出现问题，都会给设计管理系统的正常活动带来不利的影响。因此，设计管理者必须懂得系统理论、掌握系统方法，在确定和不确定的条件下，对管理对象诸要素及其相互关系进行充分地系统管理和综合，以实现设计管理的最优化目标。

正确贯彻设计管理的系统原理，必须掌握以下三个要点。

①目的性。没有目的的系统是毫无意义和价值的系统；目的不明确或混淆了不同的目的，都必然会造成系统的紊乱。一般来讲，设计管理对象在未经管理之前呈无序状态。设计管理的任务就是通过一系列组织、配置、协调等活动，按特定目的和需求来建构设计管理系统。依据管理系统的整体目标及功能，设置要素的位置、数量、结构；建立要素之间的层次结构联系以及限制条件；在组织或调整管理系统的结构方式、功能和要求时，强调服从和满足系统的整体目的。这样才可能是高效、充满生机和活力的设计管理系统。

②全局性。主要是指设计管理要把其着眼点放在系统的全局优化上，深刻理解设计管理系统的局部目标和功能是为全局而存在和发挥作用的。在设计管理中，全局和局部的关系具有复杂的组合方式和交叉效应等多种后果。在绝大多数情况下，局部同全局的功能、目标和利益，并不总是一致的。从局部看是合理的功能、现实的目标、有利的因素，但对于全局来说，却不一定合理、现实和有利；反之亦然。设计管理系统具有其组成要素在孤立状态下所没有的新特征和新功能，系统原理强调从全局出发，发挥全局效应，并争取局部最佳，从而实现整体效益最佳。

③层次性。指组成系统诸要素之间的立式构造或管理要素结构方式中的等级体系。设计管理系统的层次对输出系统整体功能具有重大的制约作用。设计管理系统规模越大、层次越多，其沟通率就越低。因此，定位设计管理系统的规模和层次时，一定要从实际出发，因地制宜，掌握好适度原则。设计管理的层次性观点，要求任何一个层次都只对上一层次负责，只接受上一层次的指令；防止系统内部层次混乱、层次之间的职责相互替代或超越层次等不良现象出现。

2. 设计管理的人本原理

即强调以人为本，把人视为设计管理的主要对象及系统最重要的资源，以调动人的积极性和创造性。设计管理应立足于人，通过做好人的工作，达成最大限度地沿着正确的目标轨道发挥人的主动性和创造性，进而实现各项管理资源的合理运筹，实现设计管理系统整体功能优化和目标优化。

人本原理认为，设计管理中的人，既是管理者又是被管理者；从另一个角度看，管理既是由人进行的，同时又是对人的管理。无论是管理者还是被管理者，他们都受制于实现创新设计这一系统目标。因此，人本原理的根本特征或实质就在于，通过充分肯定人在管理活动中的作用，来实现全体“管理人”当家作主，并由此激发他们的积极性和创造性，为提高设计效率和效益做出切实的贡献。

3. 设计管理的动态原理

即创新设计过程是一个受制于外界环境，并连续不断地通过输入转换到输出的动态系统，在转换过程中，将伴随着“物流”、“人流”和“信息流”的流转变化，要求设计管理者用发展的眼光来分析和解决问题，树立动态观念，实施动态管理，并在动态管理过程中实现结构优化。

企业的产品创新活动需要市场、组织、制度、管理、信息、资金等诸多方面的支撑。随着产品创新活动的进行，上述方面都在发生变化，这就需要对产品创新活动进行动态的调整，以促进创新效率的提高。此外，这种动态调整又产生反馈作用，直接影响到产品创新活动的进行，所以，在设计管理的动态发展中，既可能是一种优化，也可能是一种劣化。设计管理者的职责就是努力追求最好的转化，实现系统的优化，使设计管理者尽可能地达到总体目标和具体目标的要求。

市场瞬息万变，企业不可能以不变应万变；实际情况往往是不断出现新的问题，随之不断提出新的具体目标和指标，甚至是提出新的总体目标。当总体目标、具体目标和指标之间出现矛盾时，设计管理者要仔细区分它们的实际含义和相对重要性，找出解决矛盾的最佳方法。

2.4.2 设计管理的规则

设计管理的规则主要是为在设计管理过程中与其他部门和外部环境之间的有效合作提供一种规范化的运作体系。我们认为以下三大规则是设计管理者必须遵守的。

1. 责任规则

责任意识、责任感，是现代经济社会每一个人和每一个组织最重要的品质之一。设计作为管理的任务，已经成为现代管理最重要的管理任务之一。现代设计是一种团队运作，为了实现高效管理，所有参与者必须协同合作，表现出良好的团队精神，对设计项目要自觉承担责任，包括整体的企业设计观念的树立和自己所承担的某一环节的职责，只有这样才能使每项设计开发任务顺利完成。

2. 效益规则

效益是管理的永恒主题。任何组织的管理都是为了获得某种效益。效益的高低直接影响组织的生存和发展。现代企业是从事生产经营活动的经济组织，其任务是为社会提供适销对路的产品，使投资者资产保值、增值，使企业自身求得发展。这就要求在设计管理过程中，讲求经济效益，把提高经效益作为设计管理的出发点和落脚点。设计管理的基本目标在于获得最佳管理效益，即创造出更佳的经济效益，实现更好的社会效益。效益原则是建立在质量第一这个基础上的，每个设计管理者都应将质量放在首位。设计是一个质量的运动，优秀的设计是建立在高质量的基础上的，而只有高质量的设计才能保证高效益。

3. 道德规则

产品创新的最终目的是向人类提供好的产品，改善人类生存条件和生存方式。因此，在设计过程中，设计管理者要能够自觉抵制破坏自然环境和生态平衡的设计，抵制不利于人类身心健康发展的设计，不能为了企业的局部利益而无原则地牺牲人类社会的整体利益，要具有高度的道德观念和历史责任感。美国设计理论家维克托·巴巴纳克（Victor Papanek）在20世纪60年代末出版了《现实世界的设计》（*Design for the Real World*）一书，严肃地提出了现代设计的道德问题。他指出，在现代产品设计过程中，设计管理者应牢记以下三个原则：一是要树立设计是为人民服务的，尤其应为广大第三世界的人民服务，而不是只为少数富裕国家的人服务的理念；二是要树立设计不仅仅是为健康人服务，更应当关注残疾人的需要的理念；三是树立设计者应当认真考虑地球上有限资源的使用，而不是毫无节制地加速这些资源的消耗的理念。也就是说，设计应当树立为保护地球的有限资源服务的理念。

2.4.3 设计管理的模式

设计管理模式是企业在市场竞争中致胜的关键之一；先进的设计管理模式能够准确界定设计问题与目标，整合、协调或沟通设计所需的资源并做出有效配比，注重整个设计过程的组织结构管理、组织权利管理、流程管理、成本管理、知识产权管理等，运用计划、组织、监督及控制等管理手段，寻求最合适的解决方法，并通过对设计战略、策略与设计活动的管理，在既定的预算内及时有效地解决问题，实现预定目的。具体来说，一个好的管理模式，能够实现动态的配比人员，形成合理的组织结构管理；通过组织权利，明确设计分工，实现部门合作；通过流程管理确定设计目标、制定设计计划、监督设计、评价设计成果、保证设计质量。因此创建合理的设计管理模式，更好地提升企业核心竞争力。

设计管理模式是从一般企业管理模式中演化而来的。因此有必要先了解一下企业管理模式。从企业的组织管理的角度来看主要有三种模式，即线性组织管理模式、矩阵组织管理模式和网络组织管理模式。

1. 线性组织管理模式

线性组织管理模式(如图 2-5 所示)是最传统的企业管理形式。从名称我们就可以看出这是一种以自上而下的管理方式。线性组织管理结构的特点就是垂直管理，层层责任到位，同时权利集中，便于统一管理。这种管理模式在中小型企业中比较常见。

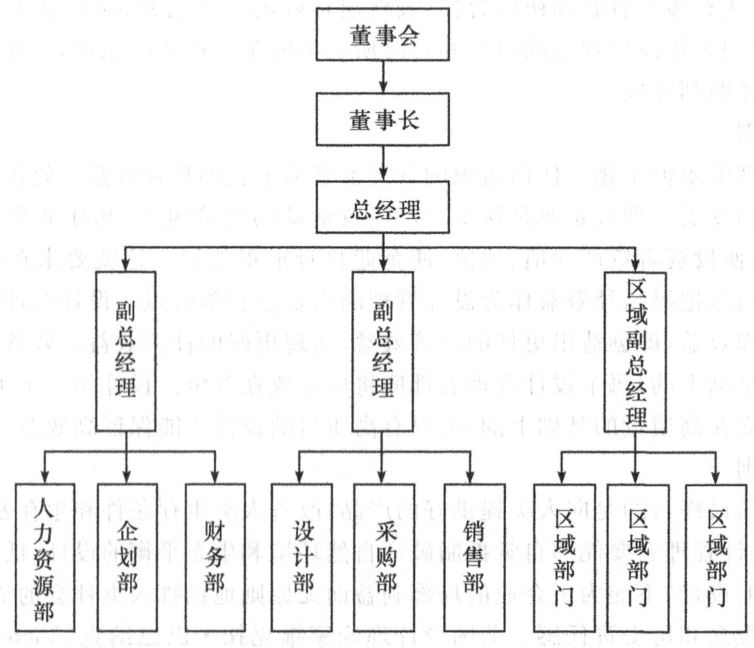

图 2-5 线性组织管理模式

2. 矩阵式组织管理模式

矩阵式组织管理模式(如图 2-6 所示)是在线性组织管理模式的基础上增加了横向的管理工作系统——即并行的项目小组。与线性组织管理结构相比,矩阵式组织管理结构的特点和优势是可以在多任务的情况下明确分工,进行目标清晰的独立工作。同时,在多任务的情况下,便于统筹管理,平行的项目之间不会受到干扰和影响。而且,又能避免各个职能部门之间管理脱节,各自为政的缺陷。

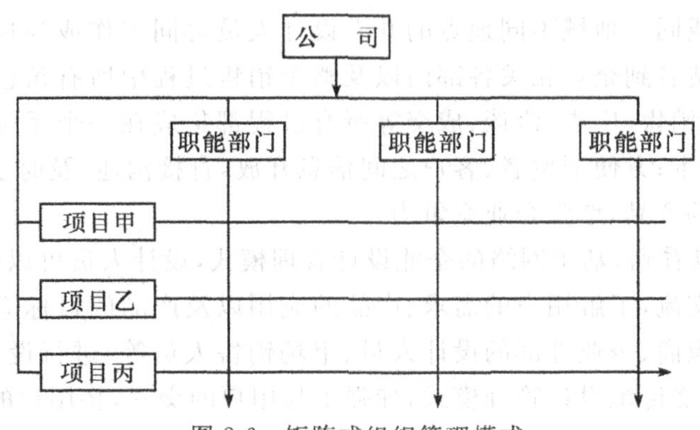

图 2-6 矩阵式组织管理模式

3. 网络式组织管理模式

网络式组织管理模式(如图 2-7 所示)是相对于前两种组织管理形式来讲更为小型、机动的一种组织管理结构。网络式组织管理模式的特点就是快捷、灵活,有很强的自我调整能力和应变能力。特别适合一些市场变化快,消费者需求变化大的行业。俗话说"船小好调头",小型的网络式组织管理形式能够快速地依据市场的变化有的放矢地给予应有的调整,及时变化策略。

以上三种企业管理的组织管理模式仅仅是一些具有代表性的组织管理形式,而具体到实际操作中,企业的组织与管理还有很多方法和内容。企业往往会根据自己的实际情况来进行调整和变化,这些改变的最终目标都是为了将生产力推向更高效的层面,实现经济效益的最大化。

遗憾的是,国内不少企业依然是传统的纵向的管理模式(如图 2-8 所示),即沿着单一方向按照各部门的分工和生产流程完成产品的生产、研发。

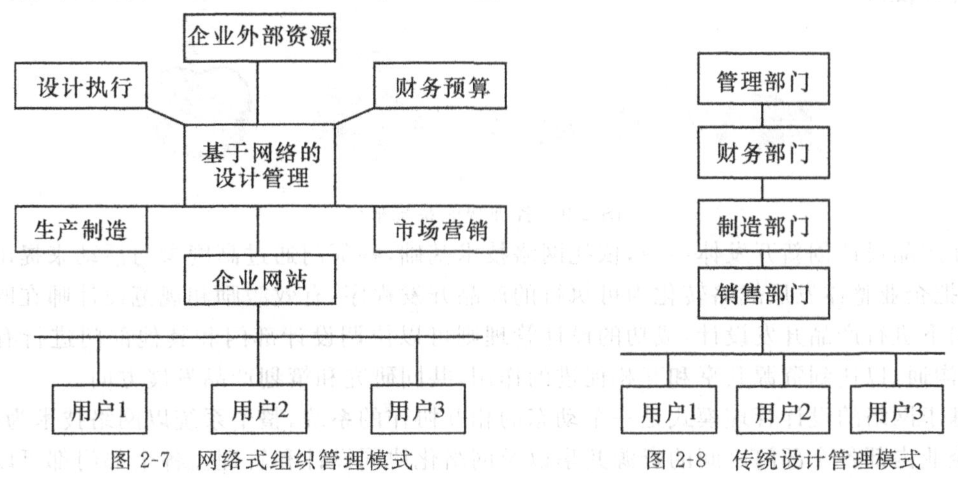

图 2-7 网络式组织管理模式　　图 2-8 传统设计管理模式

这种单一纵向的管理模式容易造成管理和部门间的信息闭塞，延误生产周期等问题。特别是信息时代瞬息万变的市场和技术，致使市场需求变化速度加快，现代产品从开发到占有市场的整个生命周期越来越短，时间成本成为赢得市场竞争的重要因素。节省时间成本就必须要求产品开发设计人员并行协同工作，减少传统模式所引起的反复修改时间。

因此，在产品开发设计过程中，就必须考虑协同设计的人和资源的分配、管理和协调。基于网络的企业设计管理模式从单一纵向变为平行结构，形成并行化的关系管理模式，不仅使分布在不同地域或同一地域不同地点的开发设计人员协同工作成为现实；而且在最广泛的领域内建立从消费者到企业相关各部门以及整个销售过程中所有角色之间的协同组合，把设计、生产、采购、销售、广告、洽谈、成交等所有过程都集成在一个系统当中，方便企业缩短生产周期、降低成本；方便消费者、客户之间信息开放，直接沟通，及时了解市场动向，创造出满足消费者需求的产品，增强企业竞争力。

从图 2-7 中可以看到，基于网络的企业设计管理模式，设计人员可以使用各种各样的交互工具与用户进行交流，了解用户的需求、产品的应用以及产品的目标应用域，并协同各方人员（包括用户、供应商、企业外部的设计人员、市场销售人员等）进行设计。就用户方面来说，这种设计模式较之传统设计管理模式，加强了与用户的交互，将用户的需求放在第一位，充分考虑用户由于教育、文化习惯等因素呈现出的多面性，即个性需求，在设计阶段主动关注、吸收用户的想法，并及时修改设计方案，在更大程度上确保产品设计的成功。在这种设计模式中，用户的个性需求被有效地提取并考虑到设计过程中，通过对产品的设计方案进行评价，统一设计和用户需求；加强设计人员与企业外部设计人员及供应商之间的交互性，使最终确定的设计方案或最终投产产品的可使用性得到提高；强调设计管理的作用，使设计的功能得到充分的发挥。

21 世纪是一个以数字化、网络化、信息化为特征，以网络为核心的信息时代，信息技术的快速发展和国际互联网技术的普及应用，为设计管理提供了最为先进、方便和快捷的环境依托和技术支持。建立在各种智能化系统平台（如图 2-9 所示）之上的网络管理模式，方便企业解决产品开发中存在的问题，实现多学科领域、各部门工作人员以团队形式协同开展工作。在产品开发设计过程中，团队成员各自的工作领域产生交叠，通过网络化手段调动相关领域的人员一同进行工作，通过有效地设计管理，建立系统化、工程化的模式，科学有效地组织设计开发。

图 2-9　各种智能系统平台

在产品设计创新开发体系中，依托网络技术基础，各部门通过高度参与活动来提出发展战略，把企业整体发展战略转化为可执行的产品开发程序，有效激励和规范设计师在既定目标指引下进行产品开发设计，成功的设计管理则可以协调设计部门和其他部门进行有效地合作、沟通，以达到资源共享和互相促进的作用，共同研究和策划产品发展方向。

基于网络的设计管理模式是一个动态的相互协作的系统，整个系统以网络技术为基础，实现企业内部各个部门之间的资源共享以及网络化协同设计和管理。各个部门都可以通过网络随时了解其相关部门的工作进度、任务完成情况以及随时可能出现的问题并及时、迅速地对本部门的工作做出相应的调整和反馈。在网络上实现设计管理，更能增强企业的竞争力；为企业领导的管理、决策提供更快捷、准确的依据；使企业能更快地收集市场信息、客户意见；使企业节省更多的设计和开发资本，更加满足客户的需求。

【思考题】

1. 简述产品设计管理的含义。
2. 设计管理的主要内容有哪些？
3. 设计管理的作用主要表现在哪些方面？
4. 设计管理的系统原理的三个要点是什么？如何把握？
5. 如何看待设计管理的人本原理和动态原理？
6. 设计管理的三大规则是什么？三大规则对设计及设计管理的规约性表现在哪些方面？
7. 简述线性组织管理模式、矩阵组织管理模式、网络组织管理模式各自的优势与缺陷。

第三章　产品整体概念与设计管理

从表面上看，产品的概念是很容易理解的，就是工厂为满足使用者或消费者的需要而生产出来的，具有某种特定物质形态和用途的实物而已。其实这是一种比较狭义甚至是肤浅的看法。如果说，消费者持有这样的认识尚属情有可原的话，那么生产者和设计者也这样看问题就是不可原谅的了。因为这种肤浅且粗糙的观念非常不利于产品设计、生产和营销的精致化、人性化，甚至会导致一系列不良后果。

现代观念认为，广义的产品是指人们通过购买获得能够满足某种需求和欲望的物品的总和，它既包括具有物质形态和实用功能的产品实体，又包括非物质形态的利益，这就是"产品的整体概念"。

从产品的整体概念的角度看问题，产品设计涉及方方面面，因此必然有一个统筹管理的问题。产品的整体概念要求设计管理的整体性，即通过设计把企业及其周围的世界紧密连接起来，保持企业的一致性，向消费者传达明确的信息。设计管理就好比指挥一支交响乐队，虽然不同的乐器其音质不同，但通过统一的指挥，各种乐器就能够随着旋律组合成一支优美的交响乐。设计管理者就是其中的指挥者，努力去实现目标的统一。如今越来越多的企业已经把设计管理作为重要的战略武器。设计管理已经参与到企业战略的制定、市场调研、开发设计部门的每一个行为，可见，设计管理已经成为企业发展的调节器，在企业资源的有效配置以及企业部门之间的合作中发挥着不可忽视的作用。

3.1　产品与产品文化

3.1.1　产品的基本界定

产品是指一切能满足顾客某种需求和利益，并能通过交换实现其价值的物质形态产品和非物质形态的服务，是企业满足社会需要的核心形式，企业与市场的关系也是由产品来联结的。科特勒曾将产品定义为：能够提供给市场以引起注意、购买、使用或消费的东西，它包括实物形态、服务、个性、场所、组织和思想。这是从满足市场需求角度所作的企业产品定义。

斯泰通(Stanton)进一步将产品界定为有形属性和无形属性的统一体，它包括包装、色彩、价格、生产商信誉、零售商信誉及生产商和零售商的服务等，这些可在满足购买者需要时为他们所接受。用有形和无形来归纳产品的内容是一个很好的思路，从有形的实物产品到无形的服务产品是一种自然延伸，因为服务具有产品的基本属性，它也是通过劳动而产生，能满足一定的消费需求，能被用来交换并实现价值。只不过它并不像物质产品那样具有固有的形态，所以人们也常把它称为无形产品；而从全面满足消费者需求的角度去认识产品，就会使产品的概念得到进一步的扩展和延伸。因为在人们对产品的需要、选择、购买和使用过程中,“需求”的内涵是会不断扩大乃至无限延伸的。例如,人们需要手表是为了计时,这是手表最基本的实用功能。但是人们在挑选手表时,关注点似乎不在计时上,而是在手表的品牌上;在大体上处于同等层次的品牌中,又会对手表的外观、色彩、体积、材质等进行比较和挑剔;同时人们还会关心手表的售后服务等问题;而对于许多比较讲究的消费者来说,还特别关注手表所象征的寓意、所表征的社会地位等附加值。

综上所述,我们可以发现,现代产品的概念不是产品的生产者“给出”的,而是产品的消费者“示意”的。消费者对于产品的需求是会不断延伸和扩展的。也就是说,一种产品对于这些延伸和扩展了的需求满足程度越高,其被消费者接受的可能性就越大。因此,企业在进行产品的设计和开发时,就应当从消费者的需求出发,尽可能将消费者对该产品的各种需求融入产品的设计思想中去,以使生产出来的产品具有市场竞争力。

3.1.2 产品文化

产品本身就是一种文化的存在,学术界称之为“物质文化”。这种说法其实是不够确切的;产品虽然是以物质形态出现的,但却不仅仅具有物质性的使用价值,它还蕴含着诸多文化性的价值。特别是随着文化经济时代的到来,文化与企业、文化与经济的互涉相关、互融一体越来越明显,而这首先就反映在企业的产品上。现在人们购买产品已经不仅仅是为了满足某种物质生活需要,而是越来越多地考虑精神生活的需要。有眼光的企业早已洞悉了这一点,在产品的设计上注入了更多情感和心理方面的文化因素,即产品文化附加值的开发成为时尚。诺基亚“科技以人为本”的理念实际上就是把使用价值、文化价值和审美价值融为一体,突出产品中的人化含量。因此在今天,企业产品不仅是技术和工具的产物,而且是企业及员工对产品文化理解和运用的成果;不仅凝结着经济学意义上的抽象的人类劳动,而且凝聚着具体的设计师和员工们的设计创意,是企业员工群体特定的价值观、思维模式和心理的、知识的、能力的综合素质的体现。

产品文化与企业文化紧密联系。产品或服务是企业生产的成果,任何一种产品和服务都是在企业中生产和形成的,既受到一定程度的企业文化的制约,又凝聚了企业文化因素。因此,产品形象是企业综合素质的反映,是企业的文化符号和承载体,反映了企业的价值观和理念。产品文化是企业文化的重要组成部分,也是企业文化的一种体现。

产品文化集中体现为产品形象,即通过产品表现出来的、在消费者心目中形成的关于产品及其企业的印象和情感。产品形象是由多个要素构成的集合体,比如有形的物体、服务和无形的感受。产品形象是产品在消费者心目中的影响和情感。

1.产品质量文化

产品文化的一个核心内容是产品质量文化。不过,提到产品质量,无论是消费者还是企业都会立刻想到产品性能、品质以及服务态度、服务水准之类,而忽略了这其实是产品质量文化。这恰恰是国内不少企业产品质量不稳定的症结所在。所谓产品质量文化,就是指企业和社会在长期的生产经营中形成的涉及质量控制的意识规范、价值取向、思维方式、道德水平、行为准则、法律观念、风俗习惯和传统惯例等“软件”的总和。从这个定义中我们不难看到,质量文化是产品质量的灵魂,我们摸得着看得见的那些具体的产品质量现象是质量文化的物化。如果从层次上解剖,质量文化由三个层次组成。一是质量文化核心层,如质量价值观、质量道德观、质量意识、质量理念等；二是质量文化保障层，如质量方针、质量目标、质量管理体系、质量法律法规、标准制度等；三是质量文化形象层，如员工的质量行为、产品的性能与品相等。可见质量文化不仅直接体现为产品质量、服务质量、管理和工作质量，还延伸表现为消费质量、生活质量和环境质量。

有意识的质量管理发端于西方，已经有一百多年的历史，涌现出了不少著名的质量管理大师以及不少深刻的质量文化理论。如费根堡姆说："品质是一种道德规范，它与人员的观念、信念是相关联的。"克劳斯比提出"零缺陷"与"第一次就把事情做对"的质量管理理念，都是将产品质量与制造产品的人紧密联系起来的。也就是说质量问题不是技术问题，而是信念问题、观念问题，是隐含在企业及每个人的内部，通过价值取向的外化方式表现出来的。可以说，产品的质量就是企业的质量、企业老板和全体员工的质量。

随着经济全球化的进一步发展与市场竞争的日益加剧，人们越来越关注产品的质量，各种各样的质量管理理论与工具（TQM，SPC，6Q，ISO 体系）被引入质量管理实践，殊不知再好的质量改进和监督工具，如果不能和企业的质量文化融为一体，不能为企业各个环节的员工所认可，都不可能取得应有的绩效。因此，对于企业来说，建立自身的质量文化十分必要。企业要想在激烈的市场竞争中确定自己的优势地位，使企业立于不败之地，就必须不断提高员工的质量文化素质，转变思想与态度，形成以预防为主的"零缺陷"质量文化，而非"事后诸葛亮"的回护文化；从外部不断强化以质量为生命的企业信誉和形象。事实上，许多成功的企业之所以能够发展壮大，背后都有强大的质量文化的支撑和贡献。

2. 产品设计文化

现代信息社会，产品文化的重心在不断向设计迁移。因为信息时代的市场信息非常繁杂，消费者往往陷入茫然无措的境地。企业必须在产品的汪洋大海中设法突显自己的产品信息，让自己的产品能在众多的同类产品中被购买者重点关注。要达到这个目的，你的产品就必须具备很强的设计性。

设计是一种把人们的思想赋予形态的工作，就是将所有的人与物赋予美好的目的并加以实现。优秀的设计是真善美的体现。设计从过去对功能的满足进一步上升到对人的精神的关怀，这是在设计中融入文化、增加产品的文化附加值的根本所在。在产品设计中，构成产品的每一个因素都可以成为文化符号。设计的特征化具备无限的可选择性，企业的产品是否选择某几个因素或因素组合作为设计的重点，要看企业结合自身情况对下述问题的综合考虑。

①要建构合理的企业产品文化体系，形成鲜明、统一的文化形象，使企业的所有产品形成一股合力，实现竞争的需要。

②因时应景地调整设计策略以适应时代的变化。研究并把握时代的相关变化，如时尚、技术、工艺等诸多方面。

③在不断的变化中保持企业设计文脉的延续性。要达到这一目标，确定合理的变化内容，定义合理的不变内容，即处理好产品设计的识别与非识别的平衡问题极为重要。根据企业的实际需要，合理地适应或引导消费的需求变化，追求形式上统一的变化和变化的统一的合理平衡。对一个企业来说，同一时段推向市场的产品识别内容限定过多，在设计阶段，就会限制设计师的创作空间，不利于新产品的开发。反之，在企业产品种类较多的情况下，又会在识别上造成信息传递的混乱。

图 3-1　联邦椅

总之，要在把握并适应时代变化的基础上，形成明晰的企业设计文化，就必须从时间的推移上研究其产品体系及其组成部分的变化，对具体的企业来说，这种时间的推移更多地体现在产品更新换代的周期上，这一周期的单位长度由企业经营产品的市场生命周期为基准。只有这样，才能切实增强我们的设计预测能力，使科学地制定企业产品设计战略成为可能。风靡家具业界几十年的“联邦椅”(如图 3-1 所示)，就是一款将中华民族文化和西方简洁流畅的现代风格相融合并精湛地运用了人体工程学和美学原理的实木沙发。目前至少有上亿张(包括几千家仿制企业的产品)“联邦椅”给人们提供享受，使人们体会到“天人合一”的意境及回归自然的舒畅。可以说尽显东方艺术文化底蕴的“联邦椅”的横空出世，开启了现代中国家具原创设计的先河，创造了中国现代家具史上的一个“现代神话”。库卡波罗大师称赞：“联邦椅”的出现，成为中国现代家具设计的里程碑。

3.2　产品整体概念

人们对产品整体概念有一个不断加深的认识过程。贝内特(Peter D. Bennet，1988)将产品分为两个层次，并构建了一个三角形的两层次模型(如图 3-2 所示)。在这个模型中，产品整体由核心产品与品牌形象、服务等附加产品构成。此后，马杰罗(1993)和佩恩(1993)、齐克曼德和阿米科(1993)等人都曾推出过由核心产品和附加产品构成的两层次模型。他们认为核心产品即产品整体的主要性状，是核心提供物的基本特性和基本方面，包括具体的特性、美学、包装、保证、使用指令、修理服务、合同、威望和品牌名称等，每一部分都提供追加利益。附加产品与核心产品的绩效结合后，共同满足购买者的需要。库尔茨和布恩(David L. Kurtz and Louis E. Boone，1987)推出了一个正方形的两层次模型(如图 3-3 所示)。内层的正方形是提供给消费者的物品或服务的物理特征和功能特征，外面的正方形包括品牌、包装和标签、保证和服务以及产品形象等。

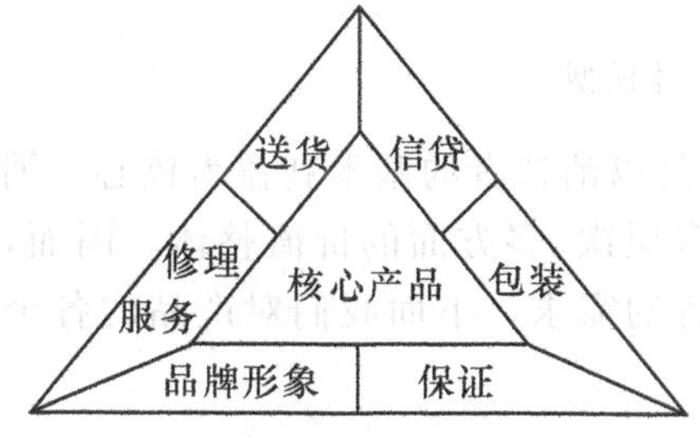

图 3-2　贝克特的两层次模型

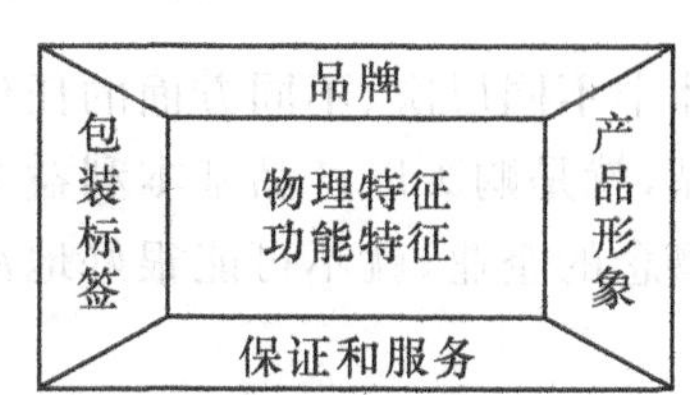

图 3-3　库尔茨和布恩的两层次模型

从上述两种两层次模型可以发现，模型构建者在认识上尚不一致，对附加产品认识层的认识差异较大。

科特勒《营销管理》一书在回答“购买者真正要购买的是什么？”这一问题时，提出三层次结构说，即将产品整体模型划分为核心产品、有形产品和附加产品三个层次。有形产品位于产品整体的中间层，附加产品位于产品整体的最外层。三层次结构模型的层次增加，本质上是对两层次结构模型中第二层次所包括的内容进行再次划分的结果。

随后，莱维特(1986)又提出四层次结构的产品整体模型。一是核心产品或一般产品，它是产品的有形属性；二是期望产品，是消费者对有形属性或其他属性的期望，是需要满足的最低限度的购买条件，诸如送货条件、安装服务、售后服务、维修、备件、训练、包装、便利等；三是附加产品，是超出顾客期望的部分；四是潜在产品，是可能增加对购买者具有效用或可能具有效用的特点和利益。

在莱维特提出四层次说之前，科特勒就提出了五层次产品整体模型(如图3-4所示)。与他曾经提出的三层次模型相比，五层次模型增加了潜在产品(第五层)和期望产品(第三层)，改造了原来的第二层，有形产品的提法代之以“一般产品”；附加产品层被推向第四层。据科特勒解释，五层次由内到外依次是核心产品、一般产品、期望产品、附加产品、潜在产品。科特勒的这个分法被学术界普遍认同，不过，大家认为“一般产品”的提法容易产生歧义，还是还原为“形式产品”比较恰当。

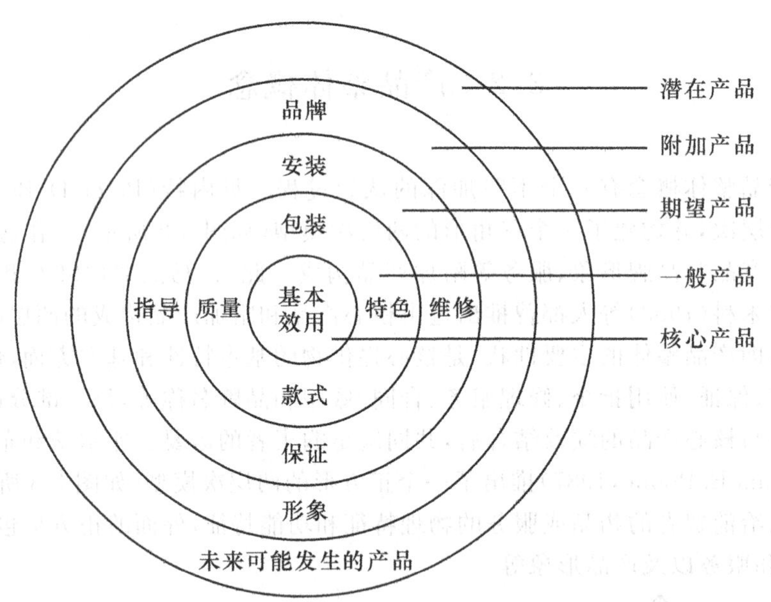

图3-4　五层次产品整体模型

产品整体中不同层次、不同方面的任何部分，都是以消费者的基本利益为核心。消费者购买一种产品，就是购买以产品基本利益为核心的多层次、多方面的价值整体。因而，不懂得产品整体概念的企业，就不可能很好地满足消费者的需求。下面我们对产品的各个层次略作介绍。

3.2.1　核心产品——产品的基本功能层

核心产品也称实质产品，是指消费者利用该产品所满足的基本需求，是顾客真正要买到手的一件东西。从理论上讲，核心产品就是指产品为消费者提供的基本效用和基本功能，满足消费者对该产品的基本需要。因此，是产品整体概念中最基本、最主要的部分。消费者购买某种产品，并不是为了占有或获得产品本身，而是为了获得能满足某种需要的效用或利益。例如，人们购买手机的目的不是为了拥有手机本身，而是为了满足人们方便、及时地进行沟通的需要。同理，消费者入住宾馆的目的不是为了拥有宾馆本身，而是为了满足休息与睡眠的需要；买化妆品是希望满足美丽、体现气质、增加魅力的需要等。所以，在进行产品设计开发时，必须准确识别并及时满足消费者的核心需求，明确产品能提供的利益，这样产品才具有吸引力。

核心产品为产品的基本功能层，就是指产品作为使用价值最基本的实质性功能，是产品的核心层次。比如汽车是运输工具、洗衣机是洗涤衣物的工具，电视是为了收看节目，药品是为了治病等，正是这些最基本的实质性的功能，成为消费者购买产品的基本诉求，也是产品最本质的价值所在。

从产品设计的角度来说，首先要将这些最基本的实质性功能效用设计好。但是，"首先"并不等于"全部"，特别是在现代商品社会，人们对产品的要求不仅仅是要看其实质性的功能效用如何，而且还要追求其样式、品牌等更广泛的东西，许多时候，对后者的看重和追求甚至远远超过前者，民间有所谓"货卖一张皮"的说法，这就涉及产品的另一个概念，即外观品相的问题。

3.2.2　形式产品——产品的外观品相层

形式产品也称有形产品，是指核心产品以具体形式向市场提供的实体物件和服务的项目。作为实体物件的有形产品，是核心产品的外在表现，是用户识别和选择产品的依据，通常由品质、特性、品牌、包装、式样、品牌名称等要素来表达，这些方面若与众不同或有效组合，无疑将起到开拓市场的作用。作为服务的有形产品，主要体现为服务态度、服务水平、服务项目等。例如，宾馆的房间应包括床、浴室、毛巾、桌子、衣柜、厕所等形式产品；而宾馆的无形产品应包括服务员的态度、技能等。产品的基本效用必须通过特定形式才能实现。产品设计就应当以此为出发点再去寻求利益得以实现的形式，然后进行产品设计开发。

所谓外观品相，顾名思义就是指产品所呈现出来的感性样式，包括产品的造型、色彩、包装等。外观品相是构成产品特征的主要因素之一，在现代商品社会，它也是构成产品核心竞争力的主要因素。这是因为，现代科技社会对于产品的基本功能几乎不存在特别重大的差异，所以这些基本功能的竞争力微乎其微；消费者购买产品当然是要关注基本功能的，但是这些基本功能在消费者心目中是作为一种不言自明的、理所当然的品质存在着，所以并不会在这些基本功能问题上过分留心，而是会在确认产品的基本功能没有什么问题之后，立即将主要关注点放在产品的感性样式上。

随着生活水平的提高和人们对社会身份的重视，消费者对产品的外观样式也不再仅仅停留在漂亮不漂亮的层面上，而是进一步深入到产品外观符号所表达的某种象征意蕴上，社会消费心理普遍认为正是这种象征意蕴显示着产品的品质。越是高档产品，这种象征意蕴在产品价值中所占的份额就越大。设计师在设计这一类高档产品时，一定要充分考虑到这一点。

对于一些高科技产品和耐用的大件产品还会关注到售后服务的问题，这就涉及产品的第三层次，即附加产品。

3.2.3 附加产品——产品的延伸功能层

所谓附加产品，也称延伸产品，是指消费者在购买形式产品和期望产品时，附带获得的各种附加服务、附加利益和承诺，满足人们在购买和使用产品时产生的一些附加需求，包括提供信贷、免费送货、上门服务、安装、调试、维修、技术培训、“三包”、无理由退换等。这些均属于产品的延伸扩展层，是产品售后服务的内容。一些厂家和商家往往并不在意，甚至根本就不予考虑。而一些著名品牌恰恰是在这些方面表现突出，以诚信而周到的售后服务在激烈的竞争中胜出。这是因为，附加产品不仅是厂家和商家对产品质量高度自信的体现，更是体现了售后服务的优良和完善，使消费者免除后顾之忧；而且意味着厂家和商家具有现代营销理念的开放式思维。换言之，不仅应关注到终端用户，而且应关注承担产品运输的物流用户、各级批发商、零售商等渠道用户。可见，延伸扩展层实际上是厂家对各类用户的多重承诺。从产品设计的角度看，延伸扩展层的设计正是对这种多重承诺的保障，比如，考虑到物流用户的需求，对产品的几何尺寸、拆分和组装方式等的精心设计；又如，精心考虑渠道用户对产品的陈列、展示、演示方式等的要求；再如，售后服务如简单的安装、便利的维修、简易的操作等也需要精心设计。

在其他条件大致相同的情况下，用户购买意向总是偏向能给予更完善服务的产品及品牌，从而把一个企业的产品与另一个企业的产品区别开来。附加产品的概念来源于对市场需求的深入认识。因为购买者的目的是为了满足某种需要，因而他们希望得到与满足该项需要有关的一切服务。国内外许多企业的成功，在一定程度上应归功于他们更好地认识了服务在产品整体概念中所占的重要地位。如 2005 年，液晶、等离子等高端平板电视的竞争进入了白热化阶段。在产品相差无几的情况下，差异化的售后服务成为了企业树立独特竞争优势，区别于竞争对手的一张王牌。海尔在推出了“全天候、全方位解决用户烦恼，让用户全无忧”的 3A 保养服务理念之后，又在行业内首家推出了平板电视一周包退、15 天包换、三年包修，免费设计、免费送货、免费安装、免费调试、免费移机一次、一年免费保养一次的“三包六免”服务；TCL 积极应对，将高端平板电视的“三包”自行升级为“四包”，即售后包安装、一周包退、15 天包换、一年包修，彻底解决了消费者购买平板电视的后顾之忧。借助出色的附加产品，企业不仅赢得了消费者的青睐，更在市场竞争中确立了品牌的长期优势。

新的竞争并非凭借各公司所生产的产品，而是依靠附加产品中的包装、服务、广告、消费者咨询、资金融通、运送、仓储及其他利益。企业营销人员要特别重视附加产品的质量，因为从本质上讲，当前的市场竞争更多的是附加产品层次的竞争。贝内特指出：“附加产品是由伴随的利益而增加了价值的物品、服务和思想，它是卖方打算卖的东西和买方感知到的东西两者的综合。”但他错误地认为：“附加产品是消费者真正购买的东西。”这就忽视了核心产品给消费者带来的利益。

3.2.4 期望产品——产品的心理期待层

期望产品是指消费者在购买产品时希望得到与核心产品密切相关的一整套属性和条件。由于它往往表现为一种对顾客心理期待上的满足，所以也称为心理产品。例如，入住宾馆的旅客希望宾馆能够提供干净的床单、消毒的毛巾、柔和的灯光、舒适的淋浴和安静的环境，希望服务员笑脸相迎等。

产品的消费往往是生理消费和心理消费相结合的过程，随着人们生活水平的提高，人们对产品的品牌和形象看得越来越重，因而它也是产品整体概念的重要组成部分。作为产品设计不但应该提供消费者期望的产品，更应该提供超越消费者期望的产品。

3.2.5 潜在产品——产品的无限可能层

潜在产品是指产品最终可能会实现的全部附加部分和将来转换的部分，即对于消费者可能产生的对某些产品新的需求的满足，这会促使企业对现有产品进行不断的更新与改造，并努力开发出新的产品。如果说，形式产品表明了产品的现状，那么，潜在产品则预示了现有产品将来可能演变的趋势和发展前景，即所有附加和转化。例如，彩色电视机有可能发展成为计算机的终端机等。因此，企业营销人员应该时刻关注产品的发展演变趋势。它与附加产品的主要区别是，消费者没有潜在产品仍然可以很好地满足其现实需求，但得到潜在产品，消费者的潜在需求会得到超值满足，消费者对产品的偏好程度与忠诚程度会大大得到强化。目前发达国家企业的产品竞争多数集中在附加产品层次，而发展中国家企业的产品竞争则主要集中在期望产品层次。若产品在核心利益上相同，但附加产品所提供的服务不同，则可能被消费者看成是两种不同的产品，因此也会造成两种截然不同的销售状况。美国著名管理学家李维特曾说过："新的竞争不在于工厂里制造出来的产品，而在于工厂外能够给产品加上包装、服务、广告、咨询、融资、送货或顾客认为有价值的其他东西。"由于产品的消费是一个连续的过程，既需要售前宣传产品，又需要售后持久、稳定地发挥效用，因此，服务是不能少的。可以预见，随着市场竞争的激烈展开和用户要求的不断提高，附加产品越来越成为竞争获胜的重要手段。

综上所述，产品整体概念的五个层次清晰地体现了以消费者为中心的现代市场营销观念。这一概念的内涵和外延都是由消费者的需求来决定的。因此，我们可以说产品整体概念是建立在需求等于产品的基础上的。消费者追求的是整体产品，企业所提供的也必须是整体产品。作为产品设计，不仅要关注产品的核心实用功能，而且要对产品的造型、品相、品牌乃至包装等进行全面设计，特别是在当今时代，还必须注重产品附加值的设计。

3.3 产品整体概念对设计管理的意义

随着市场消费需求水平和层次的提高，市场竞争焦点不断转移，对企业产品提出了更高的要求。为适应这样的市场态势，产品整体概念的外延处在不断再外延的趋势中。每当产品整体概念向外延伸一个层次，市场竞争就会在一个新领域展开。而产品整体概念五个层次中的任何一个要素都可能形成与众不同的特点。企业在产品的效用、包装、款式、安装、指导、维修、品牌、形象等每一个方面都应该按照市场需要进行创新设计。产品整体概念是对市场经济条件下产品概念完整、系统、科学的表述。它对设计管理的意义表现在以下几个方面。

1. 揭示了设计以人为本的具体化路径

产品整体概念以消费者的基本利益为核心，指导整个产品的设计与开发管理活动，是企业贯彻设计以人为本的基础和具体表现。设计以人为本就是要保证消费者的基本利益。消费者购买电视机是希望业余时间充实和快乐；消费者购买计算机是为了提高生产和管理效率；消费者购买服装是要满足舒适、风度和美感的要求，等等。概括起来，消费者追求的基本利益大致包括功能和非功能两方面的要求。消费者对前者的要求是出于实际使用的需要，而对后者的要求则往往是出于社会心理动机。而且，这两方面的需要又往往交织在一起，并且非功能需求所占的比重越来越大。而产品整体概念，正是生产经营者要竭尽全力地通过有形产品和附加产品去满足核心产品所包含的一切功能和非功能的要求，并充分满足消费者的需求。可以断言，不懂得产品整体概念的企业不可能真正贯彻设计以人为本的理念。

2. 指明了产品设计必须兼顾产品的有形特征和无形特征

从产品的整体概念出发看产品设计，不仅要关注产品的有形特征，还要关注其无形特征。产品的无形特征和有形特征的关系是相辅相成的，无形特征包含在有形特征之中，并以有形特征为后盾；而有形特征又需要通过无形特征来强化。为此，在产品设计、开发过程中，应有针对性地提供不同功能，以满足消费者的不同需要。在保证产品的可靠性和经济性的同时，要充分重视产品的无形特征，因为它也是增加产品竞争力的重要因素。产品的有形和无形特征见表 3-1。

表 3-1　产品的有形和无形特征

有形特征		无形特征	
物质因素	性能、功能	信息因素	知名度、美誉度
经济因素	效率、使用效果、维护成本	保证因素	三包和交货期
时间因素	耐用性	服务因素	运送、安装、维修、培训
操作因素	灵活性、安全性		
外观因素	体积、色彩、包装、结构等		

一般地说，有形产品是核心产品的载体，是核心产品的转化形式。这两者的关系给我们这样的启示：把握产品的核心产品层次，产品的款式、包装、特色等完全可以突破原有的框架，由此开发出一系列新产品。

以旅游为例，如果说旅游产品的核心层次是“满足旅游者身心需要的短期性生活方式”，那么，旅游形式产品不能仅仅理解为组织旅游者去名山大川游玩。其实，现在旅游产品已经延伸到商务旅游、购物旅游、现代工业旅游、现代农业旅游、都市旅游、学外语旅游，等等。

3. 提示了产品设计的差异化法则

产品整体概念体现以消费需求为核心的市场营销观念。核心产品反映的是消费者购买产品时最基本的需要，确定了产品的本质内涵。广大消费者除对基本效用的需求外，还有更多的异质需求、延伸需求和附加需求，形式产品在表达核心产品本质内涵的基础上，进一步体现消费者对产品的形式需求，延伸产品则是更加深入挖掘更多的附带需求，给消费者更大的满足。一般而言，由于同类产品的基本效用或基本功能都是一样的，所以核心产品层所反映的消费者的需求特征基本同质。而在第二和第三层次体现了消费者对于产品的形式需求和附加需求，而且因不同消费者而异。在这些需求中，总有一些是企业没有能力满足的，或企业未发现的，因此，企业产品满足这些需求的差异性较大。产品整体概念中越是向外拓展的层次，其体现的差异性越大。企业应该更多地从产品整体概念的第三层、第四层乃至第五层次认识和挖掘消费者的不同需求、延伸需求及其不断变化的特性。根据企业组织战略和特长，从区别于竞争者的角度予以满足，实现提供产品的差异化乃至经营策略的差异化。企业可通过差异化的构建，满足消费者更多的需求，寻找更多的市场机会，创造差别优势，吸引人们购买自己的产品，占有领先地位和扩大市场份额。产品整体概念这一原理告诉我们，没有需求就没有产品，通过对产品整体概念五个层次的内容进行不同的组合，可以满足不同消费者对同一产品的差异化需求。在产品核心功能趋同的情况下，谁能更快、更多、更好地满足消费者的复杂利益整合的需要，谁就能拥有消费者，占有市场，取得竞争优势。不断地拓展产品的外延部分已成为现代企业产品竞争的焦点，消费者对产品的期望价值越来越多地包含了其所能提供的服务、企业人员的素质及企业整体形象的“综合价值”。

产品差异构成企业特色的主体，企业要在激烈的市场竞争中取胜，就必须致力于创造自身产品的特色。不同产品项目之间的差异是非常明显的。这种差异或表现在功能上，如鸣笛水壶与一般水壶之别；或表现在设计风格、品牌、包装的独到之处，甚至表现在与之相联系的文化因素上，如各种服装的差异；或表现在产品的附加利益上，如各种不同的服务，可使产品各具特色。总之，在产品整体概念的三个层次上，企业都可以形成自己的特色，而与竞争产品区别开来。而随着现代市场经济的发展和市场竞争的加剧，企业所提供的附加利益在市场竞争中也显得越来越重要。国内外许多企业的成功，在很大程度上应归功于他们更好地认识到了服务等附加产品在产品整体概念中的重要地位。

3.4　基于产品整体概念的设计

基于产品整体概念来看待产品设计，产品的设计开发并不是一个孤立的事项。一个产品的设计与开发能否取得成功，最关键的因素不是设计师的问题，而是企业是否具有一个好的设计管理体制。这是因为，从产品整体概念的角度来看，产品的设计开发过程是一个具有多元性、程序性的复杂的系统过程。

立足于产品整体概念的角度看问题，产品设计是一个程序性很强的系统管理过程，一般称之为设计流程或设计程序(Process)，是指一个设计项目从设计的整体目标出发，从开始到结束的全过程中所包含的各个阶段的工作步骤及其相互连接关系，是日常设计业务运作的基本管理实务。流程管理是设计管理的重心所在，一般由五个设计程序构成一个系统流程(如图 3-5 所示)。

在图 3-5 中，每个程序结束并转入下一程序之前，都插入一个设计评审，这是很重要的。按照 ISO 8042：2008 和 ISO 9004—1：2008 标准要求，“设计评估可以在设计过程的任何

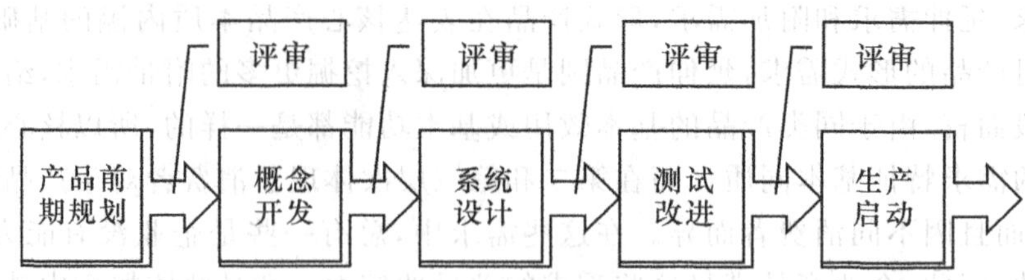

图 3-5　产品设计流程序

阶段进行，在任何情况下该过程完成后均应进行”，“在设计开发各个阶段结束时，应按照计划对设计结果进行正式的、形成文件的、系统的、严格的评估”。当然，在具体操作中，可以根据设计的复杂性和设计风险的大小来确定评审的频率和严格程度。这五个程序只是一个大纲，每一个程序下面还有很多细目流程。

3.4.1　产品设计的前期规划

产品设计的前期规划是设计的第一个流程。这是发生在产品开发正式立项之前，即在尚未动用任何实质性资源之前，企业对未来计划进行的产品开发项目进行规划的系列活动。由于产品前期规划主要关注的是在一定的时间段内确立主打产品的市场定位问题、设定整体项目开发的时间跨度、各个子项目预设的推出时间及其相互联系问题，以及企业发展目标、项目财务预算等重大问题，所以往往被认为主要是市场营销部门和企业高层管理的事，而设计部门只是等待研发指令的下达，进行具体的设计研发，其实这是一种误解。首先，市场需求的把握不仅仅是市场营销部门的事，从更直接的意义上看，更应该是产品设计部门的事。如果设计不提前介入产品前期规划，对用户的使用要求、使用习惯和审美需求、文化心理等信息不了解，设计出的产品就不可能适销对路。退一步说，在产品开发上如果不是基于深入的设计调查，而是仅仅听凭市场营销部门的市场调查意见和企业高层的指令，很容易造成对产品功能的定义模糊不清。因为营销部门的市场调研与设计部门的设计调研并不是可以互相替代的。一般来说，营销市场调研主旨是为企业的产品推广、客户服务和市场开发制订产品、价格、销售和广告策略。而设计调研的主旨是为产品的设计尽可能在功能和形态语义上符合用户的操作心理和满足用户的使用体验。前者主要是通过分析用户的消费心理、消费过程、消费状况获得一种市场营销统计学意义上的数据；后者则是通过了解用户使用动机、分析用户使用过程中的感受，总结操作中的出错几率、提炼纠错信息，最后得出用户满意的使用模型，为设计提供科学、合理的用户语境依据和人机工程学意义上的数据。所以，如果在产品开发前期对产品开发的目标认识不清势必会导致设计过程飘忽不定，致使设计方案不断更改而最终导致产品不能如期推出，或者产品已经偏离了最初的目标，不能达到预期的需求满足。另外，在产品开发前期如果对材料、采购、制造等方面的因素考虑不够，往往会出现产品设计后期生产成本难以降低、技术达不到设计要求、生产工艺或者材料出现问题等不利情况，从而影响到整个产品开发的进度。

产品前期开发最重要的工作就是设计调查。通过设计调查，可以发现用户的真实需求，确定用户的操作行为特征和认知特征，从而建立起用户任务模型、用户思维模型和用户操作模型等，为正式展开的设计提供切实可靠的依据。产品前期开发阶段流程如图 3-6 所示。

图 3-6 产品开发前期阶段流程

3.4.2 产品设计的概念开发

产品设计的概念开发是设计的第二个流程，即在前期规划工作的基础上，展开实质性的单体产品设计，最后形成一个比较完善的具象形态概念。这一流程一般分为识别机会、理解机会以及将机会转化为概念三个步骤。

产品概念开发的前提是在产品前期规划基础上搜集和识别产品机会，也就是发现和辨识产品缺口，一般分为改良机会和创新机会。所谓改良机会就是搜集和识别已有产品的不足之处，为此类产品某些方面的改进和完善寻找突破口，改良机会的最佳状态就是产品的升级换代；所谓创新机会就是搜集和识别产品空白点，为填补这些空白点寻找机会。创新机会的最佳状态就是寻找到某种改善生活方式、提升生活品质、引领时尚潮流的新产品机会。

产品概念开发的关键是理解机会，即在确定了产品机会缺口后，针对这个机会缺口进行深入的调查设计工作，重点是六个方面的理解与分析。一是对用户的行为特征进行分析，以使设计更加符合人机工程学原理；二是对用户的功能需求进行分析，以使设计尽可能满足用户的实际需要；三是对用户的习惯喜好进行分析，以使设计更加贴近用户的使用心理；四是对用户的生活方式进行分析，以使设计达到源于用户生活方式而又引领用户生活方式的高度；五是对用户的价值观进行分析，以满足用户的社会价值期待心理；六是对用户的审美趣味进行分析，以使造型设计更加符合用户的审美理想。以上六个方面的整合形成待开发产品较明确的设计定位和设计描述，以及市场分析报告和技术分析报告，为下一步深入产品概念化设计提供了基本思路和演进方向。

产品概念开发的最后一个步骤就是将理解机会阶段所做的定位描述转化为各种具象形态的产品概念。这一过程是通过大量草图和模型的概念来实现的。换言之，也就是说要把前期对产品的功能、产品的使用环境、产品设计的使用人群、产品要表达的语义和情感等的调查物化为具象的形态。有人通俗地称之为“把想法画出来”。但这种提法容易产生误导。特别是一些初学工业设计的学生，往往认为设计师的工作就是把想法画出来。比如，让他设计一个小家电产品，他眉头一皱计上心来，画出一两个造型草图，并且振振有词地说，此造型源于什么民俗文化，彼造型基于什么中国元素，等等。其实这是一种十分肤浅和幼稚的做法。至少有两个误区：第一是不明白真正的设计是在前述程序和步骤一个也不少的基础上进行的；第二是不明白那些经过设计调查和缜密思考的想法并不是随随便便画出来的，所谓草图绝不等于潦草之图，而是对产品概念的大致形态、主要功能、某些特殊结构以及色彩、款式甚至对一些重要的细节都有比较明确交代的设计图。产品概念描述的基本内容及产品概念草图显示的基本内容见表 3-2。

表 3-2 产品概念描述及概念草图显示的基本内容

序号	设计重点及目标	设计标准
1	品相:美观、新颖……	造型时尚、现代; 色彩质感高雅; 体积比例协调
2	操作:简便、舒适	符合人机工程原理; 人性化设计易于操作
3	品质:安全、可靠	坚固耐用; 结构简单; 性能良好
4	品位:地位、身份	高贵/大众;炫耀性/平易性……

产品概念开发在整个产品开发设计的流程中起着承前启后的重要作用,实际上是对前面各个流程工作的总结,进而对正式展开设计提出基本框架和方向,并识别出完成设计项目所需要的资源。当产品概念描述及产品概念草图评审通过后,应该编撰产品开发设计项目规划书,编制项目任务清单和产品开发设计进度表等。概念开发阶段流程如图 3-7 所示。

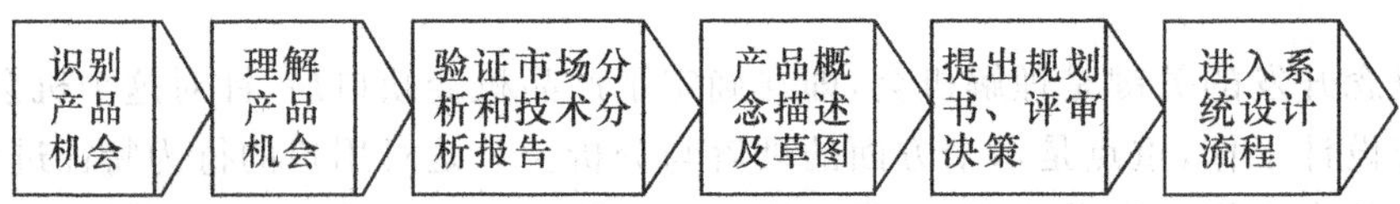

图 3-7 概念开发阶段流程

3.4.3 产品的系统设计

产品的系统设计是产品设计的第三个流程。这是产品设计的中心工作,主要包括:定义产品体系;确定产品工程特征及零部件构成;确定产品工艺工程,即确定制造该产品所需要的工艺流程;确定制造工程,即确定生产该产品的设备与工具;关键部位和点睛部位的细节设计。这些流程是并行与串行相结合的系统设计流程(如图 3-8 所示)。鉴于这个环节是设计师的看家本领,也是设计师最为看重的技能,有专门的课程详细讲授,这里不再赘述。需要指出的是,并行流程也称为"并行工程"(Concurrent Engineering),指在产品设计及其相关过程中进行并行的一体化设计的系统化工程模式。换言之,就是集成式的、整合性的设计产品及其零部件以及工艺过程、制造过程。

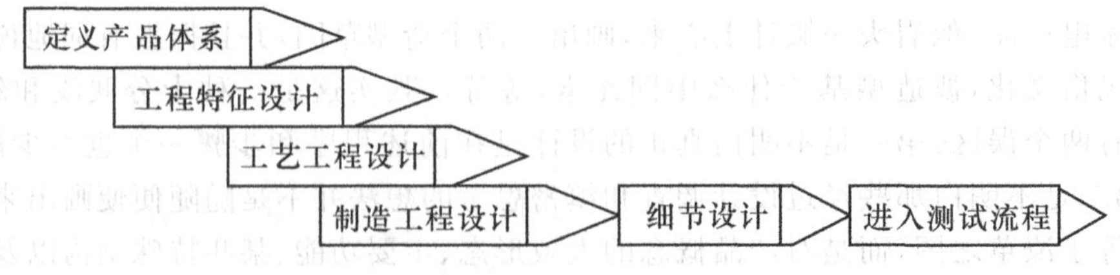

图 3-8 系统设计流程

并行设计可以极大地缩短产品设计开发的周期,提高产品开发的一次成功率,同时还能够有效降低成本、缩短产品上市时间。但是并行流程特别需要科学、高效的设计管理。这是因为并行设计包括多个子程序,各个子程序又有各自的目标,它们相互作用、相互制约,很容易发生干扰和冲突,这就需要强化管理,通过科学地协调设计任务规划,达成各个职能人员的协同合作，充分共享信息资源。要通过全面、科学、高效的管理来尽量减少和避免互相干扰与冲突。

3.4.4　产品设计的测试改进

产品设计的测试改进是产品设计的第四个流程。经过以上几个阶段的流程，一般会提出几个比较成熟的预生产设计方案以接受多角度、全方位的测试和评估，包括新产品的技术指标、商业指标、用户接受程度以及产品本身的外观体量等。捷克学者 T. 约翰涅克曾将产品设计测试评估内容分为美学和人机工程学两大类共计 29 个指标，虽然主要是针对大中型机器设计而确定的，但对一般产品设计质量的测试评价，还是颇有参考价值的，现摘引如下。[①]

1. 美学方面的十项指标

①机器的外形是否给人以完整的印象？

②机器的外形是否表达了它的功能—结构特征？

③是否强调了机器的工作区（功能区和操作区）的造型？

④机器表面的小装饰件是否显得杂乱？装饰件是否有形式上的联系？

⑤机器的外形是否给人以不平衡不稳定的感觉？

⑥机器的比例是否协调？

⑦机器的结构方案和使用的材料与加工工艺是否相适应？

⑧机器的尺度与人体测量数据是否相适应？比例是否适当？

⑨机器的外形是否太零散？是否破坏了机器的完整性？

⑩机器的色彩处理是否与使用环境条件相适应？

2. 人机工程学方面的十九项指标

①采用的结构能否保证不坏？

②工作过程中机器表面是否有容易引起事故的尖锐棱角和突起部分？

③机器的旋转部分是否设有如保护罩之类的防护装置？

④在机器工作区内是否设有透明挡板、屏蔽或护板？

⑤机器的结构是否考虑了不停车就不能进行修理？

⑥机器的启动装置是否保证不会出现偶然性（非正常）启动？

⑦是否有醒目的、操作人员可触及的总开关？

⑧信号装置能否及时预报机器基本工作参数出现或高或低的不正常现象？

⑨机器不安稳部位的颜色标志是否正确？

⑩机器能否及时排除铁屑等废料？

⑪机器的功能区是否设在可触及的范围内？能否满足观察的需要？

⑫人的运动量和运动轨迹是否减少到最低限度？

⑬工人是否可在视野范围内完成自己的动作？

⑭运动结束位置是否有利于下一个动作的开始？

⑮所有操纵机构是否配置在有利于操作的范围内？

---

① 转引自邓成连：《设计管理：产品设计之组织、沟通与运作》，台北亚太图书出版社 1999 年版。

⑯使用操纵机构时,是否会碰手?

⑰每个操纵机构使用是否方便?

⑱在操纵机构的所有工作位置处是否设有标记?

⑲操纵机构和指示标志是否设在有效可见范围内?

3. T. 约翰涅克的测试评估指标

T. 约翰涅克的测试评估指标比较细碎,而且没有涉及成本、市场及售后服务等项目。国内业界也有许多研究,概括起来主要有以下八个观察点。

①功能与结构是否科学合理?(是否满足作品全部规定或服务要求,是否满足全部预期的环境和负载条件等)

②用户操作界面是否人性化?(是否简单明了,具有细节上的完美性等)

③造型和色彩是否美观时尚?(是否符合形式美规律及审美潮流,在象征品位方面是否有适当体现等)

④制造与运输是否满足条件?(材料、模具、元器件或服务要素的兼容性、标准化程度以及体量、装卸等)

⑤安装与维修是否简捷方便?(安装是否简易,对安装条件的要求是否合适,可检修性及可维修性等)

⑥市场前景是否良好可持续?(产品是否根据客观的市场前景,市场定位是否准确,市场竞争力是否具有可持续性等)

⑦成本与价格是否合理适中?(成本与价格水平与潜在的消费者的收入是否相符,性价比如何等)

⑧材料与环境是否环保友好?(是否具有绿色、低碳、环保等品质)

3.4.5 产品的生产启动

产品的生产启动是产品设计的完结,而不是产品设计的一个节点。因为设计的产品经过严格的测试和充分的评审后,就会转入生产启动程序了。在这一程序中,首先是小批量试生产,经过生产评审之后,如果发现设计问题则要进一步改进;如果一切顺利,完全达到了设计要求,产品设计才算最终得到确认,之后便进入批量生产与销售环节。

3.5 产品设计的多元协同

通过产品开发设计流程的介绍,我们不难发现一个重要的问题,即产品的开发设计绝不仅仅是设计部门几个设计师的事,而是需要整合诸多部门的职能协同合作才能够实现的系统工程。

3.5.1 国内产品设计的多元协同存在的问题

目前国内绝大多数企业对于产品设计的多元协同还缺乏深刻的认识,以至于在产品开发设计方面普遍存在以下三大问题。

1. 缺乏跨部门协作的机制

本来产品的开发设计就是一项综合性的系统工程，需要企业许多职能部门的积极参与和互相配合。但是由于缺乏有效的协作机制，在设计项目的运作中权责的划分模糊不清，加之，每个部门都有自身的利益关切，都有自身领域的优越性，都认为自己的意见是最重要、最正确的，这就势必造成各部门之间“沟而难通”、“协而不作”，各部门各吹各的号，各唱各的调，最终导致项目运行过程阻力多、弯路多，且一旦出现问题，部门之间不是设法沟通解决，而是互相抱怨、推诿责任。

2. 缺乏结构化的流程管理

随着产品研发的重要性被越来越多的企业所认识，对于产品设计开发的方法步骤也有所意识，但是许多企业基本上停留在一种“摸着石头过河”的单元串行流程水平上，而缺乏一个整合了所有职能部门的多元并行流程，这就势必造成在整个研发设计过程中，流程的涣散性和随意性，各部门的结构层次不清、介入的时间性不清。虽然有流程但缺乏有效的结构化管理，于是“流”得不畅，甚至流不起来。

3. 设计部门单兵突进

作为多元协作的产品设计开发，是指企业内部包含由管理层、市场营销、设计、技术和其他部门组成的决策层，在产品的市场机会捕捉、可行性方案运作、成本预算、技术支持、制造、生产、运输等方面进行的一系列活动。但是，目前不少企业往往急功近利、急于求成，在尚未系统全面地识别和理解产品机会的情况下，就希望能够迅速确定产品设计方案。因此在产品开发的前期阶段，设计部门单兵突进，其他有关部门基本上不参与，把本应该用在前期规划和概念开发上的时间花在一些很可能没有市场前途或缺乏可实现性的产品设计上，甚至耗费在一些细节设计上，不仅徒劳无功，还会造成资源浪费。尤其是在激烈的市场竞争中，还会由于这种无谓的时间浪费而失去市场机遇。

出现以上这些问题的主要原因是企业以及设计人员对产品设计的多元协作特性缺乏认识。产品设计不仅仅是设计部门或设计人员独立运作的活动，而是一项需要其他部门共同参与的活动。新产品的开发过程是一个创新的、动态的、循环往复的、综合性的、复杂的过程，参与开发活动的人员来自不同的部门，有不同的背景和利益。其中关系最为密切的是设计与营销、设计与生产、设计与财务这三大关系。

3.5.2　设计与营销的协同

设计与营销的关系主要表现在设计与销售市场的研究上。我们知道，市场研究是营销的基础和前提。正是通过深入缜密的市场研究，才能够对消费者群体准确定位，才能够把握消费者的心理，明了消费者的需求。营销部门据此来制订营销策略，设计部门据此来设计产品，换句话说，设计师将这些需求变成实质性的产品。实际上，任何一位真正的设计师在产品设计中都不可能是闭门造车，而是要设法获取很多市场情报和消费者需求状况的资料，但是如果设计与营销人员协同进行调研，则不仅可以在沟通的过程中实现信息的增值，还有助于双方在产品定位等方面更好地达成共识。特别值得一提的是，营销部门进行的市场研究，往往只关注顾客当下的喜好与需求，很少触及未来，而设计师的职业潜能使他们能够立足当下而前瞻未来，这样就可以在“当下”的情景激发下设计出具有超前性能的产品。

总之，营销与设计的密切沟通、有效合作是非常重要的，而且营销总是在设计之前，先对市场进行了解，然后根据市场诠释与创新产品；至于新产品设计的测试、改进，也离不开营销人员所提供的市场信息。

3.5.3 设计与生产的协同

设计与生产的关系最密切，这一点无论是设计者还是生产者都十分清楚。但是人们往往认为两者的关系是一种接力关系——首先是设计师的概念性设计，然后再转换为实物模型，启动生产程序，最后进入生产过程。然而，实际情况要复杂得多。比如，陶器、珠宝以及家具的设计与生产制造基本上是同步进行的，不存在接力问题。而一些较为复杂的家电、大型设备的设计与生产往往不是同步进行的，这就有一个生产与设计的"接口"问题，或者说，生产制造人员何时介入设计，设计人员何时将生产问题纳入设计思考。

目前我国的企业普遍存在的问题恰恰是接力错误，经常在进入批量生产阶段发现设计不当；毫无疑问，类似这样的错误大多是因为在设计阶段，没有生产制造部门的人员参与。如果设计与生产能够协同合作，设计师有足够的生产制造信息，诸如新产品在何时生产、如何生产、由谁生产、哪些零部件可以使用标准件、如何使零部件便于组装或自动生产、如何利用既有生产设备等，这样不仅会大大提高新产品开发的成功率，而且会极大地节约成本，并缩短研发生产周期。

3.5.4 设计与财务的协同

设计是需要财政投入的，但是在我国，不少企业高管对于设计在整个企业运行中的地位和价值缺乏足够的认识，所以一般不愿意在设计上投入大量的财力。且不说，许多家装设计是免费赠送的，家装企业的赢利主要靠材料和工费；许多生产厂家也没有将设计摆到应有的地位，所以在设计费用、设计投入方面往往显得比较吝啬。设计部门和设计人员往往只关注自己的设计项目本身的完美性或先进性，对公司的财务状况基本上没有什么概念，因而对于来自财务的经费控制以及产品研发的选择性决策往往不能理解。在一般的公司里，财务的地位往往高于设计，因此设计部门、设计人员对财务的抱怨和不满也就是常见的了。实际上，财务与设计共同指向公司的整体利益，就设计部门、设计人员来说，要知道"不当家不知柴米贵"的难处；对于财务部门、财务管理人员来说，也要切记"站着说话不腰疼"。换言之，从正面来看，设计师必须知道设计与开发预算、制造成本的限制，以及在设计开发时间上、利用现有资源上对整体预算的贡献；而财务高管也必须了解设计过程与设计要求，明了设计在突破性、变革性等方面所必需的财务支持。

美国波士顿咨询集团(Boston Consulting Group)研发了一种根据产品市场增长率和本公司相对市场占有率来安排产品开发的方法，称为BCG法或波士顿矩阵。该方法认为一般决定产品结构的基本因素有两个：市场引力与企业实力。市场引力包括企业销售量(额)增长率、目标市场容量、竞争对手强弱及利润高低等。其中最重要的是反映市场引力的综合指标——市场销售增长率(G)，即本公司该产品在目标市场的年市场增长率，这是决定企业产品结构是否合理的外在因素。企业实力包括市场占有率、技术、设备、资金利用能力等，其中市场占有率(S)，即本公司该产品相对于市场领先公司的市场占有率，它是决定企业产品结构的内在要素，直接显示出企业竞争实力。市场增长率与市场占有率既相互影响，又互为条件：市场引力大，市场销售增长率高，可以显示产品发展的良好前景，企业也具备相应的适应能力，实力较强；如果仅有市场引力大，而没有相应的高销售增长率，则说明企业尚无足够实力，则该产品也无法顺利发展。相反，企业实力强，而市场引力小的产品也预示了该产品的市场前景不佳。

通过以上两个因素相互作用，会出现四种不同性质的产品类型，形成不同的产品发展前景：①销售增长率和市场占有率双高的产品称为明星产品（Stars），因为它市场大而增长迅速，处于旺盛的成长期；②销售增长率和市场占有率双低的产品称为“瘦狗”（Dogs），若不设法抢占市场则无法生存；③销售增长率高而市场占有率低的产品称为“问题产品”（Question Marks），因为它投入多而收获少；④销售增长率低而市场占有率高的产品称为“现金牛”（Cash Caws），因为它投入少而收获多（如图 3-9 所示）。

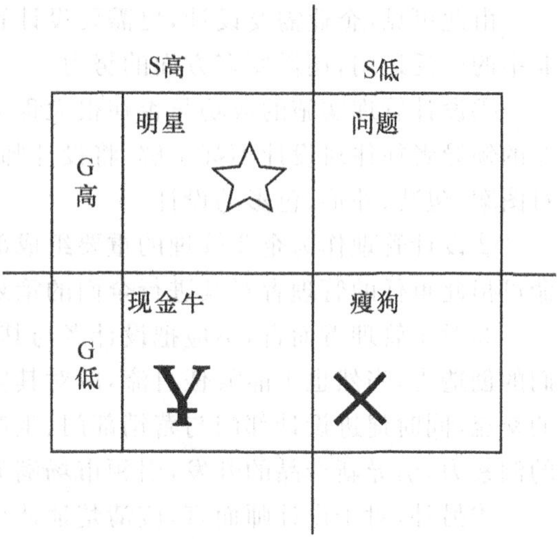

	S高	S低
G高	明星 ☆	问题
G低	现金牛 ¥	瘦狗 ×

图 3-9　四种不同性质的产品类型

现金牛之所以“牛”，第一是它标志着以往的产品开发生产是成功的，市场的反映是良好的；第二是因为在低增长市场上具有相对高的市场份额的业务将产生健康的现金流，它们可以为产品研发提供资金，发展业务。没有它便难以支撑面向未来的产品研发的现金投入。问题产品的问题主要表现在市场反映平淡甚至是冷漠的，这就需要进行深入的分析研究，最终拿出改进措施，或者干脆放弃生产。明星产品是市场反映非常积极的产品，它既可能成为“现金牛”——回笼大量资金，也可能成为“现金虎”——在高增长市场上具有相对高的市场份额，通常需要大量的现金投入以维持增长。至于“瘦狗”产品，就是那些在“长尾理论”中处于长尾巴末端的产品，由于其虚弱的竞争地位，它们极有可能成为现金的陷阱。

美国波士顿咨询集团研发的 BCG 法能给各公司的业务组合、投资组合提供一些信息，如果同其他分析方法一起使用会产生非常有益的效果。通过 BCG 法可以检查企业各个业务单元的经营情况，通过挤“现金牛”的奶来资助企业的“明星”，检查有问题的“孩子”，并确定是否放弃“瘦狗”。

为了保证新产品开发的成功，提高新产品开发的效率，必须对新产品开发进行设计管理。在以消费者为中心的产品设计创新开发体系中，设计管理意味着从社会、经济、技术、艺术等多种角度，对批量生产的产品的功能、材料、构造、形态、色彩、表面处理、装饰等要素进行综合性考虑，通过高度分享的系列活动提出可行的发展战略，把企业整体发展战略转化为可执行的产品开发程序，有效激励和规范设计师在既定目标指引下进行新产品开发设计，成功的设计管理则可以协调设计部门同其他部门进行有效的合作、沟通，以达到资源共享和互相促进的作用，共同研究和策划产品的发展方向。例如：在索尼公司，管理层充分重视设计与管理的整合，产品设计具有很高的地位，设计直接介入和管辖更多的公司开发决策过程，使消费者的利益和心愿得到更多的体现。在特定技术、经济和社会等具体条件下，设计师从原来固有的常规设计模式中跳出来，依据设计学科的原理，用新观点、新原理、新方法，借助艺术与生活有机碰撞的理念来揭示并完成消费者赋予公司的这些难以言明的任务，创造性地设计出在功能及经济上达到最佳水平的产品，最终保证产品设计与公司的总体战略（包括公司的经营理念、目标市场、发展方向等）同步协调。在索尼公司，工程师构思的产品如果得不到设计师的认可就不可能投产。

由此可见，企业需要设计，更需要设计管理。设计在企业中的深入发展及设计管理在企业中的广泛运用，还需要多方面的努力。

①设计管理实施的成功与否在很大程度上取决于企业决策层对其认识的程度。中国企业的领导者往往对设计不甚了解，将设计师与美工简单地等同起来，并将其工作简单理解为对图案、包装、外形、色彩的设计。

②设计管理作为企业管理的重要组成部分，应从设计小组内部脱离出来。由决策者任命可担此重任的管理者对其进行全面的策划与引导，实现自上而下的统一管理。

③对于管理者而言，不应把设计者与其他部门的人员用统一的规则来约束，避免限制他们的创造力，当然也不能放任自流，应对其实行柔性管理。另外，管理者应加强与设计人员的交流，同时促进设计部门与营销部门、生产部门等的交流。管理人员还应该对市场有敏锐的洞察力，引导新产品的开发，引领市场潮流。

④另外，对于设计师而言，应清楚地认识到，设计将不再是一项单独部门的活动，而是一项需要其他部门共同参与的活动。在这个过程中，它对企业的各种设计活动（包括产品设计、环境设计、视觉传达设计等）进行合理化和组织化，充分发挥企业的设计资源，表现同一企业理念，创造富有竞争力的产品，树立企业形象。

综上所述，基于产品整体概念的设计管理，就是一种追求各个层次的高度整合、完美协调，包括设计所需的各种资源和活动，以及统筹安排一系列设计策略与设计活动，寻求最合适有效的解决方法，以达成企业的目标，创造有市场竞争力的产品。

【思考题】

1. 如何全面理解产品文化？
2. 产品整体概念包含哪些层次？简述各层次之间的关系。
3. 产品整体概念对产品设计管理有哪些启示？
4. 简述基于产品整体概念的设计程序。
5. 如何强化产品设计的多元协同？

第四章 产品设计管理的具体组织与方法

4.1 设计管理组织的系统考察

4.1.1 企业主要业务职能部门的职责

管理层和每一个具体的职能部门都是企业组织管理中的主力部门。职能部门作为一个概括性单位，内部又细分为设计、生产、销售等众多不同的单位。管理层作为公司内部重要的决策层对于公司内部事务安排、规划等重大事件起着决定性的作用。各种职能部门的工作就是配合完成管理层下达的任务和要求。现将主要业务职能部门的职责概述如下。

1. 设计部

目前，大型企业的设计部通常包括工业设计部和工程设计部，两部门的人员密切合作；一些小型企业的设计部只有工程设计部，通常工业设计部分外包给设计公司完成。设计部主要负责产品市场调研报告的分析、总结，把握产品设计的发展趋势和变化动态，根据实际情况调整设计方向和思路；及时了解和掌握行业最新技术的发展情况，协助与指导采购部门完成原材料的选定工作；完成规划安排中的产品设计方案，及时与生产、销售部门取得关于新产品设计方案的相关反馈意见。

2. 生产部

其职能是负责企业生产活动的组织、管理和运作，根据订单情况或者销售预估，制定相关生产计划，严格执行公司的品质管理制度和规定，确保生产和产品的质量。正确掌握生产任务状况，合理安排原材料的进货、储存、使用。同时，落实生产设备维护与保养工作。合理安排员工培训，包括生产管理、岗位职责、业务技能等内容，不断提高员工的个人思想、管理能力及技术素质。加强生产安全、环保管理，不断提高各级主管、员工的安全环保意识，促进各部门做好安全环保工作。

3. 销售部

其职能是正确掌握市场信息，收集产品的有关信息，掌握产品的流行发展趋势。负责收集、整理、归纳客户资料，对客户进行透彻分析。根据公司销售策略，确定销售目标，制订销售计划。监督计划的执行情况，将销售及相关信息及时反馈给相关部门领导。完善客户管理制度，制定并监控执行结果。管理销售活动，制定销售管理制度、工作流程，并监督贯彻实施。组织和执行销售部员工的培训及考核。根据客户的销售数据，对客户的库存结构进行调整、控制，并提出合理化建议。负责客户销售及补货的录入工作，配合完成公司安排的其他工作。

4.1.2 设计单位组织管理的结构与发展

设计管理是工业设计产业化之后的产物，是企业活动和经营发展中的重要组成部分。

设计产业于20世纪20年代开始在德国发展，在随后的十几年时间里逐步成长、成熟，尤其是在美国，二战结束后的20年里随着全球局势的稳定，经济、科技等领域的发展，人们的生活品质有了很大的提高，传统模式上的设计已经渐渐不能完全满足现代企业及社会的发展需要，商业化的设计开始在全球范围内有了较大的进步和繁荣。早期企业对于设计活动的理解还存在一些片面性和不完整性，导致设计活动开展过程中的无序现象。很多人对设计的理解仅仅局限在简单的产品造型、包装以及一些平面设计方面的工作。公司内部很多部门之间与设计部门缺乏有效的联系和互动。大多数时候不是设计先行，而是成了最后的装饰工作。

在这段期间企业对于设计工作的性质、特点逐渐有了深入的了解。同时，随着全球化浪潮的加剧，怎样合理使用设计资源渐渐成了企业面临的一个重要问题。因此，在这种情况下，随着设计深入到企业的各个方面，管理与设计的结合成为了必然趋势。从企业的角度来看，设计管理具有重要意义，只有将设计活动管理好，才有助于发挥设计的力量与价值。只有真正抓好设计管理，企业才可以在日趋激烈的市场竞争中占得先机。传统模式的设计自此开始进入全新的设计管理阶段。

设计管理开始受到人们的普遍重视，越来越多的设计师与管理人员开始关注设计管理这方面的内容。设计管理作为工业设计领域中的一门新兴学科，近些年才逐渐在国内兴起对这一学科的研究。

关于设计管理，于设计师、管理者、组织者应分别从不同的角度来认识和解读。设计管理是一个企业经营规划和发展战略的实际体现，是企业中技术与艺术的结合，同时可以从多角度来引导企业整体形象的树立和发展。将产品的设计、研发作为带动企业发展的龙头，合理地整合与调动企业的活动与组织结构。

所以说，设计管理就是在企业的日常生活中，有组织、有计划地进行设计开发管理工作，积极有效地引导设计师的创意性、发散性思维，将用户和市场的认识转换到新的产品中。通过全新的、科学的方法来改变与影响企业的运作和人们的生活，从而为企业获取更大限度的利润和市场，并提供有效的设计策略以及设计活动。

4.1.3 设计公司的发展

设计行业兴起之后，设计工作开始逐渐受到社会的普遍关注和重视。

设计的发展是从工艺美术运动开始的，在1851年的伦敦世界博览会上，众多的工业产品在这次展览中大放异彩，受到了全世界的关注。在此期间，工艺美术运动的影响范围也从英国扩大到美国以及其他的欧洲国家。这项设计运动对于推动设计发展起到了非常重要的作用。到了19世纪初，蒸汽机在西欧国家和美国得到广泛的推广，西欧国家的工业化革命都已经陆续完成。一个个机械化的工厂如雨后春笋般在各地林立。大批工业产品被投放到市场上，但设计的发展此时却落后于工业化进程。产品在设计、生产、销售这些环节之间存在着脱节现象，艺术与技术有着较严重的分离。

但是，设计师探索的脚步从来没有停止。工业设计的先驱——彼得·贝伦斯（Peter

Behrens)参与了德意志制造联盟的成立,在各界推广工业设计思想是德意志制造联盟的首要目的,通过向工艺界、产业界、艺术界、贸易界等社会各行业的大力推广,旨在推动“工业产品的优质化”,德意志制造联盟的口号就是“优质产品”。

1907 年彼得·贝伦斯被德国通用电气公司 AEG 聘用,担任公司的驻厂设计师,开始了他的工业设计师生涯。德国通用电气公司 AEG 成为了世界上第一家聘用设计师来监督整个工业设计,并让一位设计师担任董事的公司,彼得·贝伦斯则成为了设计发展史上第一个担任工业公司设计管理职务的人。

正当欧洲的现代设计进行着如火如荼的试验与探索时,在世界设计史上一直比较低调的美国设计师们开始崛起,涌现出了一批世界级的现代设计大师,创造了工业设计的奇迹,他们走上了以企业为服务导向的工业设计道路,美国的现代设计师的工作主要以市场为导向,在工业化程度最高的国家进行了一场伟大的现代设计革命。美国工业设计的特点是以市场为导向,以商业市场为设计发展目的,将学院派、学术型的设计思想、理念与商业社会有机地结合起来。在工业设计领域更是诞生了罗维、提格这样的设计大师,推动现代工业设计公司迈出了具有历史意义的一步。

设计公司真正的发展主要还是在美国,例如,雷蒙·罗维(Raymond Loeway,1889—1986)创立了世界最大的设计公司。雷蒙·罗维的名字于 20 世纪中叶在美国变得家喻户晓,他的很多经典作品世人皆知。他的作品从平面设计、产品设计到室内设计、空间设计等,主持、参与的设计有数千项之多。例如:“可口可乐”瓶型(如图 4-1 所示)与标志;壳牌石油和 LUCKY 香烟的标志;流线型汽车、灰狗巴士;美国总统专机“空军一号”;登月宇航员的飞船座舱等。

图 4-1　可口可乐瓶外观变化

早在 20 世纪 20 年代美国就已经成为了全球工业化程度最高的国家,经过一系列的经济改革,特别是第二次世界大战后,美国更成为世界上首屈一指的超级大国。激烈的商业竞争成为了早期工业设计发展的推动因素。繁荣的市场经济环境下,设计与销售挂钩,是市场经济发展的必然结果。雷蒙·罗维作为一个高度商业化的设计师,他宣扬现代设计中最重要的是设计的经济效益问题,而不是设计理念、设计哲学,并做出了进一步的解释:“对我来说,最美丽的曲线是销售上升的曲线。”作为美国第一代的工业设计师,雷蒙·罗维的设计充满了浓厚的商业主义色彩。他把设计高度专业化和商业化,而他的设计公司也成为 20 世纪全球最著名的设计公司之一。

美国的早期设计师与欧洲的早期设计师由于所处环境和历史的不同，因此两者之间存在着很多差异。美国设计师不像欧洲同行那样有着众多的理论成果和著作，他们设计了众多的工业产品、包装以及企业形象等。在他们看来，设计的目的就是经济效益，而不是学术性的研究和相关社会功能的思考。虽然美国设计师与欧洲同行有着明显的差别，但是在他们的努力下，工业设计渐渐得到了美国市场、美国企业界的认同，发展成为了市场竞争中的一个重要因素。从此以后，工业设计就在美国渐渐发展和繁荣起来。

从目前的情况来看，设计公司的组织管理形式根据设计公司内部的不同情况主要分为驻厂设计师和独立设计师两种。

从众多工业设计公司的成长和发展历程来看，早期很多工业设计公司都是在制造业发达的地区发展起来的，而且这些设计公司在最初大多脱胎于企业的驻厂设计部门，设计公司的骨干力量很多都曾经在企业的驻厂设计部有着多年的工作履历，设计经验比较丰富。

这样的成长模式对于设计公司来讲是一个非常稳定的起步方案，有经验的设计师可以很好地帮助公司建立起良好的组织、管理、设计、营销等多方面的公司架构。还有助于加快设计公司内部之间的磨合与调整，从而让设计公司在成长过程中逐步发展、成熟、壮大，并造就了一批优秀的设计师以及一个相对完整的设计团队。

随后，在一些制造企业改制中，许多内部设计中心也开始渐渐独立，这些独立出来的设计部门首先开始从公司本身出发为企业开展设计服务。随着设计行业与设计市场的不断发展，制造企业对于产品设计的需求也逐渐增多，设计服务的范围和空间也越来越广。很多工业设计公司都因此取得了成功。设计公司的服务范围也从最初的产品造型与结构扩展到设计咨询、设计营销、产品策划等周边领域。有一些公司在发展过程中也根据公司自身与周边的情况对自己的发展有了明确的定位，例如一些专门针对医疗器械市场或者数码产品设计市场的设计公司，有效地在日益激烈的市场竞争中找到了自己的一席之地。

对于一些比较成熟的设计公司，他们比较重视公司的设计品牌与服务质量，公司的规模相对于工作室模式的设计公司来讲较大，他们往往可以提供从最初市场调研分析、产品设计开发到最终的产品生产制造、包装、营销的全套服务体系。在设计服务流程和工作方法上更加规范，善于配合客户来提供较专业的设计服务。

4.1.4 组织管理在设计中的重要性

正如之前所提到的组织管理与企业，从设计公司、公司员工等方方面面的关系可以看出，在设计活动中，如何有效地整合设计力量，团结各个方面资源是开展设计活动的重要基础。良好的组织管理系统需要以下一些客观条件作为保障。

①团队有着共同的奋斗目标。所谓个人服从集体，一个团队需要一个共同努力的方向，任何组织管理要求组织的各个部分、团队的各个成员都能够围绕这个目标并为之奋斗。

②团队需要一个积极的环境。在团队的组织中需要有很好的号召能力，来调动团队中每个人的积极性，使成员能够积极地投入到工作中。

③团队内部良好的沟通。良好的沟通是协调工作的关键因素，能够对在执行工作过程中出现的任何新情况及时统一思想，继而调整工作安排，从而保证工作的顺利完成，实现既定目标。

一个对设计管理没有正确认识的企业，其设计工作必然会变成一种零散的行为活动，企业人员之间缺乏必要的交流和沟通，设计工作无序、盲目、低效、没有生命力，这也是导致企业管理丧失科学、有效的系统的原因。

在一些发达资本主义国家，企业管理被视为企业开发管理的核心，是企业发展战略的重要组成部分。现代设计在设计、生产、制造、销售等过程中的分工更加精细，通过管理模式将各个系统结构协调起来，形成了一种将设计策划系统性、设计创意全面性、设计表现规范性统筹的系统效应。这一效应，使人类的生活发生了巨大的变化。

设计管理是一个复杂的管理系统，它以产品设计为核心，涵盖了企业产品设计、制造、销售的整个流程，乃至各个环节。

现代设计不仅需要满足人们的物质需求，也需要满足人们精神上的审美需求，在产品开发设计的过程中，产品的设计、宣传及市场销售要紧密结合，表现出统一的企业理念。

设计的重要性已经被越来越多的企业所认知，但不能盲目地以设计为中心进行企业管理，随着设计在企业各个方面的渗透，设计与管理之间的必然结合将会更加充分。

4.2　设计管理的两大抓手

4.2.1　设计性质管理

在设计管理过程中，管理者面临的一个重要问题就是如何根据市场需求、客户或自身实力，给设计的性质进行准确定位，以便在确定设计性质后，管理者以最经济的投入，在最短的时间内，达到最理想的销售量，获取最高的效益，并促进企业的持续发展。从管理角度可对设计性质进行分类。

①沿用设计。沿用设计是在原有设计的基础上，针对市场或客户需求，将原有设计稍加改动的设计。例如产品色彩的少许改动、包装的稍加变换等。

②适度设计。适度设计是指在原有设计的基础上，根据市场或客户需求，在投入相当或增加不大的情况下，将原设计进行改进。例如产品造型、控制键的适当变化等。

③改良设计。改良设计是现代设计的重要组成部分，是指为了提高产品的使用价值，在原有设计的基础上，针对市场或客户需求，使产品的功能与形式都发生较大变化，使之更加符合消费者的使用要求。例如产品造型的更新、产品功能的改进等。

④创新设计。创新设计是指企业为了开拓新的市场，占领新的领域，开发出新的、具备其他产品所不能做到的质量和功能的产品；或者是一项新的构思；或者是研究、技术和生产上的创新；或者是满足新的市场和新的服务的产品。

⑤投标设计。为了竞标而针对招标单位的标书要求进行的设计，称之为投标设计。一般说来，这类设计限制性强、风险大、可变因素多、影响面广，是一种很有竞争性、很刺激的设计活动。

⑥绿色设计。绿色设计面向产品的整个生命周期，是从摇篮到再现的过程，也就是说，从根本上防止环境污染，节约资源和能源，关键在于设计与制造，不能等产品产生了不良的环境后果后再采取治理措施(现行的末端处理方法即是如此)，这就是绿色设计的基本思想。概括起来，绿色设计是发生在产品整个生命周期内，着重考虑产品的环境属性(可拆卸性、可

回收性、可维护性、可重复利用性等),并将其作为设计目标,在满足环境目标要求的同时,保证产品应有的功能、使用寿命、质量等。在设计管理过程中,有一点我们必须注意,即完全的绿色设计是不可能的,因为绿色设计涉及产品生命周期的每一阶段,即使设计时考虑得非常全面,但由于所处时代的技术水平的限制,在有些环节或多或少还会产生非绿色的现象,如某些材料目前尚无理想的替代品,在制造工艺过程中还无法完全取代切削液等,但通过绿色设计可以将产品的非绿色现象降低到最低程度。

⑦拆卸设计。在产品设计时,通常只考虑产品零部件的装配性,而很少考虑产品的拆卸性,这两方面往往会产生矛盾。然而,废弃产品的零部件经过维修或其他处理方法后可以被重新使用,那么这些零部件必须能够且方便地拆卸;如果废弃产品的材料经过一定的再生技术可以被再利用,那么由这些材料构成的零部件也必须首先能够且方便地拆卸。因此,产品拆卸是产品回收再生的前提,直接影响产品的可回收再生性,拆卸设计思想和方法也就应运而生。拆卸的定义就是从产品或部件上有规律地拆下可用的零部件的过程,同时保证不因拆卸过程造成该零部件的损伤。

4.2.2 设计目标管理

设计目标的定位对设计的规范化、管理的系统化都具有极其重要的作用。同时,设计目标管理也影响企业设计战略的实施。

1. 设计的专业化

设计的专业化主要有两个方面的含义:一是指设计方向的专业化;二是指设计人才市场的专业化。未来的设计将会进一步细分,并将会出现专业型的设计师,他们只专攻于某一个或几个方向,或者是交通工具的设计,或者是家用电器的设计等(当然,偶尔也会涉及相关或其他设计领域)。另外,设计的专业化要求成立专业性的设计人才市场。这样,有利于设计人才的流通、管理以及设计市场的有序发展。

2. 设计的市场化

市场是由一切具有特定的欲望和需求,并且愿意和能够以交换来满足此欲望和需求的潜在顾客组成的商品交换关系的总和。设计的最终目的是为人服务,为人服务的结果就是使人更舒适,创造更和谐的生活方式,而设计是否达到这个目的,最快速最直接的反映就是市场。无论设计市场是作为最终目的,还是作为最直观的反映抑或是某种参照系,它与设计都有着相当密切且不可分割的联系。

就设计而言,首先考虑的问题是如何把自己的设计推销给消费者,因为评判一个设计作品优劣的应该是消费者。这样就促使设计师去研究生活,到生活实践和市场经营中去体验和创作。美国著名工业设计师的研究工作,也要求设计师亲自去做,“如果信息从销售经理那里转到设计人员那里,在传递过程中必然会大打折扣,所以设计人员一定要亲自和消费者交谈,同用户深入接触。设计与市场的关系犹如水乳一样。设计是市场分工的结果,它根植于市场的肥沃土壤,同时也促进市场的发展。它以市场为检验手段,符合市场的设计具有很大的发展潜力,不符合市场的设计举步维艰。任何行业的存在,都根植于物质基础。古往今来,没有市场的行业不可能生存下来,正如某些没有市场的手工业一样,在没有保护的情况下,必然濒临灭亡。既然设计是市场分工的结果,要想在市场上生存,就一定得遵守市场准则。正所谓“顺之者昌,逆之者亡”。

3. 设计的模式化

模式的英文为 model，即模板、范版。设计中的模式以一定的样本为基础，与其他的设计模式相接，同时也是标准化，并结合实际情况而设计。北欧国家的设计带有强烈的地域与人文色彩，人性化的设计与寒冷的冬季形成特定的北欧模式，这就是设计的模式化。模式化与实际相结合，突破设计的条条框框，有利于设计的发展。模式化与批量化相结合，形成模块化，易于与其他设计接口。模块化设计时不应只考虑一种型号或一代产品的部件模块化，而应考虑整个产品系列中各代产品零部件的模块化和通用性。然而，模式化设计倘若不结合实际情况，固守一种模式，将会使设计僵化，形成本本主义。

4. 设计的本土化

我们知道，日本、德国、美国等发达国家是成功推行设计战略的典范，他们通过成功的设计占领市场并侵蚀别国文化。随着我国正式加入 WTO，国内的产品也逐渐迈入国际市场。而设计正是塑造和传播自己民族文化特征的重要载体，因此形成具有中国特色、带有中国本土化韵味的设计势在必行。只有这样，我们才不会丢失市场，丢失本土文化，沦为他国“经济和文化的殖民地”。

5. 设计的国际化

何谓国际化？国际化是相对国际标准而言的，即国际统一准则。设计国际化是针对国际文化而言，以相互通用文化为底线，使设计在不同国籍人之间能无障碍地进行交流。由于科技、文化发展日益迅速，交流日趋频繁，全球一体化趋势成为必然。在此背景下，设计被赋予了新的特征。系统的观点认为，系统的发展建立在“熵”的基础之上，即远离平衡态，不断地引进新生事物，对系统进行冲击。否则，系统将陷入一团死水，最终导致灭亡。众所周知，设计是一个向外延不断扩展变化的体系，是一个开放的体系，不是一团死水，它的发展、延续建立在不断地受到外界的冲击上，所以，引进新的文化，促进设计的国际化，与外界文化不断交流，必定会推动设计大踏步前进。

在我国，有的企业花重金聘请国外技术专家严把技术大关，如海尔早已聘请世界著名工业设计家——日本 GK 集团总裁荣九庵宪司先生与其共同在海内外设立设计研发机构；创维请来了日本大阪松下电视厂厂长五百井洪先生，帮助公司进行技术开发和管理研究。有的企业与国外著名研发机构和企业合作开发，如 2000 年 11 月美的与日本东芝签订了“面向 21 世纪战略合作的协议”；长虹与世界知名跨国公司组建九人联合实验室等。美的、创维等一大批本土品牌已经开始在海外设立研发、生产、营销机构，正在一步步实现中国品牌的国际化经营战略。

6. 设计的可持续发展

很多发展中国家一直设法模仿工业化国家中流行的消费与生产方式。其后果是：一方面，很多当地原材料变得多余而且被忽视；另一方面，对高技术的高投入要求限制了地区的发展。发展中国家必须学会在采用工业化生产与消费方式时更具选择性。而且，它们必须更多地依靠自己，并学会运用各自的传统，以确保一个可持续的未来。

基于可持续产品开发(SPD)观念，是面向资源、条件和未来的产品开发，其宗旨是满足基本需要、更好的生活质量、平等和环境和谐。SPD 致力于价值开发，并侧重于基本的未来需要，尤其是发展中国家人们的需要。SPD 强调要通过产品、系统和服务传递的功能，综合考虑过去、当前和将来资源的性质和可得性。其核心是本地知识和技能。一方面，SPD 是当地取向的，但可以把当地解决办法与国际工业技术的组成部分结合起来。另一方面，它具有全球取向，考虑那些对资源和能源的可得性、数量和质量有强烈影响的地区性条件。其意义就在于在缺少高技术、缺少资本的高投入的情况下，依赖本地资源的合理使用（如风能、水能、太阳能等清洁能源的使用），来改善自身的生活质量，将追求经济发展和文化的延续置于同等地位。

可持续性定义被广泛引用是从1987年联合国环境与开发世界委员会报告“人类共同的未来”提出：“所谓可持续的开发，是指在不损坏将来人类社会经济利益的基础上，能够满足现在需要的开发。”设计的可持续发展是通过面向环境的设计管理，在倡导适度消费的原则下，使产品在生命周期的各个阶段得到合理的资源配置，并尽可能减少对环境的负影响的系统设计。

总之，可持续的设计观念体现了我国古代道家的天人合一思想，是一种与自然协调共生的营建思想；追求人与自然和谐统一，再现为对环境的合理利用和积极保护。

4.3 创新型产品设计的组织与管理

4.3.1 创新型产品设计概述

创新型设计也称为概念型设计，由此可看出这种设计类型的重点在于“创新”和“概念”。在创新型设计活动中，需要关注的是提出和深化产品的全新概念，包括产品的功能原理和使用方式。

随着社会科技与生产力的飞速发展，企业之间的竞争不再仅仅局限于实体商品以及市场份额，而是更加注重产品和企业的长远发展，更加着眼于未来。所以，企业的竞争也开始渐渐体现在了较高的产品层次上，即企业之间在长远战略规划方面的竞争，企业之间在未来技术发展方向的竞争。一款成功的产品背后，往往是提前数月甚至数年，企业就对它展开了布局和规划。

创新型产品设计主要有全新概念型产品和细分领域开拓型产品两种设计。他们的共同特点都是开创了全新的产品，如MP3这种数字音乐播放器就是基于当今的计算机技术从传统的磁带式、CD式播放器的模式中创新出来的全新产品。这类音乐产品（如图4-2所示）就是根据不同时期的计算机技术水平而逐渐进化而来的。

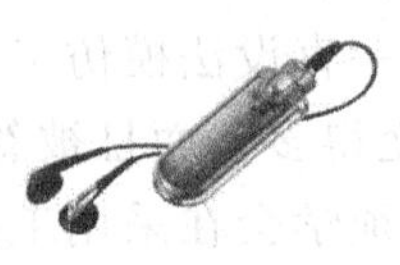

图4-2 音乐产品的进化

一提到概念产品、创新产品，很多人首先想到的就是各大车展上最吸引眼球的概念车。概念车代表着汽车工业与技术未来的发展方向，体现了一个时代最先进的汽车科技成果和发展趋势，它还为行业内部提供了互相启发、促进以及借鉴学习的机会。由于概念车具有前卫的设计思想、技术创意以及最新的科技成果，所以概念车对于一个汽车企业来讲具有重要的战略意义。全球众多的汽车企业都加大了对概念车研发和设计的投入。诸如法兰克福车展、底特律车展、北京国际车展等这些主要的国际车展，都成了各个大牌车企之间互相比拼、竞争的舞台。通过这些宣传与推广，一方面了解公众对概念车情况的反应，以便能够继续改进，做出正确的市场预测；另一方面也可以通过概念车这一媒介向公众展示本公司在设计、研发上的实力，从而提高自身形象。

提到概念车不得不提的就是美国通用汽车公司的别克 Y-Job(如图 4-3 所示)。它是由美国通用公司推出的一款概念车，也是世界汽车工业界公认的第一款概念车，它于 1938 年由美国通用汽车公司艺术和色彩部首任主任、美国汽车造型之父——哈利杰·厄尔(Harley Earl)负责研发、设计完成。

图 4-3　别克 Y-Job 概念车

从当时对于汽车行业的影响来看，别克 Y-Job 概念车是一部梦想之作。从技术与设计上来讲，别克 Y-Job 通过连续的弯曲表面和突出车身水平性的平行合金饰带创造了一种狭长的流线型车身。别克 Y-Job 引入了嵌入式头灯、电动车窗、水平水箱护罩、与车身齐平的门把、电动活动顶篷等，这些现在看来很普通的装备与设计，在当时却让制造商和消费者十分着迷。从它的时代意义上来讲，别克 Y-Job 依靠其流线型的轮廓设计不仅带领人们走进了概念车的精彩世界，更对后来汽车设计的发展产生了深远影响。别克 Y-Job 向人们展示了汽车工艺和造型方面的最新发展和趋势。它是世界上首款不以商业生产为目的，而注重向公众展示企业新技术和新造型而设计开发的产品。

哈利杰·厄尔的开拓性设计远远超越了他所在的年代。这种开创性的设计手法随即成为其他制造商竞相模仿的对象。汽车行业也从此开始用“概念车”这一载体来预演未来。

4.3.2　创新型产品设计原理

关于产品的创新整合原理，是指相当规模的企业部门在一定时期内出现的创新集合。每一个产品通常是与其他创新结合在一起的，而非孤立单元。绝大部分的创新效果来源于各个创新单元的汇聚，并不是某单个创新的价值的简单相加。所以，创新活动在时间和空间上并不是平均分配的，而是趋向于互相整合，这就是产品创新整合的效应。产品创新作为一种复杂的集体创新活动，并不是均匀地分布于整个经济系统中，而是趋向汇聚在某些部门及其周围环境中。

在产品创新的过程中，当创新产品的核心技术发明之后，会不断出现新的需要解决的技术问题，为继续进行创新提供了新的机会。例如，当电容屏技术应用到手机、平板电脑等数码设备上时，人们的数字生活随之发生了质的飞跃，人机交互的方式和方法得到了更流畅的表现，为人们的生活带来了便捷和愉悦。电容技术触摸屏 CTP 是利用人体的电流感应进行工作的。通过和各种数码设备的融合构成并形成技术可行的基础，由此形成了群聚效应，这项技术使得集成智能设备等产品相继出现。这就要求产品创新的注意力不能仅停留在一个创新上，而应该更多地放在创新集群的过程中，组织好相关产业、企业的合作，使产品创新的群聚效应得到最大限度的发挥。基于创新整合设计的产品如图 4-4 所示。

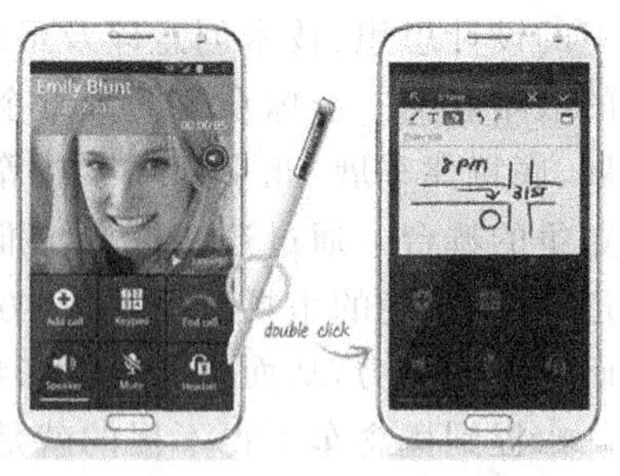

图 4-4　基于创新整合设计的产品

4.3.3　产品 DNA 原理

产品 DNA 指的是产品在更新换代过程中所继承的标准化信息，即产品的信息基因，主要包括：典型战略、典型产品、典型零件、典型工艺、典型服务等。产品 DNA 在索尼数码相机中的体现如图 4-5 所示；产品 DNA 在卫浴产品中的体现如图 4-6 所示。

图 4-5　产品 DNA 在索尼数码相机中的体现

产品信息是产品生产过程中所需要的各种技术、经济信息的总称。产品的基因信息是产品信息经过优化而来的，这个优化的过程是运用各种技术经济方法对信息进行加工、整理的过程。在这个过程中，产品信息不断地由单个信息向模块信息转变，再由模块信息转化为典型信息，从而产生信息基因。

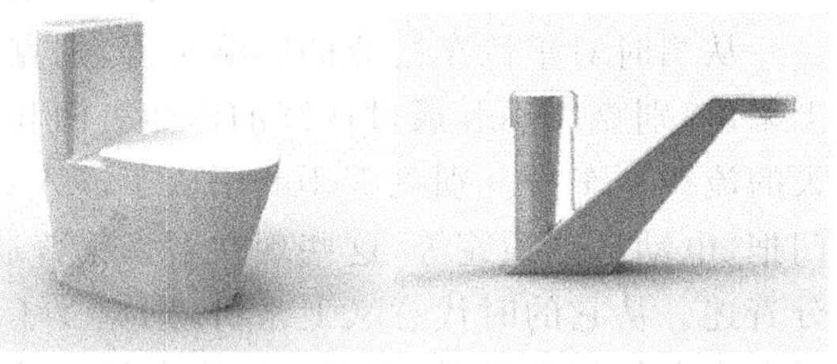
图 4-6　产品 DNA 在卫浴产品中的体现

产品创新就是按照基因重组、基因突变、优胜劣汰的方式对产品信息基因的继承和发展。例如运用现代产品设计方法、工艺，使产品标准化、模块化、系列化，生成典型产品、典型零件、典型工艺；通过产品品目、产品生产线、产品结构的优化组合，产品创新开发战略的选择等生成典型战略；通过市场细分与定位、营销系统分析、新产品的成败分析，生成典型服务等。

在产品基因重组和优化的过程中，对其产生影响的因子主要包括技术因子、商业因子、社会因子等。技术因子能够改变产品原有的工作原理和结构，技术的进步和新技术的产生往往增大了基因发生突变的可能性；商业因子包括产品市场的变化、生产者与消费者之间关系的变化，从而会对产品的进化产生很大的推动作用；同时，社会因子的影响也是不可忽视的，例如环境恶化、资源紧缺等社会问题的突显，使得节能环保的产品创新越来越受到人们的关注。

4.3.4　产品创新生态原理

生物系统的一个重要特点就是其物质流的循环性，它是生态系统保持较长时期稳定的一个重要条件。产品创新的生态系统就是强调应使产品日益协调地融入自然的过程，使社会和自然形成统一的新的物质自然循环，确保可持续发展。因此，要尽可能地减少产品在生产与使用过程中所产生的污染，并考虑产品使用后的废物回收利用问题，将环保产品、绿色产品作为产品创新的首要目标。

关于生态原理还有一点就是产品的生态系统构建。产品的生态系统就是指整个产品各个系列之间以及硬件和软件之间做合理的整合，通过一个较好的平台，来吸引更多的用户。产品创新的系统化平台构建如图 4-7 所示。同时，在设计时需要全面地跟进整个产品生态系统的构建，以此将各种设计有机地整合在一起。

图 4-7　产品创新的系统化平台构建

4.4　产品创新设计的方法

4.4.1　仿生创新法

仿生学是指在工程上实现并有效地应用生物功能，模仿生物系统来建造技术装置的一门学科。例如关于信息接收、信息传递、自动控制系统以及性能优越的仪器、装置和机器的发明、新技术的创造等。这种生物体的结构与功能给了产品设计很多启发。例如，将海豚的体型和皮肤构造应用到潜艇设计上。达·芬奇的仿生设计草图如图 4-8 所示。

图 4-8　达·芬奇的仿生设计草图

仿生设计是以自然界万事万物为研究对象，有选择地在设计过程中应用这些特征原理进行的设计。自古以来，自然界就是人类各种科学技术原理及重大发明的源泉，生物界有着种类繁多的动植物，它们在漫长的进化过程中，为了求得生存与发展，逐渐具备了适应自然界变化的本领。人类生活在自然界中，与周围的生物作"邻居"，这些生物具有各种各样的奇异本领，吸引着人们去想象和模仿。仿生设计主要是运用工业设计的艺术与科学相结合的思维与方法，模仿生物的特殊本领，利用生物的结构和功能原理来设计产品的设计方式。阿莱西的仿生产品如图 4-9所示。

在工业设计中，仿生学的应用方法有其自身的特点，按不同的角度和目的来划分，主要有以下几类。

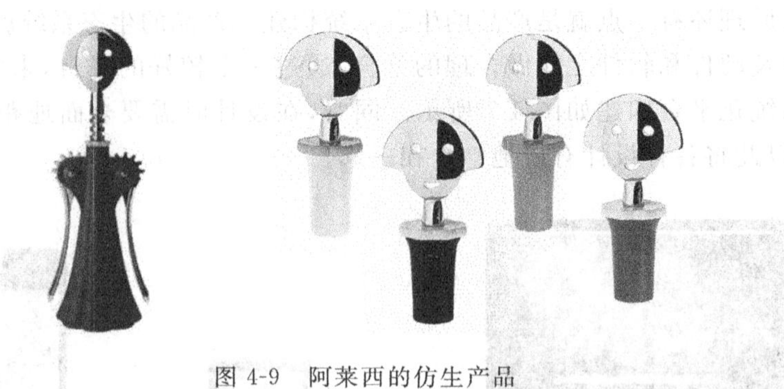

图 4-9 阿莱西的仿生产品

1. 形态仿生设计

形态仿生设计主要包括具象仿生和抽象仿生。具象仿生是指产品的造型与模仿生物的形态比较相似，由于具象仿生的复杂性以及具体性，在儿童玩具、工艺品、家居用品上应用比较多，而在工业产品设计中一般较少使用。

抽象仿生的重点是对模仿生物的形态或色彩进行概括、精炼，提取出最能代表该生物特征的元素，并对其进行适当的调整，用于产品的形态设计或表面装饰，使产品具有某些象征意义。简洁的形式是抽象仿生的特点，而在传达本质特征上具有较强的概括性。简洁的形式和较强的概括，正好吻合了现代工业产品对外观形态的要求，因此，抽象的仿生设计大量地应用于现代产品。飞利浦的剃须刀（如图 4-10 所示）就是很典型的仿生设计产品。

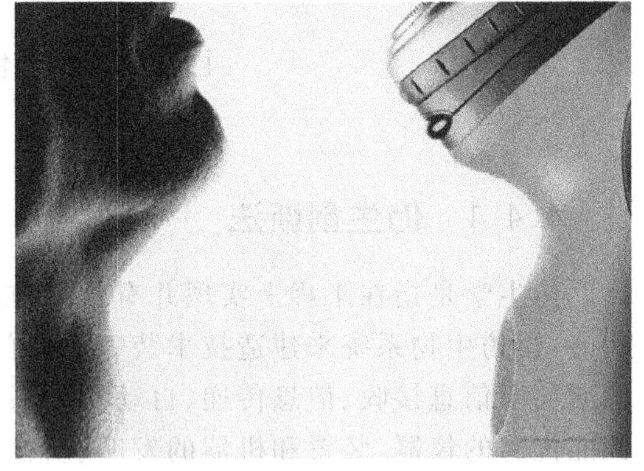

图 4-10 飞利浦的剃须刀

2. 功能与结构仿生设计

达尔文在进化论中曾提到，唯有大自然中最好的设计才有保留下来的机会。自然界的各种生物都是经过千万年不断演变进化的最佳结果，每一个生命从出生就要与环境作斗争以求生存。而设计的过程就如生物进化过程一般，从项目开始到最终成果包含了无数次试验、调整和修正，以达到完美。因此根据功能设计仿生，可以创造出全新的产品，在产品开发中具有一定的实用性。

在创造物质文明的过程中，人类常常将生物的某些特性运用到创造发明之中。例如科学家根据蜻蜓的飞行原理成功研制了直升机；根据加重的翅痣蜻蜓在高速飞行时仍安然无恙，人们仿效其在飞机的两翼加上了平衡重锤，解决了因高速飞行而引起振动的棘手问题；又如根据蛙眼原理，科学家利用电子技术制成了雷达系统，并能准确快速地识别目标。

日本的工程师们成功地制造出了新一代新干线列车，其运行时速超过 320 公里，但是当列车高速行驶时其产生的噪音超过了环境标准，这是由于列车高速通过狭窄的车道时将产生音爆效应。这一问题的一部分原因是列车的车头是子弹型的，因此它会“推挤”前方的空气而非“切穿”过去。为了解决这个问题，工程师们从翠鸟的嘴巴上得到了灵感，这种鸟类在冲向水中捕鱼时只会溅起很少的水花。翠鸟与日本的子弹车头如图 4-11 所示。

观察发现，翠鸟拥有一个流线型的长长鸟嘴，其直径逐渐增加，以便让水流顺畅向后流

图 4-11　翠鸟与日本的子弹车头

动。通过仿生学设计，工程师们对子弹车头进行重新改造，西日本铁路公司制造出了 500 系列列车，并于 1997 年投入使用。实践证明这种列车的车速比起原有设计提升了 10%，电力消耗降低了 15%，而噪音水平也有了显著下降。

3. 材料的仿生设计

除了之前提到的造型、功能、结构，随着仿生学的深入开展，人们不但模仿生物的外形、功能，而且从生物奇特的材料和肌理中也得到不少启发。它们有的结构精巧，用材合理，符合自然的经济原则；有些甚至是根据某种数理法则形成的，合乎“以最少材料”构成“最大合理空间”的要求。这些均为人类提供了“优良设计”的典范。

例如鲨鱼皮泳衣（如图 4-12 所示）的出现就是对鲨鱼表皮结构进行研究和应用的成果。鲨鱼皮泳衣是 Speedo 公司生产的一种模仿鲨鱼皮肤制作的高科技泳衣。1999 年 10 月，国际泳联正式允许运动员穿鲨鱼皮泳衣参赛。2004 年悉尼奥运会，伊恩·索普穿着鲨鱼皮泳衣一举夺得 3 枚金牌，使得鲨鱼皮泳衣名震泳界。鲨鱼体表的 V 形皱褶可以大大减少水流的摩擦力，使身体周围的水流更高效地流过进而实现快速游动。鲨鱼皮泳衣的超伸展纤维表面便是完全仿造鲨鱼皮肤表面制成的，可以减少 3%的水的阻力，这在 1%秒就能决定胜负的游泳比赛中有着非凡意义。

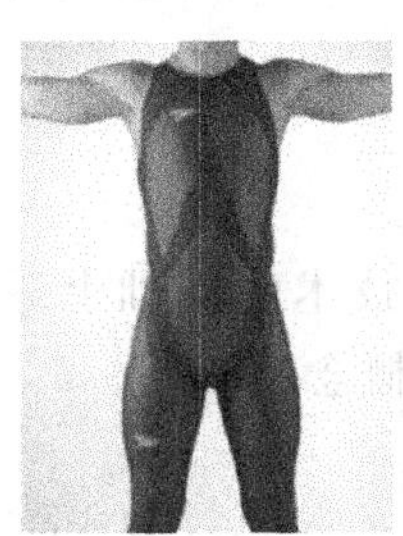

图 4-12　鲨鱼皮泳衣

4.4.2　类比创新法

类比是一个用来发现问题的直观方法。类比创新法是指通过分析，比较同类产品在功能上的解决方案，由此寻找解决问题的新途径。采用类比法的基础是类比对象的本质，进而分析本质的类似之处，同时发掘类比对象之间的区别，类比方法主要有：直接类比法和因果类比法等。

①直接类比法：将终端解决事物与类似的事物或现象直接比较。

②因果类比法：在两个事物之间有某种共性的基础上，根据其中一事物因果关系推测出另一事物因果关系的思维方法。

4.4.3 逆向创新法

逆向创新法也叫求异思维，它是对我们司空见惯的似乎已成定论的事物或观点反过来思考的一种思维方式。敢于“反其道而思之”，让思维向对立面的方向发展，从问题的相反面深入地进行探索，树立新思想，创立新形象。当大家都朝着一个固定的思维方向思考问题时，而你却独自朝相反的方向思索，这样的思维方式就叫逆向思维。人们习惯于沿着事物发展的正方向去思考问题并寻求解决办法。其实，对于某些问题，尤其是一些特殊问题，从结论往回推，倒过来思考，从求解回到已知条件，反过去想或许会使问题简单化。

日本设计师森泽直人的设计作品（如图 4-13 所示），是一个 21 英寸的电视，电视屏幕旁边的框架做得很精细。这个遥控器做得很像刷牙的药膏管的形状。为什么设计成这个形状呢？正是根据人们在使用时遇到的情况来逆向思考的，因为人们坐在沙发上的时候往往就会到处找遥控器，不知道放在哪里了。如果做成这个形状的话，大家在寻找遥控器的时候就变得更加容易了。

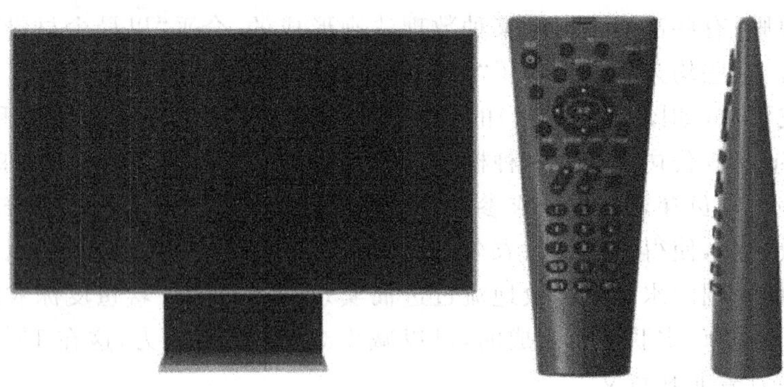

图 4-13 森泽直人的设计作品

4.4.4 整合与移植创新法

整合创新法是创新设计中的一种重要方法，就是在已有技术的基础上通过特定的整合方法，创造出新的系统，包括系统整合、结构整合、材料整合、概念整合等。

移植创新法是创新活动中最为经济的一种方法，根据用户需求，创造一种新的结构形式或功能系统，将某一领域中的原理、方法、结构、材料、用途等移植到另一事物中，从而创造出新产品，包括原理、技术移植方法、工艺移植和功能、结构移植。

图 4-14 瑞士军刀

瑞士军刀（如图 4-14 所示）就是整合与移植创新方法的最好体现。瑞士军刀是含有许多工具在一个刀身上的折叠小刀，由于瑞士军方为士兵配备这类工具刀而得名。在瑞士军刀中，基本工具有圆珠笔、牙签、剪刀、平口刀、开罐器、螺丝起子、镊子等。要使用这些工具时，只要将它从刀身的折叠处拉出来，就可以使用。瑞士军刀淋漓尽致地体现了关于整合与移植的精髓。

4.5　改良型产品设计的组织与管理

4.5.1　改良型产品设计概述

改良型产品设计是从产品现有的造型、功能、色彩、使用方式等角度出发，通过一些细节方面或者局部的演化(evolution)形成一款全新产品。改良型产品的出现主要是对现有产品的升级，或者在产品自身的领域内开辟新的细分市场。

改良型产品的发展主要得益于老产品的基础，通过原有产品具有的一定知名度和美誉度，借用其良好的形象和消费者对该品牌的认可，促进改良型产品的销售。

改良型产品必须与原有产品保持一致的核心价值，充分认识新旧产品之间的关联度，通过准确的市场细分，保持产品清晰的市场定位。改良型产品要根据市场的需求量，对目标市场进行详细的市场调研，结合准备推出的改良产品的功能和特点进行市场推广。

改良型产品的设计管理依然要遵从新产品开发的设计流程，但是在具体细节上又不尽相同。改良型产品的定性研究和价值机会是不容忽视的，需要理性的思考和判断。企业在进行管理时必须以产品为中心进行组织管理，这种形式相对来说更加合理，并且简单、灵活，且各个部门完全服务于产品开发。

对于产品的改良设计是一种通过有组织、有计划地改变设计式样造成消费者心理变化的过程，改良设计的目的是促进消费者追逐新的式样潮流，改换新式样，放弃旧式样，由此进行积极地市场促销。

当今消费主义的色彩在世界上比较浓厚，改良设计可以为产品营造一种良好的商业氛围，正是在这种繁荣的经济景象下，消费者才会表现出较高的购买热情，虽然有时候这可能仅仅只是消费者一时冲动的表现。对于产品的改良设计，从某种角度来讲就是设计师通过在产品基本状态的基础上不断地变换花样来讨好消费者的一种方法。但是这种“讨好”是有计划、有战略性的。他通过造型、材质、色彩、功能等各个环节的不断演化，从而实现产品的更新换代。同时，可以通过不断的演化不断得到消费者的反馈，以便企业更好地了解、判断市场的情况，及时在产品设计上做出相应的调整。例如，索尼笔记本就拥有各种多样化的设计(如图 4-15 所示)。

逐步流行起来的消费主义对工业设计也起到了明显的推动和促进作用。

①从设计活动的周期和发展来讲，不断的改良设计将工业设计的工作变得具有阶段性且更稳定。从实用性来讲，任何设计都将被新鲜事物所替代。不断的改良设计满足了人们追求美好生活的向往。尤其是在第二次世界大战之后，这种消费主义的建立对人们走出战争的阴影，迈向全新的生活起到了很好的推动作用。

②改良型的设计也是企业整体设计的一种可持续发展。例如德国的西门子公司在企业的长期发展过程中一直是通过树立品牌产品外观上的家族化、持续性，让更多的人通过产品的造型很快便能将西门子与其他品牌区别开，并且可以让消费者形成对于品牌产品的认同感。

③这种阶段性的设计活动，可以让设计师、消费者等都对产品的设计有一个反思的认识

图 4-15 索尼笔记本的多样化设计

过程。这种认识过程是在世界设计发展过程中必不可少的一环，正是人们对设计的思考才促成了全球设计的变革，从而让我们的生活更加美好。

谈到改良型产品，我们这里依然要提到的就是美国通用汽车公司。这里提到的是关于通用汽车公司的“有计划废止制度”。产品的废止主要有三种形式：首先是功能型废止，即通过增加新产品的功能让产品变得更加完善、全面，进而让旧的产品淘汰；其次是形式型废止，企业通过阶段性地推出符合流行趋势的产品，让旧的产品过时，即由于不能符合消费者的喜好而废弃；三是质量型废止，产品的寿命在设计、生产的时候就已经确定好了，使得消费者会定期地更新产品。“有计划的废止制度”是通用汽车公司设计师厄尔和总裁斯隆对于现代企业设计在组织和管理方面的一个重大贡献，开启了汽车设计的一种全新模式。在设计新的汽车造型时，应当有计划地考虑今后几年内有步骤地更换，进行设计的更新，使汽车式样在一两年内能够有局部变化，三到四年有较大变化，有计划地让产品进化从而促使消费者购买新产品。在 1965 年一年内，通用汽车公司的雪佛兰汽车就推出了 46 种造型、21 种色彩、32 种引擎、20 种变速器和 400 多种配件。有计划废止是对设计的一种鞭策，某种程度上也是社会经济发展的动力。

“有计划的废止制度”的产品背景也正是基于商业社会的发展与成熟。这种设计行为出现在二战后的美国是一种必然，由于在二战中美国迅速成为世界上最富裕、繁荣的国家，自 20 世纪 50 至 60 年代，美国经济增长出现了一个被西方经济学家称之为“黄金时代”的经济全盛期，美国的国民生产总值从 1961 年的 5233 亿美元增长到 1971 年的 10634 亿美元，社会财富的快速增加促成了人们消费主义思想的形成，并且得到了当时社会的认同。美国当时的一些国家政策也在积极地鼓励和推动这种消费主义的发展。同时消费主义的发展在一定程度上与西方的哲学思想有关，西方文化中认为在万物中只有人才是真正理性的。人类可以运用他的体力和智力来完成对这个世界的掌控，这种哲学思想在消费领域的体现就是，人类可以有权支配自有的物质财富去满足越来越多的需求。因此，市场正是看重了这一点，抓住了这个经济蓬勃发展的大好时期，很好地推动了消费主义设计的发展。

早在第二次世界大战以前，美国的工业设计就开始以一种未来主义的眼光来看待工业产品，众多机械化、电气化、高速交通等现代工业的产物蓬勃发展，并在设计方面发展了“流线型"等具有时代象征性的风格。二战后，美国工业设计的实践探索依旧建立在这种基础上，即强调设计的象征意义，适应社会日益增长的消费需求。20世纪50年代，随着社会的逐渐繁荣，美国开始出现消费的高潮，这种情况的出现更加促进了商业性设计行为的发展。在这种情况下，设计的主题开始由"形式追随功能"逐渐向"设计追随市场"转变。在这种情况下，"有计划的商品废止"开始出现了，即通过人为的方式使产品在较短时间内失效，从而促进消费者持续购买新产品。

4.5.2　改良型产品设计原理

作为一个产品来讲，使用功能永远是排在第一要素的，因此改良设计的重点也是产品功能的改良。产品功能指的是能满足消费者的使用需求和心理需求的特征，通俗地讲就是产品的用途。产品的用途主要有基本用途和辅助用途两种。产品的基本用途也叫必要用途，是指产品的本质使用特征，它是产品的基本价值的体现；辅助用途指的是除去基本用途以外的一些附加功能。

作为消费者，选择和购买产品的另一个重要因素便是产品的造型，从某种程度上来说一个产品的造型决定了用户的第一感受。产品外观的改良重点就是产品的形态、产品的色彩以及产品的材料等方面的因素。

还有就是人机交互和具体新技术的改良。人机交互方面的改良重点是人机因素的完善与调整。技术改良主要是指产品核心技术的更新和升级，也包括在结构方面的合理优化改良，一般来说这些技术更新都是在原有技术和结构基础上的调整，有时候技术改良中的产品外观设计保持不变；有时候会针对优化后的结构进行外观调整，达到产品的最佳效果。

例如，针对家用手动工具的改良设计(如图4-16所示)。设计前期，针对市场上的家用手动工具进行了调查，并对其在家居环境使用中会遇到的状况进行了分析，发现了如下一些常见问题：当螺母和螺丝生锈时，妇女或儿童因力气较小而可能无法操作螺丝刀拧下螺丝；很多情况下需要钳子或扳手配合其使用(用其夹住螺母使之固定)，而如果忘记携带扳手、钳子，用户面对生锈或连接较死的螺丝、螺母就会束手无策；如果需要配合扳手使用，需要调节扳手的螺杆使其适应螺母的大小，这通常也是一件比较麻烦的事；大多数螺丝刀的外观还是比较呆板，不能与现代家居环境相统一，而一些螺丝刀为了突出外观的效果，采用了一些摩擦较小、不利于抓握的材料制作手柄部分，这也会影响到使用者的使用。

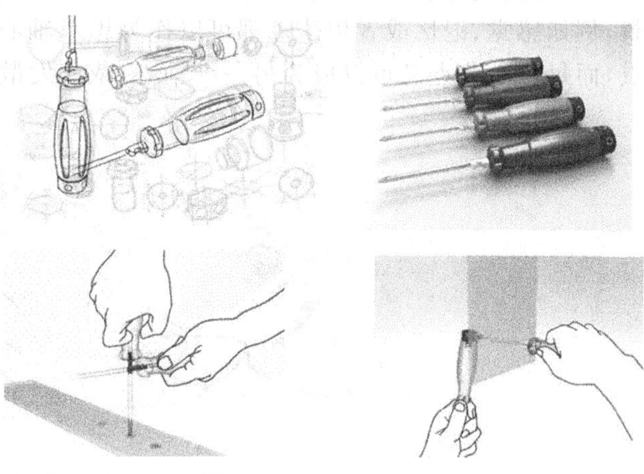

图4-16　手动工具的改良设计

在手动工具的改良设计中，将手工工具自身在使用过程中一些常见的问题从功能、造型、分类，以及对螺丝刀使用过程中的不方便加以改良优化。改良设计中整合相关附加功能，将与螺丝刀配合使用的各种其他工具(如扳手)的功能整合到螺丝刀上，这样更加能够让螺丝刀相互组合完成更多的任务。产品的造型上采用多样色彩搭配，由于是在家用环境的设计，因此在色彩上需要适合家居的特色。在手柄的材料方面，最大限度地将操作者的手力传递到工具上，防止手与工具表面的滑动，同时减轻使用者的疲劳感。

4.5.3 产品改良设计方法

设计是一门对逻辑思维能力和抽象思维能力都要求很高的学科，属于技术与艺术的交叉范畴。在实际的设计活动中要求设计师能够运用敏锐的感觉和专业的方法，根据人们的需求，以技术上和商业上都可行的方式进行发明创造，为客户创造价值，给公司带来市场机遇。在产品改良设计的过程中，通常会运用到以下一些创意方法。

1. 头脑风暴法

该方法由美国学者阿历克斯·奥斯本（Alex Osborne）于1938年提出，可分为直接头脑风暴法和质疑头脑风暴法，前者是在专家群体决策基础上尽可能激发创造性，产生尽可能多的设想和方法；后者则是对前者提出的设想、方案逐一质疑，发现其现实可行性的方法。头脑风暴法是一种集体开发创造性思维的方法（如图4-17所示）。

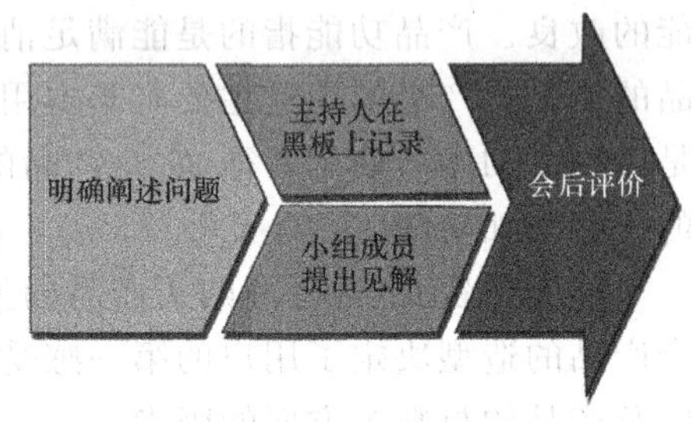

图4-17　头脑风暴法

2. 心智图法

心智图又称为思维导图，是协助人们在科学与艺术、逻辑与想象之间协调，用来表达发射性思维的图形思维工具，从而开启人类大脑的无限潜能（如图4-18所示）。心智图是一种将放射性思考具体化的方法，每一种进入主体的资料，例如感觉、记忆或者想法等都可以作为思考轴心，并由此中心向外发散出成千上万的节点，而每一个节点又可以成为另一个轴心，依次发散。

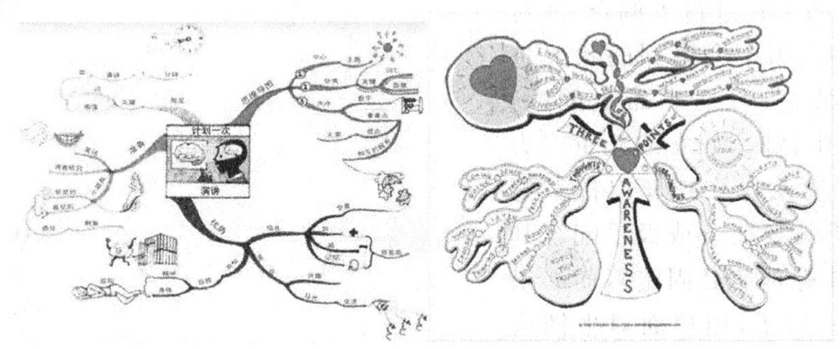

图4-18　心智图（思维导图）

3. 列举法

列举法主要有三种：属性列举法、希望点列举法和缺点列举法。列举法是通过对一个具体事物的优缺点从逻辑上进行全面分析，然后将其实质内容全面展现出来，最后针对列出的项目逐步提出改进的方法。

4. 5W2H分析法

5W2H分析法主要用于公司设计管理和技术开发工作（如图4-19所示），5W2H主要包括以下内容：Why——为什么？为什么要这么做？理由何在？原因是什么？What——是什么？目的是什么？做什么工作？Where——何处？在哪里做？从哪里入手？When——何时？什么时间完成？什么时机最适宜？Who——谁？由谁来承担？谁来完成？谁负责？How——怎么做？如何提高效率？如何实施？方法怎样？How much—多少？做到什么程度？数量如何？质量水平如何？费用产出如何？

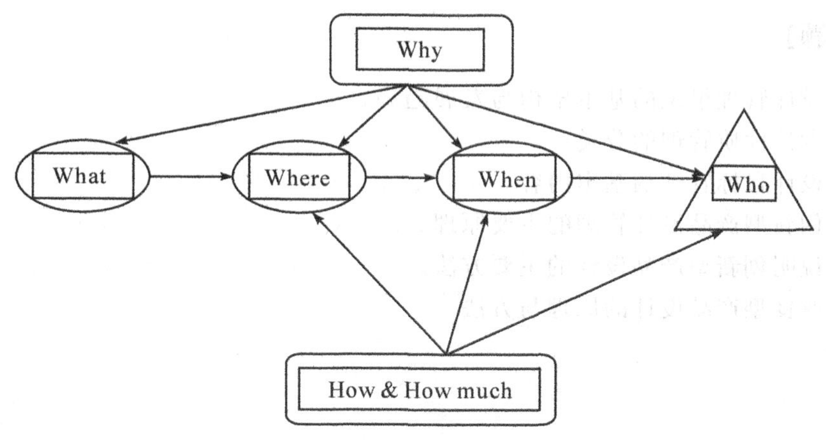

图 4-19 5W2H

5. SET 分析法

SET 分析是通过分析 S——社会因素(Social)、E——经济因素(Economic)、T——技术因素(Technological)，这三个方面的因素识别出新产品的开发趋势，并找到匹配的技术和购买动力，从而开发出新的产品和服务。SET 因素主要应用在产品机会识别阶段，对社会趋势、经济动力和先进技术三个因素进行综合分析和研究。

6. 故事情境法

故事情境法是应用在许多教学、科研、开发领域的一种很实用有效的方法，是国内外院校众多工业设计专业和设计机构采用的一种产品改良创意方法。故事情境就是构想一个用户在使用产品时的场景环境，然后讲述一段故事，来说明缺乏相关产品会给用户带来哪些问题。故事情境法的主要目的是把产品针对的用户群体、群体特征、产品使用场所和环境、产品想要解决的问题等用比较生动的讲故事的方法描述出来。

7. 任务解析法

任务解析是将解决问题的过程拆分成一个个步骤并记录下来，然后绘制出过程图表。任务解析的目的是帮助设计师整理和模拟过程数据，由此发现用户在一些重要步骤所需要的产品支持或者所开发的产品在某个动作节点体现出来的一些对设计有帮助的细节信息。

8. 环境借鉴法

环境借鉴法是用来评价某一时期的用户对某种产品的看法、他们所期望的产品质量、产品使用的背景和环境的方法。这也是通过对环境因素作单独具体分析获得产品改良设计的参考数据的方法。比如手机设计部门在开发某款手机时会在工作室中播放目标用户喜欢的音乐；摆放目标用户使用过的产品营造一个用户空间；在墙上贴上各种用户喜欢的杂志、时装、美食、运动、旅游等体现目标用户生活方式的图片等，以期待在色彩、造型等方面给设计师提供一种和目标用户最贴切的感觉。

设计管理是企业与设计公司合作中关于如何有效组织设计活动的一个关键环节，它直接影响设计效益和设计成果。

对于创新性设计和改良型设计这两种不同的设计形式，具有针对性的设计管理方法可以辅助设计师们达到事倍功半的效果。合理地掌握并运用头脑风暴、思维导图、故事情景法、任务解析法、5W2H 分析法等可以帮助设计师根据不同的具体情况来组织设计行为。

【思考题】

1. 简述设计管理组织的基本架构与发展趋势。
2. 简述设计性质管理的分类。
3. 简述设计目标管理的基本内容。
4. 简述创新型产品设计管理的主要原理。
5. 举例说明创新型产品设计的主要方法。
6. 简述改良型产品设计的原理与方法。

第五章　产品设计流程的信息系统建设管理

信息化与产品设计研发正在高度融合。基于工业设计流程本身的管理系统与信息系统的融合端倪已现，如基于 WEB、EXCEL 和 Internet 的工业设计信息系统的构建理论及方法，并在理论指导下建立用户端单机使用的工业设计信息原型子系统等研究均有涉及，但理论研究和现实应用目前尚处初级阶段。展望未来，信息化与工业设计的融合是大势所趋，因此工业设计及设计管理需要信息系统的支持，利用网络建立基于工业设计流程的信息系统，为工业设计有关信息表现手段的数字化、集约化提供了一条可供借鉴的新方法、新工具、新思路。这样可显著提高工业设计管理效率。

本章以分析工业设计流程为出发点，结合软件工程，重点解决本企业工业设计管理问题，达到信息资源共享和做好工业设计项目的目的。在数据库技术基础上，运用软件工程方法，建立了一种工业设计流程管理的信息系统框架。该系统采用体系结构，结合系列方法进行系统功能建模、信息建模，设计了信息收集、行业分析、方案评审、模型制作等系列功能。通过系统原型的实现，不仅解决了信息共享、信息查询、信息利用等系列功能，还可以在更高层次上取得信息，使设计方案更符合要求，并且能在异地实施远程督查或评审方案，实现即时沟通，充分发挥各成员的积极性、互动性，增强了现场感与真实感，极大地节约了成本。系统可以引导设计最优方案，达到最优方案模型可控实现，使工业设计所涉及的诸多领域知识，例如人文知识、人机工学、感性工学、市场学、营销学、机械学、经济学等，能够通过此系统在瞬间完成深度和广度上的头脑风暴、学科交叉与优化组合。

基于工业设计流程的信息系统需求分析和设计，对工业设计信息系统的功能、系统构架、软件逻辑结构、应用支撑平台、系统的安全性、运行环境和开发工具、使用的技术和控件以及数据库建模等等，进行了系统分析和集成设计。本系统采用分层设计，业务组件以 Web Service 方式发布，具有较好的可扩充性。通过实际试运行表明，该系统达到了设计要求目标，性能可靠稳定，界面交互宜人，操作简约易行，非常人性化，极大地提高了设计及设计管理工作效率和质量。

5.1　信息系统建设的主要技术

5.1.1　关键技术简介

Java 技术，是由 Sun 公司于 1995 年 5 月推出的 Java 程序设计语言和 Java 平台的总称。Java 分为三个体系：Java SE(Java 2 Platform Standard Edition，java 平台标准版)，Java EE(Java 2 Platform Enterprise Edition，java 平台企业版)，Java ME(Java 2 Platform Micro Edition，java 平台微型版)。Java 编程语言是一种简单的、面向对象的、分布式的、解释性

的、健壮的、安全与系统无关的、可移植的、高性能的、多线程的、动态的语言。以 JavaEE 为例说明 Java 的关键技术。

JavaEE 是一套全然不同于传统应用开发的技术架构，包含许多组件，主要可简化且规范应用系统的开发与部署，进而提高可移植性、安全与再用价值。JavaEE 技术的基础就是核心 Java 平台或 Java 2 平台的标准版，JavaEE 不仅巩固了标准版中的许多优点，例如“编写一次、随处运行”的特性、方便存取数据库的 JDBC API、CORBA 技术以及能够在 Internet 应用中保护数据的安全模式，等等，同时还提供了对 EJB(Enterprise JavaBeans)、Java Servlet API、JSP(Java Server Pages)以及 XML 技术的全面支持。其最终目的就是成为一个能够使企业开发者大幅缩短投放市场时间的体系结构。

JavaEE 包括 13 种核心技术规范①：JDBC(Java Database Connectivity，Java 数据库连接)；JNDI(Java Naming and Directory Interface，Java 命名和目录接口)；EJB(Enterprise Java Bean，企业级 JavaBean)；RMI(Remote Method Invocation，远程方法调用)；JSP(Java Server Pages，Java 服务器端页面)；Servlet(服务器端小程序)；XML(eXtensible Markup Language)；JMS(Java Messaging Service，Java 消息服务)；IDL(Interface Description Language，接口描述语言)；JTA(Java Transaction Architecture，Java 事务框架)；JTS(Java Transaction Service，Java 事务服务)；JavaMail(Java 邮件)；JAF(JavaBean Activation Framework，JavaBean 活动框架)。

标准的 JavaEE 体系结构如图 5-1 所示。

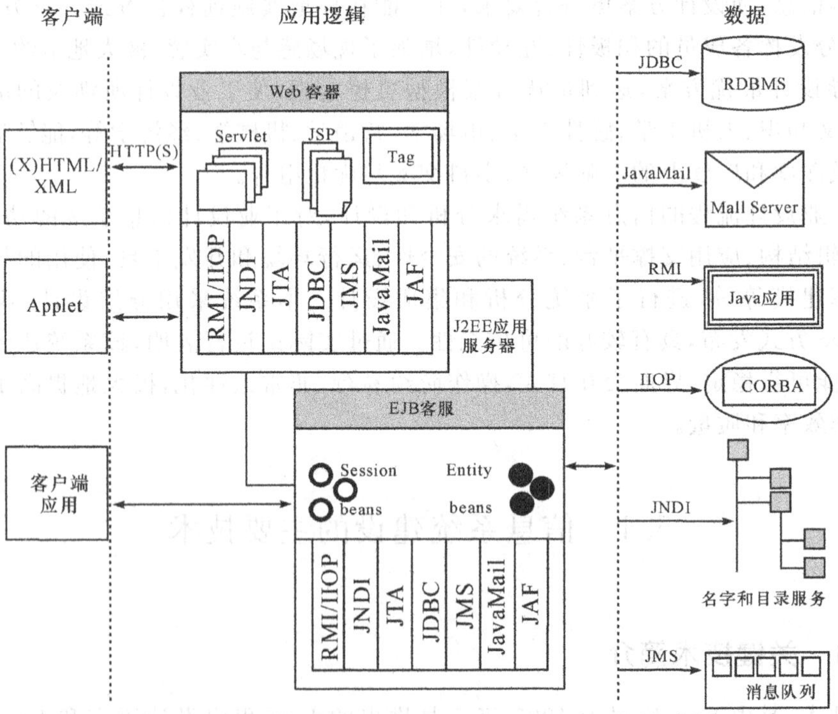

图 5-1　JavaEE 体系结构

① Craig A. Berry，John Carnell，Matjaz B. Juric 等：《实用 J2EE 设计模式编程指南》，电子工业出版社 2003 年版。

5.1.2　开发技术简介

本系统开发过程中所用的技术可总体分为服务端技术和客户端技术两部分。服务端主要采用 Struts2＋hibernate3.2＋Spring2.5＋Sitemesh 等技术，客户端技术主要指页面技术，主要是 CSS＋DIV＋JS＋AJAX 技术，其中 CSS＋DIV 实现基本页面设计，JS 用于简单验证和部分页面效果，AJAX 用于客户端与服务器的异步交互。

1. 服务端相关技术

Struts 是 Apache 基金会 Jakarta 项目组的一个 Open Source 项目，它采用 MVC 模式，能够很好地帮助 Java 开发者利用 J2EE 开发 Web 应用。和其他的 Java 架构一样，Struts 也是面向对象设计，将 MVC 模式“分离显示逻辑和业务逻辑”的能力发挥得淋漓尽致。Struts 2 是 Struts 的下一代产品，是在 Struts 和 WebWork 的技术基础上进行了合并，形成全新的 Struts 2 框架。其全新的 Struts 2 的体系结构与 Struts 1 的体系结构的差别巨大。Struts 2 以 WebWork 为核心，采用拦截器的机制来处理用户的请求，这样的设计也使业务逻辑控制器能够与 Servlet API 完全脱离开，所以 Struts 2 可以理解为 WebWork 的更新产品。虽然 Struts 2 相比 Struts 1 有着很大的变化，但是相对于 WebWork，Struts 2 的变化很小。

Spring 是一个开源框架，它由 Rod Johnson 创建。它是为了解决企业应用开发的复杂性而创建的。Spring 使用基本的 JavaBean 来完成以前只可能由 EJB 完成的事情。然而，Spring 的用途不仅限于服务器端的开发。从简单性、可测试性和松耦合的角度而言，任何 Java 应用都可以从 Spring 中受益。

Hibernate 是一个开放源代码的对象关系映射框架，它对 JDBC 进行了非常轻量级的对象封装，使得 Java 程序员可以随心所欲地使用对象编程思维来操纵数据库。Hibernate 可以应用在任何使用 JDBC 的场合，既可以在 Java 的客户端程序使用，也可以在 Servlet/JSP 的 Web 应用中使用，最具革命意义的是，Hibernate 可以在应用 EJB 的 J2EE 架构中取代 CMP，完成数据持久化的重任。

Sitemesh 是由一个基于 Web 页面布局、装饰及与现存 Web 应用整合的框架。它能帮助我们再由大量页面工程的项目中创建一致的页面布局和外观，如一致的导航条、一致的 banner、一致的版权等。它不仅能处理动态的内容，如 JSP、PHP、ASP、CGI 等产生的内容，还能处理静态的内容，比如 HTML 的内容，使得它的内容也符合页面结构的要求。甚至它能像 Include 那样将 HTML 文件作为一个面板的形式嵌入到别的文件中去。所有的这些，都是 GOF 的 Decorator 模式最生动的实现。装饰模式是在不必改变原类文件和使用集成的情况下，动态地扩展一个对象的功能。

2. 客户端相关技术

DIV＋CSS 是网站标准（或称“WEB 标准”）中常用术语之一，通常为了说明与 HTML 网页设计语言中的表格（table）定位方式的区别，因为 XHTML 网站设计标准中，不再使用表格定位技术，而是采用 DIV＋CSS 的方式实现各种定位。

CSS 是英语 Cascading Style Sheets（层叠样式表单）的缩写，它是一种用来表现 HTML 或 XML 等文件式样的计算机语言。

DIV 元素是用来为 HTML 文档内大块（block－level）的内容提供结构和背景的元素。DIV 的起始标签和结束标签之间的所有内容都是用来构成这个块的，其中所包含元素的特性由 DIV 标签的属性来控制，或者通过使用样式表格式化这个块来进行控制。

JavaScript 是一种基于对象和事件驱动并具有相对安全性的客户端脚本语言。同时也是一种广泛用于客户端 Web 开发的脚本语言，常用来给 HTML 网页添加动态功能，比如响应用户的各种操作。

AJAX 即异步 JavaScript 及 XML(Asynchronous JavaScript and XML)，AJAX 不是一种新的编程语言，而是一种用于创建更好更快以及交互性更强的 Web 应用程序的技术。本设计中主要通过 DWR 来实现 AJAX 的异步调用。

5.2 数据库介绍

数据库管理系统(Data Base Management System，DBMS)是一种操纵和管理数据库的大型软件，用于建立、使用和维护数据库。它对数据库进行统一的管理和控制，以保证数据库的安全性和完整性。用户通过 DBMS 访问数据库中的数据，数据库管理员也通过 DBMS 进行数据库的维护工作。它提供多种功能，可使多个应用程序和用户用不同的方法在同时或不同时刻去建立、修改和询问数据库。

5.2.1 数据库管理系统的体系结构

一般数据库管理系统的体系结构包括：数据库的物理结构、逻辑结构、内存结构及进程。[①]

1. 物理结构

数据库物理结构是由构成数据库的操作系统文件所决定的，Oracle 数据库文件包括：数据文件(Data File)，数据文件用来存储数据库中的全部数据，例如数据库表中的数据和索引数据，通常以 *. dbf 格式呈现，如 userCIMS. dbf；日志文件(Redo Log File)，日志文件用于记录数据库所做的全部变更(如增加、删除、修改)，以便在系统发生故障时，用它对数据库进行恢复，通常为 Log *. dbf 格式，如 Log1CIMS. dbf，Log2CIMS. dbf；控制文件(Control File)，每个 Oracle 数据库都有相应的控制文件，它们是较小的二进制文件，用于记录数据库的物理结构，如数据库名、数据库的数据文件和日志文件的名字和位置等信息，用于打开、存取数据库，通常为 Ctrl *. ctl 格式，如 Ctrl1CIMS. ctl；配置文件，配置文件记录 Oracle 数据库运行时的一些重要参数，如数据块的大小、内存结构的配置等，通常为 init *. ora 格式，如 initCIMS. ora。

2. 逻辑结构

数据库逻辑结构描述了数据库从逻辑上如何存储数据库中的数据。逻辑结构包括表空间、段、区、数据块和模式对象。数据库的逻辑结构将支配一个数据库如何使用系统的物理空间，模式对象及其相互间的联系则描述了关系数据库之间的设计。

一个数据库从逻辑上说是由一个或多个表空间所组成的，表空间是数据库中物理编组的数据仓库，每一个表空间都由段(Segment)组成，一个段是由一组区(Extent)组成，一个

---

① 何玉洁，梁琦：《数据库原理与应用(第 2 版)》，机械工业出版社 2011 年版。

区是由一组连续的数据库块(Database Block)组成，而一个数据库块对应硬盘上的一个或多个物理块。一个表空间存放一个或多个数据库的物理文件(即数据文件)，一个数据库中的数据被逻辑地存储在表空间上。

①表空间(Tablespace)。数据库被划分为一个或多个称为表空间的逻辑结构，它包括两类表空间，System 表空间和非 System 表空间，其中，System 表空间是安装数据库时自动建立的，它包含数据库的全部数据字典，存储过程、包、函数和触发器的定义以及系统回滚段。除此之外，还能包含用户数据。一个表空间包含许多段，每个段由一些可以不连续的区组成，每个区由一组连续的数据块组成，数据块是数据库进行操作的最小单位。每个表空间对应一个或多个数据文件，每个数据文件只能属于一个表空间。

②数据库块(Database Block)。数据库块也称逻辑块，它对应磁盘上一个或多个物理块，它的大小由初始化参数决定，典型的大小是 2k。pckfree 和 pctused 两个参数用来优化数据块空间的使用。

③区(Extent)。区是由一组连续的数据块组成的数据库存储空间所分配的逻辑单位。

④段(Segment)。段是一个或多个不连续的区的集合，它包括一个表空间内特定逻辑结构的所有数据，段不能跨表空间存放。数据库包括数据段、索引段、临时段、回滚段等。

⑤模式对象(Schema Object)。数据库的模式对象包括表、视图、序列、同义词、索引、触发器、存储过程等。

3. 系统进程与内存结构

当在计算机服务器上启动 Oracle 数据库后，称服务器上启动了一个 Oracle 实例(Instance)。Oracle 实例是存取和控制数据库的软件机制，它包含系统全局区(SGA)和 Oracle 进程两部分。SGA 是系统为实例分配的一组共享内存缓冲区，用于存放数据库实例和控制信息，以实现对数据库中数据的治理和操作。

进程是操作系统中一个极为重要的概念。一个进程执行一组操作，完成一个特定的任务。对 Oracle 数据库治理系统来说，进程由用户进程、服务器进程和后台进程组成。

当用户运行一个应用程序时，系统就为它建立一个用户进程。服务器进程处理与之相连的用户进程的请求，它与用户进程相通，为相连的用户进程的 Oracle 请求服务。

为了更好地实现多用户功能，提高系统性能，Oracle 还在系统后台启动一些后台进程，用于数据库数据操作。系统进程的后台进程主要包括：

①SMON 系统监控进程(System Monitor)，负责完成自动实例恢复和回收分类(Sort)表空间。

②PMON 进程监控进程(Process Monitor)，实现用户进程故障恢复、清理内存区和释放该进程所需资源等。

③DBWR 数据库进程，数据库缓冲区的治理进程。在它的治理下，数据库缓冲区中总保持有一定数量的自由缓冲块，以确保用户进程总能找到供其使用的自由缓冲块。

④LGWR 日志文件写进程，是日志缓冲区的治理进程，负责把日志缓冲区中的日志项写入磁盘中的日志文件上。每个实例只有一个 LGWR 进程。

⑤ARCH 归档进程(Archiver Process)，把已经填满的在线日志文件拷贝到一个指定的存储设备上。仅当日志文件组开关(Switch)出现时，才进行 ARCH 操作。ARCH 不是必须的，而只有当自动归档可使用或者当手工归档请求时才发出。

⑥RECO 恢复进程是在具有分布式选项时使用的一个进程，主要用于解决引用分布式事务时所出现的故障。它只能在答应分布式事务的系统中出现。

⑦LCKn 封锁进程，用于并行服务器系统，主要完成实例之间的封锁。

内存结构(SGA)，SGA 是 Oracle 为一个实例分配的一组共享内存缓冲区，它包含该实例的数据和控制信息。SGA 在实例启动时被自动分配，当实例关闭时被收回。数据库的所有数据操作都要通过 SGA 来进行。SGA 中内存根据存放信息的不同，可以分为五个区域：

①Buffer Cache，存放数据库中数据库块的拷贝。它由一组缓冲块组成，这些缓冲块为所有与该实例相链接的用户进程所共享。缓冲块的数目由初始化参数 db_block_buffers 确定，缓冲块的大小由初始化参数 db_block_size 确定。大的数据块可提高查询速度，由 DBWR 操作。

②日志缓冲区(Redo Log Buffer)，存放数据操作的更改信息。它们以日志项(Redo Entry)的形式存放在日志缓冲区中。当需要进行数据库恢复时，日志项用于重构或回滚对数据库所做的变更。日志缓冲区的大小由初始化参数 log_buffer 确定。大的日志缓冲区可减少日志文件 I/O 的次数。后台进程 LGWR 将日志缓冲区中的信息写入磁盘的日志文件中，可启动 ARCH 后台进程进行日志信息归档。

③共享池(Shared Pool)，包含用来处理的 SQL 语句信息。它包含共享 SQL 区和数据字典存储区。共享 SQL 区包含执行特定的 SQL 语句所用的信息。数据字典区用于存放数据字典，它为所有用户进程所共享。

④一些内存指针(Cursors)，执行待处理的 SQL 语句。

⑤其他信息区，除了上述几个信息区外，还包括一些进程之间的通讯信息(如封锁信息)；在多线索服务器配置下，还有一些程序全局区的信息，请求队列和响应队列等。

5.2.2 数据库管理系统的主要功能

按功能划分，数据库管理系统大致可分为六个部分①。

①模式翻译：提供数据定义语言，用它书写的数据库模式被翻译为内部表示。数据库的逻辑结构、完整性约束和物理储存结构保存在内部的数据字典中。数据库的各种数据操作(如查找、修改、插入和删除等)和数据库的维护管理都是以数据库模式为依据的。

②应用程序的编译：把包含访问数据库语句的应用程序，编译成在 dbms 支持下可运行的目标程序。

③交互式查询：提供易使用的交互式查询语言，如 sql。dbms 负责执行查询命令，并将查询结果显示在屏幕上。

④数据的组织与存取：提供数据在外围储存设备上的物理组织与存取方法。

⑤事务运行管理：提供事务运行管理及运行日志，事务运行的安全性监控和数据完整性检查，事务的并发控制及系统恢复等功能。

⑥数据库的维护：为数据库管理员提供软件支持，包括数据安全控制、完整性保障、数据库备份、数据库重组以及性能监控等维护工具。

---

① 【美】Gerald V. Post 著，《数据库管理系统》，冯建华，刘旭辉，周维续等译，机械工业出版社 2006 年版。

5.2.3 UML 建模技术

企业信息化速度不断加快，业务发展也越来越快，更加要求企业在市场中具有竞争力和维持力。“传统”的系统开发方法已经力不从心。速度的加快也要求有更加灵活的系统。统一建模语言(Unified Modeling Language，UML)作为最广泛使用的面向对象系统的标准建模方法之一，已经得到广泛的应用。

UML 建模，就是用模型元素来组建整个系统的模型，模型元素包括系统中的类、类和类之间的关联、类的实例相互配合实现系统的动态行为等。UML 提供了多种图形可视化描述模型元素，同一个模型元素可能会出现在多个图中对应多个图形元素，人们可以从多个视图来考察模型。UML 建模主要分为结构建模、动态建模和模型管理建模三个方面。[①]

UML 建模技术主要分为结构建模、动态建模和模型管理建模三个方面。

第一个方面是从系统的内部结构和静态角度来描述系统，在静态视图、用例视图、实施视图和配置视图中适用，采用了类图、用例图、组件图和配置图等图形。例如类图用于描述系统中各类的内部结构(类的属性和操作)及相互间的关联、聚合和依赖等关系。

第二个方面是从系统中对象的动态行为和组成对象间的相互作用、消息传递来描述系统，在状态机视图、活动视图和交互视图中适用，采用了状态机图、活动图、顺序图和合作图等图形，例如状态机图用于一个系统或对象从产生到结束或从构造到清除所处的一系列不同的状态。

第三个方面描述如何将模型自身组织到高层单元，在模型管理视图中适用，采用的图形是类图。建模的工作集中在前两个方面，而且并非所有图形元素都适用或需要采用。

在嵌入式软件开发中，面向对象技术内在支持对系统的抽象、分层及复用技术，能够很好地控制系统的复杂性，也逐渐得到广泛应用。实时 UML 语言是在嵌入式开发中适用的建模语言。目前有许多功能强大的 UML 建模工具，有些工具还引入或加强嵌入式实时系统应用领域的功能，例如 Rose RealTime 和 Rhapsody。

综上所述，UML 建模虽然是软件建模的有力武器，也要遵循一定的规则来使用，否则就不能很好地发挥它的价值，也会导致事倍功半。理解 UML 使用的前提，并认真按照这些方法实施，相信会有理想的效果。

5.3　工业设计信息系统的数据流程分析

数据流程图(DFD)是一种能全面地描述信息系统逻辑模型的主要工具，它可以用少数几种符号综合地反映出信息在系统中的流动、处理和存储情况，描绘信息流和数据从输入移动到输出的过程中所经受的变换，是结构化系统分析方法的主要表达工具及用于表示软件模型的一种图示方法。[②] 由于它只反映系统必须完成的逻辑功能，所以它是一种功能模型。数据流程图由系统的外部实体、处理过程、数据存储和系统中的数据流四个部分组成。

---

① 【美】Gerald V. Post 著：《数据库管理系统》，冯建华，刘旭辉，周维续等译，机械工业出版社 2006 年版。

② 薛华成：《管理信息系统(第 5 版)》，清华大学出版社 2007 年版。

数据字典最重要的作用是作为分析阶段的工具。① 任何字典最重要的用途都是供人查询对不了解的条目的解释，在结构化分析中，数据字典的作用是给数据流图上每个成分加以定义和说明。换句话说，数据流图上所有成分的定义和解释的文字集合就是数据字典，而且在数据字典中建立一组严密一致的定义有助于改进分析员和用户的通信。数据字典由数据项、数据结构、数据流、数据存储、处理过程组成。

5.3.1 工业设计方案的基本信息管理

企业管理人员根据企业需要，建立顾客意见、市场信息、竞争对手信息、现有的产品样品库、现有的工业设计方案五个数据库。顾客意见库存储了顾客对上市产品的意见，负责该工业设计的设计师们能通过系统及时看到这种意见。市场信息数据库由市场调研人员、工业设计师负责维护和添加信息，市场调研人员和工业设计师把调研的信息通过系统输入到数据库中存储。企业的管理人员、工业设计师、工程师与市场人员都能方便地看到该信息，工业设计师通过该信息设计相应的工业设计方案。竞争对手数据库主要是由市场调研人员负责维护和添加，由工业设计师、结构设计师、电气工程师参与。市场调研人员通过对市场中竞争对手的工业设计方案、投放市场的产品的功能、结构、外观和色彩等因素进行分析，并添加到该数据库中，设计管理人员与设计师可方便地调用该库中的信息，掌握竞争对手的产品情况。样品库由市场调研人员负责维护，主要添加投放市场的产品的图片、技术指标、工业设计师、产品的生产车间、上市时间等信息，企业管理人员、设计师、工程师都能看到该产品的信息。工业设计方案库存储投放市场和未投放市场的产品的设计方案，工业设计方案库由工业设计师进行维护和添加，设计师根据方案编号能方便地查询到已有的设计方案的信息。

工业设计管理信息系统的基本信息管理的数据流程如图 5-2 所示。

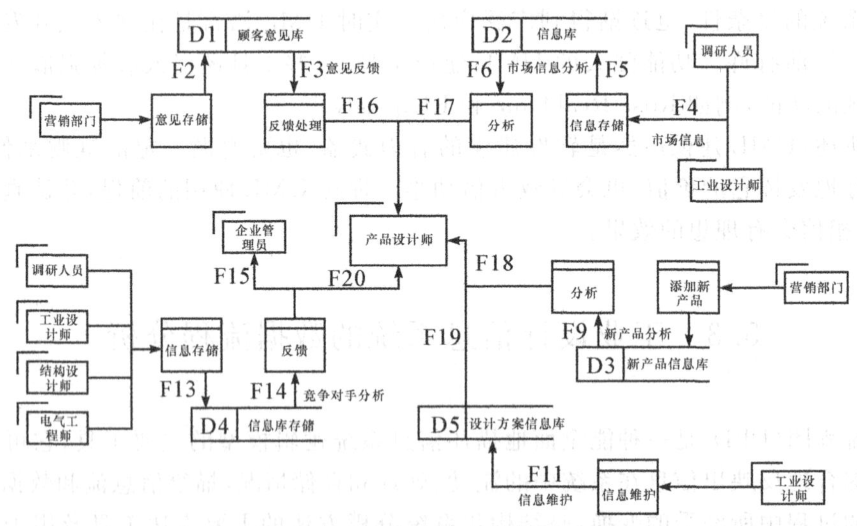

图 5-2 基本信息管理的数据流程

基本信息管理的数据流程的数据字典定义见表 5-1、5-2、5-3、5-4、5-5。

① 钱乐秋、赵文耘、牛军钰：《软件工程》，清华大学出版社 2007 年版。
余玉亮：怎样才是好设计，《设计新潮》第三期，2000。
余玉亮：《当代工业设计理念提升——来自产业的思考》，2011 年国际工业设计论文集。

表 5-1　数据存储清单

编号	名称	流入数据流	流出数据流	组成	组织形式
D1	顾客意见库	F2	F3	顾客意见	按意见类别排序
D2	信息库	F5	F6	产品编号、名称	按产品用途排序
D3	新产品信息库	F8	F9	产品编号、名称、价格	同上
D4	信息库	F13	F14	产品编号、名称	同上
D5	设计方案信息库	F11	F19	工业设计方案	同上

表 5-2　数据流清单(部分)

编号	名称	来源	去处	组成	流量	说明
F1	顾客意见	营销部门	意见存储	顾客意见		
F3	意见反馈	顾客意见库	反馈	同上		顾客对产品的意见
F4	市场信息	调研人员	信息存储	产品编号、名称		
F6	市场信息分析	信息库	分析	同上		维护和添加信息
F8	新产品信息	营销部门	新产品信息库	同上		
F9	新产品分析	新产品信息库	分析	同上		
F11	信息维护	工业设计师	设计方案信息库	工业设计方案		维护和添加信息
F14	竞争对手分析	信息库	反馈	产品编号、名称		分析竞争对手工业设计方案

表 5-3　数据项清单

编号	名称	数据类型	长度	小数位	取值范围	说明
01	顾客意见	C	20			
02	产品编号	C	04		0000－9999	
03	产品名称	C	20			
04	产品价格	N	08	03		
05	工业设计方案	C	20			

表 5-4　处理清单

编号	名称	输入	处理逻辑	输出
1	意见存储	顾客意见原始单据	按意见类别分类	分类后的意见单据
2	反馈	分类后的意见单据	意见反馈给设计师	有参考价值的顾客意见
3	信息存储	市场信息	按信息类别分类	分类后的信息
4	分析	分类后的信息	信息分析	有参考价值的信息
5	添加新产品	新产品信息	添加到新产品信息库	新产品信息
6	信息维护	需要修改的信息	维护和添加信息	维护后的信息

表 5-5 外部项清单

编号	名称	简述	输入数据流	输出数据流
01	工业设计师	工业设计总规划		各类信息
02	营销部门	获取顾客意见,向顾客传达新产品的信息	顾客意见	
03	调研人员	整理市场信息	市场信息	
04	工业设计师	负责维护和添加信息	工业设计方案	
05	结构设计师	设计相应的工业设计方案	同上	
06	电气工程师	参与维护和添加信息	同上	

5.3.2 设计实施管理

很多集团公司有很多产品大类,每个产品大类分别安排一名负责该产品的主设计师,并作为该工业设计好坏的被考核责任人,主设计师的上级为考核责任人。根据集团公司产品类别的多少,就会有多个产品大类的主设计师,由主设计在企业发挥作用,充分发挥主设计师的潜在能力。主设计师的上级管理人员组织开会讨论、安排、灌输相关的工作理念,让设计师发表意见,由管理人员形成设计要求。各产品大类的主设计师都有责任作为设计师身份协助其他主设计师或设计大类完成设计项目,并计入考核。有时上级管理人员也贯彻主设计师的合理意图,并负责设计项目在全过程中的协调、督导和沟通工作。根据项目进度由主设计师提出与相关机构设计人员、电气设计人员、管理人员等作设计沟通。由管理人员提出与技术部门及上一级部门沟通。为使项目按时顺利地进展,召开主设计师、参与设计的主设计师设计沟通会,发现遇到的问题,并提出解决问题的办法,确保按时完成方案。提案评审前,管理人员要审查。然后在由多个相关部门参与的评审会上根据大家的意见,管理人员总结发言,由主设计作会议记录,主设计上级管理人员审核形成下一步工作的文件。设计实施管理的数据流程如图 5-3 所示。

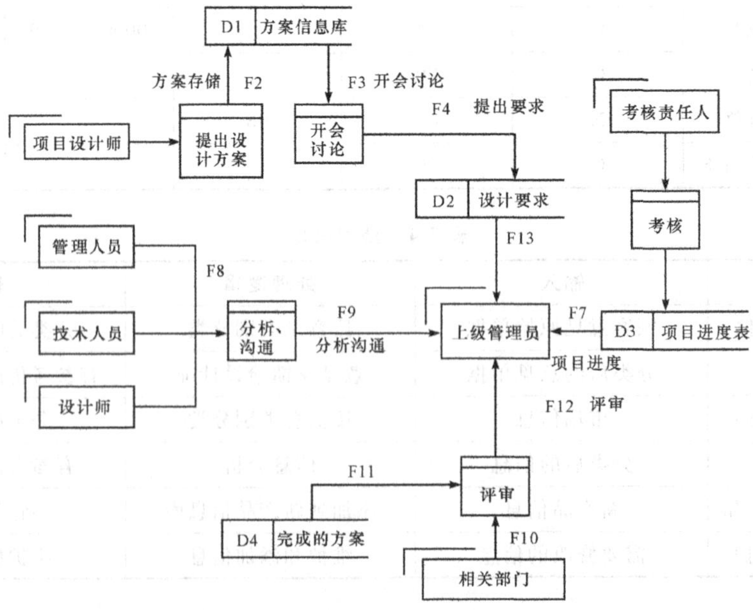

图 5-3 设计实施管理的数据流程

设计实施管理数据流程的数据字典定义见表5-6、5-7、5-8、5-9、5-10。

表5-6　数据存储清单

编号	名称	流入数据流	流出数据流	组成	组织形式
D1	方案信息库	F2	F3	产品尺寸、主要用途	按主要用途分类
D2	设计要求	F4	F5	同上	同上
D3	项目进度表	F6	F7	产品进度	按项目完成量分类
D4	完成的方案		F11	产品尺寸、主要用途	按主要用途分类

表5-7　数据流清单

编号	名称	来源	去处	组成	流量	说明
F1	提出方案	项目设计师	提出设计方案	产品尺寸、主要用途		主设计在企业发挥作用
F2	方案存储	提出设计方案	方案信息库	同上		设计师每人发表意见
F3	开会讨论	方案信息库	开会讨论	同上		设计师每人发表意见
F4	提出要求	开会讨论	设计要求	同上		由管理人员形成设计要求
F5	考核	考核责任人	项目进度表	产品进度		主设计师上级为考核责任人
F7	项目进度	项目进度表	上级管理员	同上		考核项目进度
F9	分析沟通	分析，沟通	上级管理员	产品尺寸、主要用途		开展主设计师设计沟通会
F12	评审	相关部门	上级管理员	同上		由多个相关部门参与评审

表5-8　数据项清单

编号	名称	数据类型	长度	小数位	取值范围	说明
01	产品尺寸	N	08	03		
02	主要用途	C	20			
03	产品进度	C	20			

表5-9　处理清单

编号	名称	输入	处理逻辑	输出
1	提出设计方案	项目设计师	由设计师提出设计方案	方案信息库
2	开会讨论	方案信息库	开会讨论形成设计要求	设计要求
3	考核	考核责任人	考核项目完成的进度	项目进度表
4	分析，沟通	技术人员	项目在进行的过程中分析和沟通	上级管理员
5	评审	相关部门	根据大家的评审意见，管理人员总结发言	上级管理员

表 5-10 外部项清单

编号	名称	简述	输入数据流	输出数据流
01	项目设计师	项目总设计师	提出设计方案	
02	考核责任人	考核项目进度	考核	
03	管理人员	负责协调和督导	分析、沟通	
04	技术人员	负责项目进度	同上	
05	设计师	讨论解决问题	同上	
06	相关部门	提案评审	评审	
07	上级管理员	最终决策者		设计要求、项目进度、分析沟通、评审

5.3.3 模型制作管理

手板模型材料通常由 ABS(通用热塑性工程塑料)、木材、石膏、聚氨酯泡沫等材料进行制作。模型制作根据各事业部的情况,由技术部或工业设计部主设计师负责与加工外协场的合作。首先准备好相关产品方案的三维图纸及多视图尺寸图纸,对相关尺寸细节进行再确认,无误后发到模型厂。其次进行外协厂加工跟进,随时进行双方信息沟通,保证模型尺寸及细节的完整合理性。最后手板模型表面处理跟进及色彩喷涂确认,并确认模型质量。如果在企业内部进行手板模型制作,则由主设计师担任制作。①确认产品方案相关效果图、多视图、各部件尺寸、细节处理要求等。②手板草模的大形制作,并进行主要尺寸修改与确认时间管控及流程。③手板模型细节深入制作,并同时准备表面处理的相关材料与色彩工艺。④素模制作完成,进行模型表面抛光与设计亮点细节的修饰。⑤表面色彩及喷涂处理,表面材料质感模拟及显示模拟。⑥模型风干处置、模型设计评测、模型陈列。手板模型制作者的管控在手板模型制作成功结束以后,将对模型制作者(外协厂或设计师)进行方案尺寸图纸的回收管控,严格控制相关模型数据的外泄,这有利于后期产品方案的专利申请及开发生产。模型在进行相关技术评测和审美评测后,将放置于专门的模型样品展示室内,以供后期产品模具的样品对比及企业创新品牌力的宣传。

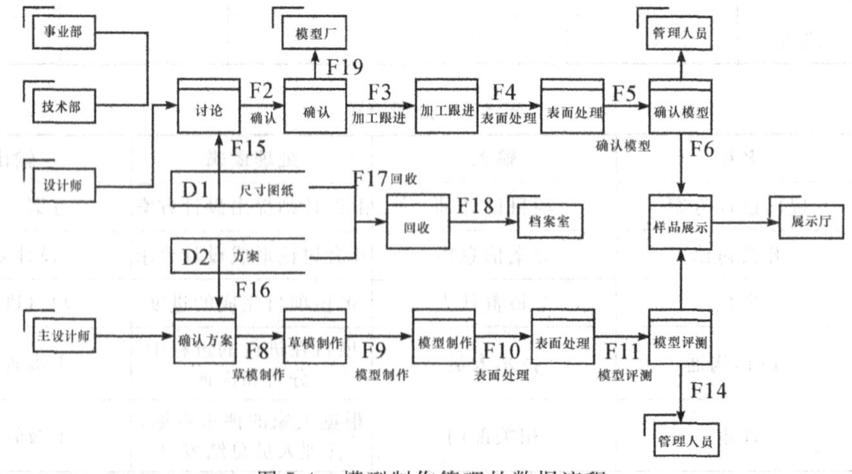

图 5-4 模型制作管理的数据流程

模型制作管理数据流程的数据字典定义见表5-11、5-12、5-13、5-14、5-15。

表5-11　数据存储清单

编号	名称	流入数据流	流出数据流	组成	组织形式
D1	尺寸图纸		F15,F17	产品名称、产品尺寸	按产品类别分类
D2	方案		F16,F17	产品名称、产品编号、产品尺寸	同上

表5-12　数据流清单

编号	名称	来源	去处	组成	流量	说明
F1	讨论	事业部、技术部、设计师	讨论	产品名称、产品编号、产品尺寸		事业部、技术部、设计师讨论
F2	确认	讨论	确认	同上		
F3	加工跟进	确认	加工跟进	同上		
F4	表面处理	加工跟进	表面处理	同上		
F5	确认模型	表面处理	确认模型	同上		
F6	样品展示	确认模型	样品展示厅	同上		展示样品
F7	确认方案	主设计师	确认方案	同上		
F8	草模制作	确认方案	草模制作	同上		
F9	模型制作	草模制作	模型制作	同上		
F10	表面处理	模型制作	表面处理	同上		
F11	模型评测	表面处理	模型评测	同上		
F12	样品展示	模型评测	样品展示厅	同上		
F17	回收	尺寸图纸、方案	档案室	同上		控制相关模型数据外泄

表5-13　数据项清单

编号	名称	数据类型	长度	小数位	取值范围	说明
01	产品名称	C	20			
02	产品编号	C	04		0000—9999	
03	产品尺寸	N	08	03		

表5-14　处理清单

编号	名称	输入	处理逻辑	输出
1	讨论	事业部、技术部、设计师	多方讨论	讨论的结果
2	确认	讨论	对讨论的结果进行确认	确认
3	加工跟进	确认的结果	加工	加工生产

续　表

编号	名称	输入	处理逻辑	输出
4	表面处理	加工跟进	表面处理	表面经过处理的产品
5	确认模型	表面经过处理的产品	确认模型	产品模型
6	样品展示	产品模型	展示厅展示	样品展示
7	确认方案	主设计师	对方案进行确认	确认好的方案
8	草模制作	确认的方案	进行草模制作	草模
9	模型制作	草模	进行模型制作	样品模型
10	表面处理	样品模型	对模型表面进行处理	完工的模型
11	模型评测	完工的模型	对模型进行评测	合格的模型
12	回收	尺寸图纸、方案	对方案进行回收，防止外泄	档案室

表 5-15　外部项清单

编号	名称	简述	输入数据流	输出数据流
01	事业部	模型制作的讨论	讨论结果	
02	技术部	同上	同上	
03	设计师	同上	同上	
04	模型厂	对模型进行加工		确认好的方案
05	管理人员	负责模型制作监督管理		模型
06	展示厅	对样品进行展示		样品
07	主设计师	项目总设计师	确认好的方案	

5.3.4　模型样品管理

在取得制作好的手板模型以后，应进行分类归档。

①对模型的形态、尺寸、细节、结构安装部件、表面肌理、表面色彩和喷涂状况等方面进行检验。

②对模型进行产品拍照并存储、命名模型编号、存储电子文件、归档相关纸质图纸，便于以后查找。

③以模型和设计图案为主题，协同结构工程师、电子开发工程师、主要市场营销人员、高层决策人等进行全方位的工业设计评测，尽可能以接近实际产品状况的环境进行演示评测。

④开辟独立的模型陈列室，并保持洁净环境，将模型放置其内，尤其是对同系列、同款式的模型进行归类摆放展示，利于之后具体产品模具样机试样的对比及以后产品研发的参考。对于已成功制作的手板模型，应将相关模型放置位置、编号信息、预期产品特性、加工制造的参数等，传达告知生产车间相关负责人和主要营销负责人，做好设计方案研发信息的有效传达，保证企业内部在“研发——生产——销售”环节的连贯性与及时性。模型样品管理的数

据流程如图 5-5 所示。

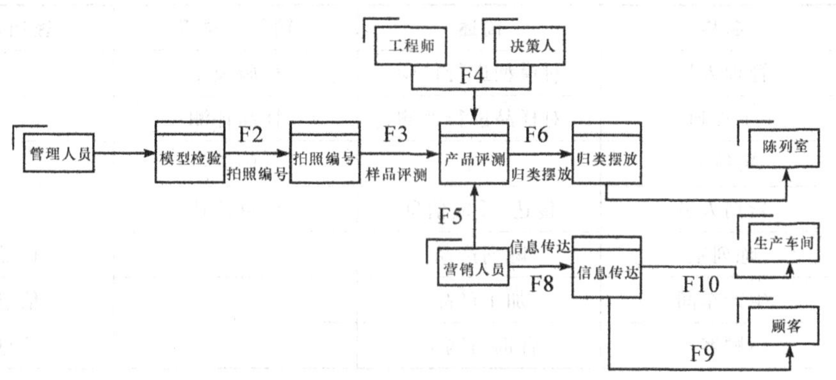

图 5-5　模型样品管理的数据流程

模型样品管理的数据流程的数据字典定义见表 5-16、5-17、5-18、5-19。

表 5-16　数据流清单

编号	名称	来源	去处	组成	流量	说明
F1	模型检验	管理人员	模型检验	产品编号、名称		对模型进行检验
F2	拍照编号	模型检验	拍照编号	同上		对模型进行拍照编号
F3	样品评测	拍照编号、工程师、决策人、营销人员	样品评测	同上		对样品的评测
F6	归类摆放	样品评测	归类摆放	同上		按编号进行归类摆放
F7	陈列	归类摆放	陈列室	同上		同上
F8	信息传达	营销人员	顾客、生产车间	产品编号、名称、价格		做好与顾客之间的信息传达

表 5-17　数据项清单

编号	名称	数据类型	长度	小数位	取值范围	说明
01	产品编号	C	04		0000－9999	
02	名称	C	20			
03	价格	N	08	03		

表 5-18　处理清单

编号	名称	输入	处理逻辑	输出
1	模型检验	管理人员	对模型进行检验	检验后的模型
2	拍照编号	经过检验的模型	对模型进行拍照并编号	样品
3	产品评测	样品	对样品进行评测	评测后的产品
4	归类摆放	新产品	归类摆放	陈列室
5	信息传达	营销人员	向顾客介绍新产品	顾客、生产车间

表 5-19　外部项清单

编号	名称	简述	输入数据流	输出数据流
01	管理人员	对模型进行检验	检验模型	
02	工程师	对样品进行评测	样品评测	
03	决策人	同上	同上	
04	营销人员	传达、反馈信息	信息传达	
05	陈列室	陈列产品		样品模型
06	生产车间	加工产品		信息传达
	顾客	咨询与购买		信息传达

其中，数据字典的设计也有一定的规则，图 5-6、5-7、5-8、5-9 分别定义了数据流条目、数据存储条目、处理过程条目和外部实体条目。

名称：顾客意见
总编号：3—05
简要说明：工业设计师根据顾客意见设计产品以满足顾客需要　　编号：005
数据流来源：营销部门
数据流去向：工业设计师

图 5-6　数据流条目

名称：工业设计方案信息库
总编号：4—02
简要说明：　　编号：D2
数据流来源：项目设计师
数据流去向：上级管理人员
组成：产品编号、名称、用途

图 5-7　数据存储条目

名称：回收工业设计方案
总编号：5—007
简要说明：严格控制相关模型数据的外泄，这有利于的后期产品方案的　　编号：P7
专利申请及开发生产
输入：尺寸图纸、方案
输出：档案室
处理：手板模型制作成功结束以后，将对模型制作者（外协厂或设计师）进行方案尺寸图纸的回收管控

图 5-8　处理过程条目

名称：营销部门
总编号：06—001
简要说明：对顾客意见的收集，及向顾客介绍新产品　　　　编号：001
输出数据流：工业设计师、顾客
输入数据流：顾客意见、新产品

图 5-9　外部实体条目

工业设计管理信息系统解决了企业工业设计建设"做什么"的问题，下一步就是要解决"怎么做"的问题，即系统设计阶段。

5.4　工业设计信息系统的系统设计

系统设计是新系统的物理设计阶段。根据系统分析阶段所确定的新系统的逻辑模型、功能要求，在用户提供的环境条件下，设计出一个能在计算机网络环境上实施的方案，即建立新系统的物理模型。这个阶段的任务是设计软件系统的模块层次结构、设计数据库的结构以及设计模块的控制流程，其目的是明确软件系统"如何做"。

5.4.1　总体设计

根据企业工业设计业务流程分析，构建企业工业设计管理信息系统，可大致分为四大功能：工业设计方案的基本信息管理、设计实施管理、模型制作管理和模型样品管理。其中工业设计方案的基本信息管理包括管理顾客意见、市场信息、竞争对手信息、现有产品样品库、现有产品设计方案的修改与查询；设计实施管理的主要角色是项目设计师，主要负责设计进度、设计监督、设计交流、设计评估等方面的管理与控制；模型制作管理主要包括模型材料信息、模型生产流程管理、模型加工管理和模型的整体管理等；模型样品管理是对产品模型进行存储、更新和监控管理等，主要包括样品的图片、技术指标、样品负责人和样品生产车间等。工业设计管理信息的系统功能如图 5-10 所示。

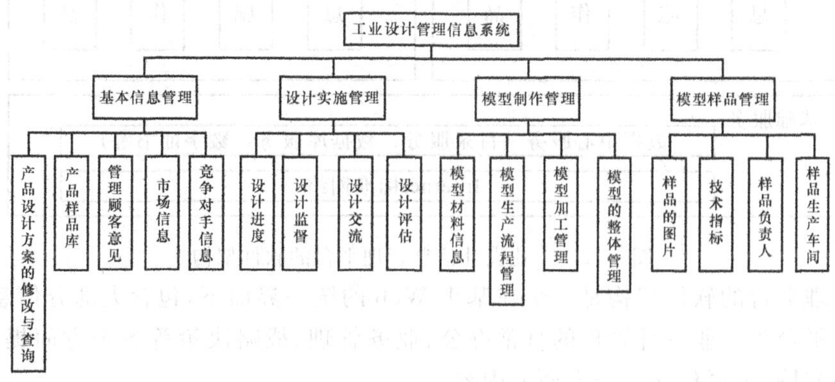

图 5-10　工业设计管理信息的系统功能

工业设计流程管理平台应用体系首先要建设一个统一的应用支撑平台，它为企业工业设计管理提供统一的网络支撑平台、统一的数据传输格式、统一的用户与权限系统、统一的数据交互接口，并为各应用提供可扩展N层的基础结构，为各应用系统由简单到复杂、由局部到全局的渗透发展提供稳定的基础架构。工业设计管理信息平台的总体架构如图5-11所示。工业设计信息管理平台的软件架构如图5-12所示。

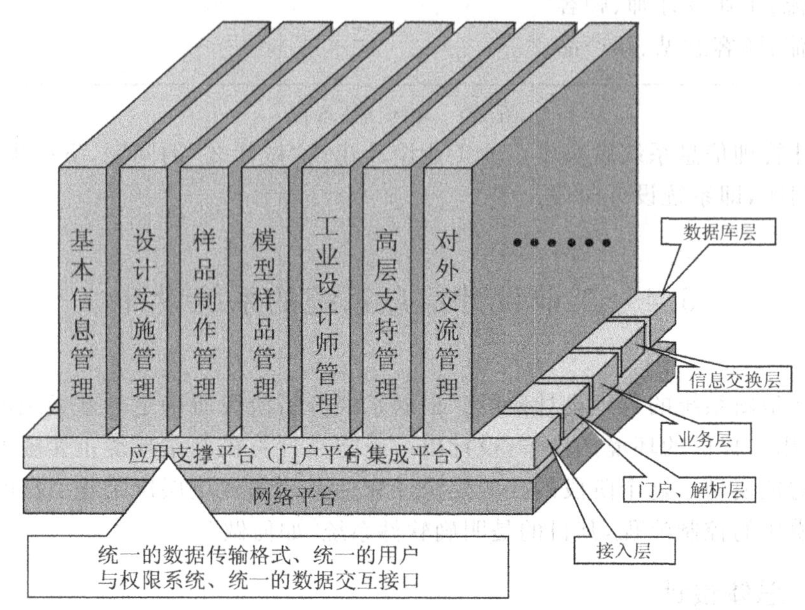

图5-11　工业设计管理信息平台的总体架构

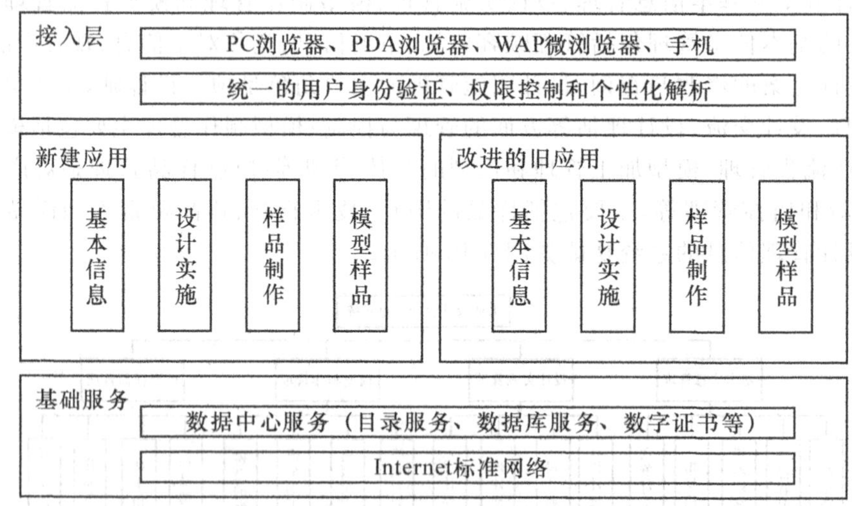

图5-12　工业设计信息管理平台的软件架构

信息管理平台的软件架构是一个在基于Web的统一界面下，包含大部分信息系统的信息平台。该平台为工业设计管理的日常办公、业务管理、战略决策等各个方面提供快速、方便和高效的支持，主要包含三个方面的内容。

①统一信息平台用户体验。通过统一的客户端平台，用户可以实现在任何时间、任何地方通过电脑、手机、电话等多种方式和统一信息平台建立连接，在通过用户安全审计和授权

的过程后，就可以通过邮件、语音邮件、传真和广播等途径获得需要的信息。

②统一信息平台应用子系统。将现有的应用系统按照企业集成门户系统的要求进行调整，变成门户系统之下的应用子系统。用户可以通过企业门户对各应用子系统进行访问。

③统一信息平台基础服务。将企业门户系统建立在基础网络平台和数据中心之上。通过在基础网络平台和数据中心进行的安全策略，可以有效保证统一信息平台系统的运行稳定性和数据完整性。

5.4.2　网络设计

网络设计不是设计与开发一套网络产品，而是根据企业的现实状况去组装和选配相应的网络产品使企业信息化建设正常运转。工业设计信息平台网络结构如图 5-13 所示。

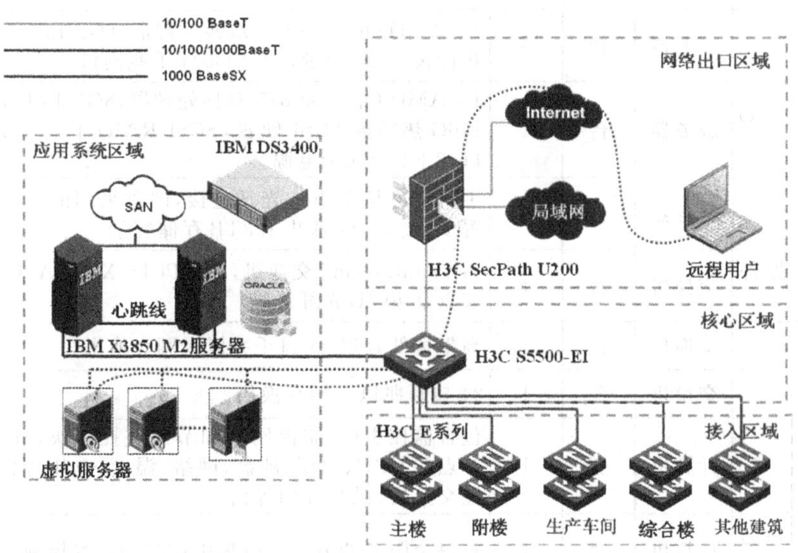

图 5-13　工业设计信息平台网络结构

随着共享型资源库建设进程的发展和正式交付使用，基于网络的数字化设计资源，种类、数量、访问人数、访问时间、网站资源的下载速度等需求对企业现有网络设备和出口提出了更高的要求。为更好地适用资源共享的实际需求，需要独立配置出口带宽2×100Mbps，保证共享型设计资源库的全部资源工业设计管理信息系统能解决企业工业设计建设"做什么"的问题。而下一步就是要解决"怎么做"的问题，即系统设计阶段。实现高可靠性的共享，以充分发挥对其他相关利益者的辐射与带动作用。

随着笔记本的日益普及，移动上网、移动办公的需求越来越迫切，为适应这种需求，可考虑在企业的工作室、办公楼、会议室、广场等区域覆盖无线网络，实现随时、随地均可接入企业网络。

同时，为了保证提供高度可靠的网络服务，需要配置网络流量监控系统，实现访问及下载资源的分类流量统计；网络访问日志管理系统，实现访问内容、访问时间、访问源的记录统计及定位跟踪；网络负载均衡系统，针对资源服务器的负载大小和处理响应能力，均匀分配访问服务任务。考虑到信息安全，还要购置网络防病毒系统、千兆硬件防火墙等。

5.4.3 软硬件平台的选配

(1)集群服务器系统

集群服务器系统包括计算节点模块、IO管理模块、存储模块、高速交换模块、网络管理模块和集群监控模块等企业级的专业设计和标准，拟采用6个以上计算节点，对6个专业应用服务器提供企业级的高性能和高可用性能的技术支持，并提供99.0%的不间断服务时间。对每个专业服务器群均采用互为双机在线服务方式进行统一调度和规范管理。集群服务器系统的参考配置见表5-20。

表5-20 集群服务器系统的参考配置

参考配置名称	类别	单位	数量	型号规格及主要技术要求
计算节点	服务器	台	6	4 * AMD Opteron 875 双核处理器，8GB ECC DDR 内存，73G热插拔 SCSI 硬盘，2 * 1000M 千兆网口
管理登陆和I/O节点	服务器	台	1	4 * AMD Opteron 875 双核处理器，8GB ECC DDR 内存，2 * 146G 热插拔 SCSI 硬盘，SCSI RAID 卡，2 * 1000M 千兆网口，2+1 荣冗余电源
存储设备	服务器	台	1	主机通道是 2Gb/s 光纤连接，硬盘采用的是 SATA 硬盘，配置12块400G总共4.8TB存储容量
计算网网络设备(Infiniband)	交换机	台	1	24口 Infiniband 交换机，8块 PCI－X HCA 卡用于每个计算节点，8根IB光纤线缆
数据网网络设备	交换机	台	1	高带宽低延迟24口千兆以太网交换机
管理网网络设备	交换机	台	1	24口百兆以太网交换机
集群监控系统	计算机	套	1	包含监控主机、监控网络和节点监控模块，可以监控服务器节点的CPU、内存、硬盘、网络、温度、电压等信息，还可以监控交换机、磁盘阵列等信息
集群视频切换和远程控制系统	计算机	套	1	对每个服务器节点进行集中控制和远程控制
集群操作系统 DCOS	计算机	套	1	包括 DCMM、DCMS、MTERM、作业调度系统 DPBS 等软件模块，用于集中管理和维护集群，作业调度系统用于多用户使用的情况下合理地分配计算资源
节点操作系统	计算机	套	1	企业级64位 Linux 操作系统

(2)海量存储系统基本配置

共享型专业教学资源库的存储设备必须满足高性能、高可靠性、高可用性、高扩展性、高安全性和海量存储等性能。本项目拟选择采用光纤存储(用于存储视频资料)，扩展柜采用SATA存储(用于存储文本、图片和音频资料等)。两年建设存储容量达到12TB。存储平台的参考配置见表5-21。该项目按企业级规范标准建设并验收。

表5-21 存储平台的参考配置

系统组件	数量	单位	特性
光纤存储主柜	2	套	光纤存储磁盘阵列主柜(含光纤硬盘)
光纤存储从柜	6	套	光纤存储磁盘阵列 SATA 扩展柜(含 SATA 硬盘)

续　表

系统组件	数量	单位	特性
光纤交换机	2	套	32 口光纤交换机、含 GBIC 模块
系统性能指标	可持续 I/O 吞吐速率 ≥100,000 IOPs 可持续传输带宽≥700MB/s 存储容量＞12TB 内存≥2GB 支持 72 小时数据 Cache 保护 支持多种 RAID 存储方式，RAID0,1,3,0+1,5		

(3)Oracle RAC 数据库集群系统

共享型专业资源库是服务于社会的共享平台，访问人数众多，资源类型复杂，并包含有流媒体等高数据流量的信息，对服务器的性能和可靠性都提出了高要求。对于数据库平台要求更高的可用性和高性能，Oracle RAC 支持 Oracle 数据库在集群上运行的所有类型的主流商业应用程序。这包括流行的封装产品，如 SAP、PeopleSoft 和 Oracle E-Business Suite 等，以及自主研发的应用程序，其中包括 OLTP 和 DSS，以及 Oracle 有效支持混合 OLTP/DSS 环境的独有能力。Oracle 是唯一提供具备这一功能的开放系统，Oracle RAC 运行于集群之上，为 Oracle 数据库提供了最高级别的可用性、可伸缩性和低成本计算能力。

(4)设计资源库管理平台系统

设计资源库管理平台系统是以信息共享为目的，面向海量信息处理，集信息数字化、信息分布式存储、信息管理、知识管理和数据挖掘分析、信息跨媒体传播为一体的集中式资源管理平台。

设计资源库管理平台的主要功能包括内容管理及存储、系统管理、内容存储管理、内容检索和数据挖掘、内容发布、内容数字化采集加工及相关工具等部分。建设内容主要包括网络设计课程、专业标准大全库、专业信息文献库、产品样品库、专业图片库、案例库等模块。

考虑到工业设计需要很多设计师参与交流，是知识密集型劳动，因此需要构建相应的学习知识库。

专业标准大全库收录该专业的相关企业、行业、设计与设计管理标准(规范、法规)，形成权威性的专业标准大全。

专业信息文献库收录与整理与专业相关的图书、报纸、期刊、报告、标准、专利、会议资料、学位论文、法律法规等资源，形成规范数据库，为相关专业提供文献资源保障。

专业图片库收录该专业的图片资源，形成共享图片库。

案例库以一个完整的案例为单元，通过观看、阅读、学习、分析案例，实现知识内容的传授、知识技能的综合应用展示、知识迁移、技能掌握等。

5.5　数据库设计

数据库设计(Database Design)是指对于一个给定的应用环境，构造最优的数据库模式，建立数据库及其应用系统，使之能够有效地存储数据，满足各种用户的应用需求(信息要求和处理要求)。在数据库领域内,常常把使用数据库的各类系统统称为数据库应用系统。

5.5.1 数据库的概念设计

进行数据库概念结构设计通常采用的技术基础是实体联系方法(Entity-Relationship Approach,ER),实体一联系图(Entity-Relation Diagram)用来建立数据模型,在数据库系统概论中属于概念设计阶段,形成一个独立于机器、独立于 DBMS 的 ER 图模型。通常将它简称为 ER 图,相应地可把用 ER 图描绘的数据模型称为 ER 模型。ER 图提供了表示实体(即数据对象)、属性和联系的方法,用来描述现实世界的概念模型。ER 模型有三个基本的概念。

①实体(Entity)。客观世界中存在并可相互区别的事物就称为实体,也可以说现实世界中一切事物都是实体。实体是概念世界中的一个基本单位,实体可以是具体的人、事、物,也可以是抽象的概念。

②属性(Attribute)。实体所具有的某一特性就称为属性,一个实体通常有若干属性,例如描述学生实体的属性可以有学号、姓名、年龄等。

③联系(Connection)。现实世界中,事物与事物之间总存在联系,这些联系必然反映在信息世界中,通常有两类联系:实体内部的联系和实体间的联系。实体内部的联系通常指实体内属性间的联系,实体间联系指不同实体间的联系。

针对以上的功能分析,数据库的设计应该包含以下信息:能够对设计基本信息进行存储;对设计实施进程进行管理;对产品制作进行管理和对样品信息存储。以四大基本功能为例,得到的系统 ER 模型如图 5-14 所示。

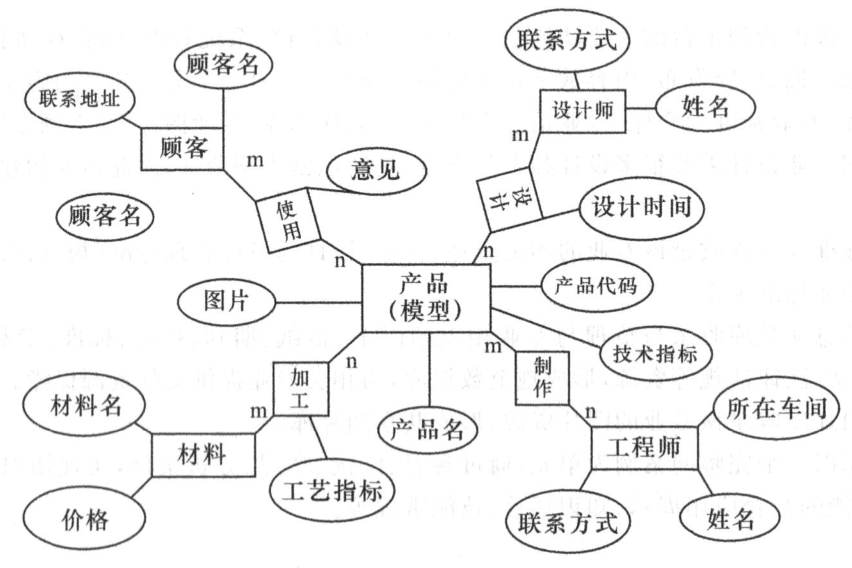

图 5-14 系统 ER 模型

5.5.2 数据库的逻辑结构设计

对现实世界的数据进行抽象后,给出概念结构,根据概念结构,就可以进行数据库的逻辑结构设计了,该数据库需要建设四个主要数据库表来完成基本的工作任务。

(1)基本信息管理(见表 5-22)

主要用于存储顾客意见和设计方案的基本信息,包括产品代码、产品名称、顾客姓名、顾客意见、竞争对手信息、设计方案修改、设计方案查询、市场信息。

表 5-22　基本信息管理表

产品代码	Characters　(20)
产品名称	Characters　(256)
顾客姓名	Characters　(100)
顾客意见	Characters　(300)
竞争对手信息	Characters　(256)
设计方案修改	Characters　(256)
设计方案查询	Characters　(100)
市场信息	Characters　(256)

(2)设计实施管理(见表 5-23)

主要用于存储项目的实施进度,包括产品代码、产品名称、设计起始时间、设计终止时间、承诺时限、监督者姓名、联系方式、设计交流、设计评估。

表 5-23　设计实施管理表

产品代码	Characters　(20)
产品名称	Characters　(256)
设计起始时间	Characters　(20)
设计终止时间	Characters　(20)
承诺时限	Characters　(20)
监督者姓名	Characters　(100)
联系方式	Characters　(20)
设计交流	Characters　(256)
设计评估	Characters　(300)

(3)模型制作管理表(见表 5-24)

主要用于存储模型的基本信息,包括模型代码、模型名称、材料名称、材料价格、生产流程管理、加工管理、模型整体管理。

表 5-24　模型制作管理表

模型代码	Characters　(20)
模型名称	Characters　(256)
材料名称	Characters　(256)
材料价格	Characters　(20)

续 表

模型代码	Characters (20)
生产流程管理	Characters (256)
加工管理	Characters (256)
模型整体管理	Characters (300)

(4)模型样品管理表(见表5-25)

主要用于存储样品的基本信息,包括样品代码、样品名称、样品图片、技术指标、负责人姓名、联系电话、车间编号、车间名称。

表 5-25 模型样品管理表

样品代码	Characters (20)
样品名称	Characters (256)
样品图片	Characters (20)
技术指标	Characters (100)
负责人姓名	Characters (100)
联系电话	Characters (20)
车间编号	Characters (20)
车间名称	Characters (100)

5.5.3 类图设计

类图(Class Diagram)由许多(静态)说明性的模型元素(例如类、包和它们之间的关系,这些元素和它们的内容互相连接)组成,是用于显示一组类、接口、协作以及它们之间关系的图。由于工业设计管理信息系统采用面向对象和组件的编程方法,因此设计类图可以对功能模块进行更好的封装,使得程序员在编码实现时做到有的放矢,不致造成偏离,有了类图作为指导,程序的实现就变得更清晰,并且使系统的结构化设计变得更直观。所以这里的类图是设计阶段产生的类图,与具体的实现技术有关(工业设计管理信息系统采用Microsoft Visual Studio 2010作为开发工具,数据库选用的是SQL Server 2008,类图设计是由UML建模工具IBM Rational Rose Enterprise V7.0完成的,给出的类图设计主要是有继承关系的)。一般来说,在项目的设计说明书中,应该把项目涉及的所有实体类、数据访问类、业务逻辑类甚至界面类等进行详细描述,并明确指出每个类的属性、方法以及各个类之间的关系(如继承等)。这里主要对工业设计管理信息系统涉及的重要类图进行说明。

1. 数据访问类图设计

数据访问是任何基于数据库的应用系统必不可少的,现在很多开发工具对数据库的访问也很方便,而且实现方式也比较简单,工业设计管理信息系统也属于这种类型,但工业设计管理信息系统仅用来做访问的底层支持,在此基础上还设计和开发了适合本系统业务需求的数据访问组件。该数据访问组件的设计思想是设计抽象的公共数据访问类,工业设计管理信息系统的特定业务类访问都从这个抽象类中继承,不必重复编写底层的数据库访问代码，只关心特定的业务逻辑。该系统的数据访问组件的类图结构如图 5-15所示。

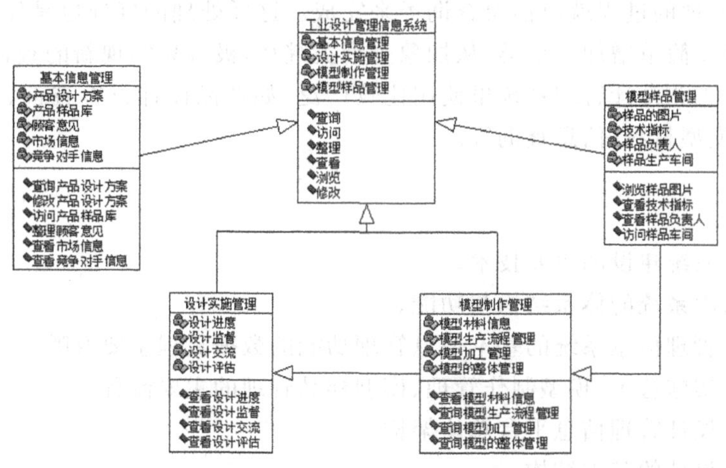

图 5-15　数据访问组件的类图结构

工业设计管理信息系统数据访问类主要实现产品设计在各环节中所经历的过程，主要有查询、访问、整理、查看、浏览和修改等功能。而构建企业工业设计管理信息系统，大致可分为四大功能：工业设计方案的基本信息管理、设计实施管理、模型制作管理和模型样品管理。其中，基本信息管理实现的是查询和修改产品方案、访问产品样品库、整理顾客意见、查看市场信息、查看竞争对手信息；设计实施管理实现的是查看设计进度、查看设计监督、查看设计交流、查看设计评估；模型操作管理实现的是查看模型信息、查询模型生产流程管理、查询模型加工管理、查询模型的整体管理；模型样品管理实现的是浏览样品的图片、查看技术指标、查看样品负责人、访问样品库。

2. 业务逻辑类图设计

业务逻辑类是工业设计管理信息系统的一个核心内容，封装了工业设计管理信息系统所有的业务处理，调用数据访问类相关的接口服务来实现数据库的操作，为界面展现类提供接口服务。同时各个业务类之间有关联关系，比如查询某些相关信息，查看它在某段具体时间内处理的相关情况等。工业设计管理信息系统部分查询类图如图 5-16 所示。

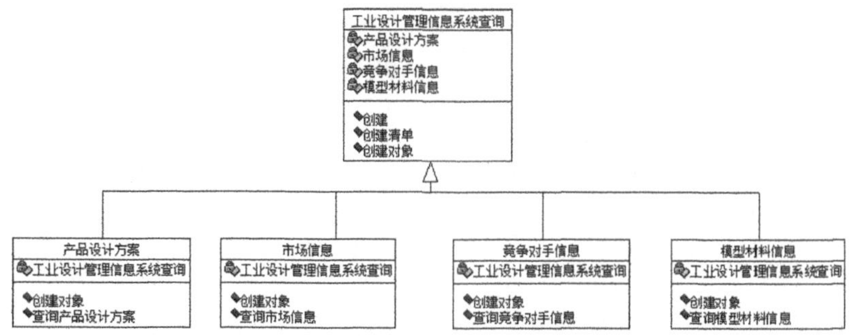

图 5-16　工业设计管理信息系统部分查询类图

工业设计管理信息系统查询的操作除了查询的具体内容外，执行过程是一样的，因此，这里也利用面向对象的多态特性，设计了抽象的查询类，有两个参数：第一个代表数据访问类对象名，第二个代表代码查询的内容对象名。从抽象类继承过来的所有查询类在实现具体的查询方法时，只需把查询内容的对象实例化即可，调用相应的数据访问类提供的方法就能实现查询了，处理的过程就由抽象查询类来完成。这样处理的好处也是便于维护和修改，增加新的查询只需简单增加一个类，从抽象查询类继承，极容易实现新的查询需求。

信息查询在工业设计管理系统里使用比较广泛，如产品设计方案查询、市场信息查询、竞争对手查询、模型材料、信息查询等。

【思考题】

1. 简述信息系统建设的主要技术。
2. 简述数据库系统的体系结构与功能。
3. 工业设计管理信息系统的基本信息管理功能的数据流程主要有哪些？
4. 简述设计实施管理、模型制作管理、模型样品管理的主要流程。
5. 简述工业设计管理信息平台总体架构。
6. 简述网络设计的基本结构。
7. 数据库设计主要包含哪些内容？

第六章　从产品设计到品牌管理

6.1　产品设计与品牌

随着历史的发展，科学技术的进步，工业设计的对象、手段、方法都在发生变化，纵观工业设计发展的历史，设计始终围绕工业产品不断发展。当然由于企业所处的行业不同，其工作对象不同，产品的概念也因时、因地、因人、因事而异。设计、制造产品是企业获得利润的主要途径，而获得市场高度信誉的企业，就能在市场中享受较大的产品销售份额，形成企业利益的最大化，这就是我们所说的品牌效应，它决定产品转化为商品的成败，由此可见产品设计在产品转换为品牌链中的重要性。常用的产品设计类型，主要有发明性新产品和改良性新产品。本章从产品概念和品牌概念分析入手，再从创新和改良两个角度剖析产品与品牌的关系。

6.1.1　产品设计与品牌概念的体现

1. 现代大工业产品设计内涵

随着社会的发展，人们的消费观念在悄然地发生变化，对商品的需求不再仅仅停留在实现唯一使用功能的程度上，在追求使用功能的情况下，还需要通过商品附加值带来精神上的满足，例如：产品造型带来的感觉上的冲击以及精神上的愉悦；适宜的交互设计，形成的高效、低错误率效果；当一个企业的产品多次成功转化为商品时，就会在市场上形成良好的口碑，从而在市场上形成良好的企业印象，同时消费者也会借助这种市场印象，来说明自己的身份和地位，形成产品的品牌效应。

科学技术的进步，使得现代产品加工制造，不必只依赖大批量机械加工的方法来实现，现在产品制造方法呈多元化、小批量生产趋势。因此，这里谈到的产品概念不再是过去只能实现原始使用功能的产品，而是运用现代高科技的工业加工方法，实现批量生产的工业设计产品。随着工业设计的发展，产品造型设计不仅改变了产品的外形美，在追求市场利益最大化的过程中，工业设计通过不断获取新材料、新技术、新方法创新设计，使得产品设计加工的整个过程也从机械产品设计加工的程序中脱离出来，自成体系。

工业设计的成长是伴随着机械工业诞生而形成的，而且机械加工成型是工业设计实现产品成型的主要方法之一。因此，实现产品使用功能的机械制造方法占据主要地位，工业设计师只能在机械设计师实现使用功能设计后，作一点表面的修改，工作很被动。随着市场经济调节作用的增加，国际经济的兴起，产品设计的程序的变化，工业设计师几乎参与产品设计的整个过程，改变了过去设计的被动状态，工业设计师的工作范围也得到拓展，不再限于产品造型设计的内容。这种变化顺应了市场经济的发展形势，给产品带来了生机，给市场带来了活力。市场杠杆的作用形成了新产品概念。

现代大工业产品设计加工流程如图 6-1 所示，其中黑体字体标注的工序部分，是工业设计师参与工作的部分，从在现代产品设计程序中的分布状况，可见工业设计师的工作几乎覆

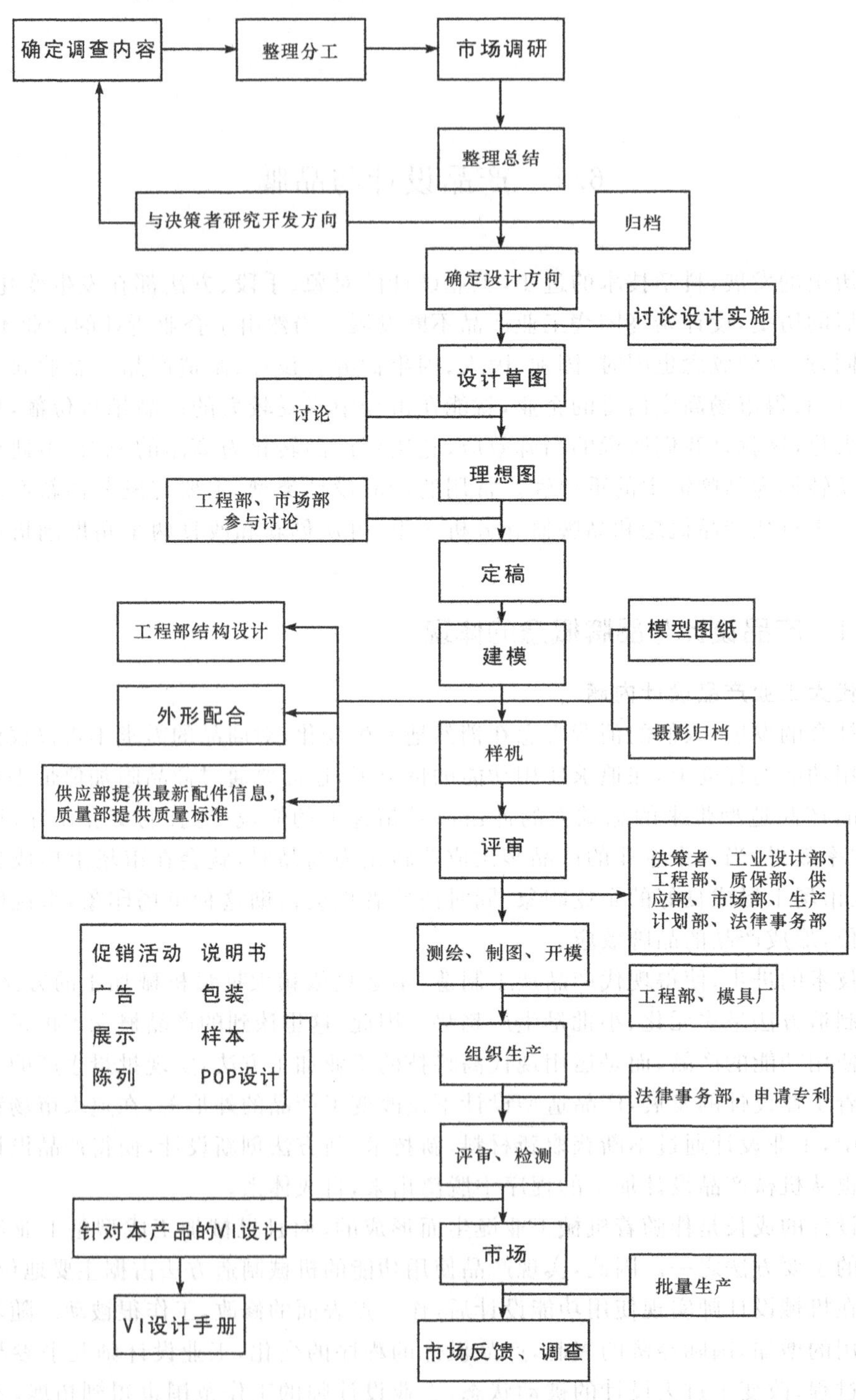

图 6-1 现代大工业设计加工流程

盖了产品设计的整个设计程序。在机械时代，机械工程师只能完成产品使用功能的实现，工艺美术师在机械设计师工作完成后，进行外形美观的修补工作。工业设计师与各专业的工程师共同参与产品设计的整个过程。这种现象的出现，改变了过去机械产品设计制造的传统过程，打破了工业设计师被动去做外观修补工作的局面，将技术与美观融为一体，为产品设计同时创造使用功能和精神功能打下基础。

产品的市场定位，需要通过市场调查收集资料，工业设计师的工作从市场调研开始，就介入了产品设计，甚至连最后销售策划工序都能看到工业设计师的身影，专业工程师和工业设计师组建的研发团队，把产品造型设计与产品结构设计紧密联系在一起，按照这样的程序完成的产品设计，使得现代产品设计具有多种收益：一是产品实惠的使用功能带来的物理效用；二是产品特有的色彩、形态造型效果产生的感官享受，形成联想、品味、寓意等附加值，三是交互的便利、完善的服务带来的星级享受，形成消费者自我定位、群体效应等。前者带来实用功能，后两者带来精神附加值，它们的结合满足了现代消费者的需求，这样的产品将给消费者留下深刻的印象。在这个瞬息万变的市场经济里，由于消费者不同的个性和多元化的价值观念，在选择某一种商品时，越来越多的人追求使用功能和精神感受双丰收。现代产品设计的理念顺应了市场经济的发展，满足了消费者的需求。

2. 产品设计是品牌概念最直接的体现

从理论上讲，品牌是一种识别标志、一种精神象征、一种价值理念，它是优异品质核心的体现。生活中人们能直接体验到的品牌感觉，其实就是大家公认印象较好的企业商标、企业意念、产品性价比、质量信誉、售后服务等内容。品牌可以理解为最能吸引消费者，在消费者中建立了最高信誉的形象，从而创造优势企业地位的效果。品牌概念具体表现在多个专业方面，例如：企业主打产品、企业形象、企业文化、产品定位、产品风格等。

品牌和产品各自具有不同的概念和功能，但两者相互关联、相互作用。产品是品牌的载体之一，在企业管理运作中，如果将产品和品牌概念分离处理，企业品牌概念就难以形成。人们很难相信烟草企业能实现“环保”、带来“健康”的承诺，这就是说品牌概念是以概括、形象、简单的方式来传递优良信息的，而企业的主打产品就是概念的载体之一。产品设计是企业品牌概念最直接的体现，消费者对产品的印象好坏，直接影响其对企业品牌的印象。

企业要赢得销售市场，就需要通过企业形象来树立品牌印象，企业形象包括理念识别、行为识别和视觉识别三个方面的内容。企业理念识别是企业工作目标的概括，它显示企业长期战略的工作目标；行为识别则是对企业内部行为进行规范和指导，对公众形成企业形象塑造方面的影响；视觉识别从产品造型、包装风格、广告宣传、标识等方面统一反映企业理念的符号——三个方面的内容共同形成个性企业文化。只有当这三种概念有机结合、相互作用的时候，才能形成一种合力，才能对公众产生深刻影响。这是形成品牌印象的另一种专业方法。

6.1.2　品牌的意义

1. 品牌概念的理论意义

人们已经越来越认识到品牌是企业占领市场的主要资本之一，而资产又被细分为有形资产和无形资产两部分。有形资产可以用财务来描述，而消费者对品牌的印象，就是企业的无形资产。

2. 品牌概念的现实意义

品牌作为巨大的无形资产和最佳经济效益的载体，它不仅显示了一个企业的创新能力，也是市场竞争能力和发展后劲的重要标志，是企业经济实力的重要标志和宝贵财富。如果说产品是市场对企业的印象的主要载体，那么品牌就是某一产品用以区别其他竞争者的有形资产和无形资产的总和，它的现实意义具体体现在以下四个方面。

①一旦企业品牌形成后，企业就可以利用其品牌优势进一步扩大市场占有率，从而扩大消费者对品牌的信任。

②一般的市场价格是定位在产品的成本区附近的，会根据市场需求程度而上下浮动。而品牌形成的价格，可将优良的无形资产包容在产品价格中，例如：优良的星级服务、产品的优良质量、新颖的理念等，良好的品牌能固定销售价格，能稳定市场价格，减少经营风险。

③一个新产品要进入市场，市场前景是不可测定的，而且企业投入成本也是相当高的。利用企业的品牌，将新产品引入市场，能降低新产品入市的波动风险。

④企业品牌优势一旦确立，企业可以通过注册专利等法律手段，保护自己的产品设计不受模仿者的侵害。

品牌对于消费者而言，代表一种诚信和信仰，有助于消费者识别产品的来源或产品制造厂家，从而有利于保护自身的权益，有助于避免消费者购买风险产品，降低消费者的购买成本。品牌代表着产品的品质、特色，确认品牌购物可缩短消费者的购买过程。消费者常用品牌来定位自己的身份和地位。品牌商品一方面可以满足消费者身体、心理的需求，另一方面可以上升为符号并纳入整个社会文化系统中去。

6.1.3 产品设计对品牌的影响

1. 从市场角度看产品和品牌关系

企业品牌的建立必须通过某种载体来具体体现，而企业的主打产品则直接体现了企业品牌理念，成为品牌最具体、最直接的载体。因此，塑造产品形象是建立企业品牌的关键。产品设计需要通过产品概念和品牌概念的关联因素来打造，要有可靠的技术支持和企业管理来保证实施，而品牌塑造需要一定的时间。

(1)在品牌定位的基础上彰显产品个性

企业准备将自己的新产品投入市场前，要对企业品牌定位有一个清楚的认识，也就是说企业要根据消费者对产品的心理需求，确定品牌的定位，分析它给消费者带来的利益，明确企业品牌和产品的关系，把握品牌的核心价值和消费者的心理需求，这样才能正确确定企业品牌的定位。

在市场经济发展的今天，市场竞争尤为激烈，企业要在竞争对手林立的市场中找到立足之地，必须通过市场调查和分析，找准市场特点和品牌的关系，使品牌在产品设计中彰显独特个性，再运用强大的企业品牌优势，去赢得市场的信誉。

(2)在产品设计中体现品牌理念

找准产品定位，满足消费者的欲望与需求，同时体现品牌理念。产品定位就是能给消费者带来利益的产品使用功能，而品牌概念更多的是企业价值观，是通过个性产品来体现的。品牌的塑造不能离开产品的概念，产品设计与企业品牌有着不可分割的联系。P&G 公司在产品设计时，将产品洗发水“飘柔”的概念与企业“自信、飘逸”的品牌定位联系起来，成功地加强了消费者对企业的印象。品牌理念需要通过具象载体体现出来，消费者是通过一个企业对许多具象元素的多次强调，才形成企业整体概念的。在消费者还没有体会到产品带来的实用价值时，或者对产品的使用功能还不够了解时，就开始做品牌的宣传，这样反而会适得其反。当然，企业在产品推广时，可以依托品牌概念的塑造。企业在将产品引入市场的同时，不能只做产品功能的宣传而忽视了对品牌概念的引入，既然品牌是载体，在宣传产品的同时，要说明产品设计与品牌概念的归属、定位和理念等关系。生产"脑白金"的企业，将"脑白金"定位为一个保健品，现在消费者对"脑白金"的认识就是"礼品"，虽然产品广告宣传会给企业带来不菲的销售额，但市场上知道"脑白金"生产厂家的人很少，企业在做产品宣传时，没有与自己的品牌联系起来，导致产品广告一停，产品销售额就直线下降的局面，企业在做产品宣传时没有与企业理念联系起来，因此很难进一步扩大市场。

(3)准确品牌的市场定位

品牌塑造能为产品设计打开市场局面，因此塑造品牌就是产品定位的前提，如果产品定位与品牌理念分离，产品设计就找不到方向。因此，我们首先需要对自己的企业品牌有一个准确的定位，当我们提到某一品牌时，就能联想到该品牌的企业理念、企业形象、企业效益、产品形象和各种企业标识符号等。品牌的定位也是消费人群的定位，例如："鳄鱼"牌服装和"奔驰"汽车的定位都是高收入阶层，而"大宝"化妆品的定位则是工薪阶层。可以说，当企业确定了产品的目标人群时，也就决定了品牌的定位，从而决定了企业战略和营销策略。

企业在塑造品牌时需要有长远的考虑规划，要留有一定的发展空间，以便综合产品的推出。当企业经历了成长期，进入成熟期后，产品的种类也会由单一的形式变为综合化、多元化的形式。我国的许多家电企业，早期只生产某种产品，现在都发展为家电综合产品制造企业：海尔企业最初是做电冰箱的，TCL 企业早期是生产无绳电话的，长虹企业早期是做电视机的，而这些企业现在的产品都已经涉及家电的各个领域，成为家电综合制造企业。在企业品牌塑造时，决策者需要有远见，给企业的品牌发展留有一定的空间，找准品牌的概念和定位，使企业的品牌推广有发展的空间。

(4)产品和品牌发展都需要技术和企业管理支持

企业品牌的塑造，需要通过企业各个部门和各个环节相互合作、相互协调和共同努力来完成，仅仅通过企业广告宣传是不能形成产品和品牌概念的。从广告宣传开始让消费者了解，以及建立品牌信誉，这中间需要大量的工作，产品质量、售后服务质量、产品的附加值和产品的交互相容程度等都离不开产品技术和企业管理的支持。品牌的塑造一方面需要大量的技术和资金的投入，另一方面还需要制定周密的计划，确保各个不同阶段的预期效果的实现，例如：广告计划、促销计划、推广计划、渠道计划等。

2. 从企业形象设计看产品与品牌的关系

随着跨国经济的崛起，一些跨国企业为了加深市场对企业的良好印象，加强企业对市场地位的深度控制力，在企业经营、管理和形象等方面，对企业的形象、机能和系统做了具体系统的设计，我们称之为企业形象设计。许多企业就是通过企业形象设计，在市场上获得了良好的口碑，从而获得丰硕的国际企业品牌效益，在激烈的市场竞争中，企业形象设计从另一个角度系统地探讨了如何建立企业品牌的问题。

企业形象设计的目的就是要在消费市场，建立一个良好的企业形象，从而激发人们参与销售活动的热情，从而达到提高企业效率的效果。它从专业的角度，对企业建立良好的市场形象进行了系列设计，从而提高消费者对企业的认知度，提高企业的信誉，形成品牌形象，成为企业提高市场信誉的常用方法。例如：青岛海尔集团曾经系统地导入企业形象设计的理念，成功地为该企业在世界白色家电市场中展示了品牌管理的形象，从而赢得了市场的认可，成为白色家电品牌企业的标杆。

案例分析

海尔CIS理念的成功

1984年海尔还是青岛的一个电冰箱总厂，生产琴岛—利勃海尔电冰箱。1991年由青岛电冰箱总厂、电冰柜总厂和青岛空调器厂组建了琴岛—海尔集团。1992年海尔导入企业形象体系的理念，用企业形象设计理念塑造企业品牌。1993年9月更名为海尔集团，1995年兼并青岛红星电器，海尔有了自己的第一台洗衣机。1996年西湖电子进入黑色家电，海尔有了自己的第一台电视机。1997年以后，海尔快速发展进入多个领域，实现年销售108亿元。2000年后实现国际化。2001年实现年销售602亿元。海尔的品牌核心价值是真正、人性化、卓越科技，其口号是"真诚到永远"，海尔品牌的印象是"高质量、服务好、技术先进、人性化、现代化管理、国际化、综合家电品类"。海尔用了十年的时间，由小变大、由弱变强，将自己由局域企业变成国际化企业的知名企业。

1991年海尔还是一个松散型集团，1992年由于导入企业形象设计理念，实施名牌战略，通过实施企业识别系统，同国际接轨，统一品牌定位，实现了海尔总商标下品牌产品群的大、名牌战略，产品形象追随个性化、人格化、系统化，注入较高附加值。"真诚到永远"的理念传播，企业形象的管理创新，OEC管理模式的建立，无形资产兼并盘活有形资产，集约化经营规模的迅速扩大，品牌国际化战略的确定，丰富的理念识别与完善的价值观体系，企业形象设计统筹下的广告运动与形象推广都是海尔成功的因素。企业形象设计理念的导入是海尔成功塑造品牌的关键，也是海尔完成企业提升的主脉。

从成功的企业品牌建立案例中，我们看到企业形象具体表现在企业的精神表现形式、社会表象形式和物质表现形式三方面。精神表现形式主要体现在产品形象、环境形象、员工形象、企业家形象、公共关系形象、社会形象等方面。它们可以通过一系列企业的信念、道德水准、口号等形式表现，它们是企业形象设计之魂，是凝注企业的内在精神素质。社会表现形式体现在企业职工队伍、人才阵容、技术力量、经济效益、工作效率、公众关系和管理水平中，其中最重要的是员工素质。物质表现形式是企业形象中最直观的要素，例如：办公设施、设备、产品质量、环境、团体的标志、装饰、资金实力等。其中最重要的是产品质量，它是树立企业形象的核心，是给人的第一印象。要全面打造一个品牌企业，企业形象设计需通过理念识别体系、行为识别体系和视觉识别体系三个方面来展现企业的精神表现形式、社会表现形式和物质表现形式。

(1)建立理念识别体系

理念体系主要是针对企业的精神表现形式的设计。理念识别是企业识别系统的核心内容，它不仅是企业经营的宗旨与方针，还应包括一种鲜明的文化价值观。对外它是企业识别的尺度，对内是企业内在的凝聚力。企业理念的表现形式主要体现在标语、口号、广告、企业歌曲、企业座右铭、条例、手册等形式中。

理念识别是企业形象设计的关键，能否成功建立一个完善的企业识别系统，主要依赖理念设计的正确建立与坚定执著。只有当一个企业的理念体系建立后,并在动态的企业活动和静态的视觉传达设计中得以延展,企业形象才能真正得以完美实施。

理念体系设计是企业形象设计中最抽象、最深层的部分。企业形象设计在塑造企业品牌前,应先建立企业理念体系,为塑造良好的企业市场形象做好理论准备,有了理念,品牌就有了思想,有了灵魂。

(2)建立行为识别体系

行为识别系统是企业理念指导下的企业行为准则和规范,通过组织制度、管理培训、行为规范、公共关系、营销活动、公益事业等表现出来。通常通过厂容、厂貌、员工对内和对外的行为规范,以及企业内部各种仪式等来体现。行为识别通过对内、对外活动来深入贯彻理念。

企业行为识别具有统一性。首先表现在企业的一切行为都要与企业的理念保持高度一致性,不能与企业的经营理念相违背。其次企业的全体职工以及企业各部门所开展的一切活动都要围绕一个中心,形成企业整体性效应。企业行为识别还具有独特性。企业要在对手如林的商战中取胜,就应当在企业理念的指导下,建立具有个性的企业行为识别体系,而这种独特的个性,正是市场识别企业的基础,广大消费者正是通过这种独具个性的活动来认识企业的。

企业对内活动主要体现在干部教育(如专业知识、管理能力、责任感、协调能力)、员工教育(如服务态度、电话礼貌、应接技巧、服务水准、作业精神)、生产福利、工作环境、内部管理、生产设备、废弃物处理、公害对策、研究发展等方面。

企业对外活动主要体现在市场调查、产品开发、公共关系、促销活动、流通对策、代理商、金融业、股市对策、公益性、文化活动等方面。

与企业管理中思考的员工行为不同,企业形象设计行为识别关注的是企业人员行为的传播功能,其意义在于建立行为识别的一致性与示差性。一两次成功的公关活动并不一定具有行为识别的业绩,关键看是否具有识别的统一化效果。企业形象设计行为识别根据传播性质与渠道可分为:企业对内与对外的行为识别。对内行为识别是对外行为识别的基础,对外行为识别则是对内行为识别的延伸和扩展。①

(3)建立视觉识别体系

视觉识别是将企业理念与价值观通过静态的和具体化的视觉符号,有组织、有计划地传达给社会,建立企业统一的识别形象。视觉识别一般由基本设计要素和应用设计要素两部分构成。企业标志、标准字、标准色和象征图形、吉祥物等为基本设计要素,企业公用品、车辆外观、办公室装饰、户外招牌、员工制服、产品包装、各种广告媒介等,都可以成为视觉识别延伸推广的载体。

视觉识别系统,是企业形象设计的三个组成部分中最直观和外在的部分,也是具体化、视觉化的传达形式。它通过组织化、系统化的视觉方案,传达企业的各种信息。视觉识别设计是企业理念表达的重要载体,是市场直接体会到的个性企业形式,因此是企业形象设计中最重要的内容。企业的视觉识别系统能以最快的速度、最便捷的方法加以传播,从而塑造良好的企业形象,建立企业品牌形象。

---

① 刘瑛:《CIS企业形象设计》,湖北美术出版社2009年版。

针对企业形象的精神表现形式、社会表现形式和物质表现形式，企业形象设计通过企业理念识别、行为识别和视觉识别三个部分的设计，来塑造企业形象。其中理念识别是主导要素，是企业在长期发展过程中形成的、具有独特个性的价值观体系，是企业宝贵的精神资产和不断成长的原动力。它通过视觉体系形成视觉化效果，通过行为体系动态的延伸展现企业行为。三者完善的融合形成塑造企业形象的有效手段。

作为企业物质表现形式中最重要、最直观和最基础的产品设计，在企业形象的三部分中不断被提炼。产品设计使用功能的定位必须服从企业理念，产品的制造过程必须与企业行为规范一致，产品的造型必须与企业识别系统统一。产品设计在企业形象设计中得到准确的定位和规范，在视觉体系中得到具体体现，产品的质量才能得到保障。能在市场上形成良好印象的产品，很容易获得市场的认可；生产该产品的企业，就很容易获得企业品牌的效果。企业形象设计系统的、具体的和有计划的科学程序，有助于提高企业品牌，使市场对某一个企业或品牌有一个标准化、差异化、美观化的印象和认识，最后将提升企业的经济效益和社会效益。

在企业中导入企业形象体系，并完美地实施，就是打造一个企业品牌的过程；打造企业品牌，也可以通过企业形象的实施来实现。通过对企业形象的设计，能够提高产品在市场中的知名度，提升竞争力，为企业增加经济效益；促进企业的基础工作，提高企业素质；激励员工士气，增强企业凝聚力和向心力；有利于企业广招人才，增强企业发展实力；提高信誉，增强银行贷款和投资的信心；有利于团结关系企业，建立相互信任、合作的关系；有效地强化广告宣传效果——这一切也都是打造企业品牌需要的效果。所以说，企业形象设计是塑造企业品牌的另一种方法。

案例分析

海尔——“靠质量起家”

海尔集团目前是中国知名的家电企业，其品牌代表着“质量、科技，为消费者服务”，海尔的成名并非一朝一夕，也不是轻轻松松的，而是靠质量起家的。

1985 年，海尔人刚刚创业，事业刚刚开始，但就在这一年，由于部分职工忽视产品质量，造成了 76 台冰箱不合格的严重后果，虽然这 76 台冰箱为不合格产品，但在当时冰箱供小于求，中国处于短缺经济时代，买冰箱是要找关系，凭票的。如果把这些冰箱返修后出厂也会很快销售一空。但海尔的领头人没有这样做，海尔人不会这样做，他们召集全体员工大会，把那 76 台冰箱放到会场上，用铁锤当众砸毁，使在场的千余名职工目瞪口呆，许多老工人更是热泪长流，痛心疾首。在企业发展的生死关头，铁锤不仅砸在冰箱上，而且砸在了每一位员工的心头，砸醒了他们强烈的质量意识。从此海尔在质量上更加严格地要求自己，不断创出佳绩，终于成为中国的知名品牌。

6.2 产品创新设计与品牌打造管理

21 世纪的产品设计与制造，不再是 20 世纪 30 年代的制造特点，不再一味追求产品的大批量生产方式以降低制造成本，而是呈现出多种加工形式，利用科学技术来实现多元化的市场需求趋势，使得市场呈现出小批量多形式的发展趋势，来满足消费者个性化的追求，这样就加大了产品创新设计的频率要求。产品创新设计体现在多个方面，例如：产品的形态创新、色彩和材质的创新，还有加工工艺、加工方法的创新，设计流程、交互形式的创新，技术的改革和新材料的不断出现等。每一种创新都可能形成产品设计的亮点，同时为打造品牌带来新的形式和机会。从而满足个性文化、个性形态、个性色彩、个性交互形式等不同的市场需求。

案例分析

韩国三星企业搞市场定位，创新品牌设计①

三星公司的品牌发展历经了三个阶段：1970 年，三星为日本三洋公司打工，靠给著名国际品牌企业制造芯片及电子产品，大大地拓展了自己的规模，成为韩国最成功的制造商之一。20 世纪 80 年代到 90 年代初，由于在美国直销微波炉，三星公司与廉价产品联系了起来。

经历了 1997 和 1998 年的严重经济危机后，从 COM、大规模制造转向创新技术、创新产品和自主品牌。1999 年，三星公司做出了史无前例的战略调整，经营核心从 OEM、大规模制造转向创新技术、创新产品和自有品牌，建立新的远景目标——“引领数字融合的革命”，把技术研发平台定位于当时刚刚兴起的数字技术。

三星公司为了提高品牌形象，做出大胆决策，加入奥林匹克 TOP 计划：2000 年赞助悉尼奥运会，2002 年赞助盐湖城冬季奥会，2004 年赞助雅典奥运会，2006 年赞助都灵冬季奥会，2008 年赞助北京奥运会。三星电子社长李基泰说，三星之所以能迅速成功，主要依靠全球化品牌管理战略和品牌管理、产品的领导性、系统性的企业品牌战略管理和个性的营销活动，并且将产品战略、技术战略、品牌战略和 TOP 计划融为一体。

三星公司主动放弃低端市场，在高端市场主要以技术、品牌作为主要竞争手段，例如：手机、消费类的电子设备和存储芯片等。虽然三星定价比同等产品加工要高，但高价格对于提升三星的品牌形象发挥了重要的作用。它很好地处理了品牌塑造和产品设计的关系，具体表现在以下十个方面。

①重新定位企业品牌，引领数字融合革命，高定位技术研发平台，寻找技术突破。

②从大规模制造转向基于数字技术的品牌上，经过几年的努力积累，在众多的领域里创造了一系列的尖端技术，包括移动电话、手持计算设备、平面显示器、液晶显示器、超薄笔记本电脑等领域。2001 年，三星公司专利数在全球排名第 5，仅次于 IBM、NEC、佳能和 Micrcon 公司，领先 Mstsushita、索尼、日立、三菱和富士通公司。

③产品是营销的基础，一个企业只有拥有了领导性的产品才会引起消费者的关注。

④深厚的技术积累使得三星能每隔一个阶段就推出一些代表新技术的前沿产品，通过这些产品，三星向消费者传播其雄厚的技术力量和领先的企业理念，虽然这些产品一时不能给企业带来巨大利润，但它为三星赢得了信誉，塑造了品牌。

⑤为消费者开创产品设计革命。为了摆脱模仿生产的形象，请 IBM 的设计师为企业开阔设计思路，派优秀设计师与其他公司优秀员工同时工作，1998—2002 年共获得 17 项工业设计奖，连续 5 年成为获得奖项最多的公司，向世界超一流企业的目标迈出了坚实的一步。

---

① 邱斌：《中外市场营销经典》，南京大学出版社 2011 年版。

赋予产品时尚的精神，在液晶显示器的外观和轻薄程度上不遗余力地进行创新，第一个珍珠白色的手机、第一个挂在脖子上的手机、第一个增加人体生理节律的手机，都是出自三星公司，三星成为了年轻、流行、时尚的先锋，并不断扩大市场的信誉度。

⑥利用美国市场的示范作用。由于美国在全球市场的领导地位，美国市场对于品牌塑造而言具有强有力的示范作用，三星积极争取美国市场，通过努力改变了美国人的廉价货观念，为三星进入全球市场获得关键的一票。

⑦改良销售场所。在美国市场，为了提升产品的品牌形象，把产品从一些大型连锁商店撤出，进入 Best、Buy、Sears、Circuit City 以及其他一些高级专业商店进行销售，大大提升了产品的价值。

⑧确定同一品牌机构，不断增强品牌印象。用一家销售商代替多家销售商，统一销售的品牌信息改变了品牌信息冲突的现象。

⑨依靠赞助奥运会，提升品牌。

⑩核心品牌内涵呼应企业崭新的数字技术平台。

6.2.1 产品创新设计是品牌打造的基础

随着社会的进步与发展，人们的消费呈双重性特点，一方面想拥有产品的使用功能权，另一方面对产品提出了精神功能的需求。为了赢得市场，满足现代消费者的需求，产品设计必须不断地创新设计，开拓市场。产品创新设计主要表现在两个方面：一是体现产品物质质量的有形创新设计，二是体现产品精神质量的无形创新设计。

其实企业品牌形象是多个产品有形创新形式和无形创新形式的总和。产品有形创新形式，是消费者通过产品的使用，能够直接感受和体会到的创新形式。产品的使用功能的实现，可以通过产品的操作形式体验到；产品的无形创新形式主要反映人们的情感，体现消费者的身份和地位，体现个人心理需求的产品形态、色彩、个性文化的内涵等内容，可以通过视觉、信息、环境氛围、广告宣传等多种形式获得。

以产品创新为基础，通过建立差异化的创新优势来体现个性品牌形象，通过个性化产品体现个性品牌的风格和特点，这不仅仅有利于巩固品牌形象，还能为新产品推向市场奠定基础，这是产品创新与品牌打造管理相融合的优势。

案例分析

海尔：以高质量的产品定位塑造品牌形象

在中国进入改革开放的初期，中国人从刚打开国门的市场里看到来自不同国度的产品，产品的质量参差不齐，当时正处在电子产品迅速发展的时期，一种压抑了比较久的消费欲望得到了膨胀，消费者希望能买到经济实惠的电子产品，如电冰箱、电视机、洗衣机等。此时海尔企业为了满足消费者“高质量、稳定”的需求，制定了企业的行动准则和品牌目标，海尔企业常流传着一句名言：有缺陷的产品就是废品。

不断开拓和不断创新以满足消费者需求，提供快速、全方位的服务，使得海尔有了高度的美誉，为海尔的品牌延伸打下了坚实的基础。

海尔首家推出烘干型滚筒洗衣机、数字化彩电、变频健康空调、防辐射手机等高科技产品，其独特和明确的产品形象定位，赋予了海尔高质量、高品位、高科技含量的品牌特色。同时海尔在人性化设计理念延伸方面也有了创新，开发了“小小神童”洗衣机、“画王子”冰箱、

“大地瓜”洗衣机等。1998 年 11 月 30 日，英国《金融时报》报道：在亚太地区最佳公司的评比中，海尔位居第七，是当时唯一进入前十名的中国企业。1999 年 12 月 7 日，英国《金融时报》评出了“全球 30 位最受尊重的企业家”，张瑞敏荣居第 26 位。2001 年 8 月 6 日出版的美国《福布斯》杂志中，海尔集团成为全球第六大家电业巨头。该评选根据 2000 年全球厨房家电销量及市场占有率，对全球厨房家电品牌进行排名，海尔以 834.6 万台年销量，占全球 2.8%的市场，成为仅次于惠而浦、伊莱克斯、通用电气、西门子以及三星的全球第 6 大家电业者。从海尔成功的品牌建立过程，可见产品的创新设计是创建企业品牌的基础。

6.2.2　产品创新设计的模式与品牌打造

产品创新的模式一般分技术推动型、市场拉动型和风险研究型三种。技术推动型是指当拥有一个专利技术时，寻找应用该技术的市场；随着人们生活方式、生活理念、消费观念和价值观、审美标准的改变，消费市场的定位信息发生了变化，因此需要设计师通过设计创新，来寻找最佳的设计方案。

产品的不断创新能给企业带来生机和活力。产品是体现企业品牌的最直接因素，产品人性化理念的创新(变频)、交互方式的创新(苹果机)、色彩变化、形态变化、产品加工工艺的创新、设计方法的更新(批量生产)，设计思想方法的创新(电脑绘图)、材料的创新(塑料)、行为方式及个性化产品的创新、新技术新材料引入的创新理念、流行趋势的预料、使用环境文化的切入，等等，这些都会为品牌企业建立和延展消费市场。

对一个企业来讲，创新没有一个固定的模式，但切准市场的脉搏，找到市场的空白点，时刻保持创新的心态，就能不断地为企业品牌的打造找到创新点。品牌打造就是指通过一整套科学的方法，从品牌的基础入手，对品牌的成长、管理、扩张、保护等进行流程化、系统化的科学运作。

品牌是企业与消费者建立的持久稳定的互需关系，是消费者对企业及其提供的产品(包括附加在产品上的理念、文化、售后服务等方面)或服务的体验和认知；企业通过向消费者提供这种体验和认知来建立并保持与其互需的关系。

品牌的打造不是盲目的，只有用科学的方法、程序才有可能成功。打造品牌应注重市场调研，了解公众，了解品牌树立的对象，并及时反馈。每个品牌、每个企业都有其不同的情况和要求，如企业的人员素质、目标消费者、规模实力、社会声誉等不尽相同，品牌的外形、内涵、气质、个性等也不一样，因此要求品牌打造者能具体问题具体分析，走出适合自己品牌的、个性化的道路。品牌打造涉及企业、广告公司、媒介、竞争对手、政府、消费者、其他社会公众、企业合作者，打造品牌时应充分考虑到各种关系的涉及者，综合衡量，其中最主要的是企业及合作者、媒介、竞争对手和消费者。品牌的打造是一项复杂的系统工程，需要全体员工长期不懈的努力，并树立全局观念，从长远考虑，统筹安排，有计划地进行。

时刻保持创新的形态去打造企业品牌，准确定位产品理念和市场。我准备生产什么类型的产品？我的产品应该定位在什么档次？产品应针对什么样的消费群体？此产品与其他类似产品相比有何差异？产品的核心竞争力是什么？对顾客的消费心理的了解程度如何？通过细分目标客户群，得到以上问题的准确答案，才可能准确定位市场，才能使所设计的产品风格与树立的企业形象一致。同时还应制定详细可行的营销计划、阶段性目标。在企业实行营销策略的同时，扩大企业的影响力。要时刻留意并考虑品牌的延伸，为品牌的未来发展预留相当的空间，可以从涉及的行业领域，考虑延伸、扩展品牌的文化内涵。最重要的是产品一定要与时俱进，不断革新、创新，不断推出新产品，如果一个企业不具备自主研发的能力，那么这个企业就不具备竞争力。注重品牌管理和品牌维护工作。在产品不断推陈出新的过程中，一定要保持产品的理念和风格的一致性，不能偏离轨道。在售后服务、销售现场、服务态度、企业公关等企业运作的过程中，任何一个环节都要传递出一致性，保持和维护品牌的完整，这就是品牌管理工作的重要使命和意义所在。一个好的品牌一定要具有公益性，这样才能创造社会价值，或者成为振兴民族的栋梁。

6.2.3 产品创新设计与品牌设计管理

品牌管理是企业长期保持市场领地和保留品牌形象的必要工作，可以通过选择、导入、细化和强化品牌概念的过程来实现。

实施品牌管理，首先要明确品牌概念要素。品牌概念是基本消费需求形成的概念。品牌概念能体现消费者的功能性需求、象征性需求或经验性需求，这就是形成品牌概念的要素。只有当品牌概念体现了这些需求的时候，品牌才能构筑成功的形象，让消费者产生品牌联想。因此，分析品牌概念，就是分析消费者需求。企业通过对消费者需求的品牌概念的要素分析，确定品牌概念，实现品牌定位。

①功能性需求。每一个产品的形成都有明确的使用功能的目标，能否实现产品使用功能是建立企业品牌的首要职责。

②象征性需求。满足消费者精神上自我提高、角色定位、群体资格或自我识别欲望的需求，使相应的消费者产生品牌联想，形成自我精神价值的实现。

③体验性需求。人的感知有许多种，这些感知能产生愉悦感觉，刺激消费者的欲望。这种类型的产品，能满足、刺激或多样化消费者的感知需求，如同星巴克企业文化的体验。

将选择和定位好的品牌价值和理念导入市场，让消费者熟悉、理解和认知品牌形象。在细化阶段，定位策略应侧重于提高品牌形象的价值，以便建立或维持可以感受到的优势，保持品牌价值的稳定增长。在巩固阶段，将已构筑好的品牌形象与企业中各个不同产品链接，巩固品牌概念，增加其价值和意义。

成立于1969年的韩国三星电子，起初还只是一家做OEM和购买外国芯片进行组装的普通电子产品公司，但在短短十几年间，三星电子掌握了强大的核心技术能力，设计能力已经达到了世界级水平，2003年在美国取得的专利高达1313项，专利数量位居全球第9。2007年，三星的品牌价值已达168亿美元，位居全球最佳品牌榜第21位，超过了它多年的宿敌索尼。正是技术创新和产品的更新换代推动了三星的品牌提升，使其成长为世界顶级品牌。

提供增值服务，创新服务内容也是为品牌加分的主要项目。大型的公司使用大型的客户关系管理软件、呼叫中心来提供售前、售中和售后服务；许多公司通过网络来提供在线自助服务；甚至还提供高档的存包服务、免费饮料与快餐服务的理发店等。

6.3　产品改良设计与品牌维护管理

6.3.1　产品改良设计是品牌维护的关键

产品改良设计是对原有产品通过分析比较，进行优化和改进的再开发过程。所以产品改良设计就应该以调查、比较和分析为出发点，通过市场调查，对产品的优劣进行客观、全面的分析，对产品过去、现在与将来的使用环境与使用条件变化进行全面的分析。有了准确的认识，产品的改良设计才能有助于企业品牌的维护。

为了使这一分析判断过程更具有清晰的条理性，可以从产品使用总功能入手，将产品功能按级细分为各个单元功能模块，结合现有的加工技术、使用环境和消费者需求改变的状况，重新进行功能单元模块优劣分析定位。按照品牌定位，综合考虑使用环境、市场需求，以及新的可实施形态逻辑组合方式。关键是准确找出现有产品优劣，以及它们存在的合理性与不合理性、偶然性与必然性。这是现代大工业批量生产中，常用的批量设计的方法之一。产品单元模块设计原理如图 6-2 所示。

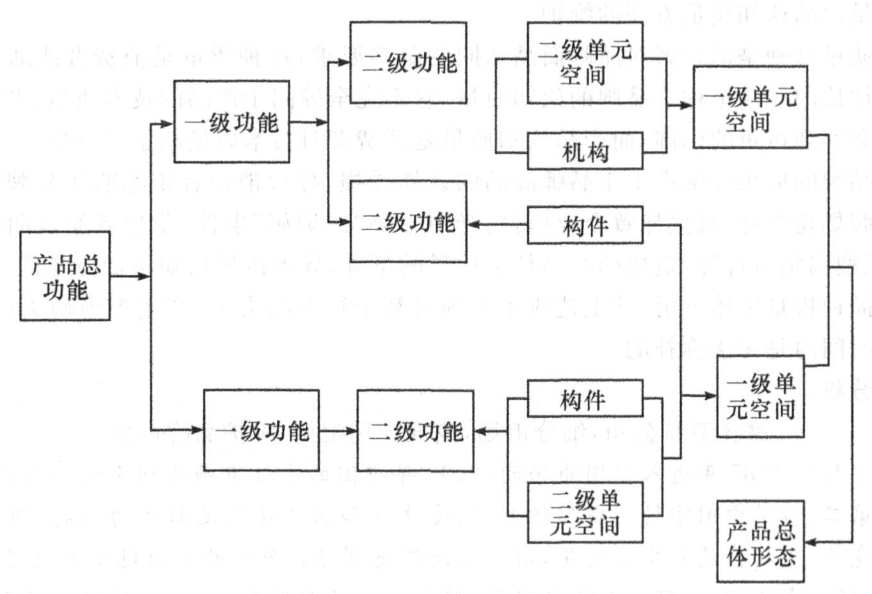

图 6-2　产品单元模块设计原理[①]

在完成上述工作后，对现有产品局部零件、整体功能还有使用环境等因素应具有了系统全面的新认识，扬长避短，改进现有产品设计，就能实现产品的改良设计了。当然，在改良设计中，目标有可能是一个，也有可能是多个，有时修改目标相互干涉，改良时必须就重避轻，就主要的，放弃或后考虑次要的，否则适得其反。产品改良设计其实也是创新设计的重要组成部分，只不过在设计前已有了模式。常言道“宁可做十件新衣，也不愿改件旧衣”，意思就

① 尚淼:《产品形态设计》,武汉大学出版社 2010 年版。

是说，改进型设计由于设计的定式，在某种程度上难于创新。

在市场经济环境下，企业永远都处在产品、价格、人才、信息、信誉等动态变化之中。危机不仅仅来自财经方面，企业因管理不善、产品质量下降、员工行为越位等都会损害企业的品牌形象。2011年4月12日，公安部召开行文发布会，肯定了瘦肉精的查处工作后仅仅几天时间里，中国第一大上市国有企业双汇的形象，就受到强烈的冲击，消费者对品牌的信心严重受挫，在全国市场上，双汇的销量大减，这种品牌的损失，是需要很长的时间才能修复的。但接连不断的三鹿三聚氰胺奶粉事件、光明牛奶“回炉奶”事件、苏丹红红心蛋事件、蛋糕塑胶事件、蒙牛乳业黄曲霉菌超标事件，等等，严重打击了市场的品牌信心。问题的出现主要是由企业的主打产品的质量问题造成的。因此，品牌提升是一个艰苦的工作，品牌的维护需要一个相当长的时间，产品设计的改良更新，直接影响企业品牌的维护。当今是品牌竞争时代，品牌就是企业最宝贵的资产，也是最脆弱的资产，没有一套企业品牌维护和管理策略，就很容易前功尽弃。

当今的市场已从卖方市场走向买方市场，人们的消费观念也发生了变化，人们在消费时，不仅注重商品的使用功能效用，同时还注重商品的精神和形象效用。当然企业品牌的维护也应该从这两个方面出发。

当品牌商品的信誉度达到一定程度的时候，消费者才会认同该品牌的商品，因此品牌的维护重点是商品认知质量方面的维护。

产品质量过硬是消费者对品牌商品认同的基本要求，这种质量是消费者能通过感官直接感知和评价的。这里称为品牌的认知质量，它不完全等同于产品的技术质量，产品技术质量是科学和客观可辨的标准，而产品认知质量是消费者对技术质量的主观反应。

企业品牌的危机经常产生于品牌商品的认知受损，导致消费者拒绝购买品牌商品。三鹿三聚氰胺奶粉事件，直接导致企业垮台；光明牛奶“回炉奶”事件、蒙牛乳业黄曲霉菌超标事件、双汇瘦肉精事件等，造成的产品技术质量的下降，导致市场认知质量的降低，使得这些企业的产品销售量整体下滑，甚至造成了市场对某个行业的失望，产生拒绝购买行为，这个损失在短时间内是无法弥补的。

案例分析

摩托罗拉公司：细分市场，找准市场定位，维护品牌形象

摩托罗拉是1987年进入中国市场的，2000年中国的手机市场达到1亿多用户，用户规模居世界第二，当时中国市场形成摩托罗拉、爱立信和诺基亚三足鼎立的格局，随着企业品牌的激烈竞争，市场格局发生了变化，消费者隐约感到摩托罗拉开始出现变化缓慢的老化现象，市场份额逐渐减少，为了改变这种现象，摩托罗拉从品牌细分入手，通过产品改良设计，向目标市场推广品牌。

2000年摩托罗拉根据公司新的品牌战略，推出四个目标品牌，每个目标品牌背后都有相应的产品支撑。专为追求科技型消费者定位品牌，主要针对成功男士。他们对科技十分着迷，希望自己是第一个拥有最酷的革命性产品的人，他们追求的是最超前的、最先进的感觉。摩托罗拉2000年推出的太极1688就是以这群人为目标的。针对时间管理型消费者，摩托罗拉推出三通l2000、l2000www上网手机，对于讲求效率、经常要做出决策的管理人员来说，可以使紧张的工作有条不紊。追求时尚、领导潮流成为了摩托罗拉下一个捕捉的目标，V998、V998＋及L2088产品将彰显时尚人的个性、品位传达得淋漓尽致。这类人群生

活稳定，礼貌待人，工作比较忙，手机成为了不可或缺的工具，针对这一群消费者，摩托罗拉推出“心语”T2688手机，弥补了市场的空白，目前在摩托罗拉划分的四个消费群体中，“心语”T2688手机是市场成长最快的品牌产品。

消费市场千变万化，要想准确把握市场定位，可以通过市场调研，修改市场策略，细分市场，把握市场脉搏，根据市场需求细分品牌目标，利用企业品牌效果，推出品牌细分策略等方法，使自己在激烈的市场竞争中掌握制胜先机。

6.3.2 产品改良设计的程序与品牌维护

一般改良产品的设计程序与产品创新的设计程序一样，发现问题，分析问题，解决问题。需要对改良的产品进行市场调查，通过市场调查发现问题，理顺改良的思路，明确改良的目标；针对改良的问题，再次进行用户、市场、技术调研。通过可行性和需求方面的调查，分析改良设计的定位，确定改良的具体方法和目标；通过系列的设计方法，将改良概念量化为具体方案，深化设计细节，制作样机，进行批量生产工艺设计，实现产品改良设计。产品改良的程序，就是不断寻求市场切入点的过程。

品牌的建立可以说是企业成败的标志，市场对品牌商品的认知质量一旦受损，会对企业的销售起到负面影响，而且这种影响很难在短时间内消除，有时甚至会导致企业的倒闭。既然产品是市场检验品牌的最直接的载体，要维护品牌，就必须根据市场的需求，不断进行产品改良，随时掌握市场的切入点，同时通过一次次产品改良设计，企业品牌得到了维护。所以平时要对影响企业品牌效果的各个环节，进行系统的维护，首先要考虑的就是产品，一旦出现问题，要及时进行弥补。企业应该把重点放在对问题的处理程序上。依据产品改良设计的程序，对造成品牌伤害的各个因素进行盘点，如原材料的来源、生产技术、生产过程、储运环节等敏感环节上，利用数据对比，找出问题。找到问题绝不姑息，针对这个方面的问题进行改进。若原料或配方出现问题，就要按照安全标准，重新选择原料和科学的调整配方；若标准不对，就要重新科学制定标准；若工艺出现问题，就要进行工艺攻关研究等。同时，将事情发生的原因、调查的结果、造成的危害、解决的情况和结果，一一公布于市场，还消费者知情权，这样的态度更能博得消费者的理解和信任。当然这种事情不能一而再，再而三地出现，消费者伤不起，更伤不起的是企业，决不能推诿事故责任、掩盖事实真相，将大事说小，小事说了。“达芬奇”家具事件，就是这样的一个反面的例子。

在销售方面常用的方法是通过召回有问题产品，以及寻求第三方权威机构的介入，消除负面影响。通过优良的服务，无偿更换有问题的零部件，以降低消费者拒绝消费的情绪，日本汽车业在这方面就做得比较及时。一味推诿、文过饰非，将更难取信于消费者。也可以通过第三方权威机构来对商品进行检验，并把检测结构及时公布，尽快消除消费者对品牌商品的负面印象，为品牌正名。

品牌维护还需要不断充实品牌内涵。品牌是建立在企业使命和价值观的基础上的，在面对问题时，企业要以价值观和使命为指导，明确自己肩上的责任，积极面对问题，而不是采取回避和遮掩的态度。如果企业从立足于世界之林的愿望出发，追求卓越，贡献社会，用诚信正直、热诚宽容的态度对待问题，尽快查清问题所在，及时召回问题产品，修改生产流程，处理责任人，提供产品质量保障，赔偿消费者损失来获得消费者的谅解和信任，即使产品有问题，也能很快消除消费者的疑虑，重建产品品牌概念。

从产品改良设计方面来看品牌的维护，可见产品的质量问题可以直接危害品牌的生命，而如果我们把产品质量放在重点监控的位置上，实时进行产品质量监控，及时对已知的产品质量劣势进行改良设计的修正，就可以早期遏制事故的出现，变被动为主动。当然，人不可能不犯错误，当出现问题时，一定要直面相对，勇于改正错误，重新建立品牌形象。

6.3.3 产品改良设计的内容与品牌提升

产品改良的设计内容涉及面较广，包括产品的功能改良、技术改良、外观改良和人机交互形式的改良等方面，与创新设计不同的是，改良设计是在原有基础上的调整设计，而不会推翻过去的产品形象。[①]

品牌提升是指在公司战略规划不变的前提下，提升每个工作环节中的品牌内涵。当今市场变化莫测，企业品牌需要根据目标市场变化情况不断调整自己的目标，并通过调整来提升企业管理的创新，促进经济效益的提高。

产品改良设计虽然是在原来基础上的再设计，但对一个企业来讲，它涉及品牌的方方面面。功能改良是产品定位的提升，技术改良是技术水平的提升，外观改良是人们的审美提升，人机交互形式的改良是人际沟通相容的提升。品牌的提升是依靠企业各个环节的提升得以实现的。

品牌提升是企业在塑造和维护自己形象时使用的重要战略手段。随着企业经营环境的变化和消费者需求的变化，品牌的内涵和表现形式也随之发生变化发展，否则将会被市场抛弃。目前，企业战略包括品牌定位提升、品牌形象提升、营销策略提升和管理创新等。

品牌提升通常是通过生产过程、市场能感受到的使用功能和在精神方面的设计来完成的，生产过程和市场销售两个方面，即独立又统一。

就公司主打产品而言，任何一个设计都不是完美无缺的，一般当公司完成第一轮产品设计制造后，产品就需要有一个提升要求；通过质量保障的论证，产品也会有一个提升。当设计师团队不断扩大、设计师水平有了提高或有大师级人物的加盟时，也会形成产品提升需求。市场销售网络及组织结构的升级、营销队伍的不断加强、销售业绩的提高，以及功能和规模的升级，都是形成品牌提升的原因。[②]

另外，通过企业形象中的VI设计，可以提升企业形象，形成企业品牌效应；产品开发与品牌设计的升级、产品的更新换代，都会对品牌提升形成拉力效应。

1. 发展是品牌提升的规律

品牌的发展是有周期的，从品牌的生命周期看，品牌也会经历一个初创、成长、成熟和衰退的过程。品牌从定位、设计、测试到进入市场、营销推广、积累形成一定的品牌资产，每完成一个周期，不是回到原位，而是按照螺旋上升的规律进化的，不断发展壮大直至繁盛，整个过程是一个品牌提升与更新的过程。

一个企业的品牌从无到有，从小到大，正是通过品牌塑造与维护形成的。我国许多知名品牌从无名品牌转向知名品牌、从区域名牌走向世界名牌、从低端品牌向高端品牌的提升过

① 姜杉：《产品改良设计》，北京理工大学出版社2009年版。

② 陈国强：《产品设计程序与方法》，机械工业出版社2011年版。

程，都是按照这个规律从小到大、从弱到强、不断提升和改进的过程。

2. 根据市场变化，不断创新产品设计，提升品牌

当需求发生变化时，适者生存。对于绝大多数企业而言，品牌的塑造是与企业创建相伴而生的。由于市场环境的高度不确定性和企业自身资源的缺乏，企业品牌的塑造往往是不系统的、无意识的，是缺乏前瞻性的。当企业需要第二次跨越发展的时候，企业现有品牌的竞争力是远远不足的，品牌在外在表现与内在张力方面不能跟上形势，由于企业品牌层次较低，无法支撑企业大跨度的发展。所以，企业面临的最大问题，就是要不断地为品牌注入新生机，实现品牌的提升，以改善其竞争地位，获取更丰厚的差异化价值。

在成熟的市场中，类似产品的差异很小，性能比较接近，竞争也非常激烈。一旦一个知名品牌的新产品出现，迅速就有许多产品模仿跟进，消费者对该品牌的注意力就会迅速分散，甚至转购类似该品牌的产品，使该品牌的市场占有率迅速下降。这种差异较小的类似产品叫“同质化”，在这种竞争同质化的情况下，与其在价格上拼个你死我活，还不如提升技术含量，强调产品个性，抢占多元化的生存空间。

3. 产品缺陷引发品牌危机

品牌危机是由于产品缺陷、工作失误或者管理疏漏引发的突发性信誉危机，具体表现为市场对该品牌的不信任，品牌信誉度遭受严重打击，产品销售量急剧下降，品牌面临退出市场的危险。例如，锅王胡师傅“无烟锅虚假宣传事件”、LG 的“空调翻新事件”、宝洁的“SK-II 事件”、雀巢的“碘超标事件”等。遭遇品牌危机时，只有直面相对，通过产品改良设计，改正错误，积极与消费者沟通，方能转危为机。

产品品质是品牌的核心，产品品质保障是提升品牌的前提，科技创新、产品创新和服务创新是提升品牌魅力的源泉。只有通过市场调查研究，准确把握消费者需求的变化，不断改良老产品，服务体现人文关怀，突出细节个性，提升可感知价值，才能为品牌注入新的活力，打造精品名牌。

案例分析

“宝洁”：改良产品，提升品牌①

说起宝洁企业，在中国可谓是家喻户晓。无论是飘柔、潘婷、海飞丝、沙宣洗发水，还是舒肤佳香皂、玉兰油润肤露，以及护舒宝卫生巾、佳洁士牙膏、碧浪、“汰渍”洗衣粉，等等，这些产品几乎涉及人们日常用品的方方面面，已被广大消费者接受。

1837 年宝洁企业成立以来，不断完善，不断发展，成为当今世界上最大的日用品公司，宝洁公司走向成功离不开其企业理念：“消费者至上”。“宝洁人”将这个理念真正落实到公司的每一个环节，成为“宝洁”人的工作理念，行为规范。

在 1934 年，宝洁企业在美国成立了消费者研究机构，通过运用科学分析方法了解消费者需求，掌握市场的脉搏，为企业准确定位打下基础。企业还雇用了“现场调查员”，逐门逐户进行采访，征询家庭主妇对产品性能的喜好和建议。到 20 世纪 70 年代，宝洁企业通过免费电话与用户进行沟通。宝洁企业建立了庞大的数据库，将消费者打来的电话内容分为产品咨询、产品投诉、产品赞誉等，把用户意见及时反馈给产品开发部，以求得产品的及时改进。迄今为止，宝洁企业每年用多种工具和技术与全世界超过 700 万的消费者进行交流，及

① 邱斌：《中外市场营销经典案例》，南京大学出版社 2011 年版。

时掌握市场的变化，随时调整产品设计改进的方向，提升品牌。

为了进入亚洲市场，宝洁企业在日本设立了分公司，并在那里建立了全球最大的技术中心。宝洁企业贴近市场需求的产品开发与研究，加速了新技术的应用。

宝洁企业还力求从产品的质量、配方及包装设计上满足消费者，它的各种产品每年要做至少一次的改进和改良。自从世界第一种高效合成洗衣粉——“汰渍”在1946年推出后，到目前为止已做了60多次改进。宝洁企业在日益激烈的竞争中处于不败之地，就得益于其不断的创新。

【思考题】

1. 塑造品牌形象需要考虑哪些方面？
2. 企业应从哪些方面维护品牌形象？
3. 从企业形象设计和市场行销方面都可以建立品牌，各有什么特点？
4. 企业形象设计应如何考虑产品与企业形象的关系？
5. 工业设计师谈论的产品设计内容与机械设计师谈论的产品设计有什么区别？
6. 什么是产品创新设计？
7. 什么是改良型产品设计？
8. 以手机产品改良设计为例，探讨如何提升TI公司品牌。
9. 以手机销售市场为例，探讨如何通过产品创新设计塑造企业品牌。

第七章　产品设计的市场调研管理

7.1　产品设计的宏观市场环境分析

宏观市场营销环境，即间接营销环境对营销活动的影响，主要体现在企业的营销活动与宏观环境的适应性上，企业营销只有不断适应宏观环境的变化，才能保持旺盛的生命力，在竞争中立于不败之地。因此，企业有必要了解宏观市场营销环境因素对企业的影响。宏观市场营销环境一般包括人口、经济环境、政治法律环境、社会文化环境、科学技术环境等方面的因素。

7.1.1　人口因素分析

市场营销所指的市场是指有购买意愿和购买能力的人群的集合。一定量的人口是进行市场营销活动的基础。人口环境要素包括人口规模、人口增长、人口结构、人口迁移等细节要素。

1. 人口规模

人口规模即人口总量，是指一个国家或地区的人口总数。世界上大多数人口集中在低收入国家和中等收入国家，这部分人口比例大约占全世界人口的80%，而高收入发达国家人口约占20%。统计资料表明，人口总量与经济发展水平密切相关，发达国家人口总量一般低于发展中国家。导致这种现象的一个重要原因是经济发展推动了道德观念的变革。随着社会经济的发展，妇女摆脱家庭束缚步入工作岗位已成为普遍现象；同时现在的道德观和技术手段使人们在得到理想的孩子数量后都采取了绝育。

2. 人口增长

由于实行计划生育政策，我国人口增长一直控制在1.19%以下，低于世界人口平均增长率。据估算，世界总人口增长一倍所需要的时间为41年，欧洲人口翻一番，需178年，北美洲需95年，亚洲需40年，非洲需24年。世界不同地区的人口增长速度差异极为悬殊，除地理因素外，经济发展水平也是重要原因。有数据表明，低收入和中等收入国家的人口平均增长率（大约2%）远远高于高收入国家（大约0.6%）；同时，伴随着社会经济的发展，几乎所有国家的人口增长率都呈降低的趋势。

世界人口继续增长，意味着世界市场继续发展，市场需求总量将进一步扩大。不同的是，发展中国家人口增长过快，经济收入低，市场需求压力很大，商品供应短缺，物价上涨，给企业开展市场营销提供了良好的机会。而发达国家人口增长缓慢，商品供应丰富，经济收入高，人们对产品和劳务的要求更高。这表明，发达国家市场的营销将变得越来越困难。但是，人口增长带来扩大的需求的同时，也会带来资源短缺、污染加剧、环境恶化等负面影响。

3. 人口结构

人口结构往往决定市场产品结构、消费结构和产品需求类型。人口结构主要包括年龄结构、性别结构、受教育程度和家庭特点，他们是影响最终购买行为的重要因素。

人口结构首先表现为不同年龄人口的比例。即人口年龄结构包含不同年龄消费者的审美差异、购买心理和消费兴趣差异等重要信息，它是企业划分市场的依据之一，并在很大程度上影响着企业的市场营销组合。根据消费者的年龄结构，市场可以细分为许多消费者子市场，如老年人市场、成年人市场、青年人市场、儿童市场和婴儿市场等。

目前，世界人口年龄结构趋势正出现两个明显的趋势。

①世界人口老龄化趋势。世界人口平均寿命在延长，许多国家的人口趋于高龄化。世界老年人口平均增长率达到 24%，高于总人口的增长，因此，老年人市场在扩大。西欧国家每 7 人中就有一个老年人。美国 65 岁以上的居民约有 2000 万，而瑞典、德国、奥地利、丹麦等国的老年人比例已接近 20%。近十年来，我国老年人人口的平均增长达 31%，我国也已踏进世界公认的老龄界线。人口老龄化倾向，将使市场对医药、保健用品、眼镜、助听器、住房、人寿保险等老年人用品和相关特殊服务的需求迅速增加，而对摩托车、体育用品、服装、发型、美容、玩具、一般制品等产品的需求将日益减少。为适应这一市场需求的变化，企业将在老年人食品、服装、保健品和健身器材、娱乐休闲场所、社会服务机构和设施等方面发现新的市场机会。

②虽然世界范围内出生率在下降，但婴儿的绝对数量仍在显著增加。发展中国家的婴幼儿数量在世界婴幼儿总量中的比例越来越高。与过去不同，即使是在经济落后的国家，人们日益重视对婴幼儿的培养，在身体、精神和智力上都给以大量投资。因而婴幼儿市场仍然是一个庞大诱人的市场。而在西方发达国家，由于出生率下降，婴幼儿数量减少，许多经营儿童食品和日用品的企业，或者到出生率较高的国家去寻找市场，或者转变经营目标，改行经营其他业务。与此同时，发达国家出生率下降，儿童减少，使许多年轻的夫妇有更多的闲暇时间和收入用于旅游、娱乐，这给旅游业、餐饮业、休闲娱乐业等行业提供了良好的市场营销机会，促进了第三产业的发展。

人口结构还表现为性别结构和家庭结构。男女性别差异，不仅使市场需求表现出差别，而且两性的购买动机行为也有所不同。由于女性多操持家务，大多数家庭生活用品由女性采购，再加上女性有许多专用商品，所以可设立专门商店销售女性用品，很多家庭用品和儿童用品也可纳入女性用品市场。现代家庭既是社会的细胞，也是商品采购和消费的基本单位。家庭结构特点对某些以家庭为购买和消费单位的产品有直接影响。家庭结构特点包括家庭成员人数、家庭成员结构和家庭决策方式等因素。家庭对于市场营销的意义不仅是估计市场潜力的大小，它还影响到产品设计、包装、分销和促销方式。

4. 人口迁移

世界人口迁移呈现出两大趋势：在国家之间，发展中国家的人口（特别是高级人才）向发达国家迁移；在一个国家和地区内部，同时存在人口从农村流向城市和从城市流向郊区和乡村的现象。

人口从农村流向城市，是一个与工业和城市化发展同步的自发过程。人口集中在城市，使城市居民的需求和城市市场迅速扩大，在城市出现大量繁华商业区、百货商店、专卖店、超级市场等。而且，由于城市人口结构趋于复杂，城市居民的文化价值观、生活习惯、购买行为等均呈现出多层次性。

与人口从农村流向城市同步发生的是城市人口向郊区和乡村的流动。第二次世界大战以后，经济快速发展的一个消极后果是城市交通拥挤，环境污染严重。所以，在发达国家和部分发展中国家，人们纷纷从城市迁往郊区，使郊区不断扩大，甚至城市和乡村连成一片，形成所谓的“超级大都市”或“郊外都市”。人口分布的这种变化，使郊区住宅业、文化娱乐、交通运输、超级市场、现代化的购物中心得到迅速发展，而同时大城市商业中心区大型百货商店、超级市场和其他零售商业的市场占有率趋于下降。为了生存和发展，他们又纷纷向郊区和乡村辐射，扩张市场。

7.1.2 经济环境因素分析

经济因素是实现需求的重要因素。从市场营销的角度看，经济方面最主要的环境力量是社会购买力。因为市场规模的大小取决于社会购买力的大小，而社会购买力的大小又取决于消费者的收入状况、储蓄与信贷等。

1. 收入状况

经济收入有多种衡量指标，不同衡量指标对分析市场需求有不同的意义。这些指标有国民收入、个人收入、可支配收入、可随意支配的个人收入等。

①国民收入是指一个国家物质产生部门的劳动者在一定时期内创造的价值总和。一年的国民收入总额除以国家的总人口，即得到人均国民收入。人均国民收入可以从大体上反映一个国家的经济发展水平。

②个人收入是指个人从各种来源得到的经济收入。从国民收入中扣除企业上缴税金、企业未分配利润，大体得到个人收入。个人收入的总和除以人口总量，即得到个人平均收入。个人平均收入，反映购买力水平的高低。

③从个人收入中扣除个人所得税、公债等，可以得到可用于个人消费支出和个人储蓄的可支配个人收入。

④可随意支配的个人收入是指可支配个人收入中减掉消费者用于购买生活必需品（如食品）的支出和各种必需的固定支出（如房租、水电费）所剩余的那部分个人收入。可随意支配的个人收入是影响市场消费需求比较活跃的因素，它通常对耐用高档消费品、奢侈品、享乐品等的销量影响极大。

2. 储蓄

在不考虑消费者储蓄变化影响的情况下，消费者及其家庭的可任意支配收入形成当期全部购买力。但是，一般来说，消费者的储蓄会影响当期的消费水平，购买力＝收入－储蓄＋信贷。

储蓄相当于是将现在的收入用于将来消费。因此，储蓄对于某些产品形成具有现实意义的购买力；而对另一些产品来说，则会减少当期按收入计算的可能的市场购买力，如住房、汽车以及大型家用电器产品等，如果没有足够的储蓄，就没有形成市场购买力的可能。影响储蓄的因素主要有以下四种。

①收入的高低。收入本身就是影响储蓄的因素。收入越高，在其他条件不变的情况下消费者越能储蓄。

②储蓄利率。当储蓄的利息越高，消费者就越愿意储蓄。

③对市场物价的预期。当预期将来市场物价会上涨时，消费者就不愿意储蓄，因为这意味着储蓄货币不能保值。

④消费者心理或倾向变化。社会越是提倡、追求或崇尚享乐或奢侈生活方式等不良消费风气时，消费者就越不愿意储蓄。

从前述公式可知，相对于储蓄而言，信贷就是把将来的收入用于当前消费。因此，信贷对于当期的购买力而言，是一个增量因素。西方国家的消费者信贷是较普遍和发达的，许多消费者家庭普遍通过借贷来增加当前消费。在我国，过去受传统观念和制度的影响，消费信贷几乎没有。但近年来，消费信贷出现了增加的趋势。如国有商业银行和股份制商业银行发放的住房信贷、汽车信贷等。但由于我国目前缺乏居民个人的信用记录，以及信贷渠道的单一性，消费信贷在启动购买力方面仍处于艰难的起步阶段。信贷可使消费者家庭的当期购买力超过当期的收入水平(假定其他因素不变)。当一个国家或一个特定市场的消费信贷比较普遍和发达时，除了增加当期购买力，也会对未来某个时期的购买力产生抵减影响，即过渡借贷消费。它会使市场的需求在达到消费者归还借款高峰期时，引起相应的需求疲软和市场萧条。营销人员对此应有相应的估计，以掌握信贷所引起的市场需求变化的趋势和规律。信贷主要受以下一些因素的影响。

①借款利率。借款市场利率越高，取得借款的成本越高，愿意借贷的人就会越少。

②对收入的预期。消费者对将来的收入预期越高，会认为有较强的偿贷能力，也就越愿意借贷。

③借贷的方便性。包括提供放贷的社会机构的多少、限制条件等。如果借贷需要过多过严的担保和抵押条件则借贷缺少方便性，借贷就越少。

其他还有一些影响借贷的因素，例如对物价的预期，它既会影响储蓄也会影响信贷。当预期物价上涨时，消费者会减少储蓄，但会尽量增加信贷。

7.1.3 政治与法律环境因素分析

政治与法律环境，是由强制和影响社会上的各种组织和个人行为的法律、政府机构、公共团体所组成的。政治与法律环境的作用在于保护所有权，保护竞争，保护消费者权益，保护社会的长远利益。

政治与法律环境主要包括以下四个方面的内容。

①国家的政治体制、经济管理体制、政府与企业的关系。例如，我国改革开放以后实行精简政府机构、规范政府行为、克服官僚主义、实行政企分开、建立现代企业制度等政策。

②积极立法。例如，合同法、公司法、商标法、专利法、广告法、反对不正当竞争法、产品质量法、证券法、保险法、票据法、企业所得税法、对外贸易法、海关法、进出口关税条例、进出口商品检验法、劳动法、消费者权益保护法、大气污染防治法等。

③政府的方针政策。政府的方针政策可变性比较大，随政治经济形势的变化而变化，国家在不同的阶段和不同时期，依据不同的经济目标制定和调整方针政策，这必然会对企业的营销产生直接或间接的影响。

④公众团体。公众团体是为了维护某一部分社会成员的利益而组织起来的团体，旨在影响立法、政策和舆论。例如，中国消费者协会在维护消费者权益方面做出了大量工作，得到了消费者的信任。

7.1.4 社会文化环境因素分析

社会文化环境是指人类在社会发展过程中所创造的物质财富和精神财富的总和。它是无形的，但影响深刻，涵盖面广，主要包括价值观念、生活方式、宗教信仰、职业与教育程度、风俗习惯、社会道德等。社会文化环境会对消费者的市场需求和行为产生强烈而持续的影响，进而影响到企业的市场营销活动，无论是国内还是国外，企业都要全面了解社会文化环境。下面简要介绍几种社会文化环境。

①风俗习惯。世界范围内不同国家以及国家内的不同民族在居住、饮食、服饰、礼仪、婚丧等物质文化生活方面各有特点，形成风俗习惯的差别。

②宗教信仰。宗教是影响人们消费行为的重要因素之一，不同的宗教在思想观念和生活方式、宗教活动、禁忌等方面各有其特殊的传统，这将直接影响其消费习惯和消费需求。

③价值观念。价值观念，是指人们对于事物的评价标准和崇尚风气，其涉及面广，对企业营销影响深刻。它可以反映在不同的方面，例如阶层观念、财富观念、创新观念、时间观念等，这些观念方面的差异无疑造成了企业不同的营销环境。

④教育程度和职业。世界各国居民在教育程度和职业上的差异，也导致消费者在生活方式、消费行为与消费需求上的差异。

除此之外，社会文化环境还包括语言、社会结构、社会道德风尚等多方面因素。值得注意的是，社会文化虽然具有强烈独特的民族性、区域性，是民族历史文化的延续和发展，但也不可否认，随着经济生活的国际化，世界文化交流的加深和不同民族、地区文化的相互渗透，企业所面临的社会文化环境也在不断发生变化，企业应善于及时把握时机，制定相应的营销策略。

7.1.5 科学技术因素分析

科学技术广泛而深刻地影响着社会生活、企业的经营管理、消费者的购买行为及生活方式。市场营销人员特别是营销战略的设计者，要密切关注科学技术的发展和变革。科学技术的发展给企业创造了许多市场机会，也使企业面临许多潜在的威胁。同时，科学技术也改变了营销活动的各个环节和营销活动的方式。

1. 科学技术的发展创造了市场机会

科学技术的发展和变革可能会引起需求发生剧烈变化。避孕药的发明造就了更小的家庭、更多的职业妇女和更多的可支配收入，使市场需求发生了很大变化，给汽车制造业、快餐业、旅游业、航空公司、旅馆等行业创造了新的市场机会。

2. 科学技术的发展可能会给企业带来威胁

科学技术的发展在某种程度上是一把双刃剑，在给一些企业创造市场机会的同时，可能会给另一些企业带来灾难。

石油在得到广泛应用之前，其最大用途是煤油灯的用油。由于当时人们使用的照明工具主要是煤油灯，因此煤油灯的广泛使用促进了石油业的发展。石油企业之间通过改进煤油的照明性能进行竞争，同时与煤气灯抗衡。然而，爱迪生发明了电灯，改变了人们对煤油灯的需求，几乎击碎了石油企业的美梦。幸好煤油在取暖方面找到了新的市场，但接踵而至的灾难又一次袭击石油企业，家用燃煤中心供暖系统的研制成功使得石油企业面临新的生存危机。正当石油行业停滞不前的时候，内燃机的发明改变了石油企业的命运。当20世纪20年代对汽油的需求猛增最终趋于平缓时，中心燃油加热器的出现奇迹般地再次挽救了石油业。后来铁路的内燃机化以及小汽车和卡车数量的增加，使得石油业保持高速的增长。

3. 科学技术改变营销活动的各个环节和营销的方式

科学技术的发展使产品更新换代加快，产品的生命周期缩短。在这种新形势下，企业不得不时刻提高警惕，捕捉市场信息，了解消费者需求偏好的变化，满足消费需求，并用创新产品引导消费需求。

在知识经济时代，市场信息的网络化对企业定价策略产生了重大的影响。消费者只要有一台计算机和一部电话，就可以轻松从互联网上查询所有同类产品的定价，并从中选择价格合适的产品。网络市场中的消费者对价格的变化反应迅速，需求对价格弹性有可能增加。与此同时，网络为企业了解顾客能够接受的成本提供了工具，企业根据顾客心理提供柔性的产品设计和生产方案供用户选择，直到顾客认同确认后再组织生产和销售，所有这一切都是顾客在公司的服务器程序的引导下完成的，并不需要专门的服务人员，因此成本也极其低廉。

在知识经济时代，传统营销方式有可能让位于以信息技术为基础的网上营销。商业过程的高度自动化和网络化将市场营销中的分销移植到了互联网，实现真正的虚拟营销。电子商务改变了工业时代传统的、物化的分销体制，企业必须在网上建立全新的分销模式。数字化分销渠道缩短了生产者与消费者之间的距离，节省了商品在流通中经历的诸多环节，消费者或用户通过互联网在计算机屏幕前直接操作鼠标就可完成购买行为。在网上购物不仅可以节省时间，方便快捷，而且还省钱省力。

科学技术的发展和变革也促进了企业促销方式的改变。传统的促销方式以企业为主体，通过一定的媒体或工具对顾客进行密集的促销，顾客处于被动地位，很少直接参与企业的营销活动，消费者无法与营销人员进行对话，因此网上营销能够加强企业与顾客的沟通和联系，有助于企业直接了解顾客的需求，及时把握市场机会。

7.1.6 自然环境因素分析

自然环境的主要动向是：自然资源日益短缺，能源成本日趋提高，环境污染日益严重，政府对自然资源的管理和干预不断加强。

不可再生资源的减少成为企业发展的一种威胁，迫使人们研究如何合理开发利用和寻找代替品，例如企业转产、停产、限制小煤矿、限制造纸用料等。

随着环境污染的日益严重，政府和民众的呼声日益提高，安全性、环保、社会的可持续发展成为许多国家设置限制进口的新壁垒。对绿色食品、转基因食品的严格要求，对废气和废水的排放标准的严格把关，加大了企业的生产成本。企业面临压力和约束，同时也蕴含开发新产品的机会。自然环境是人类社会一切活动所要依赖的最基本条件，营销活动当然不能例外。自从进入工业文明以来，人类向自然界的索取和破坏，已经达到前所未有的程度。近年来，自然环境保护和环境污染等问题，引起了许多国家的科学家与公众的重视。例如，由于冰箱类产品大量使用制冷剂，造成南极上空臭氧层空洞，已引起国际社会的普遍呼吁，要求停止使用氟利昂这种制冷剂。国际社会已对此达成共识，并且正在采取行动，由此引起冰箱业发生革命。在西欧，著名的环保组织“绿色和平组织”，多年来通过各种手段和方法开展环保活动，给许多企业的营销活动带来了影响。

7.2 产品设计的微观市场营销环境分析

微观市场营销环境，即直接营销环境对企业营销活动的影响，主要体现在企业的具体对外业务往来过程中，企业的营销管理者不仅要关注目标市场的要求，而且要了解微观市场营销环境因素对企业的影响。微观市场营销环境虽然与宏观市场营销环境一样，都是企业外部环境因素，都存在着一定的不可控性，但它比宏观市场营销环境对企业市场营销的影响更为直接，且微观市场营销环境中的一些因素，企业经过努力可以加以控制。每个企业的主要目标都是在盈利的前提下为目标顾客服务，满足目标市场需求。要实现这个目标，企业必须把自己与供应者和营销中介联系起来，以接近目标顾客。供应者——企业——营销中介——顾客，形成企业的基本营销系统。此外，企业营销的成败还要受竞争者和公众两个因素的影响。下面将依次说明这些微观市场营销环境因素对企业营销活动的影响。

7.2.1 供应者

供应者是指向企业及其竞争者提供生产所需的资源的企业和个人，包括原材料、设备、能源、劳务和资金等。企业要选择在质量、价格及运输、信贷、承担风险等方面条件最好的供应者。供应者这一环境因素对企业营销的影响很大，所提供资源的价格和供应量，将直接影响企业产品的价格、销量和利润。供应短缺、工人罢工或其他事故，都可影响企业能否按期完成交货任务。从短期来看，会损失销售额；从长期来看，则损害企业在顾客中的信誉。因此，企业应从多方面选择供应，而不应依赖任何单一的供应者，以免受其控制。

7.2.2 营销中介

营销中介是指在促销、销售以及把产品送到最终购买者手中等方面给企业提供帮助的那些机构，包括中间商、实体分配机构、营销服务机构（调研公司、广告公司、咨询公司等）、金融中间人（银行、信托公司、保险公司等）。这些都是市场营销不可缺少的中间环节，大多数企业的营销活动，都必须通过它们的协助才能顺利进行。如生产集中和消费分散的矛盾，必须通过中间商的分销来解决；资金周转不灵，则须求助于银行或信托公司等。商品经济愈发达，社会分工愈细，这些中介机构的作用就愈大。企业在营销过程中，必须处理好与这些中介机构的合作关系。

7.2.3 顾 客

企业的一切营销活动都要以满足顾客的需要为中心，因此，顾客是企业最重要的环境因素。顾客可以从不同角度以不同的标准进行分类。按照购买动机和类别分类，整个市场可分为消费者市场、生产者市场、中间商市场、政府采购市场等，每一种市场都有其独特的顾客。企业要认真研究为之服务的不同顾客群，研究其类别、需求特点、购买动机等，使企业的营销活动能针对顾客的需要，符合顾客的愿望。

7.2.4 竞争者

企业在目标市场进行营销活动时，不可避免地会遇到竞争对手的挑战。竞争对手的营销战略及营销活动的变化会直接影响到企业的营销，比如最为明显的是竞争对手的价格、广告宣传、促销手段的变化、新产品的开发、售前售后服务的加强等，都将直接对企业造成威胁，企业必须密切注视竞争者的任何细微变化，并及时作出相应的对策与措施。

7.2.5 公众

企业的营销环境还包括公众。公众是指对一个组织实现其目标的能力具有实际或潜在利害关系和影响力的一切团体和个人。企业所面临的公众包括金融公众、媒介公众、政府公众、社团公众、社区公众、内部公众、一般公众等七大类。现代企业是一个开放的系统，它在经营活动中必然与各方面发生联系，必须处理好与各方面公众的关系。为此，在西方许多公司都设有"公共关系"部门，专门负责处理与公众的关系。但是，企业如果把公关工作仅仅交给公关部门负责是很不明智的。所有员工，上至高级管理者，下至基层业务员，包括电话总机接线员都应为建立良好的公众关系尽责尽力。

案例分析

可口可乐:法兰西背水一战①

可口可乐公司在20世纪20年代以前的业务范围还仅限于北美地区。1930年专门负责总公司海外业务的可口可乐出口有限公司成立，并开始采用浓缩液制作技术，使可口可乐公司有可能大力发展海外业务，开拓国际市场，开展国际市场营销活动。

第二次世界大战以后，可口可乐公司决定拓展法国业务，并打算在马赛建立生产浓缩液的新厂。为此，公司同当地企业界签订了装瓶特许权协议，并拨出大笔广告费，计划在几年时间内使每一位法国人每年享用6瓶可口可乐。然而，这项计划在一开始就受到来自各方面的阻力。法国的《人道报》指责这一计划是对法国的经济侵略，它将导致法国"可口可乐化"，并可能导致法国国际收支的严重失衡；法国饮料业界，如葡萄酒、果汁、矿泉水、啤酒等饮料行业因担心可口可乐会威胁他们的利润而纷纷指责可口可乐危害公众健康和国内工业发展；政府内部对可口可乐公司的市场推广计划也存在着反对意见，法国海关、农业部和卫生部都指责可口可乐含有人工加入的过量咖啡因，对人体健康有害。财政部则借口这一计划可能会给法美贸易收支问题带来灾难而禁止可口可乐在法国销售。在各种力量的压迫下，法国政府于1950年2月拒绝了可口可乐出口有限公司借道摩洛哥运送一批浓缩液到法国的申请。

面对整体上反美的法国人，可口可乐公司并没有退缩，而是经过周密细致的分析，重新制订了开拓法国市场的计划：即一方面继续实施在产品策略、价格策略、渠道策略和促销策略等方面的各项计划；另一方面，它们决定把公共关系策略和国家政治权力运用到这次开拓国际市场的活动中来，对这种整体上反美的情绪给予有力的回击。

首先，可口可乐公司在法国积极开展公关活动，争取有关方面的理解和支持。它们雇佣了大量的当地法律和科学专家，利用他们在法国政界，尤其是在总统办公室和公共卫生机关

① 资料来源:http://scyxjpk.jlbtc.edu.cnwlxxdzja/dzja13.html.

的各种关系，将自己的主要观点以备忘录的形式递交给有关部门和议会议员，以求得他们的理解和支持。备忘录强调：可口可乐公司在76个国家享有自由销售权，调查证实，可口可乐符合健康法规，其广告活动既非夸大其辞，又无挑衅意味，饮料产销均由法国人掌握，可口可乐不会影响传统的饮料市场。同时，公司总裁法利还拜访了法国驻美大使，进行游说活动，要求法国外交部劝说财政部和内阁取消对可口可乐的禁令。

其次，可口可乐公司还在美国国内开展各种公共关系活动，以取得美国公众和舆论的支持。它们对报界说："可口可乐并没有伤害美国士兵的健康，而正是这些美国士兵把法国从纳粹统治之下解放了出来。"它们还抱怨法国人对美国的援助并没有多少感激之情。美国报界对此事大加渲染，有的要求禁止法国葡萄酒在美国的销售以示报复；还有的甚至把这一事件看作是冷战和全球意识形态斗争的一部分，它们说："那些晦涩难懂的革命道理也许会通过一瓶伏特加或者一杯白兰地得以传播，但你绝对想象不出两个靠在饮料柜前喝可口可乐的人会举杯祝愿他们的资本家垮台。"在可口可乐公司的鼓动和美国新闻界的渲染下，可口可乐事件引起了美国公众的极大不满，许多美国公民要求取消对法国的经济援助。

最后，可口可乐公司采取措施在美国政界进行活动，争取获得美国政府的支持。它们终于成功地敦促美国国务院出面干预。美国驻法大使告知皮杜尔总理，反对法国政府对美国产品采取无理的歧视行为，并就法国海关阻挠可口可乐浓缩液进口一事表示抗议。

在可口可乐公司的不懈努力下，法国政府于1954年4月悄悄地取消了从摩洛哥运输浓缩液的禁令。可口可乐公司取得了全面胜利，成功地打开了法国市场的大门。

7.3　产品设计的消费者行为分析

无论是在消费者市场还是在生产者市场，商品交易的实现从表面上看都是偶然发生的，但如果仔细分析，就会发现，这种偶然性里面有其必然性，其购买行为有一定的规律性。西班牙有句古谚语说得好："欲成为斗牛士，必先学做牛。"在市场营销整体活动中，要想做好营销工作，就一定要设身处地站在购买者的立场，摸清楚他们的想法与偏好，以便了解购买者的购买行为。

7.3.1　购买行为分析的作用

购买行为分析是指企业为了实现预期目标，对购买者在购买商品或劳务过程中所发生的一系列行为反应进行分析，以便为企业的市场营销活动提供依据。

购买行为分析产生于第二次世界大战之后，当时西方发达国家物资短缺已告结束，经济增长迅速，商品供过于求，市场开始由"卖方市场"转化为"买方市场"，以满足顾客需要为中心的"市场营销观念"应运而生，购买者行为分析成为企业经营活动的重要内容。并且，随着科学技术的迅速进步，新技术和新产品不断涌现，人民收入水平和文化、生活水平迅速提高，购买者的需求瞬息万变，这进一步促使企业加紧探索购买者的行为。另外，由于消费者要求保护其权益的呼声以及公众对企业污染环境的舆论谴责等，也迫使企业必须设法了解、分析购买者的意愿和要求。因此，购买者行为分析成为企业日益需要重视的问题，并在企业经营活动中起着愈来愈重要的作用。

①购买行为分析是企业市场营销活动的基础。企业经营活动是围绕市场展开的,因此必须了解市场,即了解某种商品的市场是否已形成,该市场具有何种特征,该市场规模的大小等。而要进行上述活动,就离不开对购买者行为的分析。只有在调查、分析购买者行为的基础上,才能有效地开展市场营销。

②购买行为分析是企业了解、确定市场细分的一项主要依据。市场细分的一项主要依据是通过消费者需求的差异,将整体市场分解成不同的子市场。可以通过购买行为分析来寻找消费者的需求差异,找出整体市场中不同类型的消费者的需要、偏好和特性等,从而确定以某一类型的消费者为其目标市场。

③购买行为分析有助于企业确定市场经营目标。企业市场经营目标的确定,在一定程度上是通过分析购买者行为获得的。因为购买者行为可以反映出他们对企业及产品的看法,企业可据此确定市场经营方向,生产适销对路的产品,满足顾客需要。

④购买行为分析有助于企业制定最佳市场营销组合。市场营销是企业以满足顾客需要为中心所进行的一系列活动,为此,企业必须通过对目标市场购买者的行为分析,了解购买者的需求特点和购买行为的产生与发展过程,才能有计划、有目的地制定有效的市场营销组合,满足顾客需要,实现企业经营目标。

⑤购买行为分析有助于企业准确地、有针对性地开展市场营销活动,实现企业经营的最终目的。

企业经营活动的最终目的是实现其产品的价值和利润。只有企业产品销售出去,被购买者所认可,最终目的才能实现。而购买者行为从生产需要、选择购买直至完成购买这一过程是由一系列相关联的活动所组成的,其中某一环节中断了,其购买行为也就中断,整个购买过程将不能完成,企业产品的价值和利润就不能得以实现。因此,对购买行为分析有助于企业有针对性地组织市场营销,促使其购买行为过程顺利完成,实现企业经营的最终目的。

7.3.2 消费者市场及其购买行为分析

消费者市场也称最终消费者市场。这个市场的顾客,是广大的消费者,购买的目的是满足个人或家庭的生活需要,没有营利性动机。消费者的特点,决定了消费者市场的特征。

①市场广阔,购买人数多而且分散。凡是有人群的地方,就需要消费品。因此消费品的销售网点比较多,而且要尽量靠近消费者,方便消费者购买。

②购买者购买次数较多,时间分散,每次购买的数量也较少。这是因为消费品大多数不能够长时间储存,而且又需要经常更换,消费对象又以个人或家庭为主。

③市场需求弹性较大。消费者市场的产品种类繁多,花色、品种、规格复杂,相互之间有较强的替代性。例如喝水可用玻璃杯,也可用瓷杯,甚至磁化杯、钢化玻璃杯等,需求一般受价格影响较明显,所以在消费品市场上应增加产品的花色、品种,满足消费者日益增长的物质和文化生活需要。

④非专家购买。消费者市场上的购买者大多缺乏专门的商品知识和市场知识。购买时,主要凭个人的感情和印象,因此他们的购买决定容易受广告宣传、商品的包装和装潢、推销方式和服务质量的影响。

⑤购买力流动性大。由于购买者易于流动,购买力也随之流动。一般说来,消费者外出时总愿意在当地购买一些土特产和名牌产品,农村人口和城镇居民习惯到城市或大城市购

买更优良的产品，因而导致购买力经常在不同地区、不同产品及不同企业之间流动。

⑥除少数高档耐用品外，一般不要求技术服务。

7.3.3　消费者购买行为的模式和类型

1. 消费者购买行为的概念

消费者购买行为十分复杂，一般认为，消费者购买行为是指消费者在购买商品或劳务过程中所发生的一系列行为反应。它是一个行为过程系统，此系统一般包括六个要素，即“5W1H”——谁买（Who），买什么（What），为什么买（Why），什么时候买（When），什么地点买（Where），如何买（How）。

2. 消费者购买行为的模式

消费者在购买商品或劳务过程中所发生的一系列行为反应在一定程度上受其购买心理活动的影响，而消费者购买心理过程又犹如一只“黑箱”，看不见，摸不清。外部刺激经过“黑箱”产生反应后，引起行为。因此，消费者购买行为是“刺激——反应”（S—R）的行为。消费者购买行为的详细模式如图 7-1 所示。

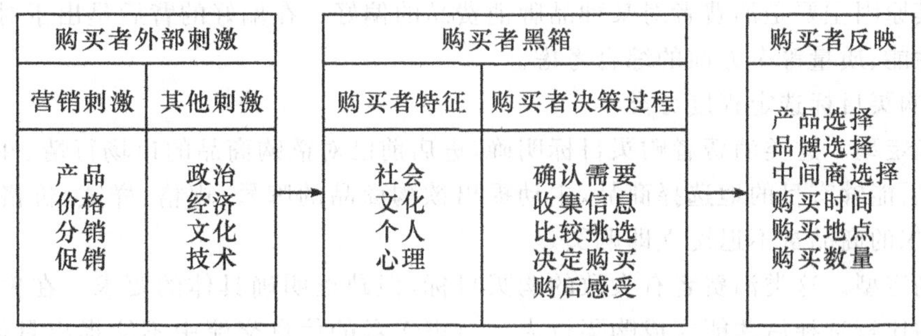

图 7-1　消费者购买行为的详细模式

图 7-1 显示了外部刺激进入“黑箱”后产生一系列反应的过程。购买者外界的刺激包括两类：一类是营销刺激，主要是指企业营销活动的各种可控因素，即“4Ps”——产品、价格、分销和促销；另一类是其他刺激，主要指消费者所处的环境因素，如政治、经济、文化、技术等的影响，这些刺激通过购买者的“黑箱”，即心理活动过程产生一系列反应，就是购买行为。

刺激和反应之间的购买者黑箱包括两个部分：第一部分是购买者的特性。购买者特性主要包括影响购买者的社会、文化、个人和心理因素。这些因素会影响购买者对刺激的理解和反应，不同特性的消费者对同一种刺激会产生不同的理解和反应。第二部分是购买者的决策过程，具体包括确认需要、收集信息、比较挑选、决定购买、购后感受五个阶段。这会导致购买者的各种选择，并直接影响最后的结果。

3. 消费者购买行为的类型

消费者购买行为随其购买商品的复杂性和购买情况的不同以及购买者不同而有所区别。因此，对消费者购买行为类型的研究，不可能逐个地具体分析，只能从不同的角度划分，概括性地分析其活动规律、行为特征和产生的原因。

（1）按对商品的认识程度分类

①深涉型。这类消费者对有关商品有较深入的了解，能通过感官对商品进行全面的辨别。购买过程中善于比较，挑选商品比较自信，并向售卖者提出“内行”有关的商品问题，并

按照自己的意图购买商品。

②浅涉型。这类消费者在人群中占较大比重,对所购商品的知识只有一般的了解,或对商品的某些专业性知识略知一二。挑选商品往往不够全面,只能按自己所知内容进行比较、选择,期望售卖者提供更多的有关商品性能、使用维修、市场行情等方面的情况。

③无知型。这类消费者对某一具体商品缺乏知识,也缺乏购买和使用经验。购买过程中或不假思索地买下,或犹豫不决,常期望售卖者全面介绍商品。

(2)按消费方式分类

①随意型(ABCD)。指消费者在众多品牌的消费品选择中没有固定的规律,随遇而买。其原因或是生活经验不足,或是消费意识不强。

②交替型(ABAB)。指消费者交替使用品牌为A和B的消费品,反复交替进行。其原因是A牌商品和B牌商品可以互相替代,在客观上A牌商品不能保证随时买到。

③间歇型(AA AA)。指消费者使用一段时间的A牌商品,中断一定时期后,又重新恢复使用A牌商品。其原因是遇有某种特殊情况,如节假日购买并消费档次高一些的商品。

④连续型(AAAA)。指消费者连续不断地购买并使用A牌的消费品,在较长时期内坚持不变。其原因主要是消费者对某种品牌消费品的偏好。在偏好的背后是出于对消费品价格、包装、性能、质量等多方面的综合考虑。

(3)按购买目标选定程度分类

①全确定型。这类消费者购买目标明确,进店前已对欲购商品的市场行情、性能有一定了解,进店后能够有目的地选择商品,主动提出欲购商品的牌号、规格、样式、价格等方面要求,符合要求的商品毫不迟疑立即购买。

②半确定型。这类消费者有大致的购买目标,但缺乏明确具体的要求。在售货现场要经过一定的比较选择后才能完成购买行为。与售卖者的信息交流中不能提出具体要求,注意力分散,指向极易在商品之间转换,决策依现场情景而定。

③不明确型。这类消费者没有明确的购买目标,进店后无目的地浏览挑选商品。对商品的需要处于"潜意识"状态,对商品的要求朦胧不清,遇到引起兴趣与合适的商品也会购买。

(4)按选购商品速度分类

①急速型。这类消费者气质外向,心急口快,选购商品言谈举止干脆利落,见到合意商品便快速买下,缺少反复的比较挑选。若遇等购时间较长,则会烦躁地离去。

②随机型。这类消费者性情机敏而温和,有主见又善于听取别人意见,购买行为灵活机动,顾客少、营业员闲时就仔细挑选,直到满意而止;顾客多时见机行事,动作快,少挑选,很善于根据购买现场调节自己的行为。

③缓慢型。这类消费者性格内向、优柔寡断。购买过程中小心谨慎,动作缓慢,对广告宣传、营业员介绍、相关群体介绍推荐将信将疑,对不十分认可的商品从不仓促地做出购买决定,常因犹豫不决而放弃购买。

(5)按购买现场情感反应强度分类

①沉静型。这类消费者的购买过程平静、灵活性低、反应迟缓、沉默寡言。购买过程中情感不外露,态度持重,不善于与营业员或其他消费者交际,遇有过于热情或言语不当的营业员,容易产生反感。

②活泼型。这类消费者的购买过程平衡、灵活性高、热情开朗、擅长交际。购买过程中，主动与营业员或其他消费者攀谈，介绍自己的消费经验，喜欢从别人那里了解商品用途等。有时兴奋起来，谈话滔滔不绝，忘掉选购商品。

③温顺型。这类消费者具有多血质和黏液质的某些气质特征，对外界刺激的反应不外露，内心体验持久。购买过程中注重服务态度，对营业员的接待有信任感，很少亲自重复检查所购商品的质量，作出购买决策较快。

④逆反型。这类消费者经常进行“逆情思维”，情绪高度敏感，善于体察外界环境的细微变化。购买过程中，对营业员的介绍抱警觉态度，不予信任，其信条是“买的不如卖的精”。对其他消费者的意见亦采取拒绝态度。

⑤冲动型。这类消费者情绪变化迅速而强烈，购买态度在感情支配下，短时间内可能出现剧烈变化。购买过程中，容易被周围环境所感染，购买决策草率，往往买下自己不需要或不适用的商品，购后常发生退货和换货现象。

(6)按购买者的购买涉入程度和品牌差异分类

①习惯性购买行为。对于价格低廉、经常购买、品牌差异小的产品，消费者不需要花时间选择，也不会刻意收集信息、评价产品特点等，因而其购买行为最简单。消费者只是被动地接受信息，出于熟悉而购买，也很少进行购后评价。这类产品的厂商可以用价格优惠、电视广告、独特包装、销售促进等方式鼓励消费者试用、购买和续购其产品，从而使产品卖得更好。

②寻求多样化购买行为。有些产品品牌差异明显，但消费者并不愿花时间来选择和估价，而是不断变换所购产品的品牌。这样做并不是因为对产品不满意，而是为了寻求多样化。针对这种购买行为类型，厂商可采用促销和占据有利货架位置等办法，保障供应，鼓励消费者购买，从而使产品卖得更好。

③化解不协调购买行为。有些产品品牌差异不大，消费者不经常购买，而购买时又有一定的风险，所以，消费者一般会货比三家，只要价格公道、购买方便、机会合适，消费者就会决定购买。购买以后，消费者也许会感到有些不协调或不够满意，在使用过程中，会了解更多情况，并寻求种种理由来减轻、化解这种不协调，以证明自己的购买决定是正确的。经过不协调到协调的过程，消费者会有一系列的心理变化。针对这种购买行为，厂商应注意运用价格战略和人员推销战略，选择最佳销售地点，并向消费者提供有关产品的信息，使其在购买后相信自己做了正确的决定，从而使产品卖得更好。

④复杂购买行为。当消费者购买一件贵重的、不常买的、有风险的而且又非常有意义的产品时，由于产品品牌差异大，消费者对产品缺乏了解，因而需要有一个学习过程，广泛了解产品性能、特点，从而对产品产生某种看法，最后决定是否购买。对于这种复杂购买行为，厂商应采取有效措施帮助消费者了解产品性能及其重要性，并介绍产品优势及其给购买者带来的利益，从而影响购买者的最终选择，使产品卖得更好。

4. 影响消费者购买行为的因素

消费者的购买行为取决于他们的需要和欲望，而人们的需要和欲望以及消费习惯和行为，是在多种因素的影响下形成的。这些因素主要包括消费者个人的内在因素，如消费者个人特征和心理因素；也包括其外在因素，如文化因素、社会因素等。这些因素大多数是营销人员无法控制，但又必须要加以考虑的影响因素。

(1)个人特征

个人的某些特征当然会对购买行为产生影响，特别是购买者的年龄、经济能力、职业、生活方式和个性，这些特征值得企业加以重视。

①年龄。

年龄对购买行为的影响是很明显的。因为不同年龄的消费者对于商品有不同的需要和爱好，人们对衣、食、住、行各方面的消费需求，也会随着年龄的变化而变化。为了帮助营销人员了解消费者在成长过程中的行为变化，营销学者从家庭生命周期的角度，将人们的成长历程大致分为七个阶段：单身阶段，年轻且不住在家里的单身人士；新婚阶段，年轻且无子女；满巢阶段一，最幼的子女在六岁以下；满巢阶段二，最幼的子女在六岁以上；满巢阶段三，年长的夫妇和尚未独立的子女同住；空巢阶段，夫妇已年老，子女不在身边；孤独阶段，单身老人，独居。

根据这种区分方式，我们可以了解每个阶段都有其特定的要求和兴趣，如新婚夫妇购买数量大且成套化；满巢阶段一需要婴儿食品、娃娃车等；空巢阶段则需要医疗保健用品等。由此可知，随着年龄的增长和家庭生命周期的更替，人们的购买行为也会有所不同。

②经济能力。

经济能力对购买行为的影响更直接，可以说是直接影响购买行为最重要的因素之一，其中包括个人可支配的收入、储蓄与资产、负债、借款能力以及对储蓄和消费的看法等。正因为个人的经济能力对购买行为具有极大影响，因此生产经营那些收入弹性比较大的产品的企业，应该经常注意消费者个人收入、储蓄及存款利率的变化。经济衰退时，企业就应采取适当的步骤对产品重新设计，重新定价，减少生产和存货，或重新决定目标市场，采取其他相应的措施来吸引目标顾客，以维持或提高自己产品的销售量。

③职业。

不同的职业决定着人们的不同需求和兴趣。例如，教师和工人的需求有很大的不同，工人需要从事体力劳动的服装、午饭盒等商品，而教师一般都需要图书、报纸杂志等文化用品。因此，市场营销人员有必要调查和识别那些对其产品和服务感兴趣的职业群体，从中选择产销或专门提供某一特定职业群体所需要的产品和服务。

④生活方式。

近年来，生活方式对消费行为的影响愈来愈受到营销人员的重视。所谓生活方式，就是指人们在社会中集中表现其活动、兴趣和看法的生活模式。人们的生活方式勾画了人与环境相互作用后形成的全部性格。有些人虽然处于同一社会阶层，来自同一文化群体，具有相似个性，但由于生活方式不同，因而他们的活动、兴趣和看法就不同。了解目标顾客的生活方式，对营销人员是很有意义的。每个企业在对某一产品制定营销策略时，营销人员要研究他们的产品和品牌与具有不同生活方式的各群体之间的相互关系，并作出相应的决策，努力使本企业的产品适应各种不同生活方式的消费者的需要。

⑤个性。

每个人都具有其独特的个性，并影响其购买行为。所谓个性，是指一个人所持有的心理特征，它影响一个人对其所处环境的相对一致并持久的反应。我们可以用一些人格特征来描述人们的个性，如外向或内向、冲动或理性、积极主动或消极被动、富于创造力或因循守旧等。不同的个性，自然对某些产品或品牌有不同的选择，这些几乎都是不说自明的。

(2)心理因素

在心理因素方面,可以从动机、知觉、信念与态度四个角度来讨论。

①动机。

动机是指人们为了满足某种需要而产生某种活动的压力。人类的一切活动,包括消费者的购买行为,都是为了满足人们的某种需要。人类的需要可以分为生理需要和心理需要两类。人类的需要,有些是人的生命活动所必需的,因为这些需要是由生理状态紧张所引起的,如食欲、性欲等,这属于生理需要;有些是心理的,因为这些需要是由心理状态紧张引起的,如尊重、归属感等,这属于心理需要。但是,大多数需要,并不一定能引起人们采取行动。需要只有在达到足够的强度时才能发展成为动机。所以,动机是一种"刺激的需要",它足以迫使人们采取行动去满足需要。一旦需要被满足,人的心理或生理的紧张状态就会消除,从而恢复到平衡状态。

西方心理学者曾提出一些不同的人类动机理论,其中最流行的有三种:弗洛伊德理论、马斯洛理论和赫茨伯格理论。这些理论对消费者行为分析和市场营销的策略有一定的参考价值。受篇幅限制,这里仅介绍马斯洛的"需要层次"理论。

马斯洛按需要的重要程度排列,把人类的需要分为五个层次:生理的需要、安全的需要、社会的需要、尊重的需要和自我实现的需要。

· 生理需要,包括饥饿、渴等衣、食、住、行方面的需求,这是人类最基本的需求,也是人类最重要的需要。在这类需求没有得到一定满足时,人们一般不会产生更高的需求,或者不认为还有什么需求比这类需求更高、更重要。

· 安全需要,这是与人们为免遭肉体和心理损害有关的需要,最主要是为保障人身安全和生活稳定。其表现形式为保护人身不受损害、医疗保健、卫生、保险以及防备年老、失业等需要。

· 社会需要,即有所归属和爱的需要,包括感情、亲昵、合群、爱人和被人爱等需求。希望被别人或相关群体承认或接纳,能给予别人和接受别人的爱和友谊等需要。

· 尊重需要,即自尊和被别人尊重的需要。具体包括威望、成就、自尊、身份名誉、地位和权力等需要。这些具体不同的需求,同样也会从不同的侧面影响人们的行为。例如,威望这种需求,既可鼓舞人们去好好完成有益的事业,也可导致人们破坏性的、反社会利益的行为。

· 自我实现需要,这是最高层的需要,它是指希望充分发挥个人的能力及获得成就的需要。人们一般都会有这样的经验,当一个人完成一件工作或一项目标时,都会感到一种内心的愉悦。

马斯洛的"需要层次"理论的出发点在于:人类具有需要和欲望,随时有待满足;人的需要从低级到高级有不同层次,只有当低一级的需要得到基本满足时,才会产生高一级的需要。一般说来,需要强度的大小和需要层次的高低成反比,即需要的层次越低,其强度越大。马斯洛的"需要层次"理论有助于企业设计市场营销组合,有助于企业进行有效的市场营销决策。

②知觉。

知觉是指通过感觉器官,对外界刺激物的反映。人们的需要受到激励并形成动机,随时准备行动,但具体如何行动则取决于他对情境的知觉如何。两个处于同样情境的人,由于对情境的知觉不同,可能导致不同的行为。产生这种现象的原因是知觉不但取决于刺激物的特征,而且还取决于刺激物与周围环境和个人的关系。具体来说,人们对于同一情境产生不同的知觉是由于知觉过程是一个经历选择性注意、选择性曲解和选择性记忆的有选择性的心理过程。

选择性注意是指人们只注意那些与自己主观需要有关联的事物。人们每天接触到的信息数以万计,这些信息不可能都被注意。人们将有选择地注意哪些刺激物呢?有三种情况较能引起人们的注意:一是与目前需要有关的;二是预期出现的;三是变化幅度大于一般的、较为特殊的刺激物,如降价50%比降价5%的广告更容易引起人们更大的注意。因此,在激烈的市场竞争中,营销者要开动脑筋,千方百计安排容易引起消费者注意的信息。

选择性曲解是指人们面对客观事物,不一定都能正确认识,如实反映,往往是按照自己的偏见或先入之见来曲解客观事物,即人们有一种把外界输入的信息与头脑中早已存在的模式相结合的倾向。这种按个人意愿曲解信息的倾向,叫做选择性曲解。如顾客购买彩电,由于对某一品牌产生偏好,在其心目中早已树起信誉,在购买时,尽管另一品牌优于前者,消费者也不会轻易认可,还可能认为原产品更优质。

选择性记忆是指人们对所了解到的信息不可能全部记住,而是主要记住那些符合自己信念和态度的信息。由于存在选择性记忆,消费者往往会记住自己喜爱品牌的优点,而忘记了其他竞争品牌的优点。

③信念。

信念是指人们对事物所持有的描绘性思想。人们对商品的信念来自于其知识、看法和信仰,它们可能带有或不带有某种感情因素。人们的行为在一定程度上受到信念的影响,企业要注意人们对其产品和服务所持有的信念,因为信念对企业树立产品和品牌的形象也至关重要。

④态度。

态度是指人们对事物所持有的认识、情感和行为倾向性。认识在态度中具有重要的地位,因为人们所持有的信念会影响态度的改变。情感主要包括有关人们对事物所持的情绪方面的内容,如对事物的喜恶、亲疏、爱憎等心理,行为倾向性主要涉及人们对事物采取某种行为的意向。一般来说,态度和行为是直接相关的,态度能使人们对相似的事物产生相当一致的行为。当一个人根据过去的体验或其他信息,已对某些产品、某些服务公司形成了肯定或否定的态度时,购买决策过程可大大加快。由于态度是比较难以改变的,企业应尽量使自己的产品适应消费者现有的态度,而不要强迫消费者改变态度。

(3)文化因素

文化是影响人们需求与购买行为的最重要因素。人们的行为大部分是经后天学习而形成的,在一定的文化环境中成长,自然形成了一定的观念和习惯。文化主要包括亚文化和社会阶层两方面的内容。

①亚文化。

任何文化都包含着一些较小的亚文化群,它们以特定的认同感和社会影响力将各成员联系在一起,使这一群体持有特定的价值观念、生活格调与行为方式。这种亚文化群分为以下四种类型。

· 民族群体。世界上许多国家,除了具有相对统一的某种文化类型外,都还存在着许多以民族传统为基础的亚文化。如美国有爱尔兰裔、波兰裔、意大利裔和波多黎各裔美国人等。这些人在食品、服饰、家具和文娱要求方面，仍然表现出许多传统的民族情趣和喜好。

・宗教群体。世界上许多国家，往往存在着许多不同的宗教。不同的宗教群都表现出与其特有的信仰、偏好和禁忌相联系的亚文化，因而在购买行为和购买种类上表现出许多特征。

・种族群体。如白种人、黑种人、黄种人等，他们有不同的文化风格和态度。

・地理区域群体。例如我国华东、华北、华南、华中、东北等地区，都有不同的风俗习惯、生活方式、口味、爱好等，这些都会影响各地区消费者的购买决策、购买行为。

②社会阶层。

差不多每一类型的社会中都有各种不同的社会阶层。这些社会阶层具有相对的同质性和持久性，它们按等级排列，每一阶层的成员都具有类似的兴趣、价值观和行为方式。具体来说，他们的特征有：同一阶层的成员，行为大致相似；人们依据他们所处的社会阶层，来判断他们社会地位的高低；人们处于某一社会阶层不单由某一变量决定，而是由他们的职业、收入、财富、教育、价值观等变量综合决策；个人能够改变自己的社会阶层，既可以晋升到更高阶层，也可能下降到较低的阶层。

不同社会阶层的人，由于经济状况、价值观念、生活方式、消费特征和兴趣爱好各有不同，因而在购买行为和购买种类上都具有明显的差异性。在诸如服装、家具、娱乐活动和耐用消费品等领域，各社会阶层显示出不同的产品偏好和品牌偏好。因此，社会阶层也是影响消费者购买决策、购买行为的一个重要因素。

案例分析

指南针地毯的问世[①]

指南针和地毯本是风马牛不相及的两件东西，比利时一个商人却把它们完美结合起来，赚了大钱。有个比利时商人叫范德维格，专门做地毯生意。有一次，他到阿拉伯国家去推销地毯，他到那里一看，发现阿拉伯国家的穆斯林教徒每天都准时地跪在地上，朝着圣城麦加的方向祷告——他的灵感来了，这就是商机！他赶紧坐飞机回比利时，马上开发出一种特别有指明方向功能的祈祷地毯。在一块方便携带的地毯上，镶嵌一个类似指南针的针，能指示方向，它不指南也不指北，只指向圣城麦加！所以，穆斯林教徒只要买一块这样的地毯，不管你在那个角落，把地毯一铺，一下子就可以找到麦加的方向，跪下来祷告就可以了！这种地毯，十分方便，这对穆斯林教徒来说，仿佛是真主赐给他们的圣物，所以在阿拉伯国家一上市，立刻成了抢手货！一块平常的地毯，经过范德维格的简单加工，把它的价值与穆斯林这个特定的人群以及朝拜这个特定的行为关联起来，使地毯也风光了一把，像"麻雀飞上枝头变凤凰"一样，身价倍增了！

(4)社会因素

消费者行为不但受广泛的文化因素的影响，同时也受社会因素的影响。社会因素是指消费者周围的人对他所产生的影响，其中以受到相关群体、家庭、社会角色和地位的影响最为重要。

---

① 资料来源：http://scyxjpk.jlbtc.edu.cnwlxxdzja/dzja13.html.

①相关群体。

所谓相关群体，就是能直接或间接影响人们态度、行为和价值观的群体。凡直接对人们产生影响的群体均称为认同群体，即人们所属并且相互影响的群体。认同群体又有主要群体和次要群体之分，主要群体指那些密切的、经常互相影响的群体，如家庭、朋友、邻居、同事等；次要群体则是人们相互影响较小的群体，如宗教组织、专业性协会等。此外，人们也受非所属群体的间接影响：首先要受所谓崇拜性群体的影响，这些群体是个人向往和有志于跻身其中的群体，例如，一些年轻运动员和演员，往往希望有一天能与某些体坛名将和著名歌唱家同场或同时参赛表演，虽然他们与这些名宿从未面对面接触过，但却对其无比神往，在行为、衣饰、嗜好上都向这些群体看齐。

另外，人们也受隔离群体的间接影响。所谓隔离群体，就是其价值观念和行为被人们拒绝的群体，例如年轻人可能会力图避免与声名狼藉的球队或乐团有任何关联，更耻于与他们为伍。因此，每一个市场营销人员，都必须准确辨认出自己目标市场的相关群体，这样才有利于作出科学的决策。

人们受相关群体的影响方式，至少可分为三种。第一，相关群体使人们受到新的行为和生活方式的影响；第二，相关群体也会影响人们的自我观念，因为人们一般都想顺应群体的风尚和潮流；第三，相关群体能产生压力，并影响人们的产品选择和品牌选择。

总之，企业营销人员都必须利用各种相关群体的影响作用，通过各种方式有效地推销自己的产品。对受到相关群体影响比较大的产品和品牌的生产企业来说，重要的工作便是如何找出该群体的“意见领袖”，过去销售者都认为“意见领袖”主要是当地社会的领袖，大家都会为讨好他而加以模仿。其实“意见领袖”分散于社会各阶层，而且因物而异，某一个人在某一特定产品上可能是“意见领袖”，但在其他产品上，却可能是意见的追随者。市场营销人员在找出各相关群体的“意见领袖”后，应进一步观察他们的某些个人特征，调查他们所阅读的大众传播媒体，以便选择能为这些“意见领袖”所接受的市场信息与媒体，从而更有效地推广自己的产品。

②家庭。

购买者的家庭成员对购买者的行为影响很大。一般人在整个人生历程中所受的家庭影响，基本上来自两方面。一是来自自己的父母，每个人都会受双亲直接教导或潜移默化获得许多心智倾向和知识，例如宗教、政治、经济以及个人的抱负、爱憎、价值观等。另外对一个人日常购买行为更直接的影响，则是来自自己的配偶和子女。这类构成的家庭组织，是社会上最重要的消费者购买单位，营销人员对此已进行了广泛的研究。他们侧重分析家庭不同成员，如丈夫、妻子、子女在许多商品购买中所起的作用和影响。

一般说来，夫妻购买的参与程度随着产品的不同而不同。家庭主妇通常采购家庭的生活用品，特别是食物、服装和日用杂物。但是随着妇女就业率的增加，男子开始更多地参与家务劳动，这种妻子支配家务型的观念正在改变。所以，如果日用品的市场营销人员仍然认为妇女是其产品唯一或主要的购买者，那么在市场营销决策中会造成很大的失误。

当然在家庭的购买决策中，并不总是由丈夫或妻子单方做出的。实际上有些价值昂贵或是不常购买的产品，往往是由夫妻双方共同作出购买决定。不过这里仍有一个到底夫妻哪一方对购买决定有较大影响力的问题。可能是丈夫支配，也可能是妻子支配，或是夫妻双方共同支配。

③角色和地位。

角色是指一个人在不同场合中的身份。每个人一生中都会参与许多群体,如家庭、社会、各种组织机构等。一个人在不同群体中的位置可用角色和地位来确定。例如一位能诗会画的女经理,在她父母亲眼中,她的角色是女儿;在她的丈夫眼里,她的角色是妻子;在她的公司里,她的角色是经理;在她兼任工作的社会里,她的角色是艺术家。一种角色包含着一组由自己及周围的人所期望的行为活动。一个人在各种群体中的各种角色,都会影响其购买行为,而每一种角色又都伴随着一种地位,反映社会对他的总评价。例如,一个公司的董事长,这个角色的地位就比一个企业的部门经理角色地位高,而部门经理的角色地位比一般职员地位高。事实上,人们在购买商品时往往根据自己在社会中所处的角色和地位来考虑,选择符合自己或代表自己身份和地位的商品作为标志,因此,市场营销人员必须认识到产品成为地位标志的可能性,以便采取相应的市场营销策略打入新市场,或提高原有市场的占有率。但地位标志产品不会随着社会阶层和地理区域而变化,一个敏锐的市场营销人员还必须善于识别这种差异。

5. 消费者购买行为决策过程

消费者购买行为决策过程是程序过程和心理过程的统一。消费者购买行为的程序过程是消费者外在购买行为的表现。购买行为的心理过程是消费者内在的行为推动,两者共同体现在购买行为决策过程中。

(1)消费者购买行为的程序过程

消费者购买行为的程序过程是指消费者购买行为中言行举止发展的事务顺序。它包括确定需要阶段、寻找信息阶段、比较挑选阶段、决定购买阶段和购后感受阶段。

①确定需要阶段。

确定需要是消费者购买过程的起点,当消费者感觉到一种需要并准备购买某种商品以满足这种需要时,购买决策过程就开始了。这种需要,可能是由内在的刺激因素引起的,如看到别人穿的时装、戴的首饰很好看,于是自己也想买一套,市场营销人员在研究消费者购买过程第一阶段时,要注意必须了解那些与本企业产品地有关联的实际和潜在的驱策力;消费者对某种产品的需要强度会随着时间的推移而变动,并且被一些诱因所触发。因此,营销人员需要去识别引起消费者某种需要和兴趣的环境,以找出消费者会产生的需要类型或问题,这些需要或问题是怎样造成的,以及它们是如何引导到特定产品的。营销人员要善于根据这些规律和特点采取相应措施,唤起和强化消费者的需要,并转化为购买行动。

②寻找信息阶段。

消费者由于消费需求推动而产生购买动机之后,就进入了寻找信息阶段。这个阶段消费者要探寻解决的是"该买什么样的商品?"和"在什么地方购买?"这两个问题。消费者商品信息来源主要有三种途径。

·市场环境,包括各种媒体的广告、工业企业、商业企业、销售人员、商品目标、实物展览等提供的各种信息。

·相关群体,指消费者的家庭成员、亲朋好友、街坊邻居、工作同事等口头传播的有关商品信息。

·自身经验,指消费者自身通过实际消费使用、多年积累、查看联想、推理判断等方式所获得的有关商品的信息。

在这三个商品信息来源中，市场环境是信息的根本来源，其他来源都是从这里派生出来的。所以，企业要千方百计地充分利用各种媒体，通过各种渠道，运用一切手段，做好商品和企业的广告宣传，像磁铁石一样把消费者吸引过来。

③比较挑选阶段。

消费者在这个阶段要解决的问题，是“从众多品牌的商品中决定其一”。首先，全面了解商品，包括对商品的用途、花色、款式、价格、质量、商标、包装等属性的了解。其次，与同类商品比较，包括商品各种基本属性的比较。理智的消费者还能从社会、经济、心理等方面进行商品社会属性的比较。最后，从中选出购买对象，即最终认为某品牌的某个商品最符合自己的要求。比较挑选阶段对消费者是否购买有决定性意义。因此市场营销者在商品陈列、售货方式等方面要为消费者创造各种方便条件，使消费者能够顺利挑选最满意的商品。

④决定购买阶段。

消费者选出购买对象后，还没有最后采取购买行动，还要考虑多种约束条件，才能做出最终购买决定。这个阶段要解决“是否购买?”和“怎样购买?”这两个问题。做出购买决定的约束条件有：商品本身的特点，如品牌、质量、价格等；消费者的经济条件；消费者对购买对象的需求程度，如轻重缓急等。

购买决定一经做出，消费者随即会采取购买行为，最终实现对商品的购买。在这一阶段，商品经营企业对消费者的接待、服务工作十分重要。良好的接待和高质量的服务可以使交易过程变得和谐愉快，还能够提高企业的信誉和知名度。

⑤购后感受阶段。

消费者购买商品以后，通过对商品的消费使用，会对自己的选择决定是否明智进行检验和反省，并形成购后感受。消费者对已经发生的购买行为进行检验和反省的主要方面有：购买这种商品的经济合理性，如价格是否与预算相符；所购商品的消费适用性，如效能是否满足自身需要；所购商品的设计欠缺性，如对商品的某方面产生不满；购买中营业员服务的周到性。

购后感受阶段往往决定了消费者是否会重复购买或扩大购买。因此，企业的商品适销度、服务态度、服务质量，对于扩大经营、增加销售十分重要。

(2)消费者购买行为的心理过程

消费者购买行为的心理过程是指消费者购买行为中心理活动的全部发展过程，是消费者不同的心理现象对客观现实的动态反映。这一过程与上述购买行为的程序过程平行发展，一般可分为六个阶段：认识阶段、知识阶段、评定阶段、信任阶段、行动阶段和体验阶段。这六个变化阶段，可以概括为三种心理过程：认识过程、情绪过程和意志过程。

①认识过程。

认识过程是消费者购买活动的先导，也是三种心理过程中最基本的。消费者对商品的认识过程，是从感性到理性、从感觉到思维的过程，这个过程主要通过人的感觉、知觉、记忆、联想等心理机能活动实现。与对其他事物的认识过程类似，消费者对商品的认识，也是由浅入深，由表及里发展的，一般有两个阶段。

·感性认识阶段。这个阶段的消费者通过感觉、知觉得到商品的直观形象，并通过记忆实现经验积累，实质是商品信息反馈的接受和储存。

·理性认识阶段。在这个阶段，消费者通过思维、联想、判断，获得对商品更为全面、本质的认识，而实际上这是对商品信息进行加工和再储存。

消费者经过认识过程，可确定行为导向。因此，市场营销者应根据消费者认识商品的心理规律，增加商品宣传信息量，通过有效的营销手段对消费者的感官进行刺激，发挥认识的功能，为消费者购买商品打下心理基础。

②情绪过程。

消费者对商品有了认识，不一定会立刻采取购买行动，还要受其情绪过程的影响。情绪过程是消费者心理活动的一种特殊反映形式，是指对客观现实是否符合自己的需要而产生的态度和内心体验。消费者对商品的情绪过程，大体可分为喜欢、激情、评估、选定四个阶段。

· 喜欢阶段指消费者在认识基础上形成对商品的初步意向，最初形成的满意或不满意、喜欢或不喜欢的态度。

· 激情阶段指消费者对商品由于喜欢而引起一时的强烈购买热情，但还没到要把商品买到手的程度，因为货架上还陈列着许多同类商品供其选择。

· 评估阶段指消费者在购买欲望推动下，对商品进行经济的、社会的、道德的、审美的价值评估，使其感情与理智趋于统一。

· 选定阶段指消费者经过对商品的价值评估产生了对某种商品的信任和偏好，并对它采取行动，完成购买行为。

消费者经过情绪过程，也许会发生购买行动，也许会产生消极情绪，中止购买行动。因此，企业在市场营销中，要遵循消费者情绪过程规律，经营商品、服务项目、营业设施、店堂环境都要有利于激发消费者的购买热情，才能推动消费者购买活动的顺利发展。

③意志过程。

指消费者自觉地确定购买目标并支配其购买行为达到既定购买目的的心理过程。意志对消费者购买行为的程序过程起到发动、调节或制止的作用。消费者对商品的意志过程，有简单和复杂之分。简单的意志过程指确定购买目标后马上付诸行动，从决定购买到实现购买非常迅速。复杂的意志过程指有了购买目的后，在拟定购买计划与执行购买计划之间，还需经过一番意志斗争。消费者意志行动的心理过程一般可分为两个阶段。

· 做出购买决定阶段。这一阶段主要是权衡购买动机、确定购买目的、选择购买方式和制定购买计划。

· 实施购买决定阶段。这一阶段是采取实际行动，转化意志作为的阶段。消费者在此阶段的表现，是根据既定的购买目的采取行动把主体意识转化为实现购买目的的实际行动。

消费者的意志心理过程，是保证消费者实践活动的心理功能，虽然这一过程主要依赖消费者自我克服困难、排除外部障碍，但市场营销者根据消费者的购买力投向，保证供给，适时适量地满足需求，也会对消费者产生影响。

7.4　产品设计的市场调查方法

市场营销调研是一种有计划、有组织的活动，必须遵照一定的工作程序，才能有条不紊地实施调查，进行取得预期的效果。市场营销调研的程序一般可分为确定调查主题与调查目标、制定调查计划、实施调查计划、提出调查报告四个阶段。

7.4.1 调查主题与调查项目的确定

在市场营销决策过程中内容涉及范围非常广泛，需要进行调查的问题也很多，不可能通过一次市场调查解决所面临的全部问题。因此，在组织每次市场营销调研活动的时候应当首先找出需要解决的最关键、最迫切的问题，选定调查的主题，明确这次调查活动要完成什么任务、实现什么目标。在确定调查主题时，调查主题的界定不能太宽、太空泛，避免调查主题不明确、不具体的现象。当然，调查主题的界定也不能太窄、太细微，调查主题选得太窄，就不能通过调查充分反映市场营销的情况，使调查起不到应有的作用。

根据调查主题的性质和调查目的的不同，调查项目可以分为探索性调查、描述性调查和因果关系调查三种类型。

1. 探索性调查

一般是在调查主题的性质与内容不太明确时，为了了解问题的性质、确定调查的方向与范围而进行的搜集初步资料的调查。如一个企业在自身的经营活动中发现近几个月产品销售量有所下降，其原因可能是竞争者争夺了市场、市场上出现了新的替代品、消费者的爱好发生了变化或企业产品质量出了问题。此时，企业就可以通过探索性调查寻找症结，通过探索性调查，了解情况，发现问题，从人们司空见惯的市场现象中发掘出对市场营销决策有积极意义的新因素。

2. 描述性调查

描述性调查是一种常见的调查，通常是对市场营销决策所面临问题的不同因素、不同方面的调查研究。描述性调查强调资料数据的采集和记录，着重于客观事实的静态描述。例如钢琴生产厂家，在做企业短期营销战略调整时，需要对今后近5～10年的钢琴需求发展变化做出分析与预测，而长期的战略调整则依赖于对现实及未来相关情况的了解，需要对城乡居民的收支结构及变化情况、钢琴的社会拥有率、饱和度和普及率，以及现有钢琴厂家的生产现状等情况作全面调查。此类调查基本上属于描述性调查。

3. 因果关系调查

因果关系调查是为了分析市场营销活动的不同要素之间的关系，查明导致某些现象产生的原因而进行的调查。企业在经营活动中，多种因素间存在着许多关联，如有些数量是企业自身可控制的变量，如产品产量、价格、人员及费用开支等；有些则不同，其变化受多种因素的影响，如销售额、产品、成本、企业利润等。通过因果关系调查，要搞清某种变量的变化究竟受到哪些因素的影响，多种因素的变化对变量的影响程度如何，以及这些影响因素将会发生怎样的变化等。

7.4.2 调查计划的制订

调查专题与调查目的确定之后，市场营销调研人员就应当准备一份专门的调查计划。调查计划的内容包括资料来源、调查对象、调查方法、费用预算等项目。

1. 确定资料来源

调查计划必须考虑资料来源的选择。调查资料按其来源分类，可分为第一手资料和第二手资料。

①第一手资料指为了调查目的采集的原始资料。大部分市场营销调研项目都需要采集

第一手资料。采集第一手资料的费用一般比较高，但得到的资料通常与需要解决的问题关系更为密切，第一手资料常常来自现场调查。

②第二手资料指为了调查目的而采集的现成资料。市场调查人员常常以查阅二手资料的方式开始调查工作。有时候市场调查人员不必搜集第一手资料，仅凭第二手资料便可以部分甚至完全地解决面临的问题。第二手资料的来源非常广泛，市场调查人员既可以利用内部资料来源，又可以利用外部资料来源。常见的内部资料来源有企业的财务报告、资金平衡表、销售统计以及其他报表档案等；常见的外部资料来源有政府公报与文件、书籍、报纸、期刊、网络资料、商品目录和广告等。第二手资料提供了市场调查的起点。与收集第一手资料相比，收集第二手资料的费用通常要低得多，花费的时间也比较少。但是，市场调查人员很难找到现成的第二手资料，或者现成的资料已经过时，而且不精确、不完善，导致所提供的信息不可靠。在这种情况下，调查人员就不得不花费较多的时间与费用去收集更为准确、适用的第一手资料了。

2.确定调查对象

根据市场调查对象的范围大小，市场营销调研可以分为普遍调查和抽样调查两大类。

普遍调查可以获得全面的统计数字，但实施起来费时费力，成本太高，通常只是由政府机构为了某些特定的目的才采用，如人口普查、经济普查等，在市场营销调研中则极少使用普遍调查。抽样调查是对调查对象总体中的若干个体进行调查，市场营销调研通常采用抽样调查的方法。

抽样调查的种类很多，一般可分为非随机抽样调查和随机抽样调查两大类。非随机抽样调查的样本是由调查者凭经验主观选定的，因而选取的样本能否代表调查的总体取决于调查者的经验与判断，容易受到调查者主观意识的影响，使得调查结果误差较大，不能正确地反映调查对象总体的实际情况。如果调查人员经验丰富，有时非随机抽样调查也不失为一种简便的抽样调查方法。

随机抽样调查是根据随机原则从调查总体中选取一部分调查对象作为调查样本，用样本数据推算总体的一种调查方法。根据随机原则抽样，可以排除抽样时主观意识的干扰，使总体中每一个个体被抽取的机会都是均等的，从而保证了样本对总体的代表性。这样，就可以根据抽样调查的结果来推算总体的情况。由于随机抽样的特点和优越性，它在市场营销调研中被广泛运用。

根据抽样技术的差别，主要有以下几种抽样方式。

(1)随机抽样

随机抽样即样本的确定不受人们主观意志所支配，而是采取一定的统计方法进行抽取，总体中的每一个个体被抽取的机会都是等同的。具体的随机抽样方法有以下几种。

①单纯随机抽样法。首先将总体中的每一个个体随意地标上不同编号，然后按照事先确定的样本数，利用“乱数表”或“号码机”随机地抽出调查样本的号码，对所抽取的样本进行调查。

②系统抽样法。首先将总体中的个体按照一定的顺序(如按收入的高低等)编上号；然后按事先确定的样本数分为 n 段，每段中所含个体数(即间隔)相等；再在第一段中随意抽出一个个体，作为调查样本，并按每段间隔数确定各段中的样本。这样，就能按等间隔抽取代表各种特征的样本，作为调查对象。

③分层随机抽样法。首先将调查总体按照不同特征进行分类，然后按各类样本占总体的比例，在各类样本中运用单纯随机抽样法抽取相应数量的调查样本进行调查。分层抽样时，各层之间具有显著的差异性，而每层内部的各个个体具有某种共同的特征，因此，用分层抽样法抽取样本可以避免单纯随机抽样法所抽出的样本集中于某种特征，而遗漏另外一些特征的调查对象的弊端，而且兼顾了各特征个体所占的比例，从而增强了样本的代表性和普遍性。

④分群随机抽样法。首先将调查总体分成若干个区域（群），然后选择一群或数群，在其中运用分层抽样或单纯随机抽样法抽取样本进行调查。

(2)非随机抽样

非随机抽样法抽取的样本往往受调查者主观因素的影响，抽样方法主要有以下几种。

①便利抽样法。样本的选择完全按调查人员的方便而定。例如，在市场上将某段时间内所遇到的消费者作为调查样本。

②判断抽样法。调查者根据经验来确定调查对象。市场营销调查中，常用的判断抽样法主要有典型调查和重点调查两种。典型调查是以某些典型个体作为调查对象，一般以“中等水平”或“平均水平”的个体作为典型来进行调查。重点调查是以一部分对企业的市场营销活动起决定作用的重点对象为样本进行调查。

③配额抽样法。调查者根据调查项目的需要，事先确定各类调查对象所占的比重，然后按照分配的数额来进行抽样。

3. 调查方法的确定

市场调查中对数据资料的采集可以借助三种常用的调查方法：询问法、观察法和实验法。

(1)询问法

询问法是一种双向沟通调查法，它包括口头询问调查与通信调查。采用口头询问调查时，市场调查人员可以逐个询问单个的调查对象，也可以借助座谈会的形式，一次调查一组对象。口头询问调查法比较灵活，可以把调查对象的回答当场记录下来。通信调查一般采用调查表的形式，它将调查表通过邮寄方式发出，要求调查对象自己将调查表填好寄回，也可以采用其他的通信技术如电话、传真、电子邮件等方式进行调查。通信调查的成本比较低，一次可对大量调查对象进行调查，还可以利用互联网等先进手段迅速处理调查的数据资料，是发达国家企业常用的调查方法之一。

(2)观察法

观察法是一种单向调查法，主要是由市场调查人员通过直接观察人们的行为，进行实地记录，从而获得所需资料。采用观察法取得的资料的客观性比较强，但缺点是只注意观察事物的表面现象，容易忽略探索事物内在的因果关系。这种缺点是由观察法本身的局限性引起的。例如，通过观察消费者的购买行为，可以发现消费者购买行为的倾向性，但是不易观察到消费者这一特定的行为倾向背后隐藏的心理动机。观察法的这一缺陷，可以通过其他的调查方法加以弥补。

(3)实验法

实验法是一种较为正规的方法。它通过小规模的市场进行实验，采用适当的方法记录事态的发展和结果。实验法的具体做法是调查人员首先将实验对象分组，在保证环境因素不变的情况下，每个组即为一个实验组，通过实验，比较不同小组的变化，并观察条件变化对实验对象的影响。如果在剔除外来因素或可控因素的影响后，实验结果与条件变化有关，则说明一个事物（或市场现象）的变化会受到另一个因素的影响。因此，因果调查常采用此法。其优点是可以分析出各个实验对象受其他因素的影响程度，确定其影响因素的构成。缺点是技术性较强，实验成本较高，而且当市场环境发生变化时，实验结果不具有代表性。

(4)确定费用预算

费用预算是制定调查计划时要考虑的一个重要内容。任何调查项目都要有资金支持，没有充足的经费，就无法进行营销调研。如果一项调查的费用大于实施调查后可能取得的收益，那么这项调查也就失去了意义。因此，市场调查人员在制定调查计划时必须仔细地估算用于市场调查的费用，将费用预算编入调查计划，呈报主管部门或主管人员审批。

7.4.3　调查计划的实施

实施调查计划包括三个步骤：数据资料的收集、加工处理和分析。

1. 数据资料的收集

在实施调查计划时，数据资料收集阶段往往是费用最高，也最容易出现错误的阶段。营销调研的主管人员必须密切监督调查现场的工作，防止调查中出现偏差，以确保调查计划的实施。例如，在进行观察法调查时，要防止调查人员出现遗漏信息等差错；在进行询问法调查时，要防止调查人员有意或无意地诱导调查对象做带有倾向性的、不诚实的回答，要协助解决调查对象拒绝合作等问题；在进行实验法调查时，要正确控制实验条件，保证实验结果的客观性和可靠性。

2. 数据资料的加工处理

对收集到的数据资料必须经过科学的加工处理，才能做到去伪存真、去粗存精。数据资料的处理包括对调查资料的分类、综合与整理。如果采用电子计算机分析调查资料，还需将收集来的数据资料进行编辑处理后输入计算机。数据资料加工处理的关键是保证信息的准确性与完整性。

3. 数据资料的分析

调查资料经过加工处理后，就可以对它进行分析，以获得调查结论。根据资料分析的性质不同，可以分定性分析与定量分析；根据资料分析的方式不同，可以分经验分析与数学分析。当前的趋势是，越来越多的企业借助数学分析方法对调查资料进行定量分析。人们通常认为，利用先进的统计学方法和决策数学模型，辅之以经验分析与判断，可以较好地保证调查分析的科学性和正确性。目前市场上出现的一些商品化的电子计算机数据处理软件，可供人们在调查分析中方便地处理信息量日益增多的市场营销调研资料。

7.4.4　调查报告的提出

在对调查资料分析处理的基础上，调查人员必须得出调查结论，并以调查报告的形式总结汇报调查结果。

市场营销调研报告有两种常见的形式：一种是技术性报告，它着重报告市场调查的过程，其内容包括调查目的、调查方法、数据资料处理技术、主要调查资料摘录、调查结论等，主要供市场调查人员阅读；另一种是结论性报告，它着重报告市场调查的成果，提出调查人员的结论与建议，主要供营销决策主管人员参考。

【思考题】

1. 市场营销环境中，宏观经济因素有哪些？
2. 市场营销环境中，微观经济因素有哪些？
3. 影响消费者购买行为的因素有哪些？
4. 营销调查分几个步骤进行？
5. 撰写市场调查报告时应注意哪些事项？

第八章　产品识别设计与品牌识别

8.1　产品识别设计的概念与品牌意义

8.1.1　产品识别的概念

一个成熟的品牌必须具备四个基础：建立品牌的组织结构和流程；具有一个战略性的品牌构架；建立品牌定位和品牌识别；具备一个反馈和测量效果的系统。作为一个成熟的品牌，必须拥有一个清晰全面的品牌识别理念，能让产品体现企业或品牌代表的内涵和理念。

一个成熟品牌是建立在产品基础上的，需要有效的产品识别做基础的品牌认知度。没有成熟的产品做支持，用户不会对一个脱离产品的品牌情有独钟，用户对品牌的忠诚度建立在对产品的选择上，用户对产品功能和价值的熟识和认可是品牌选择的基础，只有让产品和消费者充分接触沟通，才会赢取用户的选择，而这个沟通平台就是企业生产的产品。

一个企业要想成为完美的企业需要三个识别支撑：企业识别、品牌识别和产品识别。这三个识别都有各自的特点、立场和针对性。要想了解产品识别，必须清楚企业识别和品牌识别。

1. 企业识别（Corporate Identity，CI）

企业识别（简称 CI）是一种系统的名牌商标动作战略，是企业的目标、理念、行动、表现等为一体所共有的统一要领，是企业在内外交流活动中，把企业整体向上推进的经营策略中的重要一环。CI 面向整体竞争市场，针对企业自身去设计和建立识别系统，运用统一规划的传播系统和途径，传达给大众，使大众产生认同。

CI 设计系统是以企业定位或企业经营理念为核心，对包括企业内部管理、对外关系活动、广告宣传以及其他以视觉和音响为手段的宣传活动在内的各个方面，进行组织化、系统化、统一性的综合设计，力求使企业的方方面面以一种统一的形态出现在社会大众面前，产生良好的企业形象。CI 的最终目标是塑造富有个性的企业形象，维持形象的一致性。

CI 设计系统于 20 世纪 60 年代由美国首先提出，70 年代在日本得以广泛推广和应用，它是现代企业走向整体化、形象化和系统管理的一种全新的概念。CI 设计系统是将企业经营理念和精神文化，运用整体传达系统（特别是视觉传达系统），传达给企业内部与大众，并使其对企业产生一致的认同感或价值观，从而形成良好的企业形象，由此促进产品营销的设计系统。

2. 品牌识别（Brand Identity，BI）

品牌识别（简称 BI）是企业或品牌营销者希望创造和保持的，能引起人们对品牌美好印象的联想物。这些联想物暗示着企业对消费者的某种承诺。品牌识别将指导企业品牌的创建及传播的整个过程，因此必须具有一定的深度和广度。

BI 是企业实际经营理念与创造企业文化的准则，对企业运作方式作统一规划，形成的动态识别形态。它以经营理念为基本出发点，对内建立完善的组织制度、管理规范、职员教育、行为规范和福利制度；对外开拓市场调查、进行产品开发，透过社会公益文化活动、公共关系、营销活动等方式来传达企业理念，以获得社会公众对企业识别的认同。

BI 是对产品、企业、人、符号等营销传播活动具体如何体现品牌核心价值进行界定从而形成区别于竞争者的品牌联想。因此，BI 以用户为中心，满足用户精神需求，针对细分的市场定制品牌内涵。其特点是注重品牌个性及比较优势的建立，实现品牌的差异性和识别性。

3. 产品识别(Product Identity, PI)

"产品识别"，也称"产品形象"(简称 PI)，是一个融合了多学科知识的新概念，涉及产品设计、企业形象、市场营销理论以及设计管理等多领域的相关知识理论。产品识别是产品设计发展到高级阶段的一个新研究课题，它是企业有意识、有计划地使用特征策略，使用户或公众对企业的产品产生一种相同或相似的认同感的一个重要环节。产品识别的目的在于：消费者和产品用户可以通过产品识别产品的企业归属；帮助消费者和产品用户顺利地将已有的使用经验迁移到后续产品中；通过产品传达产品背后蕴含的企业文化。

一般认为，PI 是企业形象识别行为策略中的一支，具体的操作方法一般在直观层次，包括形态识别、界面识别、材质识别、用户经验识别及企业文化识别等方面。

与前两种识别系统不同的是，PI 系统以产品设计为核心，迎合消费者的认知和需求。企业生产的产品设计通过设定统一的理念、风格或原则实现其识别性。通过产品实现企业文化及品牌内涵的传播，获得用户及公众的认可。

企业总是通过产品来满足用户的需求，其最根本的目的是从中获得利润。但是，随着用户基本需求的满足，消费者需求的多样化，迫使企业在设计产品时需要区别于其他产品。用户群需求的多样化和细分使企业设计出的产品具有差异性。适合某一消费人群的产品，理所当然会被打上象征性的烙印，形成一种特有的风格。特有的风格通过形态等手法表现在产品的外在形象上，形成一种文化形象。在这种情况下，睿智的企业总是希望能在产品形象上保持相对稳定的发展，从而形成具有鲜明形象的产品品牌。

一个成熟的产品识别将企业的全部产品按照统一的理念和统一的风格加以系统设计，从而建立起的独特产品形象，使产品具备品牌归属感，使企业文化获得认同感，从而成为产品差异化的有效设计手段之一。产品独特的"特征"会给人们留下深刻的印象，这些独特的"特征"可以是外形特征、使用方式特征，也可以是细节的特征和交互的特征。产品识别在企业中的战略地位如图 8-1 所示。

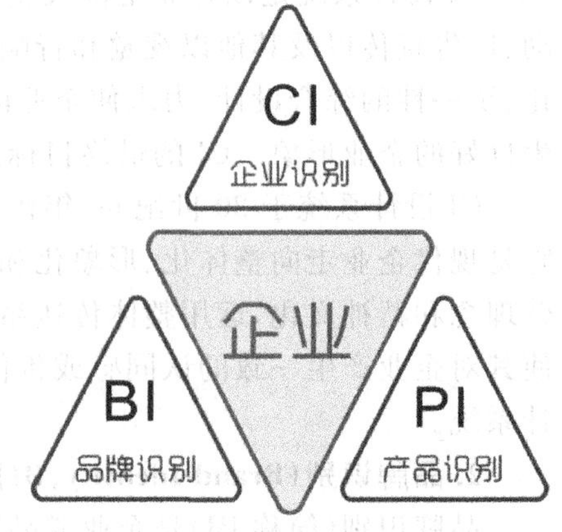

图 8-1　产品识别在企业中的战略地位

在企业竞争策略中，产品识别设计实现了企业文化内涵的延续与传达，是企业文化的外在具象的形象代表，同时也实现了企业及品牌的归属感。在产品相似性严重的今天，差异化策略是品牌价值体现的重要手段，而产品识别正是能够直观呈现这种优势的有效途径。

8.1.2　产品识别的特征

产品识别的核心作用就是用产品制造“识别”。产品识别具有非常现实和具象的意义。产品把用户和企业品牌联系起来，消费者通过接触产品、使用产品得到新的认知，判断媒体宣传是否属实，判断产品是否满足自己的需求，从而树立新的产品形象观。产品识别实质上为品牌精髓做了物质上的具象描述，把一系列概念式的品牌宣言用具有实际效用的产品表现出来。

相对于企业识别、品牌识别以及视觉识别，产品识别由于其目的和媒介的不同，具备以下几点特征。

1. 产品性

企业品牌形象是以产品为核心，通过设计改变产品形象，使企业获得差异化形象，并使产品区别于其他企业的产品，从而使企业的整体形象获得更大的社会影响力。产品是企业与消费者和用户发生关联的媒介，产品能够传达企业的理念和品牌形象。

产品识别的核心就是产品，产品的外观、功能、品质、涵盖的产品语义不断透露着产品背后的设计理念和企业哲学。

企业借助设计好的品牌思路开发系列产品，使产品铸就企业形象，优秀的企业形象不单单是在媒体或广告上做宣传，更应通过产品使用或用户口碑得到品牌的再认知，这才是一个好的良性循环。Bang & Olufsen(B&O)就是一个成功的例子。

B&O 是生产一系列与众不同、独具特色的电视机、音乐系统、扬声器、电话以及多媒体产品的品牌，是丹麦最有影响、最有价值的品牌之一，被誉为“丹麦质量的标志”。B&O 的产品一开始就定位于追求品位和质量的消费阶层，将高超的现代化科技与美学吸引力完美地结合在一起。

B&O 的产品具有七个鲜明的特征：逼真性、易明性、可靠性、家庭性、精炼性、个性和创造性。这七个特征构成了 B&O 产品的特性，同时也透露着该企业的品牌理念。因为是顶级产品，设计上毫无疑问也是顶级的，而这个顶级就是高科技感和极为简洁的设计。设计为人服务，因此在设计上高度重视人机工学，B&O 对这个设计方向的追求是持之以恒的。在消费者心目中，B&O 就是这样的一个品牌。

2. 间接性

用户所熟知的品牌形象识别主要集中于视觉识别领域，侧重于标志、标准字、企业色彩等企业视觉形象，而最重要的以产品为核心的产品识别却不易直接被感知。造成这种感知困难的原因就是产品识别的间接性。

产品识别是以用户为中心的，然而用户和企业设计师对于不同消费者和用户识别能力的判断，与用户本身对于其识别能力的判断是不同的。所以，在新产品研发之前，必须明确客户、设计师和用户三方面对产品识别的理解，在认知心理学、人机工学的基础上进行沟通和统一，让用户能更好地熟识和认同产品背后的品牌特征，以延续用户对其产品的认可并保持后续消费潜力。

在一个好的产品识别背景下设计的产品都会有品牌的印记，用户必须综合产品使用经验和产品外观识别等多方面认知，才能树立产品的品牌观。

苹果公司是一个很讲究产品识别的企业，在其他品牌 MP 3 发展较先成熟的背景下，苹果公司推出 iPod 系列 MP 3 播放器。从 iPod 的成功推广到被用户广泛接受,产品识别立下了不小的功劳。在 iPod 较为强势的产品识别系统中,比较有代表性的是其完善的管理程序、创新的操作方式和独有的外观。在 iPod 推出触屏的 iTouch 之前,具有代表性的环圈操作区和操作方式是其最显著的产品识别,人们一看到这个代表性的环圈操作方式就能识别这是苹果品牌,以至于后来许多品牌争先模仿以企图凭借这个成功的产品识别来鱼目混珠。几代 iPod 产品的外观如图 8-2 所示。

图 8-2　几代 iPod 产品的外观

3. 系统性

产品系统设计是企业品牌建设的核心,将品牌希望体现的抽象概念具体化。这个特点会随着企业对于品牌认识的深入而重新得到重视,发挥其应有的作用。产品的造型设计是一个不断延续和发展的过程,所有新产品与以前的产品具有一定的联系,但又不完全一样。产品系统设计应避免自我的游离和孤立,更应避免脱离品牌系统概念而独立运行。

在产品外观设计中,对某些相似的"基本造型"的反复应用,可以看成类似于生物学角度的遗传,这些"基本造型就可以算作是遗传因子"。这些遗传因子以最小的信息单位传达着产品品牌的信息。

产品品牌能否被用户识别出来的一个重要原因是特征或风格的相似性。当一件产品的特征(整体感、轮廓线、比例、区域线、隐性线、小细节等)连续出现在 3 件以上的产品中,那么这个特征就是共同特征。共同特征越多,用户对产品就会感到越熟悉,也就越容易识别出该产品品牌。

例如,松下的四款数码相机(如图 8-3 所示),这四款相机属于不同的系列,拥有各自的功能特点,但是每款产品的比例、镜头外形、闪光灯轮廓、手握处细节体现方式等都十分相似。这些相似之处就是松下数码相机的"遗传因子",凭借这些遗传因素,将产品串联在一起,形成松下品牌的系统性产品识别。

图 8-3　四款松下数码相机

4. 经验差异性

用户经验是指用户在视觉识别后的一种较高级识别过程。它是一种关于现实使用体验和预想使用体验之间比较的过程。例如，用户期待购买一款能够调节温度的取暖器，而购买到的某款取暖器不但能够调节温度，而且操作方便又能加湿，用户在比较了预想使用体验和现实使用体验后，发觉此次购买和使用的体验很愉快，由此加深对产品和品牌的印象，甚至会决定下次再购买或推荐给他人购买。这种就是用户体验对于产品识别的意义，这种识别是决定用户选择与购买的重要因素之一。对于企业和品牌来说，一款好的产品应该是一款可以将用户以往使用体验中愉悦的部分迁移到新产品上的产品。

但是用户经验是以用户为中心的，存在着用户个体的差异性。这种个体的差异性包括性别差异、年龄差异、文化差异、个人价值观差异等，是建立在用户心理学和消费心理学的基础上的细分研究。

例如，3C 类产品有很多性别上的细分，从粗浅的颜色区分到形态乃至功能上的细分。这些强调性别区分的产品在设计上因不同性别的喜好不同而设计了显露性别特征的细节。根据男女不同性别喜好设计的手机，无论从手机的色彩还是轮廓线条，都是根据性别喜好为特点设计的。女性手机的主题一般是玫红的珠宝，男性手机则是机械和刚硬感，这些带有性别色彩的设计亮点是以男女的喜好为依据的，构成了手机设计的出发点和依据。

地方文化差异对于企业设计产品研发策略也是十分重要的参考背景，由于文化上的差异，同一产品可能会有不同的被接纳和理解程度。例如，从色彩上讲，不同的颜色带给不同文化背景的用户会有不同的意义和感受。白色在西方文化中代表纯洁，但是在中国文化中，白色与红色相反，是一个基本禁忌词，体现了中国人在物质和精神上对白色的摒弃和厌恶。在中国古代的五方说中，西方为白虎，西方是刑天杀神，主肃杀之秋，古代常在秋季征伐不义、处死犯人。所以白色是枯竭而无血色、无生命的表现，象征死亡、凶兆。在产品识别设计过程中，白色的运用在特殊意义的产品上，需要考虑用户的文化背景和接受能力。

带有浓郁传统色彩的东方文化是具有文化气息的产品研发的一个主要参考点，也是传统文化设计的一个重要出发点，由于与产品用户具有深刻的共识，带有本土文化特点的产品在东方文化背景下的推广变得具有共鸣，更易被用户接纳。

诺基亚的 VERTU 手机可以算是当今世界最豪华的手机之一。虽然功能简单甚至没有流行的拍照或是 MP3 播放功能，但因为无与伦比的精致做工和豪华的蓝宝石水晶屏幕以及钛金属架构使它的售价竟高达数万元。这样奢侈的材质和精湛的细节构成其独有的外形特征，使该产品显露出了其独有的品牌背景和销售人群，使 VERTU 这个品牌冠以奢侈品的头衔，而对于其用户也有着选择差异性。

随着对用户的细分和对弱势群体的关怀，为特殊群体设计的产品，凭借其独有功能竞争性为产品赢得了用户经验优势。例如，针对老年人使用手机的特点和需求设计的老年人手机（如图 8-4 所示），以其方便易操作的特点，在老年人用户群中赢得了使用上的共鸣，获得了良好的用户使用经验。

8.1.3　产品识别的品牌意义

1. 产品识别对于企业品牌的意义

根据菲利普·科特勒的品牌理论，品牌包含了六层含义（如图 8-5 所示）：属性，表达产

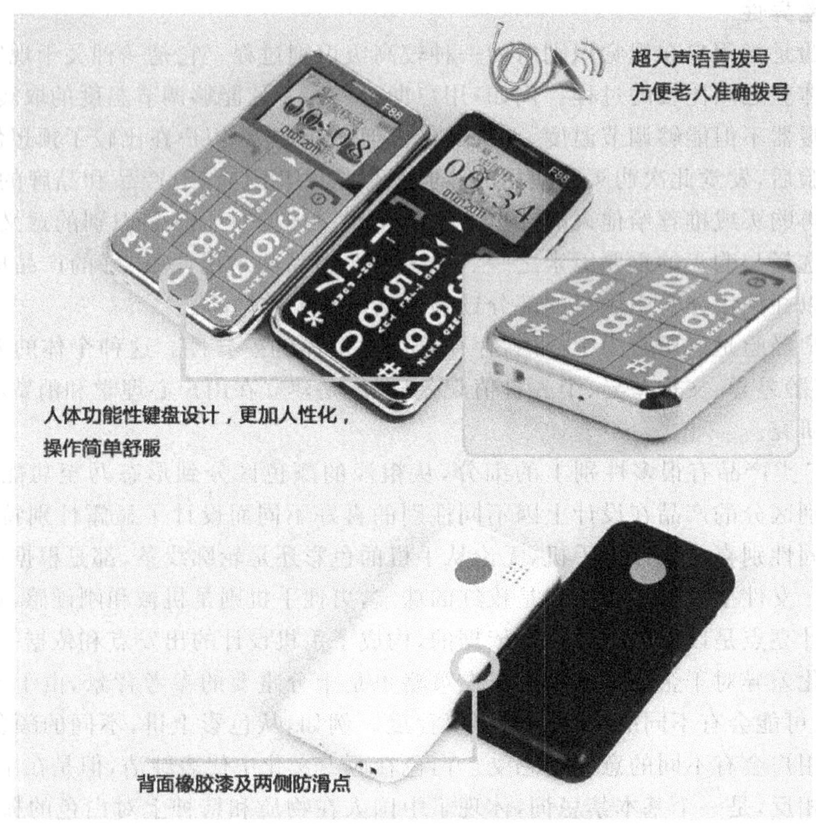

图 8-4　老年人手机

品特定的属性；利益，给消费者的功能性和情感性的利益；价值观，即企业的价值观；文化，品牌附加的或是象征的文化；个性，即品牌的拟人化表现，品牌存在的内在灵魂；使用者，即品牌暗示消费者的类型。

图 8-5　品牌的六层含义

品牌是企业、产品和消费者这三种关系在商业运作和互动过程中相互联系的核心，其价值表现在四个方面。

①通过品牌名称或品牌认知，有利于用户形成关于品牌的概念。

②增强用户的消费信心，提高品牌的认知度和忠诚度，缩短用户的消费决策时间。

③增强用户的再消费频率，促进品牌的声誉提升。

④对于竞争对手进入市场或增大市场占有份额有一定的阻碍能力。

品牌首先是建立在产品基础上的，对企业来说是个系统性的长期性的工作项目，而产品识别则是这个工作项目的基础组成部分。产品识别并不局限于企业品牌的大小、资金的雄厚与否，它是一个实体项目，把企业品牌的抽象目标理想变成可以实现的实际产品。可以说产品识别对于一个品牌来说，使品牌理念不再是一个虚构的远大目标，而是切实可行的实施手段。

如今，大多数品牌推广和加深品牌识别往往过分依赖媒体广告，而产品识别的有效实施能够改变这一现状，通过产品的内涵性语义在设计中的运用来强化产品自身的竞争能力。通过产品识别可以增强品牌产品的差异性和独特性，让用户感受到品牌的内涵或用户目标的分化。

对于企业来说，把战略性的品牌识别融入产品设计要素中是十分有必要的。作为用户和企业之间的联系媒介，产品连同它的周边（包装、广告、售后服务等）共同传达着品牌的理念，造就品牌的形象。可以说产品是品牌的基础和载体，是具象化了的企业文化和目标，将企业品牌的信息和目标传递给用户。所以说，产品识别设计下所开发的产品需要符合品牌的理念和定位，否则会引起用户的品牌概念模糊性，降低了对品牌的忠诚度。

对于目标用户来说，适当的产品识别能够体现其价值观、生活方式以及对产品和后续服务的需求。以高质量享誉世界的 SIGG 瑞士希格水瓶是该企业最重要的产品。希格水瓶最重大的突破发生于 1990 年，SIGG 瑞士希格水瓶从此确立了发展的方向。Kurt Zimmerli 对 SIGG 希格水瓶的外观做了重大的改进。这种外形至今仍然是 0.5 升和 0.75 升水瓶的流行设计。瓶身的经典设计引人入胜，但却丝毫不影响它完美的功能和质量。正是由于这样的原因，美国纽约现代艺术博物馆的专家们在发现了它之后，将它命名为 0.5 升铝色运动水瓶的“珍珠之母”，收入了他们 1993 年的收藏目录。从 1994 年开始，SIGG 瑞士希格水瓶第一次以不同的容量进行区别化的设计，水瓶的系列不再只局限于熟悉的户外探险水瓶，而是增加了运动系列和儿童系列，从此 SIGG 瑞士希格水瓶获得了国际性的突破和商业上的成功。如今，SIGG 瑞士希格水瓶每年推出 70 多种全新的设计图案和各种配件，如各种系列的瓶盖、饮水管、水瓶套、背带和自行车固定架等。SIGG 瑞士希格水瓶耐用、轻便、无味、保鲜、可抵抗果酸，是 21 世纪时尚的生活装备。SIGG 瑞士希格水瓶以其活泼的外观及可靠的质量深受年轻群体的热爱，同时也反映出了特定使用人群的价值观。

产品识别对于一个企业品牌形成具有十分重要的意义。其意义可以归纳为以下三点。

①产品识别系统有利于用户识别品牌。有着品牌形象一致性的产品更容易在众多产品中被用户识别。

②产品识别能够巩固和提升品牌的公众形象。在新产品的推出过程中，出于成长期的产品能够凭借其产品识别，使用户将其分类到该品牌的范围中，提升其品牌价值。而度过成长期的产品因其成熟的产品识别，能够使用户对该品牌的印象更为深刻。这样的良性循环使品牌能够与时俱进，巩固其市场占有率。

③产品识别能够为品牌带来更高的附加价值。一个拥有良好产品识别基础的品牌能够发展许多衍生的周边产品或子品牌，这样丰富的构架能够使品牌形象更加饱满，更能得到用户和市场的认同。

2. 产品识别对于产品线品牌战略的重要性

所谓产品线，是指同一产品种类中密切相关的一组产品，它们以类似的方式起作用，定位于相同的质量和价格水平，满足同类型顾客的需要，出售给相同的顾客群，通过同类型的销售网点分销。例如，在卫浴类产品中，各条产品线有坐便器、洗脸盆、花洒、浴缸、龙头等。

产品线品牌战略就是同一产品线上的产品共同使用一个品牌。这种战略一般得益于最初产品的成功。一般情况下，产品线采取整体的战略推出，它不需要每个产品额外的广告，减少了推广的费用。通过一系列具有产品识别设计的产品提高品牌的影响力，有利于创造坚固的品牌形象，便于该品牌的产品线更进一步延伸。

东陶机器株式会社（TOTO）创建于 1917 年，是日本历史悠久的卫生设备生产厂家，是世界范围内高档卫浴产品的知名企业。TOTO 为了让人们更加舒适地生活，为了保护地球环境，并作为“让水活起来的企业”，一直不断进取创新。目前东陶机器（中国）有限公司在中国设立 7 个工厂、7 个营业所及 300 个销售网点，完成了卫浴、厨房用具全套商品的配套生产销售；凭借独特的先进技术领先于世界洁具行业，向广大消费者提供具有“清洁”、“舒适”、“健康”、“节省资源”这 4 个生活价值的产品。TOTO 产品的特点是：节水、节能、环保、高品质。TOTO 不需要在每个产品的推广期花大量资金去宣传，而是在宣传新产品时侧重于宣传其品牌，这种推广方式不但节省了不少宣传费用，而且使得 TOTO 品牌形象更为稳固，乃至于其新推出的未经大肆宣传的新产品凭借品牌的信誉也能获得很好的认知度，得到用户的认同。

3. 产品识别对于伞状品牌策略的重要性

伞状品牌战略是指在不同产品门类上冠以一个相同的品牌名称。它也可以理解为统一家族品牌名称决策。国际上许多大公司都采用这种做法，尤其适合跨国公司进行世界性营销。例如：佳能公司推广照相机、复印机和办公设备时；雅马哈推广摩托车、钢琴和吉他时；三菱推广银行、汽车和家用电器时。伞状品牌战略最突出的优势在于把资产集中在一个单独的名称上，它的产品、传播和其他所有行动都对品牌声望贡献良多。伞状品牌战略适用于新产品与原有产品有较高的关联度、新产品的市场竞争不太激烈、新产品的主要竞争品牌并非专业品牌等情况。伞状品牌战略具有许多优点：节省广告费用，有利于解除顾客对新产品的不信任感，壮大企业的声势等。但企业要从伞状品牌战略中获益，需要具备几个条件：品牌在市场上已获得一定的信誉，各类产品应具有相同的质量水平，否则会影响整个品牌的声誉。伞状品牌下的产品种类繁多，差异性大，假如没有一个很好的产品识别系统将很难把这么多的产品维系起来，散乱设计的产品会违背伞状品牌战略的最终目的，难以饱满品牌的形象。对于采用伞状品牌战略的品牌，产品识别设计是至关重要的。

苹果公司，原称苹果电脑公司，其核心业务是电子科技产品。2011 年 8 月 10 日苹果公司市值超过埃克森美孚，成为全球市值最高的上市公司。苹果品牌就是有一个很好的伞状品牌战略的品牌。虽然旗下产品分布跨界并不是非常明显，但也横跨了个人电脑、平板电脑、音乐播放器、手机等几大类。最知名的产品是其出品的 Apple II、Macintosh 电脑、iPod 音乐播放器、iTunes 商店、iPhone 手机和 iPad 平板电脑等。苹果的每类产品都有各自的系统命名，个人电脑－Mac、手机－iPhone、平板电脑－iPad、音乐播放器－iPod、电子商店－iTunes等。

在苹果各类别的产品设计中，都有一个产品识别思想贯穿其中，其中最大的特点是对细节的重视。从产品的选材、设备圆角的弧度、边缘的手感、精妙的icon设计，到看不见的底层效率，甚至包括灯光亮度颜色等不那么重要的小角色都经过高标准和严谨的设计，力求每一个细节都能保持高水准，并与整体协调。在外观上，苹果产品的特点是简洁，简洁是苹果被认识最为普遍的美学特点。但苹果的简洁并不是为了一种审美上的风格，是因为需要做出专注设计，能让用户专注地进行使用(无论是设备还是设备上的程序、应用、环境等，简洁才成为苹果的选择。简洁的风格让用户在使用的时候不受打扰，减少犯错误的机会，降低学习成本，同时在使用它的产品时，能保持优雅与从容的姿态。正是有这样统一的设计思想，苹果在各个领域的产品才会如出一辙，建立一个完整的品牌形象，达到了公司的初衷。

8.2　以品牌为中心的产品识别设计

8.2.1　产品识别设计的架构流程

产品识别没有固定的模式，企业需要根据自身情况来决定实施的企业策略、方法、结构和内容，行业特征和企业文化都是重要的影响因素。

企业根据自身情况会有不同的企业文化，针对不同的消费群体会有不同的企业策略，根据行业发展情况也会有不同的行业特征。

1. 根据企业文化确定的产品识别框架

企业文化，或称组织文化(Corporate Culture或Organizational Culture)，是一个组织由其价值观、信念、仪式、符号、处事方式等组成的特有的文化形象。企业文化具有独特性、普遍性、可塑性等特征，其定义是十分广泛的，其中最主要的应包括经营哲学、价值观念、团体意识、文化结构、企业精神、企业道德、企业形象、企业制度和企业使命等。

企业文化的重要性是反映现代化生产和市场经济一般规律的新兴管理理念，企业文化是在管理科学和行为科学基础上逐步演变产生的一种现代管理理论，是在科学技术迅速发展，社会化水平不断提高，市场竞争日趋激烈的条件下发展起来的。它的目的，就是以精神的(感情的)、物质的、文化的手段，满足员工物质和精神方面的需要，以提高企业的向心力和凝聚力，激发员工的积极性和创造精神，提高企业的经济效益。

企业文化较为核心的体现方式是企业形象的定位。企业形象是消费者和社会公众对企业、企业行为、企业的各种产品成果给予的整体评价与一般认定。企业形象以正确的企业文化为标准，为企业总体形象在社会中谋取一个最佳位置，然后将这种企业社会形象视觉化，并通过企业行为加以具体表现和塑造。其中最能量化的就是企业的各种成果，尤其是制造业，这种成果就是企业生产的产品和相关服务。可以说，企业的产品和服务是企业的形象，是企业的一块硬牌子，所以再好的宣传、营销手段，假如没有可靠的产品和服务作为支撑，那企业的整体形象就无法长期维持。

若要了解此企业的产品识别，就必须了解它的企业文化和经营观念。正是有着方针指导性作用的经营理念和企业文化，产品识别的框架才得以构建。在企业文化背景下的产品识别框架中，企业所生产销售的产品是这个框架的硬件，而相对应的产品服务则是其软件。企业只有兼顾这两方面，才能保证品牌形象，才会有一个很好的品牌影响环境。

国际商用机器公司(IBM)是有明确原则和坚定信念的公司。这些原则和信念似乎很简单，很平常，但正是这些简单平常的原则和信念构成了 IBM 特有的企业文化。IBM 公司同时也是备受世人尊重的公司。受人尊重的原因之一就是能够在近百年的历史过程中，多次领导产业革命，尤其是在 IT 行业，制定了多项标准，并努力帮助客户解决困难。该公司一直在世界 500 强中位居前列，公司一直坚持遵守"沃森哲学"。

①必须尊重个人。IBM 公司的管理人员必须尊重公司里的每一位员工，同时也希望每一位员工尊重顾客，即使对待同行竞争对象也应同等对待。公司的行为准则规定，任何一位 IBM 的员工都不可诽谤或贬抑竞争对手。销售需要靠产品的品质、服务的态度，靠推销自己产品的长处，决不可攻击他人产品的弱点。

②必须尽可能给予顾客最好的服务。IBM 是一个"顾客至上"的公司，公司对员工所做的"工作说明"中特别提到要对顾客、未来可能的顾客提供最佳服务。为了让顾客感觉自己是多么重要，无论顾客有什么问题，必须在 24 小时之内解决，如果不能立即解决，也会给予一个圆满的答复。如果顾客打电话要求服务，公司通常在一个小时之内就会派人去服务。IBM 公司坚信，一定要有老顾客的反复惠顾才能使企业成长，一定要设法抓住每一位顾客，优异的顾客服务是再次惠顾的理由。

③必须追求优异的工作表现。IBM 公司设立一些满足工作要求的指数，定期抽样检查市场以确保服务的品质。IBM 的工作人员无论在办公室还是外出接洽业务，都必须牢记 IBM 的准则是"必须尊重个人"。新员工一进公司就能感到别人对待他们的方式是基于尊重原则，只要他们一有问题，其他人再忙也会来帮助他们。他们也会看到，公司的其他老员工是怎样对待顾客的，也会亲耳听到顾客对市场代表、系统工程师及服务人员的赞美。所有人都在努力工作寻求优异的成绩，也正是这样的氛围为企业创造了优于他人的企业形象。

IBM 的这三条准则一直牢记在公司每位员工的心中，任何一个行动及政策都直接受到这三条准则的影响，"沃森哲学"对公司的成功所贡献的力量，比技术革新、市场销售技巧，或庞大的财力支出所贡献的力量更大。也正是有着这样的企业文化背景，企业的产品在良好的企业文化氛围中推向市场，用户购买企业产品的同时也购买了企业的服务精神，感受到了企业文化，这样也使企业的产品识别更加坚固且更易被用户接受和认可。

2. 根据消费群体确定的产品识别框架

消费群体，指有消费行为且具有一种或多种相同的特性或关系的集体，统称消费群体。群体是指一定数量以上的人通过一定的社会关系结合起来进行共同活动而产生相互作用的集体。消费是人通过消费品满足自身欲望的一种经济行为。

消费群体又有不同的划分标准：按不同年龄划分、按性别不同划分、按不同职业划分等。消费群体的形成能够为市场提供明确的目标。通过对不同消费者群体的划分，可以准确地细分市场，从而减少经营的盲目性，并降低经营风险。明确了要服务的消费群体，就可以据其消费心理，制定出正确的营销策略，提高企业的经济效益。消费群体的形成对消费活动的意义在于调节、控制消费，使消费活动向健康方向发展。消费由个人活动变为群体活动的同时，将使消费活动的社会化程度大大提高，而消费的社会化又将推动社会整体消费水平的提高。

确定产品的消费人群对于产品识别是十分重要的，不同的消费群体拥有不同的使用习惯和需求心理。

使用习惯是每一个消费者都具有的生活共性，也是在生活中听到最多的语言之一。很多习惯一旦养成就很难改变，所以品牌在定位目标消费群体时，有必要对消费者的消费习惯、使用习惯进行深入的调查分析。微软公司在设计办公软件时通过对办公族群体的调查分析后发现，在这个族群中，还有相当一部分人是左撇子，经过确认和经济分析后，微软公司在鼠标的选项中设置了左右手方向的选项，照顾了消费群体的习惯性需求。

心理需求有很多层次，马斯洛总结过需要层次理论，其中除了生理需求外，还包括安全、爱与归属、被人尊重、自我实现等需求。随着科技的进步、人民生活水平的提高和新的生活方式的出现，用户的需求也日益个性化和多样化，用户心理需求对产品开发的影响也越来越大，在产品研发定位时，必须对用户的现实需求和潜在需求做分析调查。心理需求是一种心理现象，需求的最终结果就是导致人的动作行为发生。消费是需求的一种结果，是将人的需求与产品紧密联系起来的纽带。

大部分的产品消费群体都能明确区分和定位，但也有一些特殊产品的消费群体联系着购买人群和使用人群两块需求。儿童产品是一块典型的交叉式消费群体，儿童产品既要满足儿童的使用需求，更要满足家长的消费需求。虽然这两块需求的最终目的都是为了儿童，但家长的审美及心理需求并不能代表儿童的需求。尤其在审美这一角度，家长因为年龄和社会阅历，对于美的需求总会有自己的定义，而在儿童的世界中，可能就完全不同了，他们会喜欢更加具象的造型和更加鲜明的颜色，往往家长给孩子挑选的产品孩子未必喜欢，孩子喜欢的产品家长却总觉得不好看或不适合。所以在儿童产品的产品识别设计中，既要考虑孩子的使用需求，也要满足家长购买时的心理需求，只有这两者需求都能满足的儿童产品才有一定的市场。

迪士尼公司的全称为 The Walt Disney Company，名字源于其创始人华特·迪士尼，总部设在美国伯班克，是一家享誉全球的大型跨国公司，主要业务包括娱乐节目制作、主题公园、玩具、图书、电子游戏和传媒网络。当今的迪士尼已经远远不限于从事动画电影这一个行业了，还涉及迪士尼手表、迪士尼饰品、迪士尼少女装、迪士尼箱包、迪士尼家居用品、迪士尼毛绒玩具、迪士尼电子产品等多个产业。由于许多人都是从小看着迪士尼的动画片长大的，所以迪士尼所涉及的各大产业都得到了广大消费者的一致好评，取得了丰硕的商业价值。正因为有着这样丰硕的商业价值，且迪斯尼的动画人物形象代表着童真和年龄特性，因此深受儿童的喜爱。而迪斯尼的产品在质量的保障前提下，大量运用迪斯尼的色调和人物形象图案，获得了家长和儿童的一致认可。例如，Iriver 的米奇 MP3 就是根据消费群体，准确定位后推出的产品（如图 8-6 所示）。

3. 根据行业发展情况确定的产品识别框架

所谓行业，一般是指其按生产同类产品或具有相同工艺过程或提供同类劳动服务划分的经济活动类别，如饮食行业、服装行业、机械行业等。但对于细化到产品的行业，则可以根据不同产品类别细分行业，如家居行业、文具行业、家电行业、数字电子产品行业等。

行业是由许多同类企业构成的群体。在进行企业分析的过程中，虽然可以知道某个企业的运营状况，但无法知道其他同类企业的状况，因此无法通过比较知道目前企业在同行业

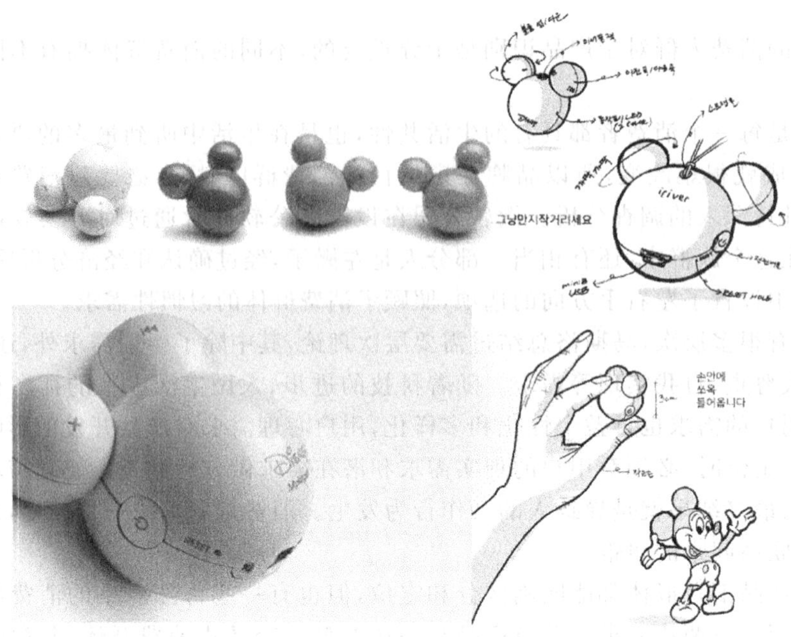

图 8-6 Iriver 的米奇 MP3

中的位置。而这在充满着高度竞争的现代经济中是非常重要的。另外，行业所处生命周期的位置制约着或决定着企业的生存和发展。

想要认识一个行业，首先需要的是行业分析。行业分析是指根据经济学原理，综合应用统计学、计量经济学等分析工具对行业经济的运行状况、产品生产、销售、消费、技术、行业竞争力、市场竞争格局、行业政策等行业要素进行深入分析，从而发现行业运行的内在规律，进而预测未来行业发展的趋势，从而规划企业未来的市场走向。行业分析是介于宏观经济与微观经济分析之间的中观层次的分析，是发现和掌握行业运行规律的必经之路，是行业内企业发展的大脑，对指导行业内企业的经营规划和发展具有决定性的意义。

对一个行业做分析，需要重点分析的内容有四个方面：行业基本状况分析、行业一般特征分析、行业结构分析和行业影响因素分析。

以行业情况来分别对待产品识别框架的定位是十分必要的。由于行业的不同，产品的生命周期及其特有的销售环节，都对产品的最初设计定位和产品识别的构架设计有着战略性的指导意义。新产品进行规划和研发的首要步骤就是市场调查，其中必不可少的是行业的趋势分析和相关行业的调查研究。行业的调研可以对企业产品识别定位有以下帮助。

①产销量变化趋势、目前同类产品产销情况及市场需要量预测。

②竞争企业的产品现状及其变化。

③国家和地方经济中同类企业产品规划。

④本企业的市场占有率情况。

⑤把握相关产品的市场倾向。

⑥为企业寻求商品化的方向和途径。

⑦寻找差异，为新产品树立特有形象。

行业分析预测对于一个企业是十分重要的。行业预测不准确和执行不力会直接导致企业的破产。伊士曼柯达公司(Eastman Kodak Company),简称柯达公司,是世界上最大的影像产品及相关服务的生产和供应商,总部位于美国纽约州罗切斯特市,是一家在纽约证券交易所挂牌的上市公司,业务遍布150多个国家和地区,全球员工约8万人。柯达公司因战略问题错失了许多良机,于2011年10月传出提交破产保护申请的消息,并造成股价暴跌;2012年1月,柯达公司因股价低迷而面临摘牌退市的危机。

柯达公司早在1976年就开发出了数字相机技术,并将数字影像技术用于航天领域;1991年柯达就有了130万像素的数字相机。但是到2000年,柯达的数字产品只卖到30亿美元,仅占其总收入的22%,而竞争对手富士已达到60%。这与100年前伊士曼果断抛弃玻璃干板转向胶片技术的速度,形成莫大反差。在拍照从"胶卷时代"进入"数字时代"之后,昔日影像王国的辉煌也似乎随着胶卷的失宠而不复存在。

造成柯达公司危机产生有很多方面的原因:首先,柯达公司长期依赖相对落后的传统胶片部门,而对于数字科技给传统影像部门带来的冲击,反应迟钝。其次,管理层作风偏于保守,满足于传统胶片产品的市场份额和垄断地位,缺乏对市场的前瞻性分析,没有及时调整公司经营战略重心和部门结构,决策犹豫不决,错失良机。

当然,也有企业因为准确分析和判断了行业的发展趋势,从而及时改变企业产品的发展趋势,调整企业相关产品的产品识别,抓住市场机遇,开辟了一片新的市场。

戴尔公司(Dell)从20世纪90年代初开始为亚太地区的商业、政府、大型机构和个人提供服务。在戴尔的主打产品中,比较具有代表性的是戴尔的工作站、笔记本电脑和台式机。由于一开始,戴尔的电脑产品主要定位于商务和政府办公,整体面貌趋于商务感,即产品几乎都是黑色的,轮廓简单不花哨,连笔记本电脑也是这样的格调。但是,随着市场的变化,3C行业的发展趋势发生了转变,消费者的个性需求被慢慢重视。人们对待产品不再简单停留在能用的层面上,随着精神需求的重视和扩大,个性化产品慢慢崭露头角,3C产品也不例外。整个3C行业不但在质量上有着突飞猛进的发展,与消费者交互也在加深,并在不断提升个性化需求,刺激着产品发生巨大的变化。针对这个趋势,戴尔公司在产品外观上做足了工夫,加入了彩色的时尚元素,占领了年轻消费者,尤其是女性消费者的市场,取得了阶段性的成功。

所以,在建立和实施产品识别建设时,必须充分了解企业自身的情况,制定合适的产品识别策略和发展方向,定制适合本企业的产品识别框架。

8.2.2 品牌风格定位与产品识别设计

对于品牌的概念,人们早已知晓,然而对品牌价值的认识却从未停止。

随着市场经济的发展和市场竞争的加剧,品牌在营销中发挥着越来越重要的作用。品牌最初起源于标识,是为了减少企业和消费者的不安全感,它作为产品的附属价值依附于产品而存在。如今,激烈的市场竞争促使品牌超越了产品演变为企业的市场符号,成为独立于产品的重要无形资产。品牌慢慢发展成为企业的核心,是企业基业长青的根基。企业生产的产品可能过时,技术也许被淘汰,而品牌却将长存。

在《辞海》中,"风格"的原意是作家、艺术家在创作中所表现出来的创作个性和艺术特色,是人们应用于品评艺术家、文学家及其作品的美学特征。风格经过将各种要素的组合,呈现出一种独特的氛围和格调,能在瞬间传达出一种具有强烈感染力的总体感觉。风格具有稳定性与一贯性，作为人们用来辨析文化产品的方式，它是一种存在于作品(产品)中的较为稳定的特征，是一种必须经过相当长一段时间的探索和实践后才能形成的，体现成熟的美学观点、审美理想、艺术欣赏的相对稳定的创作特色。风格具有稳定性、一贯性和综合性等特征。

品牌风格的来源主要有三点：品牌年龄、品牌地域和品牌性格。这三个来源决定了企业生产的产品面向什么样的消费者、具有什么样的统一特点，是企业决定产品识别的先决条件，而正是产品的种种产品识别特征为企业品牌形成了一套完整的品牌风格。可以说产品品牌风格影响产品识别，产品识别定位品牌风格。

例如IBM公司的品牌风格是用几何形状的线条、具有厚重感的色彩构建了理性、商务、品质的产品形象。苹果公司的风格则着力于营造年轻、个性的产品，并且将极简时尚的产品理念提升到极致。受文化地域的影响，日本产品给人的印象不像欧洲产品那样注重文化底蕴，也不同于美国产品的新颖大气，而是以小巧精致、工艺精湛独树一帜。日本产品设计注重社会价值，受传统审美意识的影响，产品形象差别不大，但是可以从工艺的细节上判断出来。具有代表性的有索尼公司，其品牌风格也比较鲜明，"数码、梦想、小孩"的理念将娱乐、电子和情感完美融合，而丰田公司"经济实用"的产品风格、无印良品"有生于无"的设计风格也都是日本产品的典范。

产品识别好比是点点具象的元素，而这些元素集中起来给消费者和用户一个整体面貌，这个整体面貌形成了用户和消费者心中的品牌风格，而品牌风格的稳定和延续，能加强整个品牌的核心竞争力，从而为新产品的设计提供产品识别指引，使新产品的设计宗旨遵循整个品牌的品牌风格，成功地将新产品纳入整个产品体系，从而延续一个良性的可持续发展，为企业建立一个稳定的品牌。

宜家(IKEA)是瑞典著名家具卖场品牌，于1943年创建于瑞典，"为大多数人创造更加美好的日常生活"是宜家公司自创立以来一直努力的方向。

宜家品牌始终将提高人们的生活质量与其自身联系在一起，并秉承"为尽可能多的顾客提供他们能够负担、设计精良、功能齐全、价格低廉的家居用品"的经营宗旨。在提供种类繁多、美观实用、老百姓买得起的家居用品的同时，宜家努力创造以客户和社会利益为中心的经营方针，致力于环保及社会责任问题。今天，瑞典宜家集团已成为全球最大的家具家居用品商家，主要销售包括座椅、沙发系列、办公用品、卧室系列、厨房系列、照明系列、纺织品、炊具系列、房屋储藏系列、儿童产品系列等约一万种产品。

宜家产品最大的特点是有一个系统的产品风格。宜家源于瑞典(森林国家)，其产品风格中的"简约、清新、自然"亦秉承北欧风格。大自然和家都在人们的生活中占据了重要的位置。实际上，瑞典的家居风格完美再现了大自然：充满了阳光和清新气息，同时又朴实无华。

宜家家居用品的风格是瑞典家居设计文化史的凝聚。走进宜家卖场仔细品味，宜家的家居产品无论从单件产品还是从家居整体展示，从罗宾床、比斯克桌子到邦格杯子，无不简约、自然、匠心独具，设计精良而又美观实用。和其他厂商的家居用品比较，宜家给人的印象是：它们是上述诸多优点的集合，而上述诸多优点集合起来也就是宜家。而宜家的这种风格也确实能够打动大多数消费者的心，激起人们的购买欲望。

宜家的这种风格贯穿在产品设计、生产、展示销售的全过程。为了贯彻实现这种风格，希望自己的品牌以及自己的专利产品能够覆盖全球，宜家一直坚持由自己亲自设计所有产品并拥有其专利，每年有100多名设计师在夜以继日地疯狂工作以保证“全部的产品、全部的专利”。

在亚洲也有许多优秀的品牌风格，无印良品(MUJI)也是一个典型。无印良品是一个日本杂货品牌，在日文中意为“无品牌标志的好产品”。产品类别以日常用品为主。产品注重纯朴、简洁、环保、以人为本等理念，在包装与产品设计上皆无品牌标志。产品类别从铅笔、笔记本、食品到厨房的基本用具，应有尽有。

无印良品创始于日本，其本意是“没有商标与优质”。虽然极力淡化品牌意识，但它遵循统一的设计理念所生产出来的产品无不诠释着“无印良品”的品牌形象，它所倡导的自然、简约、质朴的生活方式也大受有品位人士的推崇。

无印良品的最大特点之一是极简。无印良品的产品(如图8-7所示)拿掉了商标，省去了不必要的设计，去除了一切不必要的加工和颜色，简单到只剩下素材和功能本身。除了店面招牌和纸袋上的标识之外，在所有无印良品的商品上，顾客很难找到其品牌标记。在无印良品专卖店里，除了红色的“MUJI”方框，顾客几乎看不到任何鲜艳的颜色，大多数产品的主色调都是白色、米色、蓝色或黑色。

图8-7　无印良品的产品

在商品开发中，无印良品对设计、原材料、价格都有严格的规定。例如服装类要严格遵守无花纹、格纹、条纹等设计原则，颜色上只使用黑白相间、褐色、蓝色等，无论当年的流行色多么受欢迎，也决不超出设计原则去开发商品。

讲到无印良品，一定要提及它的品牌“悖论”——无牌胜有牌。

20世纪80年代处于泡沫经济的日本市场名牌盛行，消费者品牌意识非常强烈，无印良品反其道而行，提出无品牌的概念，这在当时堪称“前卫”。

在当今的都市生活中，人们生活的方方面面都被打上了各种标签，品牌背后所包含的基于社会阶层以及虚荣心理的消费价值观，经常掩盖了人的真实感慨。而“无印”的生活理念恰恰与之相反，它摒弃一切外在“标签”，不断简化；拿掉商标、去除一切不必要的加工和颜色，简单包装，简单到只剩下素材和功能本身，提醒人们去赏识原始素材和质料的美感，还物品以本来面目，将使用者从外在束缚中解放出来，达到一种更接近于内心自我、更接近天然的状态，这也恰恰是禅悟所追求的真我境界。在所有无印良品的商品上，顾客很难找到品牌标记，即便在衣领后面也不设商标——至多在衣服上贴一张透明胶带纸标明尺寸，并在试衣时撕去。对于厌倦了追求名牌和奢华生活的都市人来说，无印良品的主张确实令人耳目一新。

在日本，常常会出现这样的现象：假如有人看到一个没有商标的用品就会预测，“这是无印良品吗?”由此，无印良品巧妙地实现了最大程度的品牌差异化：世界被人为地分成了两极，一极是所有的品牌，而另一极就只有无印良品。大音希声，大象无形，刻意追求低调反而成为闻名世界的“No Brand”(无品牌)，达到了“无牌胜有牌”的境界。它已经超脱了商品品牌的局限，成为一种生活方式的品牌，这也是品牌发展的最高境界。三流的品牌卖产品，二流的品牌既卖产品又卖服务(这实际上是在出售解决方案)，而真正一流的品牌却是在贩卖一种生活方式。

8.2.3 产品识别设计管理

新产品和成熟产品的产品识别设计方式也有所不同。新产品的产品识别的建立是一个从无到有的过程。对于新产品开发，应把品牌纳入设计体系中加以考量，并采用适当的方法和策略，那么该企业的产品识别系统就可以伴随着产品的不断研发、上市和销售而逐渐被建立起来。而对于成熟产品，其背后拥有一个成熟的企业，已经存在相对成熟的产品和品牌体系，这种情况下产品识别的建立有多种策略可以考虑。

①渐进式发展，通过新产品线发展产品识别，随后应用至整个产品家族。

②为新产品线发展不同的识别，建立多元产品识别体系。

③建立一个灵活的产品识别体系，保证跨越产品线的核心。

产品识别设计的管理主要遵循以下四个原则。

1. 差异性原则

差异性是产品的市场竞争力之一，没有差异性就没有市场突破口，无法与同类产品相区别，也就无法拥有稳定的用户，从而失去用户的品牌忠诚度。产品识别系统会帮助企业与竞争对手的产品形成一定的差异，品牌旗下的产品形象与同类产品差异越明显，产品的可识别性也就越强。但是凡事也有个度，盲目地去创造与同类产品之间的差异是不可行的，因为产品形象设计绝不是为了不同才去创造差异，重要的是利用这种差异达到自己的目的。差异性原则要求企业对旗下的品牌有明确的定位和清晰的产品诉求，从同类市场中找到突破口，形成卖点。

产品的差异性帮助许多企业品牌提升了竞争力。全世界几乎所有的婴儿都会使用婴儿奶嘴，大部分品牌的婴儿奶嘴都是对称型的，因为母亲的乳头就是这个形状的。但是许多企业在设计时只遵循了这个固性思维，没有想到母亲乳头在婴儿口腔中的形态变化，把婴儿奶嘴都设计成没有受婴儿口腔挤压时的对称型。德国的NUK品牌是德国MAPA公司旗下的世界高质量的婴儿用品品牌。NUK设计了全世界首创的最接近母乳喂养的自动进气仿真奶嘴，以其独特的功能和无可比拟的优点，受到全世界妈妈和宝宝的喜爱，开创了世界功能性奶嘴的新趋势。NUK奶嘴(如图8-8所示)根据婴儿在吸吮时乳头呈扁圆状的特点，将NUK奶嘴设计成扁圆形的奶嘴，符合婴儿的口腔，这样婴儿吸吮NUK奶嘴时就像吸吮母亲乳头一样的亲切、舒适，是最接近母乳喂养的奶嘴。

图 8-8　NUK 奶嘴

2. 统一性原则

品牌形象的建立是一个长期的经营积累过程，通过视觉形象上保持一致性，让受众在长期过程中形成品牌形象沉淀，加深对品牌的认识。品牌形象主要包括以下三个部分。

①基础部分（品牌标识、标准字体、品牌色彩体系、标志字体组合规范）。基础部分的建立是指导品牌形象建设的有力工具，它把品牌标识作为视觉形象的中心点，通过品牌色彩、标志字体等来强化品牌个性，达到品牌视觉的差异化。

②应用部分（企业产品、包装、名片、信纸、信封、企业服饰等）。应用部分有力地保证了品牌视觉印象的统一，并在这个过程中体现了企业的品牌理念、核心价值。

③服务部分（企业售后、产品延续性研发、周边服务性产品、相关提升品牌认知度的活动）。企业服务文化是企业在长期对客户服务的过程中所形成的服务理念、职业观念等服务价值取向的总和。从理论上讲，所有的文化都有三个基础属性，就是历史性、群体性和影响性，这对建设企业服务文化有着纲领性的指导意义。

公司的一致性形象，比起个别发展更为重要，因为一个公司的商品，经由不同的媒体传播，如果缺乏一致性的形象，社会大众就无法识别其经营目标。将企业理念、设计风格融入产品家族的全线产品中，强化产品的风格化表现，有利于传递企业独特的文化内涵。

斯沃琪(Swatch)是瑞士表中具有青春力量的一个品牌。斯沃琪（Swatch）手表以其时髦缤纷的色彩，活泼的设计以及颠覆传统的造型，滴答滴答地随着摩登生活的节奏向前迈进。斯沃琪(Swatch)，名字中的“S”不仅代表它的产地瑞士，而且含有“second-watch”即第二块表之意，表示人们可以像拥有时装一样，同时拥有两块或两块以上的手表。斯沃琪(Swatch) 不仅是一种新型的优质手表，同时还将带给人们一种全新的观念：手表不再只是一种昂贵的奢侈品和单纯的计时工具，而是一种“戴在手腕上的时装”。斯沃琪（Swatch）品牌的定位是时尚、运动、音乐、艺术。

斯沃琪(Swatch)手表一直以来传达着高质量、低成本，时尚与纪念并重的信息，让每一位消费者都能拥有属于自己的名表。斯沃琪(Swatch)所代表的含义更是一份珍贵纪念品、一段历史的回忆，甚至一份情感的寄托。作为时尚的“弄潮儿”，斯沃琪(Swatch)形状异趣，设计独特，名字高雅(每款手表都有中英文名字)。它是一种变幻莫测的潮流，蕴含着无穷的艺术魅力。斯沃琪(Swatch)的手表品牌统一性风格较强，让人一看到其产品就能联想到它的品牌形象。

斯沃琪(Swatch)的设计不但融入了大量时尚元素，更举办了不少相关的设计比赛来烘托其品牌理念。如 Swatch 创意大赛、T 恤设计比赛、邀请现代艺术家设计图案款式等。斯沃琪(Swatch)手表及其品牌推广活动如图 8-9 所示。

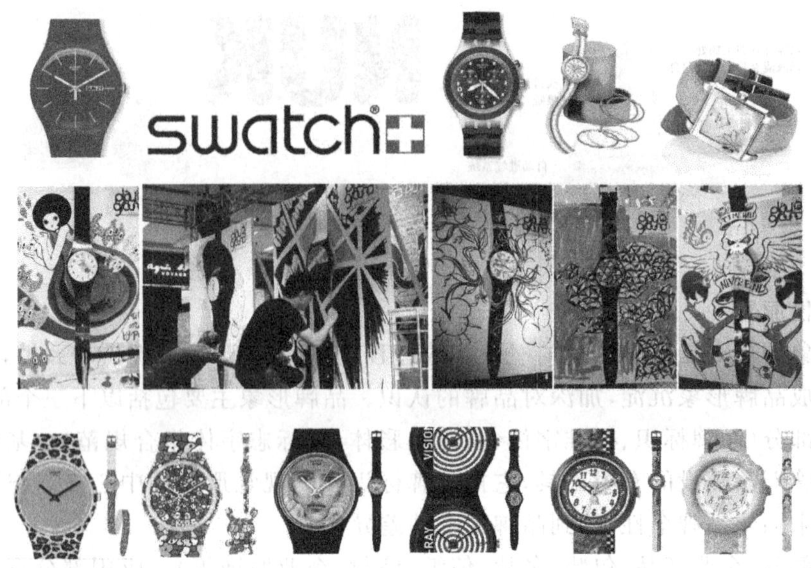

图 8-9 斯沃琪(Swatch)手表及其品牌推广活动

3. 产品持续性原则

产品生命周期(Product Life Cycle,PLC),是产品的市场寿命,即一种新产品从开始进入市场到被市场淘汰的整个过程。典型的产品生命周期一般可以分成四个阶段,即介绍期(或引入期)、成长期、成熟期和衰退期。产品生命周期有广义和狭义之分,就单一的产品而言可能会有产品兴衰周期,比如该产品有一段时间不再流行了,或不再被市场所认可,但如果就一个品牌的延伸、延续来讲,产品生命周期是不存在的,它有一种延伸、延续的可能性。

品牌产品形象的树立不易,维护更不易。市场研究表明,即使是那些国际著名的品牌,如果市场上连续六个月不出现它的产品信息,其品牌影响力和认知度就会下降至少 30%,而一个知名品牌的形象建立最少需要 3~5 年的时间,并且每年需要花大量资金来进行产品形象的维护。每个产品有其一定的生命周期,但是品牌形象并不会随之灭亡,而是因新产品的推广得到延续。因此,企业需要有持续性的产品来保持一定的品牌强度,不断加深同一印象,维护品牌形象,为之后的新产品提供强有力的产品识别。

4. 创新性原则

创新作为一种基本的企业行为,其具体的表现形式是多种多样的,涉及企业活动的所有方面。根据其场合的不同,可分为产品创新、工艺创新、市场创新和管理创新。

①产品创新:改善或创造产品,进一步满足顾客需求或开辟新的市场。

②工艺创新:改善或变革产品的生产技术及流程,包括新工艺和新设备的变革。

③市场创新:改善或创造与顾客交流和沟通的方式,把握顾客的需求,销售产品。

④管理创新:改善或创造更好的组织环境和制度,使企业的各项活动有效开展。

消费者和用户一旦对某个品牌的产品形象产生了认同感,一般不希望有太多的变化。同样,企业也不希望自己的品牌形象和产品识别发生快速的变化。但是随着时间的推移,任何一款好产品都会有被时代淘汰的时候,这就需要企业在不伤害既有品牌认同感和不改变基本品牌识别系统原则的前提下,对产品识别作改进和调整,以适应市场环境对产品需求的变化,赢得新的市场。产品创新方式分为两种:一种是对现有产品的改良和拓展,也属产品的改良设计；一种是将产品线延伸到别的类型新产品上。

出于产品识别的创新性原则，新产品在设计上应始终包含品牌的情感诉求，如果新产品过分标新立异而没有丰富和传达品牌理念，会降低其对企业核心价值观的诉求，甚至使产品形象乃至品牌形象产生危机。

索尼株式会社，简称索尼(SONY)，其前身是“东京通信工业株式会社”，现在是世界上民用、专业视听产品、通讯产品和信息技术等领域的先导之一，同时也是全球最大的综合娱乐公司之一。它在音乐、影视、计算机娱乐以及在线业务方面的成就使其成为全球领先的个人宽带娱乐公司。在索尼的经营策略中，“求新创异”是索尼的核心价值观，同时也是索尼永远不变的信念。面对不同的市场环境和消费者的消费需求，索尼一直走在别人前面，做别人没有做过的事情，这不仅取决于其创始人井深大对技术的痴迷，更源于索尼“乐于做一只金豚鼠”的与众不同。索尼的技术创新体制保证了公司开发产品的独特性，它超越了一般日本企业先重视生产后重视技术开发的发展常规，这种独特的体制使得索尼的市场占有率不断递增。索尼产品标识和部分产品如图 8-10 所示。

图 8-10　索尼产品标识和部分产品

【思考题】

1. 结合课内品牌识别的概念及特征思考品牌识别对于国内中小制造业的价值和意义。

2. 结合 B&O 的品牌特征、产品特点和企业特点分析该企业品牌识别特征，分析品牌识别如何通过产品设计表达。

3. 结合品牌识别的经验差异性特征，分析地方文化与品牌结合的方式和优势，可以结合具体品牌来分析。

4. 结合伞状品牌策略特点，讨论中国小品牌的发展战略。

5. 从品牌识别角度分析柯达企业的品牌发展的成功与失败。

6. 无印良品(MUJI)极力淡化品牌却塑造了一个成功的品牌，请分析无印良品的品牌识别特征。

第九章　产品设计与品牌营销管理

在通常情况下，一个企业不可能为市场的所有顾客服务。顾客人数太多，而他们的购买要求又各不相同。为了能与无处不在的竞争者进行竞争，企业需要确定它能为之服务的最有效的细分市场。其实企业只需把市场中的特定顾客作为服务对象，并对其提供更专业、更优质的服务，从而使自己更高效地处于市场竞争的有利地位。

9.1　产品设计与市场的STP

为了挑选目标市场并为该市场提供更完美的服务，许多企业正在从事目标化市场经营，把一个或几个细分市场作为其服务的目标市场。在目标化经营中，企业区分主要的细分市场，为每个细分市场制订产品开发和市场进入方案。

目标化解经营需要经过三个主要步骤。

①细分市场。按照购买者所需要的个别产品和经营组合，将一个市场分为若干个不同的购买者群体。

②选择目标市场。选择一个或几个准备进入的细分市场。

③市场定位。在选定的目标市场上传播该产品的关键特征与利益。

9.1.1　市场细分

1. 市场细分含义及类别

市场细分是指根据消费者对产品不同的欲望与需求、不同的购买行为与购买习惯，把整体市场分割成不同的或相同的小市场群，即“同质市场”和“异质市场”。市场细分是增加公司目标精确性的一种努力，它可分为六个层次：大众化、细分、补缺、本地化、个别化和自我经营。

(1)大众化经营

在大众化经营中，卖方面向所有的购买者，大量生产、大量分配和大量促销单一产品。这一方式过去在亚洲较多见，如中国、印度、印度尼西亚、越南等国家，许多产品只有一种品牌。

传统大众化经营的观点认为，它能创造最大的潜在市场，因为它的成本低，可转化为较低的售价和较高的毛利。然而，亚洲市场的日益分裂给大众化经营带来了很大困难。亚洲国家的顾客现在的购买方式也日趋多样化。在许多国家和地区，有大商场、专卖店和超市，可通过邮购方式购物或在家里上虚拟网店购买商品。越来越多的渠道对他们进行信息轰炸，如有线电视、无线电、互联网、电话、专业杂志和其他印刷媒体等。

(2)细分市场经营

市场细分由在市场上大量可识别的各种群体构成。一个开展细分市场的企业必须认识到,购买者的欲望、购买力、地理位置、购买态度和购买习惯各不相同。同时,企业也不愿意为每个个别的顾客定制一种商品。

市场细分片是介于大众化经营与个别化经营之间的中间层次。属于同一细分片的消费者群体被假设具有相同的需要和欲望。某些细分片成员希望增加不包括提供物以内的附加性能和利益,而有些却希望放弃他们不想要的那一部分功能。例如,香格里拉饭店的目标是富人,因此房间里提供了许多舒适的物品。但有些顾客并不需要这些东西,有些顾客则希望减少一些奢侈品以降低房价。因此,市场细分不可能精确到每个人,但比大众化经营精细得多。

细分市场经营相对于大众化经营有个几个优点:企业能生产和提供更适合目标受众的产品、服务和价格;选择分销渠道和传播渠道更方便;如果竞争者也注重市场细分片,那么企业面临的竞争对手较少。

(3)补缺经营

市场细分一般能辨认出较大的群体(例如,不吸烟者、偶尔吸烟者、经常吸烟者和嗜烟者),补缺经营则可以更窄地确定某些群体。一般来说,这是一个小市场并且它的需求没有得到足够的满足。经营者确定补缺市场的方法通常是把细分市场再细分,或确定一组有区别的由特定的利益组合在一起的少数人。细分市场比较大并且吸引着许多竞争者;补缺市场相对较少,只吸引一个或少数竞争者。例如,日本某些啤酒公司专门开发补缺市场啤酒,包括家用啤酒和吃鱼时专用的啤酒等。

补缺市场一般只有小竞争者才感兴趣。大竞争者把市场的碎片丢给补缺者。例如,佳洁士、高露洁和达利占据了亚洲大多数牙膏市场,然而也有企业在补缺经营,如伊克里、福多利,它们分别为抽烟者和牙龈出血者提供牙膏产品。这种局面是“游击队员对抗大猩猩”。为了保护自己,有些大竞争者也转向补缺市场,它要求更分散地经营并继续采用现在的业务方法。例如,强生兄弟公司有170个分支机构,其中大多数是市场补缺者。

补缺者高度了解补缺市场的需要,他们的很多客户甚至愿付溢价。例如,法拉利汽车之所以高价格,是因为它的忠诚客户认为在提供产品服务会员制方面,其他汽车公司无法与之比较。一个有吸引力的补缺市场的特征是补缺市场的顾客有明确的需要,他们愿意为提供最满意产品服务的企业支付溢价。

(4)本地化经营

日益增多的目标经营者采用地区经营和本地化经营(Local Marketing),使企业经营和决策方案更适合本地顾客的需要。我国地大物博,地区差别大,各地风俗习惯都不一样,这要求企业必须进行不同的本地化经营。

北京人见多识广且自豪感极强;天津人比较保守,经常保持较低姿态;上海人以精明著称;广东人善于做生意广为人知等。大江南北都有不同的文化传统和生活习俗。企业营销人员会发现中国许多地区在富裕和繁荣程度上各有差异,沿海与内地之间、都市人与农民之间都有差距。这些地区差异提示要建立多点切入口。在某一地区市场的“瘦狗”产品,可能在另一地区市场便是“明星”产品;在两个不同的市场,情况可能完全不一样。营销人员也要明白,做全国性的广告可能被认为是一种浪费,因为它也许对非本地目标群体不适合。

本地化经营的反对者认为,本地化经营会减弱规模经济效应,进而提高制造成本和销售成本。当企业努力满足不同的地区市场和当地市场时，其他问题也随之扩大化。而且，如果各地区的产品和信息不同，还可能冲淡某种产品的整体形象。因此，企业应视具体情况具体分析。

(5)个别化经营

市场细分的极限是个人，因此也叫“定制经营”或“一对一经营”。其实个别化经营很早以前就有了。裁缝为女士定制不同的服装、鞋匠为人们定制皮鞋，这些都是个别化经营的一种方式。现在的消费市场上，如在书籍、贺卡、化妆品、旅游等方面，也出现了一种为顾客定制产品的新系统。

(6)自我经营

自我经营是个别化经营的一种形式，它令消费者本人对产品和品牌的购买决策负有更大的责任。随着经营者与消费者之间相互交流的日益便捷和频繁，自我经营日趋重要。大量供货商努力寻找客户报告，参加网络销售平台接受订单。现在越来越多的公司开始参加各种展销会，展示自己的产品和企业形象。他们通过自己公司的网站为顾客提供关于公司、产品、保证等信息，让更多的人了解自己的企业和产品。

2. 市场细分的依据

市场细分的出发点是消费者对产品与服务的不同需求与欲望。市场细分的依据很多，主要有地理、人口、心理及消费者行为。

(1)地理

地理细分要求把市场细分为不同的地理区域单位，如国家、省、地区、县、城镇和街道。企业可以决定在一个或一些地理区域开展业务，或者面向全部地区，但是要注意地区之间的需要与偏好的不同。例如，通用食品公司的麦氏咖啡厂在全美出售精致的咖啡，并注意各地的不同味道，因为居住在西部地区的人比东部地区的人更喜欢醇浓的咖啡。有些企业甚至把较大的城市再细分为较小的地理区域。

(2)人口

人口细分是将市场以人文统计变量如年龄、家庭、性别、收入、职业、教育、宗教、种族、社会阶层等为基础划分不同的群体。人文统计变量是区分消费者群体最常用的依据，一方面消费者的欲望、偏好和使用率经常与人文统计变量有着密切的联系；另一方面人文统计变量比大多数其他类型的变量更容易衡量。

①年龄。消费者的欲望和能力随年龄而变化。如索尼公司不仅为青少年和成年人生产随身听，还专门为儿童设计了一种随身听，其颜色为红黄相间，外壳是坚硬的塑料，不易摔碎。

②家庭。在许多亚洲国家，很多父母与自己已经结婚的子女住在一起，这是一种扩展型家庭。这种生活方式具有一定的经营意义，因为该家庭的每个成员都要参与生活用品的购买或使用。

③性别。性别细分一直运用在服装、理发、化妆品和杂志领域，其他领域的市场营销人员偶尔也会注意到性别细分。例如，汽车业。过去汽车主要是为迎合男性特点设计的，然而随着拥有自己汽车的女性人数增多，很多汽车制造厂研究市场机会，设计了具有吸引女性特点的汽车(例如，容易调节的座位、适合女性的皮带、空气袋和可遥控门锁)。这些设计在考虑女性的各种身段、适中的上身的同时，更注重安全。

④收入。收入在诸如汽车、游船、服装、化妆品和旅行等产品和服务方面，是另一个长期使用的细分依据。

⑤社会阶层。社会阶层在个人对汽车、服装、家居布置、业余活动、阅读习惯、零售等方面的偏好有着很大的影响。许多企业专门针对各种社会阶层设计了不同的产品和服务。

(3)心理

在心理细分中，根据购买者的社会阶层、生活方式或个性特点，将购买者划分为不同的群体。在同一人文统计群体的人可能表现出差异极大的心理特性。

①生活方式。人们对各种商品的兴趣爱好受其生活方式的影响。事实上，他们消费的商品也反映出他们的生活方式。营销人员正越来越多地运用消费者的生活方式细分市场。

②个性。营销人员借用了个性多样化的特点来细分市场。他们给他们的产品赋予品牌个性，以符合相对应的消费者个性。

(4)行为

在行为细分中，根据购买者对产品的了解程度、态度、使用情况或反应，将他们划分成不同的群体。许多营销人员坚信，行为变量——时机、利益、使用状况、使用率、忠诚度和态度——是建立细分市场至关重要的出发点。

3. 细分市场的偏好模式

细分市场一般有三种不同的偏好模式。

①同质偏好。所有消费者有大致相同的偏好。

②异质偏好。消费者偏好各不相同，这表明消费者对于产品的要求存在差异。先进入市场的品牌可能定位于市场中心，以迎合最多的购买者。新进入市场的竞争者，可能把它的产品设置在原先的品牌附近，从而引发一场争夺市场份额的竞争，或者把它的品牌移向其他的品牌。

③集群偏好。市场可能出现有独特偏好的密集群，这些密集群可以称为自然细分市场。第一个进入市场的竞争者有三个选择：他可以将产品定位于市场中心，以迎合所有的群体；也可以将产品定位于最大的细分市场内，进行集中经营；还可以推出好几种品牌，定位于不同的细分市场。

案例分析

美国米勒公司营销案[①]

在20世纪60年代末，米勒啤酒公司在美国啤酒业排名第八，市场份额仅为8%，与百威、蓝带等知名品牌相距甚远。为了改变这种现状，米勒公司决定采取积极进攻的市场战略。

他们首先进行了市场调查。通过调查发现，若按使用率对啤酒市场进行细分，啤酒饮用者可细分为轻度饮用者和重度饮用者，而前者人数虽多，但饮用量却只有后者的1/8。

他们还发现，重度饮用者有着以下特征：多是蓝领阶层；每天看电视3个小时以上；爱好体育运动。米勒公司决定把目标市场定在重度使用者身上，并果断决定对米勒的“海雷夫”牌啤酒进行重新定位。

重新定位从广告开始。他们首先在电视台特约了一个“米勒天地”的栏目，广告主题变成了“你有多少时间，我们就有多少啤酒”，以吸引那些“啤酒坛子”。广告画面中出现的尽是些激动人心的场面：船员们神情专注地在迷雾中驾驶轮船，年轻人骑着摩托冲下陡坡，钻井

① 资料来源：http://wenku.baidu.comview1978d82a915f804d2b16c1b8.html.

工人奋力止住井喷等。

结果,"海雷夫"的重新定位战略取得了巨大的成功。到了1978年,这个牌子的啤酒年销售达2000万箱,仅次于AB公司的百威啤酒,在美国名列第二。

9.1.2 目标市场的选择

1. 评估细分市场

在评估各种不同的细分市场时,企业要考虑两个因素,即细分市场结构的吸引力、企业的目标和资源。

首先,企业必须论证潜在的细分市场对企业是否有吸引力,如细分市场的大小、成长性、盈利率、规模经济、低风险等。企业应避免说服其他品牌的目标忠诚者或有偏向的购买者,企业的对象应是对其他品牌有不满情绪的购买者或还没有成为其他品牌的忠诚者的顾客。企业的目标消费者是愿意花钱买商品、忠诚和能影响其他人的人。

其次,企业必须考虑对细分市场的投资与企业的目标和资源是否一致。某些细分市场虽然有较大的吸引力,但不符合企业的长远目标,因此不得不放弃。即使这个细分市场符合企业的目标,也必须考虑本企业是否具备在该细分市场获胜所必需的技术和资源。无论哪个细分市场,要想取得成功,必须具备某些条件。如果企业在某个细分市场缺乏并且无法获得一个或更多条件支持,该细分市场就应放弃。但是,光凭必要的条件还是不够的,企业要想真正赢得该细分市场,还需要有压倒竞争者的绝对优势。企业如果不能制造某些优势价值,就不应该进入该细分市场。

2. 选择细分市场

企业如何选择或进入细分市场呢?通常采用的方法是产品—市场渗透法,主要有以下四种形式。

①密集单一市场。最简单的方式是选择一个细分市场集中经营。密集单一市场一般通过将目标集中于某个市场,了解该市场的需要,树立特别的信誉,以建立和巩固在该细分市场中的市场地位。但是密集市场一般风险比较大,个别市场可能会出现不景气的情况。例如,中国的保健品市场,当初太阳神口服液一枝独秀,后来红桃K、脑白金等蜂拥而入,充分反映出这个细分市场的竞争日益激烈了。

②有选择的专门化。有选择的专门化指选择若干个细分市场,其中每个细分市场在客观上都有吸引力,并且符合企业的目标和资源。各细分市场之间很少有或者根本没有任何联系,然而每个细分市场都有可能盈利。这种多细分市场目标优于单细分市场目标,因为可以分散企业的风险,即使某个细分市场失去吸引力,企业仍可继续在其他细分市场获利。

有选择的专门化在传播中也已变得非常普及。广播电台想要既吸引年轻人,又吸引老年听众,就必须在同一市场上设立两种不同的电台,或播放不同的音乐节目。杂志社也为不同的读者出版不同的杂志。

③产品专门化。产品专门化指集中生产一种产品,企业向各类顾客销售这种产品。例如,为住宅和办公室的屋顶、墙壁和地板提供防水设施翻新的承包商,他们根据不同的需要生产不同的防水产品。

④市场专门化。此法专门为满足某个顾客群体的各种需要而服务。例如,有些房屋翻新的承包商专门为私人公寓提供翻新服务,而不为办公楼或房地产公司服务。企业专门为

某个顾客群服务并争取树立良好的信誉。企业还可以向这类顾客群推销新产品，成为有效的新产品销售渠道。但如果私人公寓市场只留出小部分预算用于维修，企业就会面临效益下跌的危险。

9.1.3　市场定位的方法与策略

1. 市场定位的方法

市场定位的方法很多，每一个企业应根据自己经营的产品不同、服务对象不同和所处竞争环境不同等因素来确定应采取何种方法。大致上，市场定位的方法有以下四种。

①根据具体的产品特色定位。首先，企业应该了解市场上竞争者的产品或服务的特点；其次，要对同类市场中消费者的需求特点有所了解；最后，结合企业本身的能力和自己产品的特点进行市场定位。这种也可称为"产品差异化"定位法。例如，创立于1908年伦敦的世界服装品牌之一的利库伯(Lee Cooper)近百年来，不断在布料和色彩上进行变化，使设计风格紧跟时代潮流。它在不同时代对自己的产品进行了不同的市场定位，赋予了不同的内涵和价值：20世纪40年代体现"自由无拘束"；50年代体现"叛逆性"；60年代体现"轻松时髦"；70年代体现"豪放粗犷"；80年代体现"新潮下的标新立异"；90年代体现"返璞归真"。

②根据特定的使用场合及用途定位。随着社会的发展，许多商品的原有用途减弱或被其他产品替代。这种商品面临着被淘汰的命运或难以在原有功能上扩大市场。这时为老产品寻找出新用途就是创造新的市场定位的好办法。小苏打曾广泛用于刷牙，后来被企业用作调味和肉卤的配料，有的企业甚至把它作为夏季饮料的原料之一或定位为冬季流行性感冒患者的饮料。

③根据提供顾客的利益定位。按产品的属性以及附加的价值能给消费者带来某种利益来定位，以解决消费者的实际问题或使消费者有某种满足感。例如，沃尔玛公司多年来对市场的定位就是能给消费者带来价格便宜的商品。

④根据使用的类型定位。为了获得某个目标市场，企业往往会把自己的产品指引给特定的消费者，并根据该细分市场中使用者的需求特点来塑造相适合的产品形象。例如，各种品牌的香水，往往定位也不同。有的定位于雅致的、时髦的已婚妇女，有的定位于生活方式时尚的年轻人。

2. 市场定位的原则

市场定位并不是可以随心所欲的，一般来说，市场定位必须遵循以下三个基本原则。

①市场定位必须与目标顾客购买产品的着眼点相吻合。任何产品都有很多种属性，这些属性有的是实体方面的，例如，质量、性能、形状、成分、构造等；有的是精神方面的，例如，豪华、朴素、时髦、典雅等。但目标顾客对产品每一种属性的重视程度是各不相同的，也就是说，顾客购买产品时有其各自的着眼点或利益点。为此，这就要求企业在定位时，必须突出目标顾客最重要的产品属性或购买该产品的主要着眼点，而不是把时间和精力花费在目标顾客不太重视的产品属性或次要着眼点上，导致不能激起顾客的购买欲望。

②市场定位必须充分考虑竞争对手的产品特色和个性。企业在为自己的产品定位时，必须充分考虑竞争对手是如何定位的，需要弄清竞争对手是满足目标顾客的何种需要以及满足的程度如何。企业通过了解竞争对手的产品特色或定位情况，然后结合自身实际，就可以决定自己的定位方向了，即或迎头定位，或避强定位。

③市场定位要突出企业产品的相对竞争优势。市场定位的过程实际上就是寻找、评估和发挥竞争优势的过程，因此，企业在为产品定位时必须积极寻找自己产品的相对竞争优势，只有如此，才能扬长避短，发挥优势，并做到名副其实。

3. 市场定位的程序和基本要求

(1)市场定位的程序

市场定位通过识别潜在竞争优势、企业核心竞争优势定位和制定发挥核心竞争优势的战略这三个步骤实现。

①识别潜在竞争优势。识别潜在竞争优势是市场定位的基础。通常企业的竞争优势表现在两方面：成本优势和产品差别化优势。成本优势是指企业能够以比竞争者低廉的价格销售相同质量的产品，或以相同的价格水平的销售更高一级质量水平的产品。产品差别化优势是指产品独具特色的功能和利益与顾客需求相适应的优势，即企业能向市场提供在质量、功能、品种、规格、外观等方面比竞争者更好的产品。为实现此目标，首先必须进行规范的市场研究，切实了解目标市场的需求特点以及这些需求被满足的程度。这是能否取得竞争优势，实现产品差别化的关键。其次，要研究主要竞争者的优势和劣势，知己知彼，方能战而胜之。可以从三个方面评估竞争者：一是竞争者的业务经营情况，如近三年的销售额、利润率、市场份额、投资收益率等；二是竞争者的核心营销能力，主要包括产品质量和服务质量的水平等；三是竞争者的财务能力，包括获利能力、资金周转能力、偿还债务能力等。

②企业核心竞争优势定位。核心竞争优势是与主要竞争对手相比，企业在产品开发、服务质量、销售渠道、品牌知名度等方面所具有的可获取明显差别利益的优势。应把企业的全部营销活动加以分类，并将主要环节与竞争者的相应环节进行比较分析，以识别和形成核心竞争优势。

③制定发挥核心竞争优势的战略。企业在市场营销方面的核心能力与优势，不会自动地在市场上得到充分的表现，必须制定明确的市场战略来加以体现。例如，通过广告传导核心优势战略定位，逐渐形成一种鲜明的市场概念，这种市场概念能否成功，取决于它是否与顾客的需求及追求的利益相吻合。

(2)市场定位的基本要求

市场定位的基本要求包括以下四个方面。

①研究、分析消费者对某种产品属性的重视程度(包括对实物属性的要求和对心理属性的要求)。

②研究、分析目标市场上竞争对手在产品空间中的分布状况。

③研究、分析消费者的心目中对该类产品"理想点"的位置。

④研究、分析本企业为目标市场提供的产品应确定的产品空间位置。

案例分析

欧莱雅集团[①]

一、公司背景

法国欧莱雅集团是全球500强企业之一，于1907年由发明世界上第一种合成染发剂的法国化学家欧仁·舒莱尔创立。历经近一个世纪的努力，欧莱雅从一个小型家庭企业跃居

① 资料来源：http://wenku.baidu.comview1978d82a915f804d2b16c1b8.html.

为世界化妆品行业的领头羊。2003年初，欧莱雅荣登《财富》评选的2002年度全球最受赞赏公司排行榜第23名，在入选的法国公司中名列榜首。欧莱雅集团的事业遍及150多个国家和地区，在全球拥有283家分公司及100多个代理商，5万多名员工、42家工厂和500多个优质品牌，产品包括护肤防晒、护发染发、彩妆、香水、卫浴、药房专销化妆品和皮肤科疾病辅疗护肤品等。

二、市场细分策略

巴黎欧莱雅进入中国市场至今，以其与众不同的优雅的品牌形象，及全球顶尖演员、模特的热情演绎，向公众充分展示了"巴黎欧莱雅，你值得拥有"的理念。目前已在全国近百个大中城市的百货商店及超市设立了近400个形象专柜，并配有专业美容顾问为广大中国女性提供全面的护肤、彩妆、染发定型等相关服务，深受消费者青睐。回顾上述成功业绩，关键取决于欧莱雅公司独特的市场细分策略。

首先，公司从产品的使用对象进行市场细分，主要分成普通消费者化妆品、专业使用的化妆品，其中，专业使用的化妆品主要是指美容院等专业经营场所使用的产品。

其次，公司将化妆产品的品种进行细分，如彩妆、护肤、染发护发等，同时，对每一品种按照化妆部位、颜色等再进一步细分，如按照人体部位不同将彩妆分为口红、眼膏、睫毛膏等；再就口红而言，进一步按照颜色细分为粉红、大红、无色等，此外，还按照口红性质差异将其分为保湿型、明亮型、滋润型等。如此步步细分，光美宝莲口红就达到150多种，而且基本保持每1～2个月就向市场推出新的款式，从而将化妆品的品种细分几乎推向极致。

然后，按照中国地域广阔特征，鉴于南北、东西地区气候、习俗、文化等的不同，人们对化妆品的偏好具有明显的差异。如南方由于气温高，人们一般较少做白日装，喜欢使用清淡的装饰，因此较倾向于淡妆；而北方由于气候干燥以及文化习俗的缘故，一般都比较喜欢浓妆。同样东西地区由于经济、观念、气候等因素差异性大，人们对化妆品也有不同的要求。所以欧莱雅集团敏锐地意识到了这一点，按照地区推出了不同的主打产品。

最后，又采用了其他相关细分方法，如按照原材料的不同设专门的纯自然产品；按照年龄细分等。

总之，通过对中国化妆品市场的环境分析，欧莱雅公司采取多品牌战略对所有细分市场进行全面覆盖，按照欧莱雅中国总经理盖保罗所说的金字塔理论，欧莱雅在中国的品牌框架包括了高端、中端和低端三个部分。

其中，塔尖部分为高端产品，约有12个品牌构成，如第一品牌的赫莲娜，无论从产品品质和价位上，都是这12个品牌中最高的，面对的消费群体的年龄也相应偏高，并具有很强的消费能力；第二品牌是兰蔻，它是全球最著名的高端化妆品品牌之一，消费者年龄比赫莲娜年轻一些，但也具有相当的消费能力；第三品牌是碧欧泉，它面对的是具有一定消费能力的年轻时尚消费者。欧莱雅公司希望将其塑造成大众消费者进入高端化妆品的敲门砖，价格也比赫莲娜和兰蔻低一些。它们主要在高档的百货商场销售，兰蔻在22个城市设有45个专柜，目前在中国高端化妆品市场占有率位列第一，碧欧泉则位列第四。而赫莲娜2000年10月才进入中国，目前在全国最高档百货商店中只有6个销售点，柜台是最少的。

塔中部分为中端产品，所包含品牌有两大块：一块是美发产品，有卡诗和欧莱雅专业美发，其中，卡诗在染发领域属于高档品牌，比欧莱雅专业美发高一些，它们的销售渠道主要是发廊及专业美发店。欧莱雅公司认为，除产品本身外，这种销售模式也使消费者有机会得到专业发型师的专业服务。还有一块是活性健康化妆品，有薇姿和理肤泉两个品牌，它们通过药房经销。欧莱雅率先把这种药房销售化妆品的理念引入了中国。

塔基部分是指大众类产品，中国市场不同于欧美及日本市场的地方，就在于中国市场很大而且非常多元化，消费梯度很多，尤其是塔基部分的比例大。在中国大众市场中，欧莱雅公司目前共推行5个品牌，其中，巴黎欧莱雅是属于最高端的，它有护肤、彩妆、染发等产品，在全国500多个百货商场设有专柜，还在家乐福、沃尔玛等超市有售。欧莱雅的高档染发品已是目前中国高档染发品的第一品牌。第二品牌是羽西，羽西秉承“专为亚洲人的皮肤设计”的理念，是一个主流品牌，在全国240多个城市的800家百货商场有售。第三品牌是美宝莲——来自美国的大众彩妆品牌，它在全球很多国家彩妆领域排名第一，在中国也毫不例外，目前已经进入了600个城市，有1.2万个柜台。第四品牌是卡尼尔，目前在中国主要是染发产品，它相比欧莱雅更大众化一些，年轻时尚，在中国5000多个销售点有售。第五品牌是小护士，它面对的是追求自然美的年轻消费者，市场认知度为90%以上，目前在全国有28万个销售点，网点遍布了国内二、三级县市。

由于欧莱雅公司对中国市场分析到位、定位明晰，因此，2003年时其产品在中国市场的销售额达到15亿人民币，比2002年增加69.3%，这是欧莱雅公司销售历史上增幅最高的，比1997年增长了82.4%。兰蔻在高档化妆品市场、薇姿在通过药房销售的活性化妆品市场、美宝莲在彩妆市场、欧莱雅染发在染发的高端市场都已经占据了第一的位置。

9.2 产品设计与产品生命周期理论

9.2.1 产品及产品的整体概念

在现代市场营销学中，产品概念具有极其宽广的外延和深刻丰富的内涵，它指通过交换满足人们的需要和欲望的因素或手段，包括提供给市场，能够满足消费者或用户某一需求和欲望的任何有形产品和无形产品。

学术界曾用三个层次来表述产品的整体概念，即核心产品、形式产品和延伸产品（附加产品），这种研究思路与表述方式沿用了多年。但近年来，菲利普·科特勒等学者更倾向于使用五个层次来表述产品的整体概念，认为五个层次的研究与表述更能够深刻而准确地表述产品的整体概念和含义。

①核心产品。核心产品是指向顾客提供的产品的基本效用或利益。从根本上说，每一种产品实质上都是为解决问题而提供的服务。例如，人们购买空调机不是为了获取装有某些电器零部件的物体，而是为了在炎热的夏季，满足凉爽舒适的需求。其他产品的购买同理可证。因此，企业营销人员向顾客销售的任何产品，都必须具有反映顾客核心需求的基本效用或利益。

②形式产品。形式产品是指核心产品借以实现的形式或目标市场对某一需求的特定满足形式。形式产品由五个特征所构成，即品质、式样、特征、商品及包装。即使是纯粹的劳务产品，也具有形式上类似的特点。产品的基本效用必须通过特定的形式才能实现，市场营销人员应努力寻求更加完善的外在形式以满足顾客的需要。

③期望产品。期望产品是指购买者在购买该产品时期望得到的与产品密切相关的一整套属性和条件。例如，旅馆的客人期望得到清洁的床位、洗浴用品、浴巾、衣帽间的服务等。因为大多数旅馆均能满足旅客这些一般的期望，所以旅客在选择档次大致相同的旅馆时，一般不是选择哪家旅馆能提供期望产品，而是根据哪家旅馆就近方便而定。

④延伸产品。延伸产品是指顾客购买形式产品和期望产品时，附带获得的各种利益的总和，包括产品说明书、保证、安装、维修、送货、技术培训等。国内外许多企业的成功，在一定程度上应归功于他们更好地认识了服务在产品整体概念中所占的重要地位。许多情况表明，新的竞争并非各公司在其工厂中所生产的产品，而是附加在产品上的包装、服务、广告、顾客咨询、资金融通、运送、仓储及其他具有价值的形式。能够正确发展延伸产品的公司必将在竞争中赢得主动权。

⑤潜在产品。潜在产品是指包括所有附加产品在内的现有产品，可能发展成为未来最终产品的潜在状态的产品。潜在产品指出了现有产品可能的演变趋势和前景。如彩色电视机可发展为录像机、电脑终端机等。

产品整体概念的五个层次，十分清晰地体现了以顾客为中心的现代营销观念。这一概念的内涵和外延都是以消费者需求为标准，由消费者的需求来决定的。可以说，产品的整体概念是建立在“需求＝产品”这样一个等式基础上的。没有产品整体概念，就不可能真正贯彻现代营销观念。

9.2.2　产品的分类

产品可按不同角度进行分类，营销学认为，与营销策略有关的产品分类方法通常有以下两种。

1. 按产品的有形性和消费上的耐久性，可将产品分为非耐用品、耐用品和劳务

①非耐用品。非耐用品一般是有一种或多种消费用途的低值易耗品，例如啤酒、肥皂和盐等。售价一般较低，还应加强广告以吸引顾客试用并形成偏好习惯。

②耐用品。耐用品一般指使用年限较长、价值较高的有形产品，通常有多种用途，例如冰箱、彩电、机械设备等。

③劳务。劳务是以提供活劳动的形式满足他人某种特殊需要的无形产品，例如理发和修理。劳务的特点是无形、不可分、易变和不可储存。一般来说，它需要更多的质量控制、供应商信用以及适用性。

2. 按消费者购买习惯不同，可将产品分为便利品、选购品、特殊品和非渴求物品

①便利品。便利品指顾客频繁购买或需要随时购买的产品，例如烟草制品、肥皂和纸巾等。便利品可以进一步分成常用品、冲动品以及救急品。常用品是顾客经常购买的产品。例如，油盐酱醋等。冲动品是顾客没有经过计划搜寻而偶然购买的产品。救急品是当顾客的需求十分紧迫时购买的产品。救急品的地点效用也很重要，一旦顾客需要就能够迅速实现购买。

②选购品。选购品指顾客在选购过程中，对适用性、质量、价格和式样等基本方面要作认真权衡比较的产品。例如家具、服装、汽车和大的器械等。选购品可以分成同质品和异质品。购买者认为同质选购品的质量相似，但价格却明显不同，所以有选购的必要。销售必须与购买者“商谈价格”。但对顾客来说，在选购服装、家具和其他异质选购品时，产品特色通

常比价格更重要。经营异质选购品的经营者必须备有大量的品种花色,以满足不同的爱好;他们还必须有受过良好训练的推销人员,为顾客提供信息和咨询。

③特殊品。特殊品指具备独有特征(或)品牌标记的产品,对这些产品,有相当多的购买者一般都愿意做出特殊的购买努力。例如特殊品牌和特殊式样的花色商品、小汽车、立体声音响、摄影器材以及男式西服。

④非渴求品。非渴求品指消费者不了解或即便了解也不想购买的产品。传统的非渴求品有:人寿保险、墓地、墓碑以及百科全书等。对非渴求品需付出诸如广告和人员推销等大量营销努力。一些最复杂的人员推销技巧就是在推销非渴求品的竞争中发展起来的。

9.2.3 产品生命周期的概念及其阶段划分

1. 产品生命周期的概念

产品生命周期是指产品从进入市场到退出市场所经历的市场生命循环过程。产品只有经过研发、试销,然后进入市场,它的生命周期才开始。产品退出市场,标志着生命周期的结束。

2. 产品生命周期的阶段

产品生命周期一般分为四个阶段:产品引入阶段、市场成长阶段、市场成熟阶段和市场衰退阶段。产品引入阶段(也称介绍期)是指在市场上推出新产品,产品销售呈缓慢增长状态的阶段。成长阶段是指该产品在市场上迅速为顾客所接受,销售额迅速上升的阶段。成熟阶段是指大多数购买者已经接受该产品,市场销售额呈缓慢增长或下降的阶段。衰退阶段是指销售额急剧下降、利润趋于零的阶段。

3. 产品生命周期的其他形态

产品生命周期是一种理论抽象,在现实经济生活中,并不是所有产品的生命历程都完全符合这种理论形态。除上述的正态分布曲线外,还有以下两种形态。

①再循环形态。再循环形态指产品销售进入衰退期后,由于种种因素的作用而进入第二个成长分阶段。这种再循环型生命周期是市场需求变化或厂商投入更多的促销费用的结果。再循环状态亦称"扇形"运动曲线,或"波浪形"循环形态,是指在产品进入成熟期以后,厂商通过制定和实施正确的营销策略,使产品销售量不断达到新的高潮。

②非连续环形态。大多数时髦商品均呈非连续循环,这些产品一上市即热销,尔后很快在市场上销声匿迹。厂商无必要也不愿意作延长其成熟期的任何努力,而是等待下一周期的来临。

4. 产品种类、形式、品牌生命周期

一般而言,产品种类(如香烟)、产品形式(如过滤嘴香烟)和产品品牌(如云烟)的生命周期各不相同。产品种类具有最长的生命周期。很多产品种类如食盐、汽车、冰箱的产品成熟阶段可以无限期地持续下去,其销售量增加与人口增长率成正比。产品形式比产品种类更能够准确地体现标准的产品生命周期。例如,手控打字机在经历了典型的引入期、成长期、成熟期之后,由于电脑的普及而进入衰退期,退出市场。产品品牌相对于前两者而言则显示了较短的生命周期。

9.2.4　产品生命周期各阶段的特征与营销策略

1. 引入期的市场特点与营销策略

(1)引入期的市场营销特点

①消费者对该产品不了解，大部分顾客不愿放弃或改变自己以往的消费行为，销售量小，相应地增加了单位产品的成本。

②尚未建立理想的营销渠道和高效率的分配模式。

③价格决策难以确立，高价可能会限制购买，低价则可能难以收回成本。

④广告费用和其他营销费用开支较大。

⑤产品技术、性能还不够完善。

⑥利润较少，甚至出现经营亏损，企业承担的市场风险最大。但这个联合体市场竞争者较少，企业若建立有效的营销系统，即可以将新产品快速推进引入阶段，进入市场发展阶段。

(2)引入期的市场营销策略

根据上述特点，引入阶段一般有四种可供选择的策略。

①快速掠取策略，即以高价和高促销推出新产品。实行高价格是为了在每一单位销售额中获取最大的利润，高促销费用是为了引起目标市场的注意，加快市场渗透。成功地实施这一策略，可以赚取较大的利润，尽快收回新产品开发的投资。实施该策略的市场条件有：市场上有较大的需求潜力；目标顾客具有求新心理，急于购买新产品，并愿意为此付出高价；企业面临潜在竞争者的威胁，需要尽早树立名牌。

②缓慢掠取策略，即以高价格低促销费用将新产品推入市场。高价格和低促销水平相结合可以使企业获得更多利润。实施该策略的市场条件有：市场规模相对较小，竞争威胁不大；市场上大多数用户对该产品没有过多疑虑；适当的高价能为市场所接受。

③快速渗透策略，即以低价格和高促销费用推出新产品。目的在于先发制人，以最快的速度打入市场，该策略可以给企业带来最快的市场渗透率和最高的市场占有率。实施这一策略的条件是：产品市场容量很大；潜在消费者对产品不了解，且对价格非常敏感；潜在竞争比较激烈；产品的单位制造成本可随生产规模和销售量的扩大迅速下降。

④缓慢渗透策略，即企业以低价格和低促销费用推出新产品。低价是为了促使市场迅速地接受新产品，低促销费用则可以实现更多的净利。企业坚信该市场需求价格弹性较高，而促销弹性较小。实施这一策略的基本条件有：市场容量较大；潜在顾客易于或已经了解此新产品且对价格十分敏感；有相当数量的潜在竞争者准备加入竞争行列。

2. 成长期的特点与营销策略

(1)成长期的特点

①消费者对新产品已经非常熟悉，销售量增长很快。

②大批竞争者加入，市场竞争加剧。

③产品已定型，技术工艺比较成熟。

④建立了比较理想的营销渠道。

⑤市场价格趋于下降。

⑥为了适应竞争和市场扩张的需要，企业的促销费用水平基本稳定或略有提高，但占销售额的比率下降。

⑦由于促销费用分摊到更多销量上，单位生产成本迅速下降，企业利润迅速上升。

(2)成长期的营销策略

企业营销策略的核心是尽可能地延长产品的成长期。具体说来，可以采取以下四种营销策略。

①根据用户需求和其他市场信息，不断提高产品质量，努力发展产品的新款式、新型号，增加产品的新用途。

②加强促销环节，树立强有力的产品形象。促销策略的重心应从建立产品知名度转移到树立产品形象，主要目标是建立品牌偏好，争取新的顾客。

③重新评价渠道、选择决策，巩固原有渠道，增加新的销售渠道，开拓新的市场。

④选择适当的时机调整价格，以争取更多的消费者。

企业采用上述市场扩张策略，会加强产品的竞争能力，但也会相应地加大营销成本。因此，在成长阶段，面临着“高市场占有率”或“高利润率”的选择。一般来说，实施市场扩张策略会减少眼前利润，但加强了企业的市场地位和竞争能力，有利于维持和扩大企业的市场占有率，从长期利润观点看，更有利于企业发展。

3. 成熟期的特点与营销策略

(1)成熟期的阶段划分和市场特点

①成长成熟期。此时期各销售渠道基本处于饱和状态，增长率缓慢上升，还有少数后续的购买者继续进入市场。

②稳定成熟期。由于市场饱和，消费平稳，产品销售稳定。销售增长率一般只与购买者人数成比例，如无新购买者则增长率停滞或下降。

③衰退成熟期。销售水平显著下降，原有用户的兴趣已开始转向其他产品和替代品。全行业产品过剩，竞争加剧，一些缺乏竞争能力的企业将渐渐被取代，新加入的竞争者较少。竞争者之间各有自己特定的目标顾客，市场份额变动不大，突破比较困难。

(2)成熟期的营销策略

鉴于上述情况，有三种基本策略可供选择：市场改良、产品改良和营销组合改良。市场改良也称市场多元化策略，即开发新市场，寻求新用户。产品改良策略，也称为“产品再推出”，是指改进产品的品质或服务后再投放市场。营销组合改良，是指通过改变定价、销售渠道及促销方式来延长产品成熟期。

4. 衰退期的特点与营销策略

(1)衰退期的市场特点

①产品销售量由缓慢下降变为迅速下降，消费者的兴趣已完全转移。

②价格已下降到最低水平。

③多数企业无利可图，被迫退出市场。

④留在市场上的企业逐渐减少产品附带服务，削减促销预算等，以维持最低水平经营。

(2)衰退期的营销策略

①集中策略，即把资源集中使用在最有利的细分市场、最有效的销售渠道和最易销售的品种、款式上。概言之，缩短战线，以最有利的市场赢得尽可能多的利润。

②维持策略，即保持原有的细分市场和营销策略，把销售维持在一个低水平上。待到适当时机，便停止该产品的经营，退出市场。

③榨取策略，即大大降低销售费用，如广告费用削减为零、大幅度精减推销人员等，虽然销售量有可能迅速下降，但是可以增加眼前利润。

如果企业决定停止经营衰退期的产品，应在立即停产还是逐步停产问题上慎重决策，并处理好善后事宜，使企业有秩序地转向新产品经营。

9.3　产品组合策略

9.3.1　产品组合及其相关概念

(1)产品组合、产品线及产品项目

产品组合是指一个企业提供给市场的全部产品线和产品项目的组合或结构，即企业的业务经营范围。企业为了实现营销目标，充分有效地满足目标市场的需求，必须设计一个优化的产品组合。产品线是指产品群中的某一产品大类，是一组密切相关的产品。例如，以类似的方式发挥功能，出售给相同的顾客群，通过同一的销售渠道出售，属于同一的价格范畴等。产品项目是指产品线中不同品种、规格、质量和价格的特定产品。例如，某自选采购中心经营家电、百货、鞋帽、文教用品等，这就是产品组合；而其中"家电"或"鞋帽"等大类就是产品线；每一大类里的具体品牌、品种为产品项目。

(2)产品组合的宽度、长度、深度和相关性

产品组合包括四个别变数：宽度、长度、深度和相关性。产品组合的宽度是指产品组合中拥有的产品线的数目。产品组合的长度(见表 9-1)是指产品组合中产品项目的总数。产品项目总数除以产品线数目即可得到产品线的平均长度。表 9-1 所显示的产品组合总长度为 18，每条产品线的平均长度为 18÷4＝4.5。产品组合的深度是指一条产品线中所含产品项目的多少。产品组合的相关性是指各条产品线在最终用途、生产条件、分配渠道或其他方面相互关联的程度。例如，某家用电器公司拥有电视机、收录机等多条产品线，但每条产品线都与电有关，这一产品组合具有较强的一致性。相反，实行多角化经营的企业，其产品组合的相关性则较小。

表 9-1　产品组合的长度

	服　装	皮 鞋	帽 子	针织品
产品线的长度	男西装	男凉鞋	制服帽	卫生衣
	女西装	女凉鞋	鸭舌帽	卫生裤
	男中山装	男皮鞋	礼帽	汗衫背心
	女中山装	女皮鞋	女帽	
	风雨衣		童帽	
	儿童服装			

根据产品组合的四种尺度，企业可以采取四种方法发展业务组合：加大产品组合的宽度，扩展企业的经营领域，实行多样化经营，分散企业投资风险；增加产品组合的长度，使产

品线丰满充裕，成为更全面的产品线公司；加强产品组合的深度，占领同类产品的更多细分市场，满足更广泛的市场需求，增强行业竞争力；加强产品组合的一致性，使企业在某一特定的市场领域内加强竞争力，赢得良好的声誉。因此，产品组合决策就是企业根据市场需求、竞争形势和企业自身能力对产品组合的宽度、长度、深度和相关性方面作出的决策。

9.3.2 优化产品组合的分析

产品组合状况直接关系到企业销售额和利润水平，企业必须对现行产品组合作出系统的分析和评价，并决策是否加强或剔除某些产品线或产品项目。优化产品组合的过程，通常是分析、评价和调整现行产品组合的过程。优化产品组合包括以下两个重要步骤。

(1)产品线销售额和利润分析

产品线销售额和利润分析，即分析、评价现行产品线上不同产品项目所提供的销售额和利润水平。假设有一条拥有五个产品项目的产品线。第一个产品的销售额和利润额分别占整个销售额和利润的50%和30%，第二个产品项目的销售额和利润均占整个产品线销售额和利润的30%。如果这两个项目突然受到竞争者的打击或市场疲软，产品线的销售额和利润就会迅速下降。因此，在一条产品线上，如果销售额和盈利高度集中在少数产品项目上，则意味着产品线比较脆弱。为此，公司必须细心地加以保护，并努力发展具有良好前景的产品项目。最后一个产品项目只占整个产品线销售额与利润的50%，如无发展前景，可以剔除。

(2)产品项目市场地位分析

产品项目市场地位分析，即将产品线中各产品项目与竞争者的同类产品作对比分析，全面衡量各产品项目的市场地位。

9.3.3 产品组合策略的选择

1. 扩大产品组合

扩大产品组合包括开拓产品组合的宽度和加强产品组合的深度，前者指在原产品组合中增加产品线，扩大经营范围；后者指在原有产品线内增加新的产品项目。当企业预测到现有产品线的销售额和盈利率在未来可能下降时，就必须考虑在现有产品组合中增加新的产品线，或加强其中有发展潜力的产品线。

2. 缩减产品组合

市场繁荣时期，较长较宽的产品组合会为企业带来更多的盈利机会。但是在市场不景气或原料、能源供应紧张时期，缩减产品线反而能使总利润上升，因为剔除那些获利小甚至亏损的产品线或产品项目，企业可集中力量发展获利多的产品线产品项目。

3. 产品线延伸策略

每一个企业的产品都有特定的市场定位，如美国的“林肯”汽车定位在高档市场，“雪佛兰”汽车定位在中档汽车市场，而“班马”汽车则定位在低档车市场。产品线延伸策略指全部或部分地改变原有产品的市场定位，具体有向下延伸、向上延伸和双向延伸三种实现方式。

①向下延伸，即在高档产品线中增加低档产品项目。实行这一决策需要具备以下市场条件：利用高档名牌的声誉，吸引购买力水平较低的顾客慕名购买此产品线中的廉价产品；高档产品销售增长缓慢，企业的资源设备没有得到充分利用，为赢得更多的顾客，将产品线

向下伸展;企业最初进入高档产品市场的目的是建立厂牌信誉,然后再进入中、低档市场,以扩大市场占有率和销售增长率;补充企业的产品线空白。实行这种策略也有一定的风险,如处理不慎,会影响企业原有产品特别是名牌产品的市场形象,还必须辅以一套相应的营销组合策略,如对销售系统的重新设置等。所有这些将大大增加企业的营销费用开支。

②向上延伸,即在原有的产品线内增加高档产品项目。实行这一策略的主要目的是:高档产品市场具有较大的潜在成长率和较高利润率的吸引;企业的技术设备和营销能力已具备加入高档产品市场的条件;企业要重新进行产品线定位。采用这一策略也要承担一定的风险,要改变产品在顾客心目中的地位是相当困难的,处理不慎还会影响原有产品的市场声誉。

③双向延伸,即原定位于中档产品市场的企业掌握了市场优势之后,向产品线上下两个方向延伸。

价格是市场营销组合要素之一,它与产品、渠道和促销不同,它的变化异常迅速,且直接关系到企业成本的补偿以及利润的实现。中国企业市场竞争进入白热化阶段之后,价格残杀愈来愈激烈,造成企业利润的不断流失,这已经成为许多企业的心头之痛,从而促使价格问题上升至决定企业盈亏的战略问题。

9.4　产品设计与定价策略

价格作为营销组合中最活跃的因素,受多方面因素的影响,这些因素主要包括成本、市场需求、竞争状况、消费者心理及政策法规等。

9.4.1　影响定价的主要因素

1. 成本因素

成本是商品价格构成中最基本、最重要的因素,也是商品价格的最低经济界限。公司制定的价格除了应包括所有生产、销售、储运产品的成本,还应考虑公司所承担的风险。这里对通常涉及的几个成本概念稍作分析。

①固定成本。固定成本是指不随产量变化而变化的成本,如固定资产折旧、月房租租金、行政人员的薪水、利息等。

②变动成本。变动成本是指随产量变化而变化的成本,如原材料、生产工人的工资等。

③总成本。总成本是一定水平的生产所需的固定成本和变动成本的总和。

④平均固定成本。平均固定成本等于总固定成本除以产量。虽然固定成本不随产量的增减而变动,但是平均固定成本将随着产量的增加或减少而相应的下降或上升。

⑤平均变动成本。平均变动成本等于总变动成本除以产量。变动成本随产量的增减而同向增减,但平均变动成本不随产量变动而发生变动,其数额通常保持在某一特定水平上。

⑥平均总成本。平均总成本是给定的生产水平的单位成本,简称平均成本,它等于总成本除以产量,一般随产量的增加而减少。企业所制定的价格至少应该包括该单位成本。

⑦边际成本。边际成本是每增减一单位产量所增加或减少的总成本。

⑧机会成本。机会成本是企业从事某一项经营活动而放弃另一项经营活动的机会,即

另一项经营活动本应取得的收益。

2. 需求因素

成本为公司制定其产品的价格确定了底数，而市场需求则是价格的上限。价格受商品供给与需求的相互关系的影响，当商品的市场需求大于供给时，价格应高一些；当商品的市场需求小于供给时，价格应低一些。反过来，价格变动影响市场需求总量，从而影响销售量，进而影响企业目标的实现。因此，企业制定价格就必须了解价格变动对市场需求的影响程度。反映这种影响程度的一个指标就是商品需求的价格弹性。所谓需求的价格弹性(Price Elasticity of Demand)，通常简称需求弹性，是指一种物品需求量对其价格变动的反应程度的衡量，用需求量变动的百分比除以价格变动的百分比来计算。其公式为：

$$Ed=\frac{\text{需求量变动百分比}}{\text{价格变动百分比}}=\frac{\Delta Q/Q}{\Delta P/P}=\frac{\dfrac{Q_2-Q_1}{Q_1}}{\dfrac{P_2-P_1}{P_1}} \tag{9-1}$$

式中：Ed 代表需求的价格弹性，即弹性系数；ΔQ 代表需求量的变动，Q 代表需求量，ΔP 代表价格的变动；P 代表价格。

不同物品的需求弹性存在着差异，特别是在消费品的需求弹性方面。造成不同物品需求弹性差异的因素主要有以下六种。

①产品对人们生活的重要性。通常情况下，米、盐等生活必需品的需求弹性小，奢侈品的需求弹性大。

②商品的替代性。如果一种商品替代品的数目越多，则其需求弹性越大。因为价格上升时，消费者会转而购买其他替代品；价格下降时，消费者会购买这种商品来取代其他替代品。

③消费者对商品的需求程度。需求程度大，弹性小。如当医药价格上升时，尽管人们会比平常看病的次数少一些，但不会大幅度地改变他们看病的次数。与此相比，当汽车的价格上升时，汽车的需求量会大幅度减少。

④商品的耐用程度。一般而言，使用寿命长的耐用消费品的需求弹性大。

⑤产品用途的广泛性。用途单一的产品的需求弹性小，用途广泛的需求弹性大。在美国，电力的需求弹性是 1.2，这与其用途广泛相关，而小麦的需求弹性仅为 0.08，它与其用途单一有关。

⑥产品价格的高低。价格昂贵的商品需求弹性较大。

由于商品的需求弹性会因时期、消费者收入水平和地区而不同，所以在考虑商品的需求弹性到底有多大时，往往不能只考虑其中的一种因素，而要全面考虑多种因素的综合作用。在我国，彩电、音响、冰箱等商品刚出现时，需求弹性相当大，但随着居民收入水平的提高和这些商品的普及，其需求弹性逐渐变小了。

3. 竞争因素

成本因素和需求因素决定了价格的下限和上限，然而在上下限之间确定具体价格时，则很大程度上要考虑市场的竞争状况。竞争性定价在当今市场上越来越普遍，价格战也越打越激烈，没有人不受竞争影响，起码从长期角度来看是如此。在缺乏竞争的情况下，企业几乎可完全依照消费者对价格变化的敏感性来预期价格变化的效果，然而由于有了竞争，对手的反应甚至可完全破坏企业的价格预期。因此，市场竞争是影响价格制定的一个非常重要的因素。一般说来，竞争越激烈，对价格的影响也越大。

4. 心理因素

消费者的心理是影响企业定价的一个重要因素。无论哪种消费者，在消费过程中，必然会产生复杂的心理活动来指导自己的消费行为。面对不太熟悉的商品，消费者常常从价格上判断商品的好坏，认为高价高质。在大多数情况下，市场需求与价格呈反向关系，即价格升高，市场需求降低；价格降低，市场需求增加。但在某些情况下，由于受消费者心理的影响，会出现完全相反的反应。如"非典"初发期，白醋、板蓝根等商品的大幅涨价反而引起了人们的抢购。因此，在研究消费者心理对定价的影响时，要持谨慎态度，要仔细了解消费者的心理及其变化规律。

因此，企业在制定商品价格时，不仅应迎合不同消费者的心理，还应影响消费者的心理，使其消费行为向有利于自己营销的方向转化。同时，要积极主动地考虑消费者的长远利益和社会整体利益。

5. 政策法规因素

政府为了维护经济秩序，或为了其他目的，可能通过立法或者其他途径对企业的价格策略进行干预。政府的干预包括规定毛利率，规定最高、最低限价，限制价格的浮动幅度或者规定价格变动的审批手续，实行价格补贴等。因此企业制定价格时还必须考虑是否符合政府有关部门的政策和法令的规定。

6. 其他因素

除以上因素外，还有其他许多因素也会影响企业价格的制定。如有时企业根据企业理念和企业形象设计的要求，需要对产品价格做出限制。例如，企业为了树立热心公益事业的形象，会将某些有关公益事业的产品价格定得较低；为了形成高贵的企业形象，将某些产品价格定得较高等。

案例分析

科龙的定价策略

2001年3月，就在彩电市场大打价格战，空调降价的风声越来越紧时，科龙却一反常态，宣布全面上调其冰箱的价格，在业界引起普遍的关注。科龙集团提价的冰箱涉及20余款。尽管最高升幅达到8%，平均升幅达4.5%，然而市场销售却并未因此降温，经销商打款提货的销势更旺。

对于提价，科龙方面称有三点原因：

一是品牌拉力。据权威评估机构最近公布的数据，科龙品牌价值达96.18亿元。科龙集团最近加强传播攻势，在中央电视台黄金广告时段投标成功，并投入5000万元广告费用强化品牌传播，给其冰箱产品足够的拉力。

二是好卖的产品当然提价。科龙、容声冰箱2000年发起技术战，投下巨额资金，开发新品，两大品牌冰箱一、二月销售业绩比去年同期增长了15%，部分市场出现脱销、供不应求的状况，因此，科龙集团冰箱营销本部"顺应经济规律"对20余款新品提价。

三是冰箱提价后，市场反应良好，提价自然要坚持。

细究下去，科龙对提价其实早有准备，由于几大巨头之间的默契，国内冰箱市场多年来波澜不惊，少有价格战的身影。有关资料显示，目前全国有30余家国家定点冰箱生产企业，年生产能力达2000万台以上，而市场对冰箱的年需求量为1200万台，年需求增长10%左右。在如此供大于求的状态下，国产合资品牌一直暗中较劲，抢夺市场。科龙旗下的容声冰箱在全国冰箱行业销量第一的位置已经连续保持了9年，早有海尔、新飞、美菱虎视眈眈，更有伊莱克斯、西门子两大合资品牌在一、二级零售市场上蚕食国产品牌的零售份额。对此，科龙于2000年开始进行了一系列改革，为冰箱价格大战做足了准备。

9.4.2 分销渠道的含义、作用及类别

1. 分销渠道概念

分销渠道也叫“销售渠道”或“通路”，指促使某种产品或服务顺利经由市场交换过程，转移给消费者消费使用的一整套相互依存的组织。包括产品(服务)从生产者向消费者转移，并取得这种产品和服务的所有权或帮助所有权转移的所有企业和个人，也包括生产者、商人中间商、代理中间商、最终消费者或用户。

分销渠道是连接生产厂商、销售商和消费者之间的桥梁。分销渠道调节市场经济条件下生产者、消费者或用户在时间、空间分离的矛盾。

2. 分销渠道的作用

企业缺乏财力；直接营销不可行，如小商品；生产领域利润大于分销利润；经济效果显著；加速资金周转。

3. 分销渠道的类型

根据有无中间环节以及中间环节的多少，可分为零层渠道、一级渠道、二级渠道、三级渠道。

(1)消费者市场

生产者—消费者：这是最短的销售渠道，也是最直接、最简单的销售方式。特点是产销直接见面，环节少，流通费用较低；同时有利于把握市场信息。但不利于以规模化为基础的专业性分工，会降低整体效率。

生产者—零售商—消费者：这是一种最常见的销售渠道。其特点是中间环节少，渠道短，有利于生产者充分利用零售商的力量来扩大产品销路。缺点：一是需要对零售商进行有效的控制；二是大规模专业化生产与零散的消费之间的矛盾，因零售的储存不可能太大而无法很好地解决储存问题。

生产者—批发商—零售商—消费者：这是一种传统的也是较常用的模式。大多数中小型企业生产的产品零星、分散，需要批发商先将产品集中起来供应给零售商；而一些小零商进货零星，也不便于直接从生产企业进货，因此需要从批发商处进货。所以许多中小型生产企业和零售商都认为这是一种比较理想的分销渠道。这种渠道适用于一般选购品以及消费量较大的杂货、药品、玩具等。

生产者—中转商—批发商—零售商—消费者：这是最长、最复杂、销售环节最多的一种分销渠道，主要用于生产者在不熟悉的市场上分销其产品，如外贸业务。

(2)生产者市场

生产者—产业用户：这种分销渠道是工业品分销的主要选择，尤其是生产大型机器设备的企业，大都直接将产品销售给产业用户。

生产者—工业品分销商—产业用户：这种渠道模式常为那些生产普通机器设备及附属设备的企业所采用。如建材、机电、石化等行业也常通过工业品分销商将产品出售给用户。

这种渠道属于一层渠道，也是比较简单的营销渠道，属于短渠道。

生产者—代理商—产业用户：这种渠道模式用代理商代替工业品分销商，有利于销售有特殊技术性能的工业品和新产品。当生产企业要开发不够熟悉的新市场，而设置销售机构的费用太高或缺乏销售经验时，可采用这种渠道。

生产者—代理商—工业品分销商—产业用户：这是工业品分销渠道中最长、最复杂的一种模式，中间环节多，流通时间长。这种渠道模式与上一种基本相同，只是由于某种原因，不宜由代理商直接卖给用户，需要通过分销商这一环节。特别是某些工业品虽然技术性很强，但是单位销售量太小或市场不够均衡，有的地区用户多，有的地区用户少，因此有必要利用分销商分散存货，通过经销商向用户供货就更方便。

9.4.3 中间商

中间商指的是在生产者与消费者之间，专门从事商品流通活动的具有法人资格的组织或个人。中间商是连接生产厂商和消费之间的桥梁和纽带，它提高了流通的效率，并且能节约企业的成本，从而扩大商品的销售区域，最大限度地被消费者见到，增加商品的见货率。

1. 批发商

批发商主要有三类：商人批发商、经纪人和代理商、自营批发机构。

①商人批发商，又称独立批发商，自己进货，取得产品所有权后再出售，是批发商中最主要的部分。

②经纪人和代理商是从事采购或销售或两者兼备，但没有商品所有权的商业单位。与商人批发商不同，他们对所经营的商品没有所有权，所提供的服务比有些服务商人批发商还少，其主要职能在于促成产品的交易，借此赚取佣金作为报酬。与商人批发商相似的是，他们通常专注于某些产品种类或某些顾客群。经纪人和代理商主要可分为商品经纪人、制造代理商、销售代理商、采购代理商和佣金商。

③自营批发机构，指由制造商和零售商自设机构经营批发业务。主要类型有制造商与零售商的分销部和办事处。分销部有一定的商品储存，其形式如同商人批发商，只不过隶属关系不同；办事处没有存货，是企业驻外的业务代办机构，有些零售商在一些中心市场设立采购办事处，主要办理本公司的采购业务，也兼做批发业务，其功能与经纪人和代理商相似。

2. 零售商

从经营形式上看，目前零售商的类型主要分为商店零售、无店铺零售和零售组织三种。商店零售又称为有店铺零售，特点是在店内零售商品与服务，最主要的类型有专用品商店、百货商店、超级市场、便利店、超级商店、折扣店和仓储商店等七种。无店铺零售，是指不经过店铺销售商品的零售形式。由于科技发展及竞争关系，越来越多的生产商采用无店铺零售的方式出售商品，其中最普遍的有直销、直复营销、自动售货等。零售组织是以多店铺联盟的组织形式来开展零售活动的。

(1)连锁商店

连锁商店指在同一个总公司的控制下，统一店名、统一管理、统一经营、实行集中采购和销售，还可能有相似的建筑风格和标志的，由两个或两个以上分店组成的商业集团。连锁店可分为直营连锁店、自愿连锁店和零售合作组织几种。其中，直营连锁店为同一所有者所拥有，统一店名，统一管理；自愿连锁商店是由批发商牵头组成的以统一采购为目的的联合组织;零售合作组织是独立零售商按自愿互利原则成立的统一采购组织。

(2)特许经营

特许经营被誉为当今零售和服务行业最有潜力和效率的经营组织形式,特别适合那些规模小而且分散的零售和服务业。与其他经营方式相比,特许经营有以下特点:

①特许经营中,受许人对自己的店铺拥有自主权,人事和财务均是独立的,特许人无权干涉。这与连锁商店有很大差异。

②根据契约规定,在特许期间提供受许人开展经营活动所必需的信息、技术、知识和训练,同时授予受许人在一定区域内独家使用其商号、商标或服务项目等权利。

③受许人在特定期间、特定区域享有特许人商号、商标、产品或经营技术的权利,同时又须按契约的规定从事经营活动。如麦当劳要求受许人定期到公司的汉堡包大学接受培训;对所出售的食品有严格的质量标准和操作程序的要求,还有严格的卫生标准和服务要求,如工作人员不准留长发、女士必须带发罩等。

④特许关系中明确规定受许人的代理人或伙伴,没有权力代表特许人行事,受许人要明确自己的身份,以便在同消费者打交道时不致发生混淆。这使得特许经营关系与代理有着本质的不同。

⑤特许经营中,契约规定:特许人可按照受许人营业额的一定百分比收取特许费,分享受许人的部分利润,同时也要分担部分费用。如麦当劳收取的特许费用约为受许人营业额的12%,同时承担培训员工、管理咨询、广告宣传、公共关系和财务咨询等责任。

3. 代理商

代理商是受生产者委托,从事商品交易,但不拥有商品所有权的中间商。代理商根据自己的销售业绩,按照与企业约定好的比例提取一定的佣金。代理商对自己代理的产品既可以选择批量销售也可以采用零售的方式。

4. 经销商

经销商指的是在商品销售的过程中,既拥有商品的所有权又拥有商品的经营权的中间商。经销商销售的产品,首先要买断商品,但存在一定的经营风险,但同时又能促进经销商提高管理水平增加自己的竞争力,从而加速资金的周转,减少自己的风险。

9.4.4 分销渠道的设计

1. 分销渠道设计的因素

一般来讲,企业选择哪种分销渠道,归纳起来有六个因素:成本(Cost)、资金(Capital)、控制(Control)、覆盖(Coverage)、特性(Character)和连续性(Continuity)。这六个C被称为分销渠道中的“6C”。

(1)成本

企业在建立分销渠道时一般有两个步骤:建立渠道和维护渠道。一般企业前期建立渠道的成本主要有宣传成本、业务沟通成本和通讯成本等。渠道建立后,主要对自己的渠道进行维护包括支付给中间商的佣金、广告、促销、人员工资等各方面的成本。渠道对于企业而言至关重要,支付相应的成本是任何一个企业不可避免的。营销渠道管理者一般必须在成本和效益间作出决策。

(2)资金

一般而言,分销渠道建立和维护的资金是根据企业的实力而言的。对于有实力的企业而言,如果资本充足,可以自己建立分销渠道,培养自己的销售和维护队伍。但是如果企业的资金有限,必须借助中间商的实力,那么需要对渠道分销商提供如广告、促销等方面的支持。至于选择哪种方式由企业根据自己的情况进行选择。

(3)控制

企业建立自己的分销渠道后,可能存在各种渠道并存的情况,会增加管理成本。如何对自己的渠道成员进行有效的控制,对企业而言相当重要。一般来说,渠道越长,企业的管理控制成本越高。

(4)覆盖面

分销渠道的覆盖面主要指企业产品能到达或者能够有自己影响的市场范围。一般来讲,企业的分销渠道覆盖面首先要考虑覆盖的范围,其次要考虑覆盖范围的有效性。市场覆盖范围并不是越广泛越好,但至少要保证消费者能够见到产品。

(5)环境特性

正确选择分销渠道,不仅能使企业的产品顺利销售出去,而且能够节约成本。渠道的选择是一项繁琐的工作,环境因素是企业选择分销渠道一个非常重要的因素,要慎重对待。

2. 分销渠道设计的产品因素

(1)产品的单价

产品的价格与产品的形象、利润等直接相关,而分销渠道的选择直接影响产品的档次形象等。通常,产品的单价低,分销渠道就可以长一些;产品单价高,分销渠道就要短一些。如我们用的日用百货就要经过一个以上的批发商,主要是为了扩大销量和覆盖广阔的市场,使得企业薄利多销,有利可图。

(2)产品的体积和重量

产品的体积过大或者过重,运输起来就比较困难,运输费用也比较高,对于这样的产品,选择分销商时,要尽量考虑短渠道,避免中间储存和反复运输;产品的体积较小或者重量较轻,运输储存比较方便,费用就比较小,可以考虑长渠道。

(3)产品的款式

式样多变,时尚程度较高的产品,比如时装,其分销渠道一定要短,这样可以减少因为中间环节过多而影响产品的上市。对于款式变化较小的产品,分销渠道可以适当长些。

(4)产品的理化功能

化学物品一般易碎、易爆,这些产品应尽量减少中间环节,减少因时间延误和重复搬运造成产品的损坏。这类产品主要有玻璃、水产、牛奶等。

(5)产品的通用性和专用性

对于通用产品,一般都有一定的规格和质量,适合较多用户的需要,所以分销渠道可以长些;对于一些技术比较专业,使用面窄的产品最好由企业自己销售,这样可以减少中间环节的偏差,同时可以为用户进行安装、调试和售后服务等,从而提高顾客满意度,获得顾客忠诚。

(6)产品生命周期

在产品的引入初期,中间商对产品了解很少,甚至不感兴趣,为了尽快打开销路,企业不惜花费大量的人力、物力和财力组成强有力的销售队伍向消费者或者中间商推销产品。在此阶段，企业的分销渠道一般比较短；在产品的成熟期以后，企业产品在市场上已经站稳了脚跟，并大批量投放市场，此时则可以考虑借助中间商的势力，将产品全面铺向市场，以取得规模经济效益。

3. 分销渠道设计的市场因素

一般情况下，如果市场容量大、顾客购买量少，可以考虑宽渠道、长渠道，以尽量扩大产品的销量；市场容量大，顾客购买量也大，则可以考虑短渠道，尽量减少中间费用，提高企业效益。

4. 分销渠道设计的企业因素

如果企业的资金雄厚，有丰富的营销经验，开拓市场能力很强，对渠道有很强的控制欲望，那么企业可以靠自己的实力建立分销网络；但相反，如果企业实力较弱的话，则可以借助中间商的实力发展壮大。

5. 分销渠道设计的环境因素

经济、法律、科技、政治等大环境也对企业的分销渠道模式有不同程度的影响。当经济繁荣，企业需求上升时，企业会利用中间商的力量迅速将产品推向市场，遍布全销售网络。

6. 分销渠道设计的误区和评估标准

(1)分销渠道设计的误区

选择好的分销渠道，企业已经成功了一半；分销渠道只是权宜之计，建立分销渠道是借船出海；在分销渠道的长度、宽度和深度之间摇摆；越过分销做直销。

(2)企业分销渠道设计的评估标准

分销渠道方案确定后，生产厂家就要对各种备选方案进行评价，找出最优的渠道路线，通常渠道评估的标准有三个：经济性、可控性和适应性，其中最重要的是经济标准。

①经济性标准评估：主要是比较每个方案可能达到的销售额及费用水平。主要比较由本企业推销人员直接推销与使用销售代理商这两种方式哪种销售额水平更高。同时比较由本企业设立销售网点直接销售所花费用与使用销售代理商所花费用，哪种方式支出的费用大。企业对上述情况进行权衡，从中选择最佳分销方式。

②控性标准评估：一般来说，采用中间商可控性较小，企业直接销售可控性较大；分销渠道长，可控性难度大，分销渠道短可控性较容易，因此，企业必须进行全面比较、权衡，选择最优方案。

③应性标准评估：如果生产企业同所选择的中间商的合约时间较长，而在此期间，其他销售方法如直接邮购更有效，但生产企业不能随便解除合同，这样企业选择分销渠道便会缺乏灵活性。因此，生产企业必须考虑选择策略的灵活性，不签订时间过长的合约，除非在经济或控制方面具有十分优越的条件。

9.4.5 分销渠道的管理

企业在选择渠道方案后，必须对中间商加以选择和评估，并根据条件的变化对渠道进行调整。

1. 控制的出发点

不仅应从生产者自己的观点出发，还要站在中间商的立场上纵观全局。通常生产者抱怨中间商不重视某些特定品牌的销售；缺乏产品知识；不认真使用生产厂商的广告资料；不能准确地保存销售记录。

但从中间商角度来看，他们认为自己不是厂商雇佣的分销链环中的一环，而是独立机构，自定政策不受他人干涉；认为他的第一项职能是顾客购买代理商，第二项职能才是生产者销售代理商；生产者若不给中间商特别奖励，中间商不会保存销售各种品牌的记录。所以，生产者应充分考虑中间商的利益，通过协调进行有效的控制。

2. 激励渠道成员

激励渠道成员，使其出色地完成销售任务。要激励渠道成员，必须先了解中间商的需要与愿望，同时处理好与渠道成员的关系，包括以下三个方面。

①合作。生产企业应当得到中间商的合作。为此，采用积极的激励手段，如给较高利润，交易中获得特殊照顾，给予促销津贴等，偶尔应采用消极的制裁办法，诸如减少利润，推迟交货，终止关系等。但这种方法的负面影响要加以重视。

②合伙。生产者与中间商在销售区域、产品供应、市场开发、财务要求、市场信息、技术指导、售后服务等方面彼此合作，按中间商遵守合同程度给予激励。

③经销规划。这是最先进的方法。需要由有计划的实行专业化管理的垂直市场营销系统，将生产者与中间商的需要结合起来，在企业营销部门设一个分销规划部，与分销商共同规划营销目标、存货水平、场地及形象化管理计划、人员推销、广告及促销计划等。

案例分析

诺基亚：遭遇中国滑铁卢[①]

2008年7月18日，诺基亚发布2008年第二季度财务报告，期内其净利润同比下滑61%，但若扣除裁员和会计方法等特别项目的影响，其净利润为21.8亿美元，同比增长8%。然而，在这份差强人意的成绩单中，中国市场俨然已成为诺基亚手机业务的滑铁卢——诺基亚大中国区市场第二季度的手机销量比第一季度下滑16.2%，这也是诺基亚全球销售版图中唯一一个出现手机销量下滑的区域。2008年以来，国内手机销售出现了整个行业性的“滞涨”现象，不仅是诺基亚，包括摩托罗拉、三星、夏新、金立等中外品牌手机，均出现不同程度的销售下滑。

一位不愿透露身份的手机经销商表示，在国内手机行业销售整体不振的大背景下，诺基亚的销售下滑还有着更为深层次的原因。“长期以来，诺基亚在中国市场一直坚持‘低利润’的渠道策略，渠道商与厂商之间一直积怨颇深，这种矛盾也不可避免地传至销售终端。”该经销商表示，代理诺基亚手机的代理商利润空间仅1%到2%，而零售终端一般也只有5%到7%。相比之下，摩托罗拉、三星等品牌手机的渠道毛利率一般都超过10%，而国产手机一般都在20%以上。

“相对低廉的利润空间，导致诺基亚终端销售人员积极性不高。”在一些综合性手机卖场，相比较销售天语、金立等品牌手机的“积极主动”，销售人员在推介诺基亚手机时，往往显得动力不足。手机渠道人士分析说，由于诺基亚推行的低利润渠道策略，渠道层面要想从诺基亚手机销售中获利，就必须做到一定的量，“在行情好的时候，销售占据手机市场份额超过40%的诺基亚手机，能够保证走量，渠道和终端尚能保证一定的利润”。但是，在市场销售疲软的情况下，销量走低带来渠道层面的利润受压，这种此前被掩盖的“厂商矛盾”随即浮出水

① 资料来源：http://scyxjpk.jlbtc.edu.cnwlxxdzja/dzja13.html.

面。目前部分手机卖场已开始减少诺基亚手机的展示空间，与此相配套的销售资源也在减少。部分手机销售商认为，诺基亚为了维持其市场份额和利润水平，长期以来对渠道采取了“低利润”的策略，但在中国手机市场出现放缓的情况下，诺基亚“应该适时改变其渠道策略”。

【思考题】

1. 市场细分的基本原则有哪些？
2. 为什么要市场细分？市场细分都有哪些方法？
3. 简述产品在成长期的市场营销策略。
4. 影响企业定价的因素有哪些？
5. 简述分销渠道的含义及作用。

第十章　产品设计与品牌整合营销传播

10.1　整合营销传播的概念

10.1.1　整合营销传播理论的提出

营销理论已经发展了数十年，经历了消费品营销(20世纪50年代)、产业营销(20世纪60年代)、非营利及社会营销(20世纪70年代)、服务及关系营销(20世纪80年代)、整合营销(20世纪90年代)的演变。营销，是一个不断进化的概念。20世纪60年代的麦卡锡曾把霍华德的传统理论作了进一步的发展，对市场营销提出了新的见解，即所谓的目标市场理论，认为市场营销的基本组合是4Ps：产品(Product)、价格(Price)、地点(Place)和促销(Promotion)。20世纪80年代以来，市场学理论权威学者科特勒根据当时贸易保护主义的抬头和生态环境的恶化问题，又提出了大市场营销的理论，即在传统的4Ps的基础上加了两个P：政治力量(Political Power)和公共关系(Public Relations)。进入21世纪后，随着消费者生活水平的迅速提高，生活形态的极大改变，接受外部讯息的手段极大地丰富，更为重要的是全球市场的一体化(这就意味着市场上的产品竞争将日益激烈)，市场营销必将迈入一个全新的时代，即感觉营销时代。

事实上，无论是麦卡锡的4Ps还是科特勒的6Ps，所谓的产品、价格、地点、促销政治、公关等变数都具有策略性管理的内涵，企业的组织者如果能够根据市场的变化审时度势，提出一整套可供操作的营销体系并不算十分困难的事。按照科特勒的观点，营销管理即所谓的分析、计划和控制。然而，不管企业采取何种营销管理模式，其最终的目的只有一个，那就是要引起销售。而要引起销售的前提除了上述的6Ps之外，更为重要的一个前提条件就是要把有关企业恰当的讯息在恰当的时间以恰当的媒介和恰当的方式传播给恰当的目标受众。在这里，传播是一个企业与目标消费者沟通并进而引起销售的不可或缺的先决要素，所以，才会有人说营销即传播。

20世纪90年代广告学专家舒尔茨等人提出的整合营销传播(Integrated Marketing Communications，IMC)理论在各国广为流行足以说明当今企业界已经越来越认识到广告传播的重要性。

在进入21世纪的今天，在共同面临的市场环境中，大部分企业已得到了以数字化革命(Digital Revolution)、光纤维通信革命(Optical Fiber Revolution)，电脑革命(Computer Revolution)等三大技术革命为媒介的信息高速公路(Information Highway)的恩惠。从这个角度来说，企业正处在进一步细分化、专门化、科学化的市场环境中，仅以一时性、普遍性的对应方法已无法提出确切的经营方案。这也意味着信息高速公路带来了人们可以共享信息的民主化、开放化的新型企业经营环境。营销学界对于整合营销传播的认识存在着各种不同的观点。整合营销传播这一观点，在20世纪80年代中期开始提出。许多学者预感到具有战略意义的传播协同效果(Communication Synergy)时代的到来，并从各自的观点出发提出了传播协同效果的定义。企业各传播手段的协同效果开始发展为整合营销传播这一概念，但还没有确切的定义。研究者们当时都普遍认为根据研究角度、使用立场的不同，整合营销传播的定义也应不同。各方学者及机构从不同角度对整合营销传播进行了深入研究。

整合营销传播理论的发源地——美国西北大学的研究组把整合营销传播定义为："整合营销传播把品牌与企业的所有接触点作为信息传达渠道，以直接影响消费者的购买行为为目标，是从消费者出发，运用所有手段进行有力传播的过程。"

这一研究组的先驱者舒尔茨(Don E. Schultz)教授对此作了如下补充说明："整合营销传播不是以一种表情、一种声音，而是以更多的要素构成的概念。整合营销传播是以潜在顾客和现在顾客为对象，开发并实行说服性传播的多种形态的过程。整合营销传播的目的是直接影响听众的传播形态，整合营销传播考虑了消费者与企业接触的所有要素(如品牌)。整合营销传播甚至使用以往不被看作是传播形态，但消费者认为是传播形态的要素。概括地讲，整合营销传播是为开发出经过一定时间可测定的、有效果的、有效率的、相互作用的传播程序而设计的。"

事实上，这些概念还不充分，也不能说哪个更为确切。整合传播的中心不同，其整合营销传播的定义也不同。同样，研究者、实践者的观察角度不同，整合营销传播的形态也不同。

①从广告主的角度看整合营销传播，以广告、促销、公共关系等多种手段传播一贯的信息，整合传播战略，以便提高品牌和产品的形象。

②从媒体机构来看整合营销传播，大型的媒体公司在20世纪80年代吞并了别的媒体机构成为庞大的多媒体机构。所以不是个别的媒体实施运动，而是以多种媒体组成一个系统，给广告主提供更好的服务。

③从广告公司的角度看整合营销传播，不仅要通过广告传播，还要灵活运用必要的促销、公共关系、包装等诸多传播方法，把它们整合起来，给广告主提供服务。

④从企业研究者或经营战略研究者的角度看整合营销传播，应使用资料库，以争取更多的消费者。从消费者立场出发进行企业活动，并构筑传播方式，以容易接受的方法提供消费者必要的信息。关注消费者的购买行为，实施能够促进与顾客形成良好关系的传播活动。

1989年后，全美广告业协会(AAAA)促进了整合营销传播的发展，他们认为："整合营销传播是一个营销传播计划概念，它注重以下综合计划的增加值，即通过评价广告、直接邮寄、人员推销和公共关系等传播手段的战略作用，以提供明确、一致和最有效的传播影响力。"很多学者引用了他们的见解。但是作为这一定义的实例，全美广告业协会列举了属于市场组合之一的促销组合(Promotion Mix)中的例子，因而被认为是着重于促销的狭义的整合营销传播定义。实际上其定义包含着概括性意义，概括起来有以下四点。

①使用了多种多样的传播手段(条件A)。

②是对这些手段的整合(条件B)，只有同时满足条件A和条件B，才能形成整合营销传播。

③是对多种传播手段的战略作用进行比较分析的战略决策(Strategic Decision Making)。

④是营销传播计划(Marketing Communication Planning)概念。

然而这样的定义容易被理解成是从传播者角度观察接受者的单向式传播。整合营销传播不仅应对广告主和广告公司有价值,对消费者也应有价值。

1996 年美国西北大学赞助的第 3 届整合营销传播年会上提出的关于整合营销传播的定义涉及以下五个方面。

①整合营销传播是一个对现有顾客和潜在顾客发展和实施各种形式的说服性沟通计划的长期过程。

②顾客决定沟通方式。

③所有与顾客的接触点必须具有引人注目的沟通影响力。

④技术使与顾客的相互作用越来越成为可能。

⑤需要测试营销沟通结果的新办法。

10.1.2　整合营销传播对企业的作用

为了对整合营销传播的概念有更深层次的了解,我们来分析一下企业采用整合营销传播以后能得到的初步效果,综合起来可以表现为以下四点。

(1)整合感

许多企业把整合营销传播当作战术运用。因为整合营销传播可以让例如广告、促销、直销、公共关系等所有的传播程序具有整合感。这种价值体现让利害关系者更容易理解信息,开发整合营销传播的目的正在于此。

(2)传播效果的最大化

某些企业认为整合营销传播就是合理运用营销或营销传播费用的方法。这些企业相信适当地减少或整合几种传播程序,企业的组织成员、业务活动和组织能力都会有所改善。虽然整合后发生这种效果的情况很多,但整合营销传播的价值绝不只是减少费用。

(3)交易费用(Transaction Cost)的减少

令人惊奇的是,整合营销传播的最大效果是减少生产或流通中的交易费用(Transaction Cost)。其中对于利害关系者的交易费用的减少是很重要的效果。通过完善的整合营销传播活动,我们了解到交易费用的减少其实是自我控制。在目前市场竞争激烈、强烈要求减少成本的市场状况下,对于企业而言,整合营销传播最大的贡献就是减少了这种交易费用。以往大部分减少交易费用的方法有两种。

一是通过规模效益(Scale Merit)或经验曲线(Experience Curve)等减少制造成本,如今用 TQM(Total Quality Management)等多种用语表示。二是为了达到供应商和零售商的双方目的,用减少流通费用等降低交易费用的方法,来开发、构筑后勤系统(Logistical System),Category Killer(掌握特定系列商品的优惠专卖店)的兴起就说明了后勤系统的有效性。

许多企业发现,为了减少交易费用而在生产和流通领域减少费用的方法不会有持续的效果。比如,即使提高了生产效率,但竞争对手很快会模仿,并且在流通和物流方面进行改良,从而实现反超。所以减少交易费用的最合理的方法是过程的整合,使所有的利害当事者都可以减少交易费用。

(4)目标导向的观念的实现

简单地说,整合就是通过市场使企业与利害关系者的沟通更顺畅、更有效率。这意味着企业把包括广告在内的所有营销活动和传播活动的焦点尽可能地移向目标导向。

这是从覆盖范围(Coverage)向传播的转换。如果信息变得更加准确,商品变得更加高性能化和个性化的话,那么消费者寻找、购买商品的费用和接受服务的费用会大幅度地减少。最重要的是满足顾客的同时,也减少了营销费用。比起用促销组合争取新顾客,或反复进行促销争取一次性顾客的活动而言,对已有满足感的现有顾客展开市场活动更有效率。今后的营销传播会更加需要这样的基准。

10.2 整合营销传播的内涵

整合营销传播是以消费者为中心,建立在对消费者深入了解的基础上的一种传播方式,它将所有的营销传播手段协调、统一起来,向目标受众传递统一的说服性信息,在企业与消费者间建立一种独特的关系,从而达到企业的目标。营销专家 Don E. Schultz 认为,整合营销传播提供了一种新的视角,将一度各自为政的广告、公关、促销、组织传播等各种传播方式看作一个整体,从而使传播者从普通消费者的视角看待所有的信息。

整合营销传播区别于传统营销传播的关键在于整个活动的中心由生产商向消费者转移。严格地说,它改变的不仅仅是传播活动,而是整个营销活动。营销专家 Lauterborn 提出“4P 时代已经过去,4C 时代已经到来”的新营销主张。“把产品先搁到一边,赶紧研究消费者的需要与欲求,不要再卖你所能制造的产品,而要卖某人确定想购买的产品。”“暂时忘掉定价策略。快去了解消费者要满足其需要与欲求所愿付出的成本。忘掉通路策略,应当思考如何给消费者方便以购得商品。最后请忘掉促销。20 世纪 90 年代的正确新词汇是沟通。”

整合营销传播并不是最终目的,而只是一种手段,其根本就在于以消费者为中心。在整个传播活动中,它的内涵具体表现在以下四个方面。

1. 以消费者资料库为运作基础

消费者资料库是整合营销传播活动的起点,也是关系营销中双向交流的保证。现代技术的发展使测量消费者行为成为可能,它具有比态度测量更高的准确性。从资料库的信息中,可以充分掌握消费者、潜在消费者使用产品的历史,了解他们的价值观、生活方式、消费习惯、接触讯息的时间、方式等,分析、预测他们的需求,由此确定传播的目标、渠道、讯息等,真正做到针对不同的消费群体采取相应的策略。

2. 整合各种传播手段塑造一致性“心像”

这是由消费者处理信息的方式决定的。由于每天需要接收、处理大量的信息,消费者形成了“浅尝”式的信息处理法。他们依赖认知,把搜集的信息限制在最小的范围内,并由此做判断与决定。对于消费者来说,无论正确与否,他们认知到的就是事实。这就要求生产者提供的产品或服务的信息必须清晰一致而且易于理解,从而在消费者心中形成一致性的形象。

要做到这一点,必须充分认识消费者对于产品或服务讯息的各种接触渠道。它们包括广告、公关、促销、人员销售、产品包装、货架位置、售后服务等经过计划的接触渠道,也包括新闻报道、相关机构的评价、消费者口碑、办公环境等未纳入计划甚至无法控制的接触渠道。理想的整合营销传播是把消费者的接触渠道尽可能地纳入到计划之中,同时把这些接触渠道传递的信息整合起来。这种整合，不是信息的简单叠加，而是发挥不同渠道的优势，使信息传播形成合力，从而形成鲜明的品牌个性。

3. 以关系营销为目的

整合营销传播的核心是使消费者对品牌萌生信任，并且维系这种信任，使其长久存在于消费者心中。然而，企业并不能单单靠产品本身就建立这种信任，因许多产品实质上是相同的，而与消费者建立和谐、共鸣、对话、沟通的关系，才能使其脱颖而出。

尽管营销并没有改变其根本目的——销售，但达到目的的途径却因以消费者为中心的营销理论发生了改变。如果说以往只要通过大量的广告、公关、活动等就可以形成产品的差异化，那么今天的生产商们远没有这么幸运。由于产品、价格乃至销售渠道的相似，消费者对于大众传媒的排斥，生产商只有与消费者建立长期良好的关系，才能形成品牌的差异化，所以说整合营销传播正是实现关系营销的有力武器。

4. 以循环为本质

以消费者为中心的营销观念决定了企业不能以满足消费者一次性需求为最终目的，只有随着消费者的变化调整自己的生产经营与销售，才是企业未来的生存发展之道。消费者资料库是整个关系营销以及整合营销传播的基础与起点，因而不断更新、完善资料库成为一种必需。现代计算机技术以及多种接触控制实现了生产商与消费者之间的双向沟通，由此可以掌握消费者态度与行为的变化情况，雀巢、亨氏等一些企业以俱乐部的形式在消费者与生产商之间建立了直接的联系；一些航空公司、宾馆、大型零售商也建立起了消费者资料库，形成了固定联系；更有一些企业利用新兴的互联网技术设置虚拟社区，为消费者的信息反馈提供空间，从中了解消费者对产品的满意程度，汲取有价值的信息，为企业的进一步发展寻找新的机会点。

可以说，没有双向交流，就没有不断更新的资料库；没有不断更新的资料库，就失去了整合营销传播的基础。因而建立在双向交流基础上的循环是整合营销传播的必要保证。

10.3　整合营销传播的目的

上述已对整合营销传播的概念和内涵做了详细的分析和说明，那么企业为什么要采用整合营销传播来代替其他的营销手段呢？整合营销传播要达到什么目的？其目的就在于使企业所有的营销活动在市场上针对不同的消费者，进行“一对一”的传播，形成一个总体的、综合的印象和情感认同，这种将消费者细分，并建立相对稳定、统一的印象的过程，就是塑造品牌，即建立品牌影响力和提高品牌忠诚度的过程。

整合营销传播应把消费者以及从业人员、投资者、社区、大众媒体、政府、同行业者等作为利害关系对象，不只是对这些对象进行一次性整合，而是应分阶段一步步地进行。目前，不仅美国、日本等先进国家的市场，发展中国家的一部分商品也逐渐趋向饱和及均衡状态。对于企业，以产品力(Product Power)为基础的产品差别化变得很困难；开发创造性的新技术或新产品也变得很难，即使开发出新产品，由于技术的发达，仿制品也会很快上市，产品的先占效果也很难实现；至于价格战略，降价固然很重要，但这也很难与低价的无商标产品(No Brand Product)竞争，何况通过合理的流通渠道节约费用，从而降低单价的方法也有其限制。因此，通过整合营销传播战略创造价值才是企业创造以后竞争优势(Competitive Advantage)的唯一方法。以方法论而言，获得竞争优势的最主要核心就是能够集中管理企业传播要素，创造对应企业利害关系者所提出的充分必要条件。具体地来说，企业通过实施整合营销传播要达到以下三个目的。

①以消费者为中心，研究和实施如何抓住消费者，打动消费者，与消费者建立一种"一对一"的互动式营销关系，不断了解客户和顾客，不断改进产品和服务，满足他们的需要。

②整合营销传播要通过各种营销手段建立消费者对品牌的忠诚。市场营销是什么？即市场调研、定价、产品企划、售后服务等。这些活动都是市场营销的一部分，但市场营销不仅仅是这些要素，美国市场营销协会对市场营销定义为：计划和实施对观念、产品和服务的形象建立、定价、促销和分销策略的过程以实现满足个体和组织目标的交换。

有效的营销要求管理人员认识到销售额与促销等活动之间互相依赖的关系，并懂得如何协调它们来制定营销管理。而从整合营销传播的角度来看，市场营销从某种意义上说，就是传播沟通，营销就是传播，因为营销的最高层次是要建立品牌忠诚，品牌忠诚要靠先进的传播和与消费者良好的双向沟通才能实现。

③整合各种传播资源。过去企业习惯于使用广告这一单一的手段来促进产品的销售，但我们今天已处于现代社会的信息时代，现在的传播手段越来越多，传播本身开始分化和组合。这就要求企业在营销传播过程中，注意整合使用各种载体，达到最有效的传播影响力。

中国的市场，是十三亿人口的市场，是世界产品的市场，这个市场的竞争是非常激烈的。但是，企业的产品、价格、营销的手段却有很高程度的同质化，企业之间互相模仿的现象比较严重，聪明的企业会去创造产品、价格、营销手段的差异化，但是创造差异化的优势又谈何容易？在这个时候，企业之间在市场上真正较量的东西是什么？

这就是品牌。从理论上和实践上讲，拥有市场比拥有生产线更重要，而拥有市场就必须拥有一个强势的品牌。市场或行业追随者们可以模仿一种技术、一种产品，或模仿跟随别人的营销手段，但不能模仿品牌在消费者心目中的特殊感受和影响。国内外许许多多的企业取得的巨大成功，其品牌对市场、对消费者的影响，在其中起着非常重要的作用。中国的企业和市场正在走向成熟，而主要的标志之一就是我们正在从产品时代逐步迈向品牌时代，品牌价值的塑造和提升已成为中国企业市场营销活动的中心工作。那么塑造和提升品牌靠什么手段？除了产品、质量、价格、服务外，基本的手段就要靠各种传播工具了。

以上所说的媒体整合策略无疑是从消费者出发，以消费者为中心制订的，它充分考虑到消费者在一天的工作、学习、生活、休闲中可能接触到的媒体及其时间段，连贯性地进行品牌塑造及宣传，目的在于通过整合达到事半功倍的效果。

案例分析

麦当劳的整合营销传播

麦当劳是世界上规模最大的快餐连锁集团之一，在全球的120多个国家有2万9千多家餐厅。1990年，麦当劳来到中国，在深圳开设了中国的第一家麦当劳餐厅；1992年4月在北京的王府井开设了当时世界上面积最大的麦当劳餐厅，当日的交易人次超过万人。1992年以来，麦当劳在中国迅速发展。1993年2月广州第一家麦当劳餐厅在广东国际大厦开业；1994年6月，天津第一家麦当劳餐厅在滨江道开业；1994年7月，上海第一家麦当劳餐厅在淮海路开业。数年间，麦当劳已在北京、天津、上海、重庆四个直辖市，以及广东、广西、福建、江苏、浙江、湖北、湖南、河南、河北、山东、山西、安徽、辽宁、吉林、黑龙江、四川和陕西等17个省的74个大、中城市开设了460多家餐厅，在中国的餐饮业市场占有重要地位。

作为世界首屈一指的快餐连锁集团，麦当劳近年来在全球各地市场受到了多方面的挑战：市场占有率下降。2002年11月8日，麦当劳宣布从3个国家撤出，关闭10个国家的175家门店，迅速扩张战略受阻。在中国大陆，麦当劳的门店数仅为肯德基的3/5。品牌定位上逐渐"品牌老化"。肯德基主打成年人市场，麦当劳则坚持走小孩和家庭路线，"迎合妈妈和小孩"。但随着近年人们的婚姻和婚育观念的改变，晚婚和单身的现象日渐平常，消费核心群体由家庭群体向24岁到35岁的单身无子女群体转变，麦当劳的定位以及品牌的概念恰与此偏离。投资策略上，麦当劳在中国一直坚持自己独资开设连锁店。截止2003年7月底，麦当劳都没有采取类似肯德基等快餐连锁的特许经营的扩张方式。公司管理上，迅速扩张的战略隐患逐渐暴露。麦当劳最引以为豪的就是其在全球快速而成功的扩张，在2002年麦当劳缩减扩张计划之前，麦当劳在全球新建分店的速度一度达到每8小时一家，而这种快速扩张也使得麦当劳对门店的管理无法及时跟进，比如一些地区正在恶化的劳资关系以及滞后的危机处理能力。在广州麦当劳消毒水事件中，店长反应迟缓，与消费者争执，损坏了企业的品牌形象。民族和文化意识上的隔阂也给麦当劳带来了麻烦。与可口可乐、万宝路一样，麦当劳与"美国"这一概念捆绑在一起，其效应就如一把双刃剑，既征服了市场，也引来了麻烦。从中东乃至穆斯林掀起的抵制美国货运动，到"9·11"事件后麦当劳餐厅的爆炸事件，都说明了"美国"品牌的负面效应。现代社会，快餐食品对健康的影响逐渐为越来越多的人重视，这也成为麦当劳的又一难题。

2003年3月5日的"两会"上，全国政协委员张皎建议严格限制麦当劳、肯德基的发展；世界卫生组织(WHO)也正式宣布，麦当劳、肯德基的油煎、油炸食品中含有大量致癌毒素丙毒。在各种因素的综合作用下，2002年10月麦当劳股价跌至7年以来的最低点，比1998年缩水了70%，并在2002年第四季度第一次出现了亏损。为改变这种情况，2002年初，麦当劳新的全球首席营销官拉里·莱特(LarryLight)上任，并策划了一系列整合营销传播方案，实施麦当劳品牌更新计划：2003年，麦当劳在中国台湾、新加坡等地推出了"和风饭食系列"、"韩式泡菜堡"，在中国大陆推出了"板烧鸡腿汉堡"，放松标准化模式，发挥本地化策略优势，推出新产品，顺应当地消费者的需求。2003年8月，麦当劳宣布，来自天津的孙蒙蒙女士成为麦当劳在内地的首个特许加盟商，打破了中国内地独资开设连锁店的惯例。2003年9月2日，麦当劳正式启动"我就喜欢"品牌更新计划。麦当劳第一次同时在全球100多个国家联合起来用同一组广告、同一种信息进行品牌宣传，一改几十年不变的"迎合妈妈和小孩"的快乐形象，放弃坚持了近50年的"家庭"定位举措，将注意力对准35岁以下的年轻消费群体，围绕着"酷"、"自己做主"、"我行我素"等年轻人推崇的理念，把麦当劳打造成年轻化、时尚化的形象。同时，麦当劳连锁店的广告海报和员工服装的基本色都换成了时尚前卫的黑色。配合品牌广告宣传，麦当劳推出了一系列超"酷"的促销活动，比如只要对服务员大声说"我就喜欢"或"I'mLovingIt"，就能获赠圆筒冰激凌，这样的活动很受年轻人的欢迎。

2003年11月24日，麦当劳与"动感地带"(M-Zone)宣布结成合作联盟，并在中国麦当劳店内同步推出了一系列"我的地盘，我就喜欢"的"通信+快餐"的协同营销活动。麦当劳还将在中国餐厅内提供WiFi服务，让消费者可以在麦当劳餐厅内享受时尚的无线上网乐趣。2004年2月12日，麦当劳与姚明签约，姚明成为麦当劳全球形象代言人。姚明将在身体健康和活动性、奥林匹克计划以及“我就喜欢”营销活动和客户沟通方面发挥重要作用。2004 年 2 月 23 日，麦当劳推出“365 天给你优质惊喜，超值惊喜”活动，推出一项“超值惊喜，不过 5 元”的促销活动。在 2004 年 2 月 23 日到 8 月 24 日期间，共有近 10 款食品价格降到了 5 元以内。2004 年 02 月 27 日，麦当劳宣布，将其全球范围内的奥运会合作伙伴关系延长到 2012 年。此举一次性地将其赞助权延长连续四届奥运会。这一为期八年的续约延续了麦当劳在餐馆和食品服务领域向 2006 年意大利都灵冬季奥运会、2008 年中国北京奥运会、2010 年加拿大温哥华冬奥会以及 2012 年英国伦敦奥运会的独家销售权利，还可以在全球营销活动中使用奥运会的五环标志，并获得对全球 201 个国家和地区的奥运会参赛队伍的独家赞助机会。

经过一系列的努力，麦当劳 2003 年 11 月份销售收入增长了 14.9%，亚太地区的销售收入增长了 16.2%。公司的股价逆市上涨，创下了 16 个月以来的新高。JP 摩根集团 2003 年 12 月称，麦当劳在全球经营已经有了很大的改变，并将麦当劳的股票评级从“一般市场表现”调升至“超出市场表现”。

10.4　整合营销传播策略的理论框架

10.4.1　对企业利害关系者的分析

利害关系者理论的一个重要代表学者是弗里曼(R. E Freeman)，他是利害关系者理论研究的先驱者之一。利害关系者理论研究的中心目的之一是使管理者了解利害关系者并管理他们。弗里曼说：“利害关系者理论是关于可影响组织的群体和个体的以及回应群体和个体所采取的管理行为。”他提出三个问题，构成了利害关系者理论研究的方向：利害关系者是由哪些人构成的？利害关系者他们需要什么？利害关系者怎样实现自身的利益？

所谓的利害关系者是指那些对企业的政策和方法能够施加影响的所有个人或集体。弗里曼还从所有权、经济依赖性和社会利益三个不同的角度对利害关系者进行层次清晰的分类。

对企业拥有所有权的利害关系者有：持有公司股票的经理人员、持有公司股票的董事和其他持有公司股票者等。与企业在经济上有依赖关系的利害关系者主要有：在公司取得薪俸的所有经理人员、债权人、内部服务机构、雇员、消费者、供应商、竞争者、地方社区、管理机构等。与企业在社会利益上有关系的利害关系者主要有特殊群体、政府领导人和媒体等。

不同的利害关系者的分类中，分别具有不同的利益追求。各种利害关系者的利益要求的主要内容包括：股东——高投资回报，企业稳定发展；从业人员——企业稳定的发展，稳定的工资收入，良好的企业形象，良好的福利；债权人——资金回收率，资金回收期限，信贷规模；供应商——贷款回收率，获取原材料的困难程度，供应的价格；零售商——商品的供应保证，商品市场的推广条件，现有营业设施的适应性；消费者——商品质量高，服务好，价格低，操作使用方便；竞争者——价格水平，商品生产条件及竞争力；中央地方政府——要求企业遵纪守法，及时足额缴纳赋税；外国政府——保护本国企业的利益，获得外汇收入。

由于企业所处的内、外部环境中存在着多种类别的利害关系者，而这些利害关系者同企业之间形成的关系往往错综复杂，难于整合。为了使对利害关系者的分析更好地为企业的决策提供正确有效的依据，有必要对企业的主要利害关系者做全面的分析。

1. 企业与消费者之间的关系

企业与消费者之间的关系是企业的诸利害关系中最核心的部分。现在的消费者是决定制造业企业所要生产的商品的人。因此，消费者是决定商店提供何种商品、服务、营业时间、价格及决定销售员熟练程度的人。

2. 企业与非个人客户的关系

企业与客户的关系是指企业与除个人消费者之外的集团购买者之间的关系，它根据企业性质的不同可以分为与零售单位、机关单位、社会团体、生产单位的关系。一般来讲，客户购买的特点有以下几点。

①户数少。作为集团购买者的客户，与个人消费者相比户数要少得多。

②购买集中且批量大。

③购买需求变化小，集团购买者往往长期使用同样的商品。

④购买行为受价格以及社会和心理等因素影响相对较小。

⑤对购买的方便性等方面的要求较高。

⑥对所需要的商品一般掌握较系统的专业知识和市场信息。

⑦容易和企业结成长期稳定的购销关系。

⑧常常提出附加条件。

3. 企业与投资者的关系

投资关系是指企业结合财务机能和传播机能进行的经营战略活动，向投资者提供企业的业绩及经营成果，并实施未来的正确计划。其活动的最终成果是降低企业的资本成本。形成投资者关系的对象包括如下诸多集团。

①目前的股东（个人、法人、小股东、大股东）。

②目前的机构投资者（基金管理者、保险公司、信托公司、投资信托公司、工会、财团等机关投资者、投资咨询公司）。

③潜在的个人投资者和机关投资者。

④证券公司的证券分析家、金融记者、金融经济学者。

⑤金融机构的行政关系者等。

4. 企业间的关系

企业间的关系一般表现为：通过为满足顾客需求而形成的顾客关系创造需求；通过与其他企业的合作、联合或竞争维持竞争优势；通过与流通业的协作与竞争构筑交易关系；通过与社会建立的关系承担社会责任并对社会作出贡献。

5. 企业与社区的关系

企业与社区的关系十分密切。社区是企业立足、构成企业产品销售市场的居民生活场所。社区是有形集团中为了不特定的目的自然形成的具有复合机能的集团。所有企业对其社区的健全性和繁荣程度的影响很大。良好的社区关系对企业与社区都有益。对于社区，企业的繁荣意味着就业、租金、税收、社区机构及其活动、经济等的安定。

6. 企业与政府的关系

企业与政府的关系是指企业与政府及公共团体间的利害关系。现在政府已经成为决定企业成败的因素之一，而企业累积政府部门的各种职能。

7. 企业与媒介的关系

企业大部分信息通过媒介，特别是大众媒介被传播，媒介的独立报导对企业形象的形成或破坏影响很大。营销传播管理者为了搞好媒介关系应考虑以下几点。

①充分认识媒介关系的双重性质。从整合营销传播角度来说，新闻界具有双重性质。一方面，它是整合营销传播实现目标的重要媒介，即企业和社会公众进行对话、沟通的主要渠道。另一方面，新闻媒介的广大从业人员本身也是公众之一。他们和社会各界有着广泛的接触和亲密的联系。

②保持经常接触，主动提供信息。

③了解新闻人士的职业尊严和职业特点，遵守与他们交往的原则和方法。

④积极安排记者与企业最高领导层见面。

10.4.2 企业资料数据库的建立

为对企业利害关系者进行充分了解和掌控，必须建立全面详细的企业资料数据库，这是建立双向沟通系统的最佳方法。

1. 建立资料数据库的思考模式

整合营销传播的核心是以消费者为中心，这对以往的传播策略思考方向和思考过程产生了重大的影响，Don E. Schultz 教授在《整合营销传播》一书中，对整合营销传播给出了一种思考模式。

(1)从消费者出发，研究消费者与潜在消费者的购买诱因

根据企业资料库中消费者或潜在消费者以往的购买行为，可把他们分为三类，即本品牌的忠诚消费群、他品牌的忠诚消费群和游离群，然后分别了解、分析以下问题。

①这类消费者是如何认知这类产品中的各种品牌的？

②他们目前购买哪种品牌？他们用哪种方式购买？如何使用？

③他们的生活形态如何？心理状态如何？

④他们对该类产品的态度如何？他们对正在使用的品牌态度如何？

⑤他们想从本类产品中得到却没有得到的需求是什么？如果有产品能满足他们的需求，他们会改变购买吗？

(2)考察产品，了解产品的实质与消费者的认知状况

①该产品的实质是怎样的？与其他品牌有何不同？

②消费者对该品牌的认知如何？他们对产品的外观、感觉、口味等印象如何？

③消费者如何评价制造该产品的企业？

在了解分析以上情况的基础上，确定哪些人是该产品的潜在消费者，该产品是否适合他们的需求，由此决定企业的营销目标与传播目标。

(3)研究竞争状况

①主要的竞争对手是谁？是否有其他类产品也具有竞争性？本类别产品的主要竞争品牌是谁？

②消费者对那些竞争品牌的认知如何？它们的弱点在哪里？我们可以夺取哪部分市场？

③消费者是从哪里接触到那些竞争品牌的？它们又是如何吸引消费者的？它们将来有可能怎样反击我们？

(4)寻找、确定本品牌的消费者利益

在对消费者资料详细分析的基础上，根据本品牌的实质，寻找与竞争品牌不同的产品特性，用为消费者提供利益、解决问题的方式表现出来。消费者利益应该具有以下特点。

①它必须能够解决消费者的问题，满足消费者的某种需求。

②它必须能带给消费者实实在在的好处。

③与其他品牌相比，必须有明显的竞争力。

④它必须能够用一个简单的句子表达，以便于消费者理解、记忆。

(5)有效地说服消费者

要将消费者利益转化成有效的信息，使消费者确信本品牌可以满足他们的需求，需要解决两个方面的问题。一是在考虑消费者利益的基础上，赋予品牌个性，使消费者更容易与之建立感情，与竞争品牌区分开。二是利用有效而个性化的消费者接触渠道，进行有效传播。零细化的媒体、不同形式的传播渠道，可以与消费者形成更密切的交流，因而也更有说服力。

(6)对一个阶段传播效果的调查与评估

整合营销传播是一个循环的过程，对某一阶段传播执行效果的调查与评估，既是对上一阶段的总结，又是对资料库的一种补充与更新。调查与评估的内容包括：消费者是否接触到了信息，他们是否相信？品牌个性符合消费者的需要吗？他们对品牌的认知和反应如何？等等。这些问题的答案将提供消费者行为的资讯，会使传播策略更加精确。

总而言之，“整合营销传播的意义是很单纯的，透过采取一些根据消费者需求所衍生的沟通方式，你可以为你的产品建立起一种认知价值，并使产品在消费者心中与竞争产品产生区隔；如果消费者对你产品的认知价值比竞争者的大时，那么消费者就会对你的品牌维持忠诚”。

2. 建立有效的 CRM 系统

由于以上所涉及的各种信息是极为分散、难于整合的，因此需要利用客户管理系统(Customer Relationship Management, CRM)有效地把各个渠道传来的客户信息集中在一个数据库里。在公司各个部门之间共享同一个客户资料数据库，发生在这个客户上的各种接触，无论是他何时索要过公司简介，还是他是否曾经购买过产品都记录在案，每个与这一顾客打交道的部门经手人可以很轻易地查询到这些数据，让这个顾客得到整体的关怀。但是目前许多公司各部门仍然分头行动，没有有效地转变观念，没有建立起成果共享的团队意识。同时公司以客户为中心的 CRM 理念是否真正贯彻到了工作流程中，又是否真正提高了用户满意度？比如销售人员往往从完成销售额的角度出发，让客户在购买之后才发现服务和产品性能并不像当初销售人员描述的那样，因而使消费者产生不满。这些常见的问题都是由于公司的运作流程没有按照以客户为中心的宗旨去设计实施，而是各部门从其自身的利益出发，多头出击造成的，即使可以在短期内赢得订单，但长期来看会损害与客户的长期合作关系。

CRM 系统的功能表现在以下几个方面。

(1)销售

CRM 系统能提供的功能主要是销售力量自动化(Sales Force Automation, SFA)。SFA 主要是提高专业销售人员的大部分活动的自动化程度。它包含一系列的功能，来使销售过程自动化，提高工作效率。它的功能一般包括日历和日程安排、联系和账户管理、佣金管理、商业机会和传递渠道管理、销售预测、建议的产生和管理、定价、领域划分、费用报告等。

(2)营销

CRM 系统还提供营销自动化模块，作为对 SFA 的补充，它为营销提供了独特的功能，如营销活动(包括以网络为基础的营销活动或传统的营销活动)计划的制订和执行、计划结果的分析；清单的产生和管理；预算和预测；营销资料管理(关于产品、定价、竞争信息等的知识库)；对有需求客户的跟踪、分销和管理。营销自动化模块与 SFA 模块的不同在于：它们提供的功能不同，这些功能的目标也不同。

(3)客户服务与支持

在很多情况下，客户保持和获利能力依赖于提供优质的服务，客户只需轻点鼠标或一个电话就可以转向公司的竞争者，因此客户服务与支持对很多公司来说是极为重要的。客户管理系统(CRM)在满足客户的个性化要求方面，其速度、准确性和效率都令人满意。客户服务与支持的典型应用包括客户关怀、订单跟踪、现场服务、问题及其解决方法的数据库、维修行为安排和调度、服务协议及合同和服务请求管理。

(4)多渠道的客户互动

与客户沟通的方法有很多，如面对面的接触、电话、电子邮件、互联网以及通过合作伙伴进行的间接联系等。CRM 应用有必要为上述多渠道的客户沟通提供一致的数据和客户信息。客户经常根据自己的偏好和沟通渠道的方便与否，来掌握沟通渠道的最终选择权。例如，有的客户或潜在的客户不喜欢那些不请自来的电话，但对偶尔的电子邮件却不介意。就外部来讲，公司可从多渠道间的良好客户互动中获益，如客户在与公司交涉时，不希望向不同的公司部门或人提供相同的重复的信息，而统一的渠道方法则从各渠道间收集数据，这样客户的问题能更快更有效地解决，以提高客户满意度。

目前仍然有许多公司认为根本没必要建设 CRM 系统，认为目前的管理手段完全适用，但如果公司想要发展，那么建立有效的 CRM 系统是很有必要的。当然要建立一个完善的 CRM 系统并不是一朝一夕的事，而是需要公司真正贯彻以客户为中心，而不只是口头文章，同时需要公司各部门积极共同的配合，因为客户关系管理并不只是一个部门某几个人的工作。

10.4.3 整合营销传播的“9S”战术

整合营销传播的实践过程既复杂又简单，应从利害关系者出发，研究他们与企业的利害关系，确定其价值后制定能够强化他们行为的方法，使得利害关系者的行为往预期方向发展。这些过程可以通过 9S 模型来实践。

在具体地解说 9S 模型前，先说明整合营销传播的两个基本观点：一个是“宽度(Breadth)”，指将广告、促销、公共关系、直销等各领域专家们组合到一起解决整合营销传播问题；另一个是“深度(Depth)”，即如何组织的问题，这才是更重要的。下面以“深度”为中心具体说明整合营销传播的战术过程。

1. S1：洞察利害关系者(Stakeholders & Interest Groups Insight)

从“深度”观点考察整合营销传播，第一要素就是洞察利害关系者，我们常听到的“熟知顾客”正符合这一观点的要求。近年来，企业信息的作用越来越大，而且企业能得到的利害关系者的信息量也在不断增加。如今，先进企业不仅搜集顾客的态度和嗜好资料，而且花费很大精力去搜集投资者的投资行为等方面的资料。往往是少数利害关系者对企业发展做出很大贡献，所以重要的是必须关注忠诚顾客的数目是否理想。

2. S2：储藏利害关系者信息(Save Information)

从以上的论述可知，记录利害关系者的信息具有很重要的意义。假设某企业有虽然数量很少、但经常光顾的顾客集团，这种情况下企业应该记住这些顾客。否则，会给顾客一种挫折感(Frustration)，甚至导致这些顾客变为起负面影响的意见先导者(Opinion Leader)，这将是企业很大的不幸。假设某集团每年都购买一批电脑，但每次购买时总被电脑公司当作“新顾客”对待，这样会令采购人员产生不愉快感。相反，如果有家企业能够对“回头客”给予某种形式的优惠，顾客再次购买时肯定还会选择这家企业。因此，企业记录顾客信息，邮寄宣传广告时应区别对待他们，让他们感觉到你把他视作客户，这对企业是很必要的。

3. S3：细分利害关系者(Strategic Segmentation)

为了避免这种不幸，必须细分利害关系者。否则，就无法判断谁是以前购买过的顾客或联系过的利害关系者，更无法从行为状态判断谁对企业更重要。虽然顾客给企业许多反馈，但是企业不记录、不储存这些反馈信息，会造成很重大的损失。例如，丰田汽车公司把高档轿车引进美国市场时，对顾客的意见非常重视。顾客访问销售商时，会填写大量的问卷。而丰田公司会详细记录顾客“请不要在晚上联络”或者“有什么问题请给我的秘书发传真”等回答。这样，当营销人员想打电话联系某个顾客时，先查阅顾客数据库，如果看到“现在不适合打电话”等字样，就不会打电话给顾客，从而避免了因小事而惹恼客户。

4. S4：战略竞争优势(Strategic Competitive Advantage)

了解顾客就是战略竞争优势。对于汽车厂商或销售商来说，这种方法就是竞争优势。他们知道接近利害关系者的最好方法，这样就可以减少犯其他竞争企业所犯的很多失误，如在顾客不便接电话的时间打电话等。如前所述，真正重视利害关系者的企业，会对某些特定的利害关系者进行完整的记录，努力了解关于这些利害关系者的一切。具备这一切，也就具有了竞争优势，而且顾客也会有兴趣与这个企业或销售商来往。如果把经常光顾的客户当作新顾客，那么顾客一定想换个地方。

5. S5：调整计划的战略性(Strategic Planning Coordination)

为了实现整合营销传播战略的目标，要从计划阶段就开始进行调整。如果不知道营销部门在做什么，就无法进行广告企划；如果不知道销售部门在做什么，就不可能制定推销计划。因此，单独由一个部门负责企划、实施一个促销活动是不可能的。首先要找出企业细分市场，然后制定能够把信息传达到该市场的方法。例如，一些顾客虽然经常购买商品，但总是优惠时购买，而另一些顾客却经常按定价购买。对于这两类顾客，需要采取不同的分析方法。在美国，企业就通常采取把“按定价购买商品的顾客留住，把优惠购买商品的顾客(Cherry Pickers)让给别的企业”的战略。“顾客管理”就是要做到“管理好细分后的利害关系者”。营销传播管理者要考虑的不仅是争取几名利害关系者，而是要看他们是否是真正重要的利害关系者；不仅要调查前期记录的利害关系者现在剩下多少，而且要调查为何失去了这么多的利害关系者。

6. S6:持续改善(Sequential Improvement)

在进行上述策略的同时,还要确定顾客管理存在的问题和目标。对于企业来说,知道如何争取顾客是非常重要的,关键之一就是改善。众所周知,美国虽然对解决问题的方法很在行,却不善于改良商品。要实施整合营销传播,改良却是不可或缺的条件。

7. S7:战略传播组合(Strategic Communication Mix)

对维持和管理利害关系者来说,最好的"改善"方法是提高沟通传播的质和量。举例来说,顾客看了联合航空公司(United Airlines)的"Fly the friendly sky"口号去乘坐飞机,结果发现服务并不热情,有时甚至想跟乘务员吵架,那么再好的口号也是无用的。对于经常乘坐飞机的顾客来说,飞机误时后的解决方法比那些空洞的口号更有意义。如今,传播的量很多,但要测定哪些是真正高质量的传播却很困难,因为测定商业活动效果的基本尺度不同。

8. S8:系统控制(Systematic Control)

确定以上新概念后,就需要研究相关新方法的管理和组织。对整合营销传播来说,利害关系者管理、经营活动过程管理等都很重要,但更重要的是测定成果的方法,即新的尺度和标准。营销传播管理者不仅要负责自己部门的事务,而且还要关注别的部门;不是评价一部分工作的成败,而是从整个商业活动去考虑问题。从整合营销传播的营销传播管理者角度看,整合营销传播需要全公司的支持和合作,要求权力下放,且可以影响企业的重大决策。营销传播管理者虽然不可以给别的部门经理下命令,但可使他们更加正确地判断和决策。实践整合营销传播的成败不是由企业决定的,而是由利害关系者决定的,取决于利害关系者是如何对活动感兴趣的,这就是整合营销传播的系统控制观。

9. S9:共享企业价值(Share of Corporate Value)

整合营销传播战略的最终目标是通过与利害关系者形成更密切的关系而共享企业价值。对于企业,它想持续保持与最重要的利害关系者的利害关系并持续拥有利害关系者是很自然的。企业要让利害关系者认为自己的存在是有意义的、有必要的,并且这种关系只能在整个企业层面上建立,而不只是某一个部门。这样,企业就不会远离重要的利害关系集团,并且能够与它们建立持久的关系。企业营销传播不应只重视美丽词句和信息量,而应该摸索如何与各种利害关系集团建立能够共享企业价值的方法。

把握"9S"模型,企业实施整合营销传播战略定会顺水又顺风;而成功实施整合营销传播战略,想必能加速企业取得新一轮的成功。

10.5 品牌传播的途径

10.5.1 广告与品牌传播

广告是企业促销组合中十分重要的组成部分,是运用最为广泛和最为有效的促销手段。在商店内、在道路旁、在报刊上、在电视里……斑斓多姿、形形色色的广告时刻冲击着人们的视觉和听觉。它曾塑造过"一个广告救活一个企业"的神话,然而也可能导致负面效应,误导消费者,或使商品陷入无人问津的困境。广告,以其意想不到而又难以捉摸的效应使企业对其既迷恋又困惑。

1. 广告的基本特征

广告的概念，严格来说可划分为广义和狭义两种。广义的广告即"广而告之"，是指向广大公众传递信息的手段和行为；狭义的广告，确切地讲即商业广告，是指企业为扩大销售获得盈利，以付酬的方式利用各种传播手段向目标市场的广大公众传播商品或服务信息的经济活动。广告是利用各种传播媒体来传递商品和服务信息的，这就形成了广告宣传的一些固有特征。

①传播面广。由于传播媒体能大量地复制信息并广泛地进行传播，所以广告的信息覆盖面相当广，可以使企业及其产品在短期内迅速扩大影响。

②间接传播。由于是通过传播媒体进行宣传，广告主同广告的接受者并不直接见面。所以广告的内容和形式会对广告的宣传效果产生很大影响。

③媒体效应。由于消费者是通过传播媒体来获得产品和服务信息的，所以媒体本身的声誉、吸引力及其接触的可能性都会对广告信息的传播效果产生正反两方面的效应。

④经济效益。由于广告对传播媒体的利用是有偿的，所以企业的广告活动必须重视经济效益，必须对广告费用的投入及其产生的促销效果进行核算和比较。

第二次世界大战以后，在科技进步与经济增长的双重驱动下，世界广告事业进入了发展的黄金时代。首先，广告的传播手段不断更新与丰富，呈现高科技化的特点，声图文并茂、形象生动的电视备受观众喜爱而成为一种主要的传播媒体，光纤、激光、电脑等技术手段也逐步走上了广告的舞台；其次，广告的策划与设计技巧日益提高和创新，更加注重手法的艺术化和主题的感染力，或以情感人，或以理服人，使受众在欣赏和思考的同时，接受广告所要传达的信息；再次，广告的决策管理愈加系统和完善，它建立在现代市场营销观念的基础上，以消费者为中心，与企业的发展计划及促销策略相配合，突出了形象的整体性和战略的长期性。

2. 广告的分类

广告的分类是指为适应广告决策和策划的需要，按照一定的标准将广告活动划分为不同的类型，亦称广告形态。了解广告的分类，有利于企业围绕其营销目标，恰当地选择广告种类和手法，准确地传达广告信息和主题，合理地进行广告安排和组合。

这里主要依据广告的内容、目的、诉求点、作用期、媒体形式等标准分别对广告进行分类。

(1)按广告的内容分类

根据广告内容的不同，可将其划分为商品广告、服务广告、公共关系广告及公益广告、启示广告。

①商品广告。商品广告主要传递企业商品或服务的品牌、质量、性能、特点等信息，以宣传、推销企业的产品(包括有形商品和无形商品)为主旨。其数量在现代广告中占有较高的比重。

②服务广告。服务广告是宣传企业在销售某类产品时所提供的附加服务项目的广告，如对顾客购买的空调，提供免费送货、安装、维修等售后服务，以激发消费者购买某产品的欲望。

③公共关系广告。公共关系广告是为增加企业知名度和美誉度，以宣传企业整体形象为主要内容的广告，它既包括直接传递企业宗旨、概况等信息的企业广告(或称声誉广告)，

也包括企业参与某项社会活动的倡议或响应广告，以及为慈善机构向社会集资、募捐，或配合政府有关部门开展的诸如戒烟、环保、计划生育等方面活动的社会公益广告。

④启示广告。广告活动不含促销信息，而只是传递某些必要的信息，如更名启示、迁址启示等。

(2)按广告的目的分类

按照广告具体目的的不同，可将其分为显露广告、认知广告、竞争广告和扩销广告。

①显露广告。显露广告以迅速提高知名度为目的，着重突出品牌等简单明了、便于记忆的文字或符号等信息，而对商品和企业不做具体的介绍。

②认知广告。为使受众全面深入地了解商品，详细介绍其特性、用途、优点的广告，其目的是增加受众对商品的认知度。

③竞争广告。与竞争对手的广告等其他促销手段针锋相对，并有意识地展开攻击或进行防御，是一种针对性极为明显的广告。如美国百事公司“七喜从来不含咖啡因，也永远不含咖啡因”的宣传则隐含了对可口可乐公司的影射，是极具代表性的竞争性广告。

④扩销广告。短时期内为推动销售量的急剧扩大而实施的广告，如有奖或优惠销售的广告等，这类广告的刺激性较强。

(3)按广告的诉求方式分类

消费者购买行为的产生往往源于不同的动机，广告的诉求方式即广告所期望激发的消费者的购买动机。依此标准，广告可分为感情诉求和理性诉求两大类。

①感情诉求广告。通过广告对无生命的商品赋予一定的生动的感性色彩，与消费者对某种情感的追求相吻合，即动之以情，使其在好感和共鸣的基础上选择购买商品。

②理性诉求广告。通过直接或间接的形式科学论证商品的优点，理性地说服受众，即晓之以理，使其在信服的基础上采取购买行为。

除此之外，按照传播的地域范围，可将广告划分为地方性广告、区域性广告、全国性广告和国际性广告；按照媒体方式不同，可将广告划分为报纸广告、杂志广告、广播广告、电视广告、户外广告、pop广告(售点广告)、邮寄广告、其他广告等；按照广告的作用期不同，可划分为即时广告、近期广告和战略广告；按照广告产品的生命周期不同，又可将广告划分为导入期广告、成长期广告、成熟期广告、衰退期广告等。

3. 广告目标

所谓广告目标，是企业借助广告活动，在规划期内所期望达到的最终效果。广告目标对广告总体活动具有指导意义，也是制定广告战略和策划的首要步骤及准则。

广告目标的确定，首先取决于其经营目标和市场状况，如产品所处的生命周期、竞争对手战略、企业的市场地位等，据此明确广告活动的目的，然后再根据广告活动的目的选择和确定广告的目标。在广告活动中，广告活动的目的体现了企业经营目标和市场竞争的要求，相对比较抽象；而广告的目标则是把广告活动的目的进行具体化、数量化，比较实际。一般而言，完整的广告目标包括以下五个方面的内容。

①时间跨度，即广告活动的规划期，从何时起至何时止。

②地域，即广告活动传播的地域范围。

③目标受众，即面向哪一部分广告受众进行宣传也应在广告目标中明确的界定。

④性质描述，即期望通过广告活动达到什么样的效果。例如，是销售量上升还是美誉度

提高。

⑤数量指标，这也是广告实施后进行效果评定的重要依据。例如，对某种品牌的广告目标可以这样来表述：截止 2013 年 12 月止，使本品牌在上海市 18－45 岁的女性消费者中的知晓度由 30％提升至 80％。

一个企业的广告目标往往不是唯一的，且可以根据不同的标准进行分类。例如，从时间上可以分为长期目标、中期目标和短期目标，从地区上可以分为全国性目标、区域性目标和地方性目标，而最为重要且具有实际意义的一种方法是按其具体内容进行分类。按具体内容可分为以下四种。

(1)销售增长目标

销售增长目标是企业广告活动中较为常见的广告目标，旨在企业销售业绩的增长，它往往是通过销售额、销售量等指标来衡量的。有广告专家曾言“我们的目的是销售，否则便不是做广告”，可见销售增长目标何等重要。以此为重点的广告战略一般注重对消费者购买欲望的刺激，适用于在市场上已具备一定影响和销路的商品。但是，由于广告并非实现销售的唯一手段，必须与产品、价格、渠道等策略及其他促销方式配套使用，因此对这一广告目标的实现程度就难以单独的评价。

(2)市场拓展目标

以市场拓展为目标的广告战略旨在拓展新的市场，期望通过一段时期的广告活动能使一批新的消费者加入产品的消费行列，所以以市场拓展为目标的广告战略一般注重在新的消费群体中加强商品或品牌的知晓度及偏好度。而由于新的消费群体很可能是竞争对手过去或现在的购买者，以市场拓展为目标的广告战略一般具有较强的竞争性和挑战性。

(3)产品推广目标

以产品推广为目标的广告战略旨在扩大产品的认知度或知晓度，期望通过一个阶段的广告活动使企业的某一种产品或品牌为目标市场的消费者所了解和接受。所以以产品推广为目标的广告战略一般注重对消费者消费观念的改变及品牌知名度的提高，重视广告的覆盖面和目标受众对广告的接触率。这类广告目标比较适用于企业新产品的宣传。

(4)企业形象目标

以企业形象为目标的广告战略旨在扩大企业在社会上的影响，其期望通过一段时期的广告活动使企业整体的知名度和美誉度得到提高，所以以企业形象为目标的广告战略不单纯地追求短期内商品销售量的增长，而注重同目标受众之间的信息和情感沟通，追求他们对本企业的文化理念及视觉形象的认同，努力增强目标受众对企业的好感和信任。

4. 广告媒体

广告，从本质上来讲是一种沟通信息的传播活动，它的实现往往需要借助一定的传播媒体。广告媒体就是介于广告发布者与接受者之间、用以传递信息的手段与设施。

(1)广告媒体的类型

总的来看，现代广告媒体主要包括以下八大类型。

①印刷媒体，即在广告的制作、宣传中利用印刷技术的媒体，包括报纸、杂志、书籍、宣传册及其他各种印刷品。

②电子媒体，即利用电子技术进行广告宣传的媒体，如电视、广播、电影、互联网、幻灯等，这一类媒体在近年来的发展变化尤其突出。

③户外媒体,在户外公共场所使用广告牌、霓虹灯、灯箱及邮筒、电话亭等公共设施进行广告宣传,一般来讲这些媒体总是要和城市的整体布局及周围的环境、气氛融为一体,甚至具有装饰市容、美化环境的作用,但与此同时又要求它能够"跳出"环境,吸引人们的注意。

④直复媒体,指直接邮递广告或电话、电视直销广告等。此类媒体担负着直接推销的双重功能,即宣传者、销售者原则上是合二为一的,由于可根据其购买行为掌握和分析消费者对广告的反应,所以这种形式的广告媒体体现了广告发布者与接受者之间的双向沟通。

⑤售点媒体,指在销售现场及其周围用以广告宣传的设施和布置,包括商店的门面、橱窗、商品陈列及店内外的海报、横幅、灯箱等,这类媒体在消费者最后的购买决策中体现了较为明显和直接的沟通、引导作用。

⑥包装媒体,指同时兼有广告传播效应的包装纸、包装盒、包装袋等。在我国这是较为悠久的一种广告媒体,在古代就有通过在包装纸上的简单印刷来介绍产品或扩大店铺影响的广告方式,而现代包装较之有了巨大的飞跃,不仅制作材料多样,形状花样繁多,而且功能更是不断得以扩展,除了便于运输、维护使用价值等包装的初始功能外,许多包装在完成"第一使命"后还可以继续发挥价值,如用作装饰品、器皿、手袋等,由此也使其广告宣传的作用得到较长时间的延续和更广空间的传播。此外,自选服务式商业的兴起也推动了对包装这个广告媒体的加强和重视,它甚至兼具人员推销的效用,抢眼的色彩易吸引消费者的注意,美观的设计易赢得消费者的喜爱,而很多老产品也常常通过改头换面——新颖的包装来再度唤起新、老顾客的购买兴趣。

⑦交通媒体,指在广告中利用车、船、地铁等交通设施进行宣传,表现为汽车或火车、船等交通工具内部的产品、品牌广告,以及一些汽车的车体广告,即通过汽车外部的装饰或图画进行传播。尤其是后者,虽然在我国只是刚刚兴起,且主要在几个大城市中,但已获得了公众的普遍欢迎,被誉为城市中"流动的美术"。因其目标较大,容易引起受众的注意,但是却由于视线停留时间不长,因此不宜对产品内容作详细的介绍。除了流动人口较多的旅游或商业中心城市外,公交车或出租车的传播地域一般只能局限在本市范围之内,长途交通工具的广告媒体效应却恰恰相反,往往可以超越地理界限,且信息覆盖面较广。

⑧其他媒体。广告的触角深入到了世界的各个角落,似乎任何存在的事物都具有被广告媒体选中的可能性。例如:烟雾广告,即用飞机在空中喷出的字体或色彩进行宣传,这种媒体鲜艳夺目,在20公里范围内都看得清清楚楚;写云广告,即通过激光将广告语打在云层之上,与前一种媒体有异曲同工之处;空中飞艇广告,日本"三得利"、"诺基亚(Nokia)"手机等都曾在我国使用过这类媒体;服装媒体广告,将商标或广告语绘制在衣服上突出宣传也成为一度的流行……不仅这些,甚至动物及人体或大自然本身,如岩石、海滩等,也曾有被用作广告媒体的案例。

在以上各类媒体中,报纸、杂志、广播、电视是公认的四大广告媒体,也是以"大众传播"为基础原理的传播媒体,他们的共同特点是传播面广,表现力强,持续性好,影响力大,所以往往成为企业最常用的广告媒体。

(2)广告媒体选择的因素

媒体策划是广告策划的重要组成部分,在媒体选择时需要考虑以下五个因素。

①商品的性质与生命周期。商品本身的性质、特点是选择广告媒体的重要根据。商品按其用途可以分为生产资料和生活资料,这些产品又有高、中、低档之分。一般而言,生产资

料技术性强、结构用途复杂，所以宜用文字图形印刷广告，如报纸、杂志、产品说明书等，这些广告媒体能够详细地说明产品的结构、性能、保养、维修方法。而日用消费品最好用形、声、色兼备的电视媒体，或广播媒体，因为这种媒体具有形象感，能诱发消费者的购买欲望。如在电视里做服装、鞋帽广告，感兴趣的人就会多，广告效果就比较好。

从产品生命周期看，导入期要利用覆盖面广的广告媒体；成长期则要界定目标受众，增加广告频次；成熟期则需针对使用者实施媒体的重点覆盖；衰退期的广告媒体分配在销售好的地区，主要针对品牌忠诚者，或分配在新地区。

②目标受众的接受习惯与接受能力。做广告一定要考虑到不同广告对象对媒体的偏好。如妇女对电影、电视、流行杂志等较感兴趣，在这些媒体上宣传化妆品、流行服装，就容易引起妇女的注意和兴趣。而如农药、农机等农业生产资料的购买对象是农民，他们有听广播或看电视的习惯，所以利用广播来介绍这些商品就比用报纸杂志更容易被农民接受。

此外，还必须根据消费者的接受能力来选择广告媒体，保证广告信息被准确传达。例如在文化水平较低的地区，报纸、电视机普及率不高，在电视上尤其报刊上做广告是不适宜的；交通条件不便的地区，广播可能是比较好的传播媒体；而在偏僻荒凉的农村，广告牌也不可能充分发挥作用。因人因地，有的放矢地选择媒体，才能使广告产生最大效应。

③广告信息的时效性。广告信息有不同的时效要求。有些广告信息要求及时、迅速地传递，以便捷足先登，取得“先入为主”的市场竞争优势。从商品类型看，凡鲜活易腐、容易变质的商品，或一些时令、时髦商品以及演出、比赛等文体活动，必须尽快发布广告信息，这一类的广告可以借助报纸、广播或海报等媒体。反之，广告信息传播的时间要求不是太迫切，就可以考虑制作时间或发行间隔较长的电视、杂志等广告媒体。

④媒体的覆盖范围与特点。从地域上来说，媒体有全国媒体和地区性媒体之分，由于广告的最终目的是为了销售，所以广告的传播范围应该与商品的销售范围基本一致。如果是地产地销的产品，就不必到全国性的广告媒体上做广告。反之，如果是面向全国市场的产品，本企业又有巨大的资本能力及扩产潜力，就可以选择有全国影响的电视、广播、报刊等媒体做广告。

⑤广告费用。广告费用是选择广告媒体的制约因素之一。不同的广告媒体，广告费用不一样。一般而言，电视、电影媒体的广告费用最高，广播、报刊次之，路牌、橱窗、招贴的广告费用则较低。对于企业来说，广告费用对其的制约主要体现在两方面：一是经济承受力，若一次性支付的广告费用很高，而企业经济实力又不是很雄厚，企业就难以选择这样的广告媒体；二是广告的经济效果，即广告费用的投入和产出之比。虽然利用某种媒体的一次性广告费用较高，但其引发的经济效益却远远超出广告费用的投入，企业也愿意利用这样的广告媒体。反之，若效益低于广告费用的支出，那么即使该媒体的广告费用很低，企业也不愿意对其进行投入。

(3)广告媒体选择的原则

在选择广告媒体时应当遵循以下一些基本原则。

①目的性原则，即在选择广告媒体时，应当遵循企业的经营目标，适应企业的市场目标，并充分考虑广告所要达到的具体目标，选择那些最有利于实现目标的广告媒体。

②有效性原则，即所选择的广告媒体及其组合，能有效地展示企业产品的优势，能有效地传递企业的各种有关信息，不失真、少干扰，有说服力和感染力，同时能以其适当的覆盖面

和影响力有效地建立企业及产品的良好形象。

③可行性原则，即选择广告媒体还应当充分考虑各种现实可能性。例如，自身能力的可行性，即是否具有相应的经济实力，能否获得期望的发布时间；受众能力的可行性，即目标受众能否容易地接触你所选择的媒体，理解这些媒体所传递的信息；环境的可行性，即目标受众所处地区的政治、法律、文化、自然交通等条件能否保证所选择的媒体有效地传播企业的广告信息。

案例分析

百年润发广告策略[①]

中国广告目前已取得了令世人瞩目的成就，在数不胜数的广告中，"百年润发"电视广告品牌形象的独特定位、商业性和文化气质的完美结合，以及给人心灵的震撼，堪称是具有中国特色的经典之作。"百年润发"是重庆奥妮系列产品中的一个，目前在市场上已上市的有奥妮皂角、奥妮首乌和百年润发（又分青年型和中年型两种）。在"百年润发"广告里，"文化气"和"商业气"天衣无缝地结合，融汇成具有中国情感的、中国式词汇的民族品牌，这与国产商品"洋名风"、"霸气风"形成鲜明对比，有助于记忆度的加强、辨识率的提高。

据当时一项调查显示，广告产生的所有感动几乎都来自这个情节，这支广告为企业创造了近8亿的销售收入。百年润发的广告案例在京剧的音乐背景下，周润发百年润发广告篇给观众讲述了一个青梅竹马、白头偕老的爱情故事。男女主人公从相识、相恋、分别和结合都借助于周润发丰富的面部表情表现了出来：爱慕状、微笑状、焦灼状、欣喜状。而白头偕老的情愫是借助于男主人公周润发一往情深地给"发妻"洗头浇水的镜头表现出来的。

白头偕老的结发夫妻，头发在中国历史上本身就有着深沉的文化内涵，此时配以画外音"青丝秀发，缘系百年"，然后推出产品"百年润发，重庆奥妮！"——把中国夫妻以青丝到白发、相好百年的山盟海誓都融入了"百年润发"中。

明星拍广告大都是一笑之后简单地推出产品，而广告中祥和朴实的男演员没有一句台词，时势变迁的悲欢离合，重游旧地、遥想当年的复杂情绪全靠精湛的表演，加上女演员情真、意浓、清新、毫不逊色的配合，使得爱情故事真正融进百年润发品牌中去，广告主题在视觉上更加完美。在"国货当自强"的"良缘"下，人名、品名、真情浑然一体，天造地设，相得益彰，明星的"晕光"效应酣畅淋漓，百年润发的知名度得以极大地提升，在保证产品的优质前提下，早早地迎来了成长期。

百年润发广告的广告目标是"品牌百年润发"——一个近乎天才的命名策划！百年，时间概念，将品牌悠远的历史表露无遗，增加了品牌的时间厚重感；润发，则将品牌的产品属性以及品类特点很好地体现出来，一语中的！百年润发联合在一起，品牌名传递的品牌信息准确而生动！后来使用周润发来充当形象代言人更是神来之笔。

百年润发广告的广告定位是"植物一派"——感性百年润发是国产洗发水品牌最优秀的品牌策划。百年润发不仅注重奥妮品牌的植物一派的功能表达，还更多地注入了情感因素，将品牌定位从一般的功能性描述上升到感性高度，更难能可贵的是百年润发的情感传递是通过传播生活形态来完成的。当红影星周润发的倾情表演将百年润发的情感世界表露无遗。

广告的气质是充盈内涵的韵律和风格，是形象透露出内在的气韵和格调。广告的气质

① 资料来源：http://wenku.baidu.com.

是民族文化心理的传承,这种传承具有较强的历史惯性和社会渗透力。由于情感趣味以及潜意识中文化心理的趋同,消费者对广告的文化气质自然会产生喜爱和执著,会潜移默化地影响他们的行为,从这一方面来说,百年润发的文化诉求,有助于提高国民素质。在保证品牌有强大竞争力的前提下,弘扬民族文化,实现广告的教育功能,这就是中国特色。

百年润发杰出地驾驭了这一理论,在别人已诉求的利益上,它不再跟其后附和,它有对手所没有的特有成分,别具匠心地赋予了百年润发与中华民族文化的美好联想,京剧、二胡等国粹在近十年有所低迷,可广告中铿锵的锣鼓、委婉的京胡,使这一古老形式大放异彩,借古抒情,古老的形式现代化,这是大胆创新,也是民族文化的继承和发扬。

只是中国美德下的夫妻间青丝白发,相好百年,永结同心的忠贞爱情与西方的爱情观不同,如果相同的话,它一定能在戛纳广告节上博得阵阵掌声。

百年润发广告的广告主题——请周润发做广告是一种很普通的广告形式,褒贬不一,对商家来说,如果名人的良好公众形象、社会地位、高度的知名度和美誉度,能巧妙地借用,这将使观众因喜爱和崇拜广告中的名人而连带喜欢广告的产品,从某种角度讲这是一条捷径,可以缩短产品的导入期,当然在快速成长的同时,也很冒险。

10.5.2 促销与品牌传播

1. 促销的本质与功能

促销是企业市场营销活动的基本策略之一,它是指企业以各种有效的方式向目标市场传递有关信息,以启发、推动或创造消费者对企业产品和服务的需求,并引起其购买欲望和购买行为的综合性策略活动。它一般包括广告、人员推销、营业推广和公共关系等具体活动。促销的本质是通过传播实现企业同其目标市场之间的信息沟通,所有的促销活动都有以下四种基本功能。

(1)告知功能

促销活动能把企业的产品、服务、价格、信誉、交易方式和交易条件等有关信息告诉给公众,使他们对企业由无知转为有知,从知之不多到知之较多,从而能使他们在选择购买目标时,将企业的产品或服务纳入其选择范围。一般来说,消费者比较喜欢购买他们了解的产品,若他们对某一企业的有关信息知道得越多,选择该企业产品的可能性也就越大。

(2)说服功能

促销活动往往致力于通过提供证明,展示效果、解释疑虑和表示承诺等方法来说服消费者,加强他们对本企业产品或服务的信心,以促使其迅速采取购买行为。一般来说,消费者在购买决策犹豫不定的时候,很希望能有新的信息来帮助他作出决策。促销活动在这方面的信息沟通往往能恰到好处地促使消费者作出对本企业有利的购买决策。

(3)影响功能

促销活动通过向社会广泛传播信息,往往能使消费者的印象不断加深,甚至形成一种社会舆论,从而在从众心理的作用下,对目标市场的消费者产生舆论导向,使他们在不知不觉中接受本企业的各种宣传,建立对本企业的认识,形成对本企业及产品的好感。

(4)信息传播功能

因为促销的本质是同目标市场之间的信息沟通,其主要手段就是各种形式的信息传播活动。因此,要在激烈的市场竞争中,确保企业的竞争优势,就必须掌握信息传播的客观规律，努力提高促销活动中的信息传播效果，以强化促销的各种基本功能。

2. 促销策略组合

企业的促销活动是由一系列具体活动构成的，它们一般可归结为四种主要手段，即广告、人员推销、营业推广和公共关系。同时又可将其分为以人员活动为主的促销活动（如人员推销）和以非人员活动为主的促销活动（如广告、营业推广和公共关系）。当然，在某一个具体的促销活动中，人员促销和非人员促销往往是同时存在、相互补充的。

四种促销手段各有特点，适应不同企业、不同产品、不同时机、不同场合的促销需要。一般来讲，广告往往较适应于消费品的促销，而人员推销则更适应于生产资料的促销。但这并不是绝对的，对促销手段的选择主要应当考虑以下四种因素。

（1）产品类型

不同类型产品的消费者往往有不同的信息要求，因此选择的促销手段也应有所不同。如价格昂贵、购买风险较大的耐用消费品或生产资料，购买者往往倾向于理智性购买，此时消费者并不满足于一般广告所提供的信息，而希望能得到更为直接可靠的信息来源。对这类产品，人员推销往往是很重要的促销手段；而又如服装、化妆品等时尚性产品以及消费者购买频繁的一般日用消费品，购买者则普遍有品牌偏好，指名购买。因此提高产品的知名度是很关键的。对于这些产品，广告和公共关系等促销手段的效果比较明显。

（2）市场状况

企业目标市场的不同状况，也影响着促销手段的选择。因为目标市场的特征决定了其对信息的接受能力和反应规律。若企业面临的是地域分布辽阔而分散的目标市场，广告的作用就显得很重要。因为相对于人员推销，其平均个别成本比较低；而目标市场的面若比较窄且又相对集中，人员推销和营业推广等手段就比较理想，广告的相对成本则可能大大提高。此外，目标市场的购买习惯、文化水准、经济状况以及信息接收的便利程度都会对各种促销手段效应的发挥产生不同的影响。

（3）产品生命周期

在产品生命周期的不同阶段，所选择的促销手段也应有所不同。如在产品的导入期，扩大产品的知名度是企业的主要任务。在各种促销手段中，应以广告宣传为主，因为广告以其广泛的覆盖面，可以在短期内形成较好的品牌效应。而一旦产品进入了成长期，单有广告就不够了，营业员和推销人员的积极推销，往往能更深入地宣传产品的特点，并能争取那些犹豫不定的购买者，迅速扩大产品的销量。在成熟期，为巩固产品的市场地位，积极的公共关系宣传并辅之以一定的营业推广手段，往往能有效地巩固和扩大企业的市场份额，增强企业的竞争优势。而到了衰退期，随着企业营销战略重点的转移，对于剩余的产品，一般采取一些以营业推广为主的促销手段，以求迅速销售产品，回收资金，投入新产品的生产。

（4）营销环境

企业的营销环境也会在一定程度上影响企业促销手段的选择。如一个国家或地区对大众传播媒体的控制程度，以及该国家或地区居民接触传播媒体的可能性（如报刊订阅率、电视机和收音机的拥有率等），都会极大地影响广告的宣传效果。一些大型的社会活动（如体育运动会、旅游节等），又可能为营业推广和公共关系创造良好的机会。某些政策法令会对各种促销手段的应用形成直接或间接的促进或制约，甚至政治局势的变化和某些重大社会事件的发生也会因其舆论导向的作用而成为某些促销手段实施的契机。所以促销手段的选择和应用必须充分注意其对营销环境的适应性。

对各种促销手段适当地加以组合，就有可能发挥出积极的综合效应，企业产品的促销策略往往是在对各种促销手段认真加以组合的基础上产生的。对促销手段的组合必须考虑以下一些问题。

① 促销手段的组合应紧紧围绕企业的营销目标，应以营销目标的最佳实现为促销手段组合的基本出发点。

② 利用其互补性防止其互斥性。即应使组合中的各种促销手段能相互补充，形成促进销售的合力，防止两种以上促销手段同时利用时可能造成的相互能量的抵消，甚至产生逆向效应。

③ 有主有次，形成立体效应。在每一组促销手段的组合中，一般都应有一个在某阶段作为主体的促销手段发挥主要作用，其他促销手段则发挥辅助作用，这样就可能有效地防止互斥性的出现，而且也有利于企业有重点地实施其促销策略，形成立体效应。

④ 合理分配促销费用。对于促销费用的预算，既要保证总的预算水平应保持在一个最佳的尺度上，又要顾及在不同的销售阶段和不同的促销组合中各种促销手段费用的合理分配，从而使各种促销手段都有可能达到预期效应，但总的预算水平又不至于突破。

10.5.3　公共关系与品牌传播

1. 公共关系的性质

公共关系是企业促销的又一重要策略。公共关系是企业利用各种传播手段，与包括顾客、中间商、社区民众、政府机构以及新闻媒介在内的各方面公众沟通思想情感，建立良好的社会形象和营销环境的活动。公共关系不是一般的促销活动，它具有以下一些基本特征。

①公共关系不仅是为了推销企业的产品，而主要是为了树立企业的整体形象。通过企业的良好形象改善企业的经营环境。

②公共关系的传播手段比较多，可以利用各种传播媒体，也可以进行各种形式的直接传播。公共关系对传播媒体的利用，通常表现为新闻报道，而不像广告那样需要支付费用。

③公共关系的作用面比较广泛，作用于企业内外的各个方面，而不像广告那样只是针对企业产品的目标市场。

公共关系作为企业促销活动的一大策略被提出，是有其背景条件的。

首先是随着商品经济的发展，消费者的需求层次有了很大的提高，面对日益繁荣的商品市场，消费者开始倾向于商品的品牌选择，偏好差异性增强，习惯于指名购买。而消费者品牌忠实性的建立则取决于企业在消费者心目中的形象。形象对于产品促销影响力的增大，使得现代企业由单纯的产品宣传转为企业形象的宣传。

其次是随着消费者需求层次的提高，购买行为已由单纯的物质追求转为同时对精神方面的追求。不少消费者把购买商品的活动看作是一种消遣和享受，讲究在购买过程中的精神满足。现代企业就把同消费者的情感沟通看作是促销活动的重要方面。

再次是随着现代社会系统的发展，社会活动各方面的关联性增强，相互间的影响作用越来越大，企业营销活动所面临的环境制约条件增多，如环境保护法、消费者利益保护、反垄断、贸易限制等。现代企业的经营活动必须同其环境条件相适应，处理好同社会各方面的关系，寻求社会各方面的认同，才有可能改善企业的营销环境。

正因为如此，现代企业的营销活动必须把公共关系作为重要的促销手段。

2. 企业形象

企业形象是企业在社会公众心目中从外表到内在的整体特征和综合印象。企业形象的建立和扩展是企业公共关系活动的核心，因为只有当广大社会公众，包括目标市场的消费者对企业有比较深刻的印象和比较强烈的好感时，他们才会对企业的营销活动给予积极的支持，才可能成为企业品牌的忠实者，从而使企业获得良好的经营环境。

企业形象主要表现为企业在社会公众心目中的知名度和美誉度。企业的知名度是指社会公众中知道企业的人数占全部人数的比率。企业知名度高，说明企业的社会影响面大。由于“从众效应”的作用，有可能使企业获得良好的经营环境。企业的美誉度是指社会公众对企业的综合评价的平均指数。企业的美誉度高就说明企业的社会声誉较好。社会公众对企业的好感有可能促进企业品牌忠实者增加，而企业在目标市场的地位也有可能因此得到巩固和发展。

企业形象通常由两方面的要素所构成。一是形象素质，即企业的产品、服务、历史、规模、管理、效率以及道德精神等基本情况，这是形成企业总体形象的内在要素；二是形象标识，如企业的名称、商标、徽记、建筑、门面装潢、广告风格以及代表色等，这是形成企业总体形象的外在要素。企业形象必须由这两方面共同构成。形象素质决定了企业形象的本质特征，形象标识则是社会公众对企业形象进行识别、记忆和传播的必要条件。

企业公共关系必须确定企业的形象目标。企业应当在对社会公众进行充分调查研究的基础上，对于建立什么样的企业形象，建立到什么程度等问题作出决策。企业应当在自身的各种形象素质中选择最能反映企业优势和特征的某些要素作为企业形象的主要方面，并相应设计和选择能引起社会公众注意并广泛传播的形象标识，对企业的目标形象进行认真的塑造。企业还应通过一段时期的公共关系活动，对促使企业知名度和美誉度提高的期望程度作出具体规划，从而构成企业的形象目标。

企业形象目标的建立同企业产品的发展规划一样，也有一个“形象定位”问题。企业应根据企业形象目标的基本特征和发展水平，准确地确立企业的形象位势。企业形象位势的确立应当同企业的营销目标和产品的市场位势相一致；应从企业形象的现状和实际发展能力出发，避免同其他企业，特别是竞争企业的形象位势发生重叠，应突出自己的特征，发挥自己的优势。

3. 公共关系的基本策略

企业公共关系的策略可分为三个层次。一是公共关系宣传，即通过各种传播媒体向社会公众进行宣传，以扩大企业的影响；二是公共关系活动，即通过支持和组织各种类型的社会活动来树立企业在公众心目中的形象，以获得公众的好感；三是公共关系意识，即企业营销人员在日常经营活动中所具有的树立和维护企业整体形象的意识。公共关系意识的建立，能使公众在同企业的日常交往中对企业留下深刻的印象。从这个意义上讲，公共关系经常是融于企业的其他促销策略中的，同推销、广告、营业推广等手段结合使用，从而使促销的效果得以增强。具体来讲，企业营销活动中的公共关系通常采用以下四种手段。

(1)新闻宣传

企业可通过新闻报道、人物专访、记事特写等形式，利用各种新闻媒介对企业进行宣传。新闻宣传不用支付费用，而且具有客观性，能取得比广告更为有效的宣传效果。但是新闻宣传的重要条件是：所宣传的事实必须具有新闻价值，即应具有时效性、接近性、奇特性、重要性和情感性等特点。所以企业必须十分注意提高各种信息的新闻性，使其具有被报道的价值。企业可通过新闻发布会、记者招待会等形式，将企业的新产品、新措施、新动态介绍给新闻界；也可有意制造一些新闻事件，以吸引新闻媒介的注意。制造新闻事件并不是捏造事实，而是对事实进行适当的加工。如利用一些新闻人物的参与，创造一些引人注目的活动形式，在公众所关心的问题上表态亮相等，都可能使事实的新闻色彩增强，从而引起新闻媒介的注意并予以报道。公共关系的新闻宣传活动还包括对不良舆论的处理。如果在新闻媒介上出现了对企业不利的报道，或在社会上出现了对企业不利的流言，企业应当积极采取措施，及时通过新闻媒介予以纠正或澄清。当然若确因企业经营失误而导致不良舆论，则应通过新闻媒介表示诚恳的歉意，并主动提出改进措施，这样才能缓和矛盾，重新获得公众的好感。

(2)广告宣传

企业的公共关系活动中也包括利用广告进行宣传，这就是前文所提及的公共关系广告。公共关系广告同一般广告之间的主要区别在于：它以宣传企业的整体形象为内容，而不仅仅是宣传企业的产品和劳务；它以提高企业的知名度和美誉度为目的，而不仅仅为了扩大销售。公共关系广告一般又可分为以直接宣传企业形象为主的声誉广告，以响应某些重大的社会活动或政府的某些号召为主的响应广告，以及通过广告向社会倡导某项活动或提倡某种观念为主的倡议广告。

(3)企业自我宣传

企业还可以利用各种自我控制的方式进行企业的形象宣传。如在公开场合进行演讲；派出公共关系人员对目标市场及有关方面的公众进行游说；印刷和散发各种宣传资料，如企业介绍、商品目录、纪念册等，有条件的企业还可创办和发行一些企业刊物，持续不断地对企业形象进行宣传，以逐步扩大企业的影响。

(4)社会交往

企业应通过同社会各方面的广泛交往来扩大企业的影响，改善企业的经营环境。企业的社会交往活动不应当是纯业务性的，而应当突出情感性，以联络感情、增进友谊为目的。如对各有关方面的礼节性、策略性的访问；逢年过节发礼仪电函、节日贺卡；经常性的情况通报和资料交换；举办联谊性的舞会、酒会、聚餐会、招待会等；甚至可以组建或参与一些社团组织，如联谊会、俱乐部、研究团体等，同社会有关方面发展长期和稳定的关系。

公共关系对于促进销售的效应不像其他促销手段那样容易立见成效，但是一旦产生效应，其作用将是持久和深远的。它能从根本上改善企业的营销环境，并发挥特殊的效应，是企业促销策略组合中不可忽视的重要策略。

【思考题】

1. 促销活动具有哪些基本功能？促销策略组合包括哪些主要策略？
2. 信息传播活动的基本要素有哪些？主要过程又有哪些？
3. 广告策划包括哪几个主要部分？
4. 选择广告媒体要考虑哪些主要因素？
5. 营业推广有哪些主要作用？对消费者和对中间商的营业推广各有哪些主要手段？
6. 为什么说树立良好的企业形象是公共关系的主要目标？企业公共关系活动主要表现在哪些方面？

第十一章　产品设计的品牌延伸策略

11.1　品牌延伸概述

11.1.1　品牌延伸的定义

品牌延伸是指一个品牌从原有的产品或服务延伸到新的产品或服务上，多项产品或服务共享同一品牌，即借用现有品牌在某一行业的市场上已经形成的知名度和美誉度，向相关行业或跨行业的产品或服务上进行品牌移植。其目的是借用现有品牌的良好形象及广大消费者对该品牌的认可，带动同一品牌下的其他产品的销售。

当前品牌延伸是非常普遍的现象，据统计，国外三分之二的企业都进行了品牌延伸，国内很多企业都把它作为竞争制胜的法宝。

毋庸置疑，品牌延伸给许多企业带来了成功。如SONY依靠进攻文化市场扩张了自己的实力；诱人的巴芬碧香水是以圆珠笔闻名于世的法国BIC公司的杰作，这使BIC公司这一文具日用公司成功打入了香水市场。

11.1.2　品牌延伸的作用

品牌延伸是企业推出新产品，快速占有并扩大市场的有力手段，是企业对品牌无形资产的充分发掘和战略性运用，因而成为众多企业的现实选择。

关于品牌延伸的作用，主要有以下几点。

①有助于整合企业的优势资源——企业把所有的产品都集中在一个品牌保护伞下，将节省大量的新品牌设计、传播等费用，使企业“集中好钢于一个刀刃上”。

②有利于新产品迅速进入市场——把原品牌已经建立起来的“认知度、美誉度、忠诚度”借用到新品上，将节省大量建立新产品自己的“认知度、美誉度、忠诚度”的时间和费用。

③有利于消费者有更充分的选择——企业产品组合丰富了，消费者的选择面就扩大了。

④有利于品牌保护——有效避免品牌名与产品名相同导致的“死亡陷阱”及其相应的危害（被竞争者借用）。

⑤有利于企业拓展经营范围。

除了以上作用外，其直接作用还有以下几点。

①品牌延伸可以加快新产品的定位，保证企业新产品投资决策迅速、准确。尤其是开发与本品牌原产品关联性和互补性极强的新产品时，由于新产品与原产品的关联性和互补性，它的市场需求量也是一目了然的。因此它的投资规模大小和年产量多少是十分容易预测的，这样就可以加速决策。

②品牌延伸有助于减少新产品的市场风险。品牌延伸使新产品一问世就已经品牌化，甚至获得了知名品牌赋予的勃勃生机，这可以大大缩短被消费者认知、认同、接受、信任的过程，极为有效地防范了新产品的市场风险，并且可以节省数以千计的巨额开支，有效地降低新产品的成本费用。

③品牌延伸有助于降低新产品的市场导入费用。在市场经济高度发达的今天，消费者对商标的选择，体现在“认牌购物”上。这是因为很多商品带有容器和包装，商品质量不是肉眼可以看透的，品牌延伸使得消费者对品牌原产品的高度信任感，有意或无意地传递到延伸的新产品上，促进消费者与延伸的新产品之间建立起信任关系，大大缩短了市场接受时间，降低了广告宣传费用。

④品牌延伸有助于强化品牌效应，增加品牌这一无形资产的经济价值。品牌原产品起初都是单一产品，品牌延伸效应可以使品牌从单一产品向多种领域辐射，就会使部分消费者认知、接受、信任本品牌的效应，强化品牌自身的美誉度、知名度，这样品牌这一无形资产也就不断增值。

⑤品牌延伸能够增强核心品牌的形象，能够提高整体品牌组合的投资效益，即整体的营销投资达到理想经济规模时，核心品牌的主力品牌都会因此而获益。

11.2　品牌延伸模型

一个品牌要顺利地延伸到新的产品类别中，主要取决于消费者对母品牌的认知程度和延伸产品与母品牌的关联程度，这主要表现在延伸能力和延伸范围上。

11.2.1　品牌延伸的能力模型

要确保品牌延伸成功，就要把握母品牌与延伸品牌的关联程度，使延伸产品与母品牌的内核在逻辑上是合理的，并具有较高的契合度。卡普非勒教授提出了一个品牌延伸模型（如图 11-1 所示）。

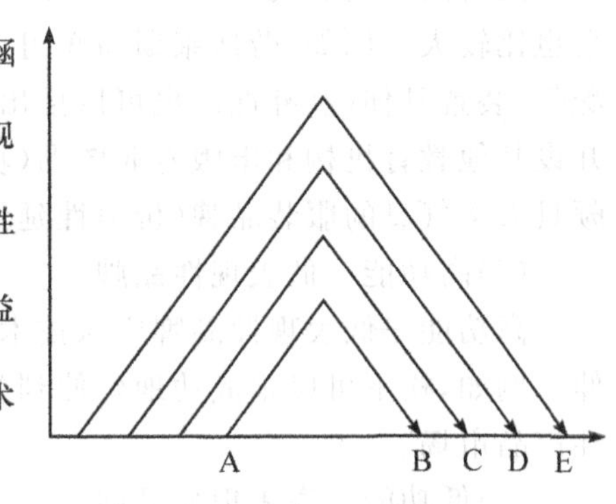

图 11-1　品牌延伸模型[①]

该模型纵轴是品牌内核元素，横轴是延伸产品与母品牌产品的相似程度。品牌内核元素是指母品牌具有显著特征的方面，包括专有技术、利益、个性、价值观；产品相似程度是指延伸产品与原产品之间的技术相关性。由模型来看，根据品牌类型的不同，延伸产品和原产品的相似性也不同。专有技术是品牌原产品所具备的技术特长，据此所延伸的产品与原产品应较为相似。例如，海尔的制冷技术使其从冰箱品牌很自然地延伸出新的产品，如冰柜、空调。品牌利益是品牌带给消费者的产品利益，据此延伸的产品与原产品的距离稍远，例如，立白洗涤用品的利益是“不伤手”，这使其能

① 庞守林：《品牌管理》，清华大学出版社 2011 年版。

顺利从立白洗衣粉延伸到立白洗洁精。个性是品牌的拟人化特点，据此延伸的产品可以离原产品较远，如万宝路的个性是豪迈、粗犷，所以它能从香烟延伸到牛仔裤。价值观是品牌所持有的理念，所延伸的产品可以与原产品在技术上不相干，只要保持理念一致就行，如海尔的核心价值观是对顾客的真诚，核心价值是“真诚到永远”。海尔品牌的产品，包括冰箱、彩电、洗衣机、空调、计算机等都实践着对客户“真诚”的价值观。

11.2.2 品牌延伸的边界模型

影响品牌延伸成败的决定性因素主要有两个。一是消费者对核心品牌的认知，主要表现为消费者所能记住的品牌的主要特征，包括由品牌所能联想到的产品类别，该品牌下产品的优势、市场形象等。二是延伸产品与核心品牌之间的关联性（技术、市场定位、理念的关联性），主要表现为支持原品牌产品的要素与支持新产品的要素的契合度或转移程度。前一个因素是品牌延伸的优势基础，后一个因素是品牌延伸的指导原则。将两者结合起来，可以构建一个品牌延伸的边界模型。品牌延伸的成败取决于延伸产品是否脱离了核心品牌所规定的延伸边界。消费者对核心品牌的认知可分为功能性和表现性两种。如果再将每种认知分为高低两种，那么消费者对核心品牌的认知就有高功能—高表现性、高功能—低表现、低功能—高表现性、低功能—低表现性四种。延伸产品与核心品牌间的联系又可分为与产品特征有关的技术性、互补性、替代性以及与产品特征无关的价值性四种。其中，技术性是指核心技术与资源的可转移性或迁移性；互补性是指延伸产品与原产品之间的配套补充，如柯达胶卷与柯达相纸、柯达连锁冲印店；替代性是指延伸产品与原产品可以满足消费者的同一需求，它们之间可以相互替代，如茶与矿泉水、香皂与沐浴液等；价值性是指品牌概念、表现、内涵等核心价值的一致性。

(1)高功能—高表现性品牌

高功能—高表现性品牌可以在技术、互补、替代、价值上延伸，较少受到限制，成功的机会也比较大。例如，劳斯莱斯轿车可以向私家游艇延伸（技术性、价值性），可以向专用轿车配件、装置延伸（互补性），也可以推出另一型号的豪华轿车（替代性）。又如，牛津大学不仅开设其他教育机构和出版专业图书（功能性延伸），而且授权一家服装生产商使用，推出一个颇具人文气息的服装品牌（价值性延伸）。

(2)高功能—低表现性品牌

高功能—低表现性品牌应从技术性、互补性、替代性这三方面延伸，而不宜向价值性延伸。例如，松下可以很成功地延伸到各类家电产品，却无法进入高档手表或名贵香水等表现性产品市场。

(3)低功能—高表现型品牌

这类品牌的使用价值并不能满足消费者更大的生理需求，但由于被赋予很强的表现意义和象征意义，所以能给消费者极大的心理满足，如路易十三、劳力士等。

(4)低功能—低表现型品牌

这类品牌无论在使用价值或是心理价值上都平淡无奇，主要是一些食品、牙膏等。

以上四种品牌认知可视为核心品牌现有的资源优势。这些资源优势限制了品牌延伸的能力和边界，决定了延伸产品的范围，延伸产品只有与这些资源优势相匹配才可能成功。随着多元化经营战略的广泛实施，品牌延伸策略日渐成为中外知名企业屡试不爽的制胜法宝。

品牌延伸是指企业利用现有的成功品牌，在一个成熟的产品里生产新的或经过改进的产品，以成功品牌的影响推出新产品并快速启动市场的行为，使新产品在投放市场之初即可获得原有品牌优势的支持。品牌延伸具有增加新产品的可接受性，减少消费行为的风险性，提高促销性开支使用效率，满足消费者多样化需要等多项功能，因而在广告与品牌营销中得到广泛应用。

据统计，在美国的某些消费品市场上，开创一个新的品牌，费用在 8 千万至 1.5 亿美元之间。如此庞大的投入费用，迫使相当一部分企业使用已经具有市场信誉的品牌，借助它们的影响，推出新的产品，这就是品牌延伸策略。但并非所有的品牌都能任意延伸，也并非所有的延伸策略都能取得成功。所以，对当前一些品牌延伸策略进行分类和辨别，然后结合企业的自身实际进行品牌延伸和管理就显得十分必要。

日常生活中人们说一个人贪婪，往往以“吃着碗里的，看着锅里的”来形容，同样我们用贪婪者来形容现今的品牌管理者肯定也不为过，因为企业在进行市场拓展时，即使是新品牌也都会自然遇到品牌延伸的诱惑，但企业如何合理进行品牌延伸由此获取利润便成为品牌管理者最重要的工作。

正像人一样，要长高，也要长宽，品牌的成长也是这样，品牌在成长以及发展的过程中也要不断的延展，在国内人们通常把一个品牌跨越不同的行业领域进行品牌的扩张简单统称为品牌延伸，我们认为这是不全面的，也是狭隘的，品牌延伸应该被分为品牌水平延伸与品牌垂直延伸两种方式。

品牌水平延伸是指在不同的品牌范围内进行品牌线或产品线的延伸，母品牌或企业跨越不同的行业，覆盖不同品类的延展，当然品牌水平延伸并不是只采用单一品牌的策略。

品牌的垂直延伸是指品牌在既有品牌范围内扩充品牌线，是在本行业间的上下延伸，品牌的垂直延伸也不是只采用单一品牌的策略。

11.3　品牌延伸策略

11.3.1　品牌垂直延伸

对于中国的企业而言，当市场环境恶化以及企业试图扩展市场时，品牌管理者会受到影响而试图对他们的品牌进行垂直扩张。他们会把他们的品牌引入到表面上看来吸引更大的、比它们现在所处的市场位置高一等级或低一等级的市场中去。而且，对于追求增长的公司来说，扩张到欣欣向荣的高档市场或超值低档市场的强烈欲望是很难抗拒的。这种吸引力的确很强，并且在某些情况下，这种垂直的品牌扩张确实是正确的，而且是生死攸关的，即使对于具有规模经济、品牌资产和零售影响等优势的最优秀的品牌也是如此。

但是，利用一个品牌进入高一等级或低一等级市场的风险，比这种品牌最初出现时看起来还要大。实际上，这个战场上到处都散落着没落的和受伤的品牌。在采取品牌延伸行动之前，企业或品牌管理者应该先考虑三个问题。

首先，这一行动带来的回报是否值得去冒这个风险？机会有多大？

其次，品牌在新市场中应当保持它现有的市场位置，还是给品牌重新定位？

最后，品牌延伸是不是一个更好的选择？

一般情况下，企业应该尽可能避免使用垂直扩张方法。这个概念本身存在着内在的矛盾，因为品牌资产在很大程度上是建立在它的形象和对它的价值判断上的，垂直扩张很容易破坏这些特性。管理者会发现他们面临着这样一种处境，既有正在出现的机会，也受到战略威胁，而采用垂直扩张以外的其他替代方式，可能会带来更高的风险和成本。此外，也有一些品牌曾成功地进行过垂直扩张。如果对成本和回报进行评估之后，仍然决定进行垂直扩张，那么行动时也要谨慎。而且，必须要牢记，最大的挑战是如何在利用新机会的同时，发挥和保护原有品牌的价值。

1. 第一种方式：进入次一级市场

首先考虑把一个品牌（这个品牌多是中高价位的情况）扩展到低价位市场的情况。有时候，这种机会多出现在一个品牌现有的销售渠道中。例如，通过超级市场销售某类产品迅速扩大低价位市场。更常见的情况是，机会是由公司自己的低成本销售渠道创造的，企业必须做好准备，通过这一渠道销售产品。专业的超级市场，像沃尔玛这样的折扣商店都是很好的例子。此外，直销已经改变了计算机行业和其他行业的成本结构，同时也提供了进入低价位市场的途径。

有谁会经得住将其业务转向或部分转向这个规模庞大并在不断增长的低价市场的诱惑呢？这种垂直扩张能使产品销售量增加，并产生规模效应。除此之外，它还可以使企业免受自营商标产品、以价格为核心的品牌竞争者及低质量进口货的威胁。而且，品牌转向次一级市场很容易——有时候是不知不觉的。移向次一级市场的行动所带来的危险是，一旦该品牌与次一等级的产品联系起来（即使这次行动只代表着价格或者性能的轻微改变），它都附带着失去其高定价品牌地位的风险。

例如，森达是皮鞋类品牌的中档品牌，这已经在消费者心中形成了印象，尽管森达皮鞋品牌在宣传及营销策略上努力提高档次，但人们对它的态度并不会马上发生改变；而与此形成对照的是，如果当森达被描述成或试图要进入低档市场，或者是进入主流的消费市场时，人们会改变对它的印象，甚至认为是被欺骗了。

因此，避免进入次级市场引起负面效应的一个办法，就是推出一个新的品牌。因此，森达推出了好人缘（一种产品与森达的款式相近，但价格比其低20%—30%的中低档品牌）品牌。这个品牌凭借它自己的力量取得了巨大的成功。

然而，推出新品牌并不容易。首先，创造一个新品牌（建立知名度、创立品牌定位和品质的概念及发展消费群）是非常昂贵的。在价格竞争方面，无法把价格保持在足够低的水平，弥补其品牌资产的缺乏。其次，新的品牌面临着销售障碍。公司必须说服零售商让他们相信，这个尚未站稳的低价品牌可以存活下去，而且还能为零售商增加价值。零售商们通常会拒绝销售一种无法提供成熟的品牌资产的新产品。

(1)对整个品牌重新定位

如果创办一个新品牌不是一个可行的选择，管理者可以考虑利用他们现有品牌的影响力的方法。管理者可以考虑在新的市场将整个品牌重新定位。这样做最直接的方法就是降低品牌产品的价格，此法可称为“万宝路方式”，以纪念在1993年4月2日万宝路这个品牌降价40%从而令股票市场产生大震动的行动。宝洁公司的“帮宝适”纸尿裤、亚马逊书店以及国外的家电品牌伊莱克斯、松下等，在面对中国价格导向的竞争者和强大的零售商时，都采用了“万宝路方式”来提高其竞争力。

但是，这种方法非常危险。首先，降价隐含着巨大的财务问题。例如，20%的降价，超过了大多数品牌的全部获利能力，并对那些有超额利润和超高定价的品牌造成相当大的压力。除此之外，竞争者(尤其是处于弱势的竞争者)没有别的选择，只好以同样幅度或更大幅度降价。价格战是非常真实的威胁。其次，“万宝路方式”会对品牌形象造成巨大损害。降价可能会使价格成为竞争的基础，从而强化了消费者对一个品牌缺乏独特的概念认识——尤其是在质量上。这个行动后来被证明是不成功的。但要扭转它的形象，并以更高品质的产品和更高的价格标签来提升产品的档次也是不易的。消费者不会轻易接受这种做法。显然，想把一个已经牢固的低价形象转变成更高档次的东西，也不是一件十分容易的事。减少损害品牌形象风险的方法有两种。

在采取价格行动时，提供一个合理的解释，来暗示产品的质量并未因价格而受影响。例如，2002 年宝洁公司针对汰渍洗衣粉推出了一场天天低价活动，作为它针对消费者和零售商的更为有效的配送系统战略的一部分。对于零售商而言，这一活动减少了它们进行高成本行动(如提前购进和转向别的厂家)的动力；对于消费者而言，它使购买简单化。

在降低价格的同时，对品牌提供额外的支持，以减少损害形象的风险。例如，万宝路在降价之前和降价之后都进行了积极的广告宣传，并推出了“万宝路探险队”促销活动(投资 2 亿美元，作为对其忠实消费者提供户外探险活动的奖励)。当一个品牌的边际利润要下降时，对其进行投资，正如万宝路所做的那样，初看起来是一道“不好吃的菜”。大多数管理者都想尽可能地维持品牌的利润率，然而不增加投资，这个品牌就要冒险而有可能成为仅仅因价格而被消费者承认和购买的品牌。

当然，如果一个品牌已经没有值得提升的可能性和价值了，那么就不必要去冒险投资了。舒波乐啤酒，在 20 世纪 70 年代为了降低成本，开始使用相对便宜的原料和工艺，结果使生产出的啤酒味道虽然与原来的啤酒一样好，但在货架上放太久后就会变浑并且不起泡沫。1976 年，公司回收了 1000 万瓶瓶装和罐装啤酒，并重新使用老工艺生产啤酒。但是它的形象和销售量再也没能恢复。在舒波乐的销售量从 1977 年的超过 1700 万桶，降到 20 世纪 80 年代后期的不足 100 万桶后，它变成了一个低价品牌。它再也没有什么可失去的了，也没有其他可行的替代选择了。

意识到一个基于价格管理的品牌与一个基于品质或风格形象管理的品牌是不同的很重要。价格品牌的管理者在后勤、生产、价格和服务等方面应该减少对其品牌的支持，并创造一种成本优势(或至少避免一种成本劣势)。

总之，一个品牌参与一个次一级市场竞争的最好方法，就是创造价值和差异性，从而使得这一品牌的价格不再被认为定得过高。宝洁公司曾不止一次地成功采用这一策略。例如，在过去的几年中，汰渍品牌管理者对产品和包装进行了数十次的改进革新，并以第 X 代进行命名，从而阻止了这一品牌产品变为普通日用品的趋势。

(2)使用次一级品牌

如果一个品牌(尤其是服装服饰品类的品牌)的大多数消费者支付得起高价商品，那么，为了吸引新的消费者而将整个品牌移入次一级市场就没有多大收益。因为这样做，公司只是以一个消费者群换来了另一个消费者群。在这种情况下，企业管理者应当考虑使用次一级品牌，即一个拥有自己的名称同时在某种程度上又利用主品牌的地位来支持其品牌资产的品牌。例如森达集团就利用好人缘和森达来区分消费群的。在提供次一级产品的情况中，次一级品牌的作用就是帮助管理者在利用主品牌的资产影响消费者的同时，将新产品与主品牌产品区别开来。利用次一级品牌的意图就是，既要保持主品牌的信誉和威望，而不管次一级品牌的表现如何，又要使原来的品牌免遭挤压。在大多数情况下，问题不是主品牌是否会受到次一级品牌的不利影响，而是怎样尽量减少这种负面影响。

一般而言，在主品牌和次一级品牌之间有三种关系。

在第一种关系中，主品牌可以作为次一级品牌的"担保者"。在这种情况下，次一级品牌在两者中占更主导的地位，它可以利用主品牌这一产品或服务的经验概念。例如，金六福酒与五粮液的关系。

在第二种关系中，主品牌和次一级品牌是"共同驱动者"，两者对消费者有大致相同的影响。例如：科龙和华宝。

在第三种关系中，主品牌可以保持它的主要影响，成为"驱动者"，次一级品牌则充当"诠释者"的角色。所谓诠释者，就是告诉消费者，公司提供了一种与他们熟悉的产品或服务略有不同的新品种。

要记住，每种类型的关系里还分不同的等级。"担保"可以表现为一件产品包装角落里的小标志图案，也可以是仅次于"共同驱动者"关系的、更明显的"担保"动作，其范围很大。有一些作为"共同驱动者"的次一级品牌的驱动作用比其他的次一级品牌要更小一些；而有些作为"诠释者"的次一级品牌则担任有限的驱动角色。

简而言之，不同的次一级品牌对于消费者的购买决定及使用产品和服务的感受的影响程度是不同的。消费者是购买和消费五粮液、金六福，抑或是两者的联合品牌酒呢？当他们购买金六福时，他们所期待的那种口味和品牌感受是来自五粮液呢，还是来自金六福？当他们决定买五粮液时，他们期望得到什么？当他们决定买金六福时，他们又期望得到什么呢？这些都是要深入去研究的。

(3)担保者(一个划船，一个掌舵)

约翰迪尔公司进入低价割草机市场的案例，是担保者关系的很好说明。约翰迪尔公司以生产草坪机而闻名，它的割草机通过专门的经销商以大约 2000 美元的价格出售。尽管制造商在专业市场上还可以把价格控制在这么高的水平，但是批量零售商，像西尔斯公司和家庭用品公司，已开始不断获得这一市场的市场份额(大约 30%)，它们以约翰迪尔产品价格的一半销售产品。于是，公司推出了专门供应低产品零售的担保型的次一级品牌。约翰迪尔公司的 Sabre 牌低成本割草机的特点包括低耗资的设计和与约翰迪尔公司其他产品不同的颜色和感觉。

也正如森达集团一样，森达一直是中档皮鞋的领导者，但同样遭到了一些低档品牌如万里、金猴等品牌以及无品牌皮鞋的挑战，于是森达集团推出了专门供应在设计以及生产原料与森达不同的稍低档次的好人缘品牌，阻止低档次品牌对于森达品牌的冲击。

当一个公司提供一种受担保的次一级品牌时，会有三个品牌一起作用。主品牌本身被分为两个：产品品牌和企业品牌。产品品牌仍同以前一样，是能提供特定的形象和相关利益的高品质品牌。与之形成对照的是，公司已经成为一个企业品牌，并为次一级品牌提供担保。这样，主品牌森达通过企业品牌森达集团，与次一级品牌区分开。

担保策略最大限度地减少对主品牌的损害以及减轻主品牌被挤占的危险。必须记住的是，三个品牌都需要进行积极的管理。例如，森达集团公司这一企业品牌的管理者，要把努力集中在公司的无形特征上，如具有创新精神或是拥有一种面向消费者的企业文化等。森达这一产品品牌的管理者要继续像以前一样管理他们的品牌。好人缘这一次级品牌的管理者应该集中宣传其品牌的特有品质，如这一品牌产品功能上的好处，或是它的独特产品个性。

(4)共同驱动者(一个用浆，一个用篙)

吉列佳信的案例展示了一个成功的共同驱动者关系。吉列佳信抛弃型刀片肯定达不到“男人可以获得的最好刀片”这个标准，而这个标准是吉列公司在剃须产品中遵循的一贯标准。但是，抛弃型刀片与高档次刀片，如 Sensora 或 Atra 这类吉列公司一直在技术上保持领先的品牌刀片，它们在质量上是不同的。但是，佳信使用者的个性(比传统的那种成熟的、具有男子气概的吉列刀片使用者更年轻、更随意)在区别抛弃型刀片与其他系列刀片的过程中起了主要作用。两个品牌名称(吉列和佳信)都对消费者购买产品的决定产生了影响。

当然，共同驱动者关系并不总是成功的。例如，1994 年，柯达公司推出快乐时光胶卷与以价格取胜的品牌和自营商标胶卷竞争。但是，在它推出该胶卷之后不足两年，管理者又让快乐时光退出了市场。是什么原因呢？因为许多快乐时光的消费者就是柯达原来的客户，他们被快乐时光吸引的原因是他们把它当作了一个低价格的柯达胶卷。因为快乐时光的价格仍然比市场上的低价品牌要高许多，它对那些以价格为导向的消费者并没有多少吸引力。事实是，低价品牌一直同快乐时光保持着价格差距，除非柯达公司卷入一场价格战。也有可能是快乐时光正在柯达公司的忠实消费者中制造迷惑，并损害了公司核心品牌的形象。

(5)驱动者(一个划船，一个作帆)

在第三种关系中，这种主品牌作为驱动者、次一级品牌作为诠释者的关系风险最大。主品牌的市场很容易受到挤占，因为很少有东西可以将两者区别开来。如果作为诠释者的次一级品牌(像超值或经济这类品牌)仅仅象征着一种诠释者，这种关系风险最大。当作为诠释者的一级品牌象征着一种不同的应用时，这种风险就会被降到最小。

20 世纪 80 年代早期，奔驰公司推出了现在的 C 级产品，这是一种与 BMW3 系列、Acura 和凌志品牌的轿车进行竞争的小型轿车。目前，这一级别的车价在 3 万美元左右，在美国每年大约可以销售 3 万辆(大约占奔驰在美国销售额的 1/3)。一个历史上以尊贵著称的品牌，一个以超过 10 万美元的价格销售汽车的品牌，是如何成功地进行次一级市场的呢？首先，奔驰推出的是高品质产品；其次，在推出 C 级车的同时，公司投入了大量努力，将其核心品牌所传递的信息由尊贵重新定位为讲究性能；最后，C 级车的营销活动积极地盯住年轻买主。C 级这一名称创造了一种差异，这一次级品牌的目标是吸引一批年轻的消费者。但是，它未能驱动消费者作出购买这种车的决定，而奔驰品牌仍然保持着这种驱动力量。

2. 第二种方式：进入高一级市场

在现实的市场运营过程中，为了获取更大的产品利润，很多企业是禁不住进入高一级(或更高一级)市场的诱惑的，因为将一个品牌由主流市场移入高一级市场的动机很明显：高端市场比中层市场有更高的利润率。并且，新出现的高端细分市场，通常会重新激活一个整体上已经缺乏吸引力的产品群。看一看微型酿酒作坊、特制咖啡、豪华汽车、高级服装，甚至是高档饮用水，这些产品各自的市场，还有它们的利润率都是刺激企业进入高一级市场的因素。但是，一个在中低主流市场树立了牢固地位的品牌，能够完全改变它们的形象参与其中的竞争吗？

这是一个事关信任度的问题。大多数消费者会问:一个过去经营不太昂贵的品牌产品企业,是否有这种知识、能力和愿望去运作一个高级品牌,是否能提供他们所期待的功能和情感上的好处?即使是有着良好声誉的品牌也会受到怀疑。拥有低品质形象、低级市场的品牌演变为更高品质、更高级市场的品牌的成功案例,是非常少的。丰田公司是一个例子,但公司花了十几年才改变它的形象,其中包括改进产品性能,花费数十亿美元用于广告宣传。四川全兴集团运作水井坊也是投入了大量的资金对这个品牌进行塑造。

(1)创建或收购一个新品牌

与进入次一级市场相似,进入高一级市场的一个最简单的方法就是创建或收购一个新品牌。例如,本田公司的管理者认为,本田这一品牌名称是公司进入被宝马、奔驰所垄断的高端市场并取得成功的致命障碍,所以他们创建了 Acura 这一品牌。丰田公司和日产公司也学本田公司的做法,分别推出了凌志和 Infiniti 这两个品牌。

在我国,采用这类方法的企业以酒类、烟草、鞋类品牌居多,例如四川全兴集团为进入高一级市场推出的水井坊便占据了高档酒的市场。森达集团为进入高档女鞋市场,推出了梵诗蒂娜女鞋,并进行独立的推广和定位,在行销推广时不提及森达这个母品牌,也是一个成功的典型例子。

丰田公司拥有凌志,或布莱克—德克尔公司拥有 DeWalt 品牌这些事实无须隐瞒。实际上,拥有这种"影子担保"可以减少消费者对新品牌能否在市场上持久的疑虑。凌志并不公开把自己的名字与丰田公司联系在一起,它有自己独立的定位,而这种声明要比消费者是否了解它与丰田的关系更重要。

然而,创建一个新的品牌可能是极其昂贵的,尤其是在竞争对手已经建立了很成熟的品牌的情况下。例如,丰田公司对凌志进行了大量的投资,以帮助它成为竞争者中的一员。有时候,通过获得授权使用高一级市场里的其他类别产品的品牌来减少成本也是可取的。例如,一个服装产品使用"蒂法尼"的名称,或是一种家具产品使用奔驰的名字。但是,这种方法却放弃了拥有高一级品牌所能带来的战略力量。

(2)为整个品牌重新定位

也就是说,直截了当地将主流市场或低价市场的品牌重新定位于一个更高级的市场几乎是不可能的(例如:红星二锅头已经被消费者认为是较低档的品牌,而如果再将它定位为高档品牌进行传播推广肯定是不可取的),因为主流品牌就是缺乏那些与高级品牌联系在一起的特性,如使用者形象、品牌个性和公认的质量。除此以外,进入高一级市场的行动,即使是成功的,也会有牺牲主品牌现有消费者群(公司的主要资产)的风险。当公司的品牌为了吸引一个新市场而改变形象时,公司现有的消费者可能会对这一品牌感到不舒服。但是,在这样做的过程中,公司就如同在走一根很细的钢丝:忠实的、有价值导向的消费者,对于他们付款所能获得的东西有特定的期望,他们或许会产生疑问,这个新的品牌形象是否会改变他们心中的那个等式。

(3)使用次一级品牌

在进入高一级市场的行动中,次一级品牌扮演的角色,与其在进入低一级市场中的角色一样,它们能帮助管理者在利用那些受主品牌影响的消费者的同时,将企业新提供的高品质品牌与原来的品牌区别开来。

当主品牌是担保者时，其次一级品牌是相对独立的，它有自己的品牌定位，并影响着消费者的购买决定。当主品牌和次级品牌是“共同驱动者”的关系时，每个品牌对于购买决定的影响几乎相等。当主品牌是驱动者，次级品牌是诠释者时，如特雷费森馆藏酒或GE电器，次级品牌根本不会发展成一种单独的定位，而是作为主品牌的一个高档延伸。

在考虑推出一个高一级市场的次一级品牌时，很重要的一点就是考虑新品牌的潜在消费者。这个品牌是否能够吸引那些习惯于购买最高端商品的消费者？这个次一级品牌的最大潜力是否真的处在最高端的品牌和主品牌之间的某个位置上？有时候，最好把次一级品牌定位于高一级市场的低端部分。一个低价的高品质品牌对于那些认为自己有独立思考能力、无需通过购买形象来给人留下印象的消费者来说，是很有吸引力的。低端的高品质品牌，对于那些想要成为高一级市场的、但又负担不起高端品牌的价格的消费者来说，也是很有吸引力的。当一个咖啡品牌的管理者决定用次一级品牌进入特制咖啡市场时，他们对自己所认定的目标市场进行了广泛的调查，并把次一级品牌定位在这个市场。产品很成功，但是随后的调查揭示出，它的消费者中并没有多少雅皮士；相反，它的顾客被证明是那些正在提高档次的主流消费者。

垂直扩张的跨度越大，就越难完成。以国外的品牌“Rice-A-Roni”为例。由于这个主品牌是与日常的肉制品紧密联系在一起的，因此它的高档次一级品牌“Rice-A-Roni美味经典”就根本不起作用。然而，“本大叔”这一品牌则不一样，它的定位是基本生活品，但又不失一份简单的雅致。正因为原来的品牌很有弹性，所以一个像“本大叔乡村小屋阿尔弗雷多家乡风味肉饭”这样的次一级品牌成为高档品牌，就很奏效。“本大叔”这一名称，尽管本身并不属于高级市场，但它与公司提供的新品牌或新内容是相通的。

使用高档次一级品牌最安全的做法，就是采用“驱动者—诠释者”策略，因为这一策略中，新产品的定位是针对主品牌的，而不是针对高一级市场上的竞争对手的。“特质”、“优质”、“专业”、“珍级”、“金”或“白金”等这类诠释品牌（尤其是在以更高的价格供应这些产品时）很有效。它们传递了这样一种信息，即这个高一级的品牌与其主品牌相似，但又可以实实在在地感觉到它们更好。葡萄酒酿造厂用“私藏”、“馆存”或“限量”来抢占一个市场的高端部分。同样，航空公司也有“行家舱”这种说法。这种方法现在已经被广泛应用于国内许多酒类及香烟品牌中。

3. 品牌垂直延伸的深度

一个品牌在进行垂直延伸时能成功地横跨从低价市场、主流市场，到高档市场等各类市场的情况，非常罕见。

索尼就是这样的一个品牌（当然国内品牌中海尔也算是一个典型的例子）。这些年来，索尼品牌在几类产品中自由地横跨不同的档次价位。例如，索尼随身听的价格范围能从25美元到500多美元，但却没有使消费者对这一品牌感到迷惑和失望。然而，索尼的战略是否明智，却是值得讨论的。当然，从某种程度上说，索尼品牌在知名度和影响力上的获益，弥补了它向低一级市场扩张所带来的一切负面影响。但是，我们永远无法知道，如果索尼公司保护了它的品牌，索尼品牌会比现在好多少。还有一点值得注意，即使是索尼这一品牌，也没有把它的名字加到索尼公司所有的品牌前面。当索尼公司收购了路维斯连锁影院时，公司最初把它的名字加在影院上。当公司意识到，大多数路维斯影院都很陈旧，而且无法使观众获得与索尼这个名字相称的影院感受时，公司很快把索尼的名字撤了下来，重新换上路维斯的名字，除了几个较新的、拥有 IMAX 音响效果，并能强化“索尼”品牌的影院以外。

当你考虑进行垂直扩张时，请记住以上例子。对机会和风险要评估再评估。研究你的品牌所处的市场位置、它的长处、它的弱点、它所传递的信息。如果你正考虑向低一级市场或高一级市场扩张，应认真考虑创建一个新品牌。如果你已拥有一系列高档品牌控制权，可以考虑利用这些品牌把产品线合理布局一下，就像科龙集团在其家用电器产品上所做的那样，它把容声作为价格品牌，华宝作为低价品牌，科龙作为高级市场的品牌。

4. 采取次一级品牌战略如何将风险最小化

(1)当向低一级市场延伸需遵守的四项基本原则

①尽量创造瞄准属于不同细分市场的，在品质上也有差异的品牌产品。将这一品牌产品定位为细分市场中一种不同的新产品或新提供的服务中最好的一种。奔驰的 S 级轿车也各不相同。而且，这些低价品牌的产品瞄准着不同的细分市场，并渴望成为各自细分市场中最好的产品。在实体差异很明显时，一个低价品牌产品与主品牌产品的区别效果最佳。例如，森达的好人缘皮鞋已经成为较低档次皮鞋中的领先品牌。

②在推出低价品牌产品时，应考虑提升主品牌产品的档次。推出低价品牌肯定要在它与主品牌之间制造距离，如果主品牌在档次上稍微向上移一点的话，就更容易在主品牌和次一级品牌之间制造所需的距离。例如，如果你不仅仅是想推出一个产品线的低价次级品牌，而是在推出一个像这样的低价品牌的同时，还要将原来的产品线提高一个档次，并给它也起一个次级品牌名称，那么就必须加大两个品牌之间的区别，减少市场挤占的危险。

③对较高的价格要谨慎。当核心品牌很知名时，公司就会抵不住诱惑去试图制定一个更高的价格，即使在低价市场中也这样。但是，购买超值商品的人们对价格很敏感。在这个新的竞争领域，你的品牌资产是靠不住的。奔驰的管理者明白，C 级轿车的定价很有竞争力，而这是他们成功的原因之一。相反，柯达的快乐时光胶卷受到了重创，是因为柯达公司的管理者将它作为一个低价品牌推出，然而定价却远高于它的目标竞争市场水平。另外之所以五粮液的众多五粮液系列的延伸品牌中稍低于五粮液价格的品牌没有像金六福、浏阳河一样成功，原因便是低价品牌远远高于目标竞争市场水平。

④考虑一种暗含母子关系。暗含母子关系表明了个性上的区别，并有助于给品牌战略提供凝聚力和逻辑性，因为品牌战略本身跨越几个市场，会牵涉一些不一致的地方。低价次级品牌可以作为一线母品牌的“儿女”。“儿女”会和“母亲”拥有相同的“基因”，但可能还没有成熟到成为一类产品或服务中最高档的程度。除了面向比较年轻和不太富裕的市场外，充当“儿女”的次级品牌可以拥有不同的个性。这种个性的本质将取决于产品的背景、使用者的情况和它的一线母品牌。一个年轻的、充满活力的“儿女”形象，可能对摩托车、自行车和健身俱乐部等这类产品很合适。五粮液在推广它的延伸品牌时都利用了这种战略。

(2)向高一级市场延伸需遵守的三项基本原则

①垂直的档次升级要合乎情理。一个品牌应该向高一级市场延伸多远呢？次级品牌进入高一级市场时，如果能定位在这个细分市场的低端部分，往往能做得很好。宣称公司的一个产品优于公司的主流品牌产品，比宣称它优于(或甚至等同于)已有的高档品牌产品，其产品档次的跨度要小得多。例如，森达集团在进行梵诗蒂娜品牌推广时在价格的定位上跨度便不是很大，而杉杉在推广法涵诗时也是利用了这种战略。

②使高一级的新产品与原来的产品有所不同。不论主流市场和高一级的市场之间的距离有多远，赋予新产品不同的特点是很重要的。全兴集团公司推广水井坊品牌的过程（一个建立在很坚实的中高档品牌基础上的高级次级品牌）便是一个好例子。全兴集团的全兴系列酒不但面临一些来自档次稍低品牌的冲击（如金六福、浏阳河、沱牌等）又受到茅台、五粮液、酒鬼等高档品牌的压制，市场地位不尴不尬，为了保护自己，它推出了与全兴产品明显不同的产品，并将它定位在了比核心品牌产品档次高得多的市场位置，这是一项极为冒险的决策。由于采取了与现有全兴品牌完全不同的定位及品牌价值，高一级市场的次级品牌水井坊从外观上赢得优势，广告、包装、名称、外观与原来品牌形成鲜明对比。这些都有助于建立次级品牌的不同个性，并因此帮助它在市场中树立起自己的形象。

③通过赋予高级次级品牌“银弹”的角色来重新定义成功的概念。换句话说，就是把次级品牌作为使核心品牌重新充满活力的工具。泸州老窖便是这样一个例子：也像全兴酒一样，泸州老窖受到一些来自档次稍低品牌的冲击（如金六福、浏阳河、沱牌等），又受到茅台、五粮液、酒鬼等高档品牌的压制，为了能提升产品的层次，需要在档次上向上多移一点，这是一项令人望而生畏的工作。公司推出了国窖 1573，它的价格是原先的两倍多，也许现有的泸州老窖的消费者永远也不是它的消费群体，但是这个高端产品给了泸州老窖一个以另一种方式影响他们的机会。公司利用这个次级品牌与高品质联系，强化了泸州老窖的核心品牌价值，来提高人们对于整个泸州老窖品牌的认识。

11.3.2　品牌水平延伸

扩张到哪里，就把品牌带到哪里吗？近十年以来，在消费品和服务的每一个大类中，中国市场上的产品数目都在迅速膨胀，并且这种增长势头丝毫没有减弱的迹象。大多数公司都在采用产品扩张战略，特别是产品线延伸战略，而且它们大多都是全速前进。但与此同时，越来越多的失败案例表明，如果这一进攻性策略未管理好，就会有许多潜在的危险，如隐性成本增加、品牌形象削弱及与分销商和零售商的关系出现矛盾，最后落得个“偷鸡不成反蚀一把米”的境地。

品牌水平延伸主要是产品线的延伸，产品线的延伸是企业整体品牌战略的选择，有七个因素决定了公司为什么把产品线延伸作为它们市场营销战略的重要组成部分。

(1)消费者细分

品牌的管理者把产品线延伸看作是满足不同的细分消费群的必要手段。此外，现在，对电视、广播或印刷媒体的观众、听众和读者情况的信息掌握得更多了，管理者可以在实施其复杂的细分规划时，据此制定有效的广告计划。例如，娃哈哈就是根据这种需求从最初生产儿童饮料扩展到现在的涵盖不同群体、不同产品种类的大品牌。

(2)消费者的愿望

一个消费者的需求是多元化的，与以前相比，现在有更多的消费者在转换品牌或尝试他们从没使用过的产品。产品线延伸正是通过在一个品牌名称下提供更多的不同产品，来满足消费者想要一些“不一样的东西”的愿望。企业希望，这种延伸既能实现消费者的愿望，又能保持消费者对这一品牌家族的忠诚。例如，康师傅便是在康师傅方便面深受消费者欢迎，迎合消费者对它有更多需求的形势下，推出更多的食品、饮料来满足消费者愿望的。

另外，根据国外广告研究发现，现在的消费者对日用杂货和健康美容用品所作的购买决定中,有三分之二是出自他们在商店时的冲动。如果零售商愿意将延伸的产品摆上货架的话,那么产品线延伸可以帮助一个品牌占据更多的货架空间,从而吸引消费者的注意力。当市场营销人员把一个品牌产品线中的所有种类产品的包装和标签都协调一致时,这些产品就可以在商店的货架或展台上获得一种吸引注意力的公告牌效果,从而对品牌资产产生积极影响。

(3)价格跨度

品牌的管理者经常极力抬高延伸产品的优越质量,并且为这些产品打上比核心产品更高的价格。这样,在销售量增长缓慢的市场中,市场营销人员可以通过把现在的顾客转移到这些“高档”产品上,从而提高单位产品的利润率。用这种方法,即使销售额被挤占也是有利可图的,至少在短期内是如此。

(4)过剩的生产能力

20世纪80年代,许多生产企业增添了更快的产品生产线,以提高效率和质量。更快的产品生产线导致了生产能力过剩,鼓励了延伸产品的推出,因为这样只需对现有产品进行微小的调整。

(5)短期获利

除了促销,产品线延伸提供了迅速提高销售额的最有效和最现实的方法。产品线延伸的开发时间和成本要比创造新品牌所需的时间和成本更容易预测,而且不同职能部门之间需要进行的协调合作工作较少。

实际上,很少有品牌管理者愿意花费时间或承担职业风险向市场导入新品牌。他们非常清楚:主要的品牌最有持久力(目前在消费者眼中最知名的20个品牌,与20年前的名单有很多重叠)。据研究,现在美国成功地推出一个品牌的成本估计是3000万美元,而推出一个产品线的延伸产品只需50万美元。冠以新品牌的产品的成功率很低(5个商业化的新产品中,只有1个在市场上维持了一年以上),而且消费品生产技术已经成熟,获得的渠道也很便利。产品线延伸可以以最小的风险获得最快的回报。

(6)竞争激烈程度

企业管理者忘不了市场份额和利润率的联系,他们经常把产品线延伸视作一种短期竞争工具,来提高一个品牌对有限的零售货架空间的控制,而且如果这一大类商品的总需求能够被扩大的话,还可以增加公司整个这一大类产品所获得的空间。一些主要的品牌经常频繁使用产品线延伸战略,来抬高新品牌或自营商标竞争者进入这一大类商品市场的成本,并耗尽位于市场第三位和第四位的品牌的有限资源。例如,佳洁士和高露洁牙膏都有超过35种型号和包装尺寸的产品,在过去的10年里,它们通过挤占无法跟得上它们推出新产品步伐的稍小品牌市场,增加它们自己的市场份额。

(7)销售压力

大量不同的消费品零售渠道的涌现,从会员商店到超级市场,都在迫使制造商不断推出大量不同利润率的产品和“跟风”式的产品延伸。但是,它们自己要么让制造商提供特定尺寸的包装来适应它们特定的营销战略(如低价格的会员商店的大容量包装或多品种套装),要么让制作商提供定制的、衍生的型号,以阻止消费者进行比较购物,这些都对库存品种的激增起了推波助澜的作用。

11.3.3　主副品牌策略

现代营销学认为，品牌延伸一般可采用两条线路：一是单品牌策略，优点是可以节约大量宣传费用，缺点是使消费者不易识别产品；二是多品牌策略，其优点是一个产品一个品牌，消费者易于识别，但由于是一个品牌一个名称，每一种产品就要做一个广告，为此要花费大量宣传费用。而主副品牌策略，就是避免了两者的缺点，而综合了两者的优点。其具体做法是：用一个成功品牌作为主品牌来涵盖企业生产制造的系列产品，同时又给不同产品起一个生动活泼、富有魅力的名字作为副品牌，以主品牌展示系列产品的社会影响力，而以副品牌突显各个产品不同的个性形象。运用主副品牌的策略，在以下几个方面需要特别注意。

(1)应以主品牌作为广告宣传的重心，副品牌处于从属地位

这是由企业必须最大限度地利用已有成功品牌的形象资源所决定的，否则就相当于推出一个全新的品牌，成本高难度大。比如“海尔—神童”洗衣机，副品牌“神童”传神地表达了“电脑控制、全自动、智慧型”等产品特点和优势。但消费者对“海尔—神童”的认可、信赖乃至决定购买，主要是基于对海尔的信赖。因为海尔作为一个综合家电品牌，已拥有很高的知名度和美誉度，其品质超群、技术领先、售后服务完善的形象已深入人心。若在市场上没有把“海尔”作为主品牌进行推广，而是以“神童”为主品牌，那是比较困难的。要让消费者广为认可一个新电器品牌，没有几年的努力和大规模的广告投入是不可能的。

(2)副品牌应直观、形象地表达出产品的优点和个性形象

好的副品牌可以有力地抓住消费者的心理，拉近与消费者之间的距离，与消费者产生巨大的亲和力，便于传播并较快地打开市场。“松下—画王”彩电的主要优点是显像管采用革命性技术，画面逼真自然，色彩鲜艳，副品牌“画王”传神地表达了产品的这些优势。长虹公司给空调取的“雨后森林”、“绿仙子”、“花仙子”等副品牌栩栩如生地把长虹空调领先的空气净化功能表现得淋漓尽致。红心电熨斗在全国的市场占有率超过50%，红心是电熨斗的代名词。新产品电饭煲以“红心”为主品牌，并采用“小厨娘”为副品牌，在市场推广中，既有效地发挥了红心作为优秀小家电品牌对电饭煲销售的促进作用，又避免了消费者心中早已形成的“红心＝电熨斗”这一理念所带来的营销障碍。因为“小厨娘”不仅与电饭煲等厨房用品的个性形象十分吻合，而且洋溢着温馨感，具有很强的亲和力。

(3)副品牌较主品牌内涵丰富，但适用面窄

副品牌由于要直观地表现产品特点，与某一具体产品相对应，大多选择内涵丰富的词汇，因此适用面要比主品牌的范围窄得多。主品牌的内涵一般较单一，有的甚至根本没有意义，如海尔、索尼等，用于多种家电都不会有认知和联想上的障碍。副品牌大多轻松活泼，具备灵性，而且直白通俗，能有效地弥补主品牌的某些缺陷，因而在媒体传播上更易于被接受，进一步推进和形成市场影响力。“小厨娘”用于电饭煲等厨房用品十分贴切，能产生很强的市场促销力，但用于电动刮胡刀、电脑则会力不从心。因为“小厨娘”本身丰富的内涵引发的联想会阻碍消费者认同接受这些产品。同样“小海风”用作空调、电风扇的副品牌能较好地促进销售，若用于微波炉、VCD则很难起到促销的作用。

案例分析

娃哈哈的品牌延伸之路[①]

"娃哈哈"品牌诞生于1989年。细心研究当时的市场后发现，营养液的品牌虽多，但没有一种是针对儿童这一目标消费群体的。于是公司抓住这个细分市场，开发了"给小孩子开胃"的儿童营养液，把它起名为"娃哈哈"，同时企业也正式更名为杭州娃哈哈营养食品厂。娃哈哈儿童营养液由于切中了儿童市场的空白点，并在强力广告的推广下，其销售额直线上升，1990年销量突破亿元。营养液的成功使得娃哈哈羽翼渐丰，娃哈哈又推出针对儿童消费市场的第二个产品——果奶，从营养液向果奶的延伸是娃哈哈品牌延伸的第一步，也是成功的一步。娃哈哈儿童营养液的产品诉求是"给小孩子开胃"的"营养饮品"，而娃哈哈果奶的目标消费群体仍聚焦于儿童，更突出"有营养"和"好味道"，和儿童营养液基本处于同一类诉求点，这次品牌延伸不存在和原来品牌利益的冲突，是稳健成功的。虽然当时市场上已经出现了不少同类产品，但凭借娃哈哈营养液的品牌影响、销售渠道以及规模生产的优势，果奶上市后即迅速被消费者接受，曾一度占据了市场的半壁江山。娃哈哈果奶的推出，拓展了娃哈哈品牌的经营空间，也增强了娃哈哈的品牌价值及影响力。

娃哈哈经过营养液和果奶的发展和积累，实力逐渐雄厚。1995年，娃哈哈决定延用"娃哈哈"品牌生产纯净水，突入成人饮料市场。娃哈哈原本是一个儿童品牌，其目标消费群体是儿童，品牌形象也是童趣、可爱，娃哈哈推出纯净水可以说是娃哈哈品牌的一次变脸。娃哈哈纯净水"我的眼中只有你"、"爱你等于爱自己"等广告展示了其青春、活力、时尚的品牌形象，目标消费群体也改变为成人。这一举措当时很多人都不看好，但出乎意料的是，娃哈哈不但没有倒下，反而发展壮大。因为当时中国纯净水市场一直未出现全国性的领袖品牌，这就给品牌延伸带来很大的成功机会。所以，在当时的背景下娃哈哈毅然走品牌延伸之路，推出娃哈哈纯净水应该说是务实的明智之举。娃哈哈借助于纯净水的成功，确立了自己全国性强势饮料品牌的地位，变脸后的娃哈哈更有了海阔天空之感。

娃哈哈茶饮料作为娃哈哈系列产品的新秀和2001年的主打产品，当年在中央电视台投放广告1000余万元，加之成功的市场策略，随即创造了数亿元令人振奋的业绩，成为茶饮料市场上的一匹黑马。2002年，娃哈哈重金邀请著名导演冯小刚和著名影星周星驰共同演绎茶饮料广告，并借助"天堂水，龙井茶"、"娃哈哈茶饮料——不用沏的龙井茶"等广告词，在央视频频露面、大造声势，借以预热市场。这样，娃哈哈集团公司不仅通过广告扩大了企业的知名度，而且也使娃哈哈倡导的产品理念为大众所熟知和喜爱。娃哈哈推出茶饮料时省略了共性宣传，强调其个性"天堂水，龙井茶"，在继承中国传统茶文化大量道德修养内涵的同时，赋予了龙井绿茶"色、香、味"更多的内涵，着力渲染茶饮料"天然、健康"等时尚特质。同时，力邀周星驰代言，准确地进行了"娃哈哈茶饮料，不用沏的龙井茶"这一广告定位，使娃哈哈茶饮料不但成为年轻消费者追逐的对象，甚至还获得了众多中年消费者的青睐，从而有效避开了与市场中的强势品牌直接对抗和竞争，在有利的区隔市场中谋求发展，为自己建立了一块细分市场。

按照通常的标准，成功的品牌延伸应该是：主力品牌和延伸品牌相得益彰，主力品牌通过延伸得以壮大，延伸品牌通过和主力品牌的延续而得以快速成长。最糟糕的品牌延伸，是

① 资料来源：http://wenku.baidu.comviewfdf6cdfb910ef12d2af9e77f.html.

延伸品牌和原品牌的定位或价值有冲突，造成消费者的混淆而失败。甚至是，延伸品牌不但失败还伤害主品牌的定位，因为延伸品牌和主力品牌产生冲突，会导致消费者改变对母品牌的原有价值认知。用这些标准来衡量，娃哈哈是较为成功的。公司的销售额从1996年的10个亿元，发展到2003年超过百亿元，就是最好的证明。从总的情况看，“娃哈哈”在向成人品牌突破的过程中有几点要素确保了这次延伸的成功：第一，娃哈哈品牌的核心价值中所包含的“可信、安全”等品质保证，与纯净水以及日后推出的八宝粥、茶饮料等成人产品是相适应的。第二，“娃哈哈”品牌亲和力比较强，这个名称本身所特有的童趣和“欢乐、健康”等概念往往也会获得成人的偏爱，使他们易于接受。第三，娃哈哈所选择进入的市场，都是在当时还没有出现强势领导品牌的市场，因此存在着很大的潜力空间。

11.4　品牌延伸原则与步骤

11.4.1　品牌延伸的原则

成功的品牌延伸为企业带来的好处毋庸置疑，失败的品牌延伸所带来的问题也同样不少。对多数企业来说，问题不是考虑品牌是不是应该延伸，而是考虑品牌应该何时延伸，向何处延伸以及如何进行延伸。一个正确的品牌延伸决策，必须坚持客户向导和品牌资产提升向导。

品牌专家科普菲勒把品牌延伸分为相关延伸（持续延伸）和忽然间断延伸，而美国营销学家凯文·莱恩·凯勒把品牌延伸划分为线延伸和大类延伸，就是指用母品牌作为原产品大类中针对新细分市场开发新产品的品牌；而大类延伸也即间断延伸，是指母品牌从原来的产品大类中进入到另外一个不同的大类。

因为品牌的线延伸与大类延伸存在着本质上的区别，所以企业面临这两种不同的品牌延伸决策时也必然要遵循不同的延伸原则。

1. 大类延伸应该遵循的三个关键性原则

（1）品牌大类延伸应该着眼于品牌的情感特征而非物理或产品性能

悍马品牌是通用汽车旗下的一个著名越野汽车品牌。2005年，通用汽车公司授权位于华盛顿州斯伯肯市的专用计算机厂商 Itronix 公司以制造军用笔记本的标准和制作工艺来制造笔记本，使得这款笔记本能和悍马车一样轻松能应付各种恶劣的户外环境，产品一经推出便受到客户的热烈追捧。

一个恰当的品牌延伸机会应该着眼于品牌的情感特征而非物理或产品性能。悍马品牌向笔记本延伸的成功缘于客户对悍马卓越适应能力的品牌联想被很恰当地用到军用笔记本上。依靠对品牌核心价值中情感因素的科学分析，任何一个强势品牌的核心价值元素（品质、创新、可靠、信任、服务）都可以顺利地被延伸到其他类别的产品上，只要是这个产品与母品牌的产品具有一定关联性且其他方面不存在明显的矛盾性。

还有一类延伸，虽然看似合理，但却不一定能成功。比如忽视关于技术含量低的品牌向技术含量高的延伸，或者技术含量高的品牌向技术含量低的行业延伸，这种情况可称为品牌延伸的“技术壁垒”。一个生产厨房灶具的品牌希望向大型厨房电器领域延伸，为此他们进行了深入的市场调查和消费者访谈，最终他们发现消费者并不认同这种延伸。消费者普遍认为如果这个品牌生产大型家电，会使他们产生不信任的感觉："他没有这个技术力量。"同样，当一个技术含量高的品牌向技术含量低的行业延伸时，有的消费者会认为不值得为了这种技术含量低的产品去选择高价位的大品牌，而另一些消费者则因为看到这种技术含量高的品牌竟然涉足技术含量如此低的产品而对该品牌产生不信任感。

(2)品牌大类延伸应该以确保成功为原则

不成功的品牌延伸会严重损害母品牌的形象。为确保延伸是没有风险的，品牌延伸应尽量避开那些已经被强势品牌牢牢占据的细分市场，而进入那些竞争对手相对弱小的市场或新兴市场。

宁波奥克斯是一家以电表起家，以生产空调为主的家电生产企业，2003 年前后国内汽车市场行情井喷使奥克斯将品牌延伸到完全陌生的汽车领域。2003 年 7 月，奥克斯与沈阳农机集团达成协议，出资 4000 万元收购双马汽车 95%的股权，从而获得了 SUV 和皮卡等车种的生产许可证。2004 年 2 月 24 日，奥克斯在北京正式宣布将大举进入汽车业：计划在 4 年内投入 80 亿元，最终实现 45 万辆的年产能。虽然豪情万丈，但面对强势品牌如云、竞争激烈的汽车市场，奥克斯一开局就显得力不从心：2004 年 2 月，奥克斯 SUV 在销售了几千辆之后匆匆宣布退市，不但前期投入的 4000 万打水漂，而且还因对产品质量和售后服务等问题的处置失当引发了社会各界和新闻媒体的广泛关注，严重地损害了奥克斯原来在空调行业建立起来的品牌形象，成为品牌延伸的一大败笔。

(3)品牌进行大类延伸时，其母品牌必须是具备延伸能力的强势品牌

一个尚未成功的品牌急于向其他相关产品延伸的结果注定要以失败告终。因为尚未成熟的品牌在消费者心目中还没有形成强烈的品牌意识和品牌联想，如果这个品牌贸然向其他领域延伸，就会令消费者感到困惑，就会极大地伤害刚刚建立起来的品牌定位。品牌延伸就像发射无线电波一样，需要一种由内向外辐射的能量，一个自身尚未成熟的品牌不具备这种能量或者能量不足以支撑品牌向外延伸，这样的品牌延伸不但不会成功，反而会拖累母品牌。

在国内，很多尚未完全成熟的家电品牌都尝试向手机通信领域延伸，但这种延伸大多难以取得专业厂家那样成功。2007 年 4 月消费调研中心 ZDC 对中国手机市场进行的关注度调查表显示，消费者对夏新手机、海尔手机、HTC 手机和康家手机的关注度均低于 1.1%，还不及位列第一的诺基亚(45.8%)的四十分之一。这些家电品牌虽然在国内取得了一些成就和市场份额，但距离国际化品牌还有着相当一段距离，无论是通信领域核心技术研发能力、工业设计能力、服务能力、营销能力、品牌管理能力还是价值链整合能力都存在着这样或那样的问题。在这种情况下贸然进行品牌延伸，其结果可想而知。

2. 线延伸应该遵循的四个关键性原则

(1)进行延伸的母品牌绝不能是某一品类产品代名词的品牌

如果某一品牌在客户心目中的地位强大到变成某一类产品代名词的地步，那么这个品牌向其他品类延伸就会失败。例如，烟台荣昌制药在世界上首创的"贴肚脐，治痔疮"的方法及其产品"荣昌肛泰"曾经大获成功，荣昌制药这个品牌曾一度成为治疗痔疮的代名词。后来荣昌制药又向其他领域延伸，结果都未能像"荣昌肛泰"那样成功。同样，在人们心目中，IBM 是计算机的代名词，而施乐是复印机的代名词，当 IBM 试图向复印机领域延伸而施乐试图向计算机领域延伸时，他们都遭到了惨败。

(2)成功的品牌延伸必须不能脱离原有品牌的品牌定位

美国派克公司是一个高端钢笔制造厂商，也是钢笔的发明者。1894 年，派克取得了钢笔墨水输送装置专利并一度成为钢笔市场的领导品牌。后来，匈牙利贝罗兄弟发明了圆珠笔，打破了派克公司一统市场的局面。由于圆珠笔的实用、方便、廉价，一经问世就深受广大消费者的欢迎，使得派克公司生产大受打击，不但销售额骤减，甚至还到了濒临破产的边缘。此时，派克公司欧洲高级主管马科利临危受命成为新任总经理。马科利上任之后做的第一件事情就是削减派克钢笔的产量，并将原来的销售价格提高 30%；与此同时，他还增加广告预算，加强宣传以提高派克钢笔作为社会地位象征物品的知名度和美誉度。随着品牌传播运动的开展，派克那种“超凡脱俗，卓然出众的笔中贵族”的品牌定位也逐渐被上流社会所认可。1962 年，派克公司获准成为英国皇室书写用具和墨水的独家供应商，派克钢笔成了伊丽莎白二世的御用笔。这件事被派克广为宣传并最终使派克一举成名，身价倍增，派克金笔也成为一种高贵身份的象征。20 世纪 70 年代后期，派克公司的许多竞争对手，包括大名鼎鼎的客罗斯公司纷纷效仿派克公司的做法，转而产生书法笔和价值高昂的高档笔。在这股浪潮的冲击下，派克制笔公司在美国市场相继被占领，销售额大幅度下降，从 1980 年起，派克制笔公司连续 5 年亏损，到 1985 年，派克公司的亏损额已经高达 500 万美元。1982 年，派克公司新任总经理詹姆斯·彼得森上任。为了挽救派克公司，扩大市场份额，彼得森采取了紧缩开支、集中管理、大批裁员等措施。同时，彼得森还做出了一项对派克公司来说致命的错误决策：全力生产定位于 3 美元以下的中低档钢笔。此举使本就举步维艰的派克公司更是雪上加霜，原来认同派克高端定位的消费者因为派克定位的改变纷纷弃之而去，中低端市场又毫无起色。彼得森这种破坏派克品牌形象和定位的错误决策的恶果很快就在市场上显现了出来，派克公司高档金笔的领导品牌地位迅速被竞争对手取代，派克笔在美国市场占有率降至 17%，而当时派克公司主要竞争对手客罗斯公司的产品却拥有 50% 的市场份额，一跃成为美国制笔业的新霸主。

(3)成功的品牌线延伸必须不能脱离母品牌的核心价值

对某些成功品牌而言，品牌的核心价值已经牢牢地占据了消费者的心，如果企业擅自去改变品牌的核心价值，就会引起客户的迷惑甚至是强烈的不满，从而最终影响到品牌形象和品牌价值。

德国保时捷汽车是一个顶级跑车品牌。在消费者心中，保时捷就代表着 911 系列跑车——引擎后置、冷风、6 汽缸跑车。这种清晰的定位曾经使保时捷公司风光无限：在 2000 年，通用汽车从每一辆售出的汽车中赚取 853 美元，而保时捷却可以赚到 7350 美元。但保时捷并不满足，他们坚持要进行品牌延伸以开拓市场份额，在 20 世纪七八十年代，保时捷尝试向小车挺进，首先是与大众汽车联合推出了引擎中置的 914；之后又与奥迪汽车公司推出了引擎前置的 924，这两款车型最后都因得不到市场认可而被迫停产。1978 年，保时捷又推出引擎前置、V－8 动力的 928 车型，期望能取代引擎后置见长却已“过时”的 911 系列跑车。可保时捷爱好者们拒绝把 928 看做真正的保时捷。对想买保时捷的消费者来说，任何看起来不像 911 的车都不是保时捷。直到今天 911 系列跑车仍在生产并广受欢迎。

(4)品牌延伸应以不使消费者产生负面联想为基本原则

代表着某一品类的品牌向存在冲突或完全矛盾的领域延伸往往会造成消费者品牌意识的混乱和负面联想，这种延伸大多数以失败告终。

美国斯科特公司曾经是美国卫生纸市场的领导品牌，后来他们又陆续把品牌延伸到面巾纸、餐巾纸等与卫生纸完全矛盾的品类，这种衍生令消费者十分不解：斯科特品牌的纸制品究竟是用来擦嘴的还是用来上厕所的？后来，怡敏牌卫生纸取代斯科特成为美国卫生市场领导品牌，而斯科特品牌则滑落至第三位。当斯科特公司意识到自己的错误时，他们开始实施多品牌战略并相继推出了万岁牌的面巾纸和棉柔品牌的卫生纸，这两个品牌最终又重新得到了消费者的认同。

综上可以看出，品牌的延伸对智者来说是一场盛宴，而对无知者来说则是噩梦的开始。顾客是品牌延伸的裁决者，他们以实际购买行为来为品牌延伸的成功与否打分；只有深入了解品牌的本质，深入了解顾客的内心世界，坚持品牌延伸的关键性原则，才能做出正确的延伸战略决策。

11.4.2 品牌延伸的决策

品牌延伸决策是一般有纵向延伸和横向延伸两种。

1. 纵向延伸

纵向延伸是在产品质量档次上延伸，包括三种延伸方式。

(1)向上延伸

即在产品线上增加高档产品生产线，使商品进入高档市场。例如，森达集团为进入高档女鞋市场，推出了梵诗蒂娜女鞋，并进行独立的推广、独立的定位，在行销推广时不提及母品牌。海信采用的也是向上延伸策略。海信原是一家生产黑白电视机的厂家，但其目光远大，以很高的代价引进日本“松下”彩电生产线，创立海信彩电品牌；1996 年与英尔特合作，推出多媒体系列计算机；引进日本三洋空调技术，推出变频系列海信空调。

(2)向下延伸

即在产品线中增加较低档次的产品。利用高档名牌产品的声誉，吸引购买力水平较低的顾客慕名购买这一品牌中的低档廉价产品。如中国名酒五粮液，在低档、低价酒出现市场空白时延伸出五梁春、五梁神、五粱液、京酒、圣酒、红豆缘酒等品牌。如果原品牌是知名度很高的的品牌，这种延伸极易损害品牌的名誉，风险很大。

(3)双向延伸

即原定位于中档产品市场的企业掌握了市场优势以后，决定向产品线的上下两个方向延伸，一方面增加高档产品，另一方面增加低档产品，扩大市场阵容。

2. 横向延伸

横向延伸是指借助原有品牌资产，建立在对消费者行为分析及市场细分的基础上，根据不同地区、不同文化背景、不同年龄、不同性别的人群，实施品牌延伸，并保持品牌较大的区隔。或者说，横向延伸是在不同品牌范围内进行品牌线或产品线的延伸。企业，特别是专业公司，对各个地方不同层次的消费者的需求及需求的变化非常敏感，应始终站在消费者需求的角度研发产品，提供不同的品牌和产品供消费者选择。

比如，皮尔·卡丹从服装延伸到饰品、香水、家具、食品、酒店、汽车甚至飞机造型。同样，登喜路、华伦天奴等品牌旗下的产品一般都有西装、衬衣、领带、T 恤、皮包、皮带等，有的甚至还有眼镜、手表、打火机、钢笔、香烟等价格跨度很大、产品关联较低的产品，但也能共用一个品牌。

11.5　产品种类泛滥的潜在危险

当然，在面对市场份额与销售利润的压力下，进行产品线的延伸，确实会给企业带来生机，在这个背景下，很容易明白，为什么有那么多的管理者会卷入到产品线延伸的狂热中去。但是，正如越来越多的企业及品牌的管理者所发现的，延伸产品泛滥所带来的问题和风险是非常可怕的，总结来说，它存在七种危险。

1. 产品线的逻辑性变弱

企业或品牌的管理者往往在延伸一条产品线时，不削减任何现存的产品。结果就是，产品线会扩张到过度细分的程度。而且，每一种产品的战略意图就会变得模糊不清。销售人员应当能够解释每一种产品的商业逻辑。如果他们不能，零售商会根据自己的数据(收款处的扫描仪收集到的信息)来帮助它们决定采购哪种产品。这样，采购整个产品线的产品的零售商肯定就会更少。其结果是，制造商失去了对其产品线在销售点展示情况的控制，而且消费者所喜爱的型号或风味的产品出现缺货的概率就会增加。例如，销售商以及代理商面对众多的产品会主观臆断地认为那种产品易于销售，从而排斥另外一些产品，导致制造商失去对整个产品线的控制。

2. 品牌忠诚度降低

一些市场营销人员甚至是品牌的管理者会错误地认为，品牌的忠诚度是一个态度问题，而没有认识到忠诚度是反复购买同一种商品的一种方式。一些强大的品牌都拥有两三代的消费者，他们一直以同样的方式购买和使用产品。当一个公司延伸它的产品线时，存在破坏构成这种品牌忠诚度的消费模式和习惯及令消费者重新作出整个购买决定的风险。

尽管产品线延伸有助于利用一个品牌来满足一个消费者不同的需求，但是它也能促使消费者去寻求变化，从而间接地鼓励品牌转换，而这种品牌转换可能会导致失去原有品牌对消费者的控制与吸引。短期内，产品线延伸可以增加整个品牌家庭的市场份额。但是，如果市场挤占和营销支持向延伸产品的转移造成了公司主要产品市场份额的下降，那么就会损害这个品牌家庭的长期健康。当产品延伸淡化了，而不是强化了品牌在长期支持这一品牌的消费者心目中的形象，而又没有吸引到新的客户时，情况尤其如此。

3. 原有产品线未被充分发掘

许多公司把重要的新产品以延伸产品的名义推向市场，从而丧失了获取更多收益的机会。有一些产品的创意大得足以成为一个新品牌。然而对于现有品牌的管理者而言，产品线延伸比推出新品牌对他们更有好处。但是，这种只考虑短期风险的管理做法，往往会牺牲长期的利益。

4. 对大类商品的需求增长停滞

产品线延伸极少能增加对整个大类商品的需求。人们不会只因为他们有更多的产品选择，就吃得更多、喝得更多；或是头洗得更勤、牙刷得更勤，只能替代性地选择产品。实际上，对几个大类商品的调查表明，每个大类商品的销量增加与企业的产品线延伸之间没有正相关关系。如果说有些关系的话，也是负相关关系，因为市场营销人员设法通过意义不大的产品线延伸，来重振销售下降的大类商品和保护他们的货架空间的努力并不奏效。

5. 更糟的销售关系

零售商不会仅仅因为某一大类商品有更多品种的产品，就为其提供更多的货架空间。它们对这种产品种类激增的现象所作的反应包括：更合理地调整它们的货架空间；向对于销售缓慢的占领货架空间的产品制造商索要安置费；对于那些在两三个月内没有达到销售目标的产品，向制造商索要失败费。随着制造商信誉的不断下降，零售商会把越来越多的货架空间分配给它们的自营商标产品。制造商之间对剩余的有限安置空间的竞争，提高了总的促销费用，并使利润转移给了实力不断增强的零售商们。

6. 竞争对手的机会会更多

产品线延伸带来的市场份额增长通常都是短暂的。竞争对手会迅速地推出类似的新产品。除此以外，延伸产品的泛滥降低了零售商产品的平均周转率和每个库存品种的利润。这会使市场领先的品牌暴露在一些其他品牌的威胁之中，这些品牌不会试图追随市场领先品牌的每一次产品线延伸举动，而是只提供集中在最受欢迎的延伸产品的产品线上。

7. 会增加额外的成本

企业预计到了一些与产品线延伸相关联的成本，并为之做好了计划，如市场调查、产品和包装的开发以及产品市场投放等成本。品牌管理部门可能还预计到了管理费用的某些增加。例如，当一件延伸产品加入某一产品线后，制定它的促销计划就要花费更多时间，决定核心品牌产品与延伸产品之间的广告分配也需要更多的时间。但是，管理者可能没有预计到一些潜在危险。

①整体营销努力的分散及品牌形象的淡化。

②更短的生产运转时间和频繁的产品线变更使生产的复杂性增加（在某种程度上，如果有能力把产品设计成拥有灵活的生产系统的产品，而不是用标准化的生产程序的话，那么，这些情况会得到缓和）。

③对需求预测的错误增多和后勤复杂性的增加，导致剩余货品的增多。

④由于订单时间紧张，以及无法买入最经济实惠的原材料，致使供货成本增加。

⑤分散了研究和开发部门开发新产品的精力，加重了负担。

多品种产品线的单位生产成本，要比理论上只生产产品线中一种最受欢迎的产品的成本高 25%～45%。大多数产品线延伸都不能增加大类商品的需求，这使得企业很难通过产品销售量的增加来弥补额外增加的成本，而且即使一个延伸产品可以卖更高的单位价格，其增加的毛利也不足以弥补其大幅度增加的单位成本。

【思考题】

1. 品牌延伸的含义是什么？其成因何在？
2. 品牌延伸经营有哪些意义？
3. 品牌延伸的要素有哪些？
4. 品牌延伸经营一般常用的策略有哪些？
5. 品牌延伸有哪些风险？该如何规避？

第十二章　品牌危机管理与设计管理的伦理基础

12.1　从设计的角度看品牌危机

12.1.1　什么是品牌危机

尽管品牌危机爆发日益频繁，造成的负面影响如此巨大，然而对品牌危机本身至今还未形成一个统一的权威概念。品牌危机较为公认的概念是指：在企业发展过程中，由于企业自身的失职、失误，或者内部管理工作中出现的缺漏等因素突然引发的品牌在市场地位的转变、被市场吞噬，或公众对该品牌的不信任感增加，销售量急剧下降等品牌遭受严重打击的现象。

在经济全球化与信息化的时代，品牌的形成离不开传媒与公众的正面评价与肯定。品牌是基于公众而存在的，谁赢得了公众，谁就是好品牌；一旦品牌失去了公众的信任，这个品牌就会轰然倒塌。在法律法规日益健全、政府管理能力不断加强的社会环境下，逐利性导向下的企业不正当经营行为导致品牌危机的事件频繁发生。

在企业发展初期，企业靠不断地提高自己产品的质量，树立自己的企业信誉来吸引消费者，品牌就是企业最大的财富。但是由于企业的品牌运营处于复杂多变的环境中，加上媒体的透明化和公众的敏感度提高，企业随时面临着品牌危机，如果处理不好，就可能像“多米诺骨牌”一样，使企业相关的各个领域出现连锁反应，从而摧垮企业。

三鹿集团，曾是国内最大的奶粉生产企业之一，是“航天乳饮料及乳粉”的唯一合作伙伴、全国唯一“航天乳饮料”专业生产企业。三鹿奶粉是国内第一批获得“免检”的奶粉、中国名牌产品、中国免检产品。但是，2008 年三鹿奶粉中惊现三聚氰胺成分，三鹿集团顿陷品牌危机，引起乳制品行业的轩然大波。在三鹿奶粉被检出三聚氰胺后，国产一线的奶粉如蒙牛、伊利、光明等也均检出三聚氰胺，顿时乳业巨头们都陷入这个巨大的危机漩涡中。这就是著名的三聚氰胺品牌危机事件，它曾一度使国人对乳制品失去信心，之后国产乳制品企业的销售及股值一落千丈。

品牌危机	
直接原因	间接原因
产品质量问题	政府检查
售后服务问题	媒体曝光
不当竞争	消费者质疑
品牌危机缺乏预防	对手恶意炒作

图 12-1　品牌危机产生的原因

品牌危机产生的原因（如图 12-1 所示）有直接原因和间接原因两种。

1. 品牌危机的产生

(1)品牌危机产生的直接原因

引起品牌危机的直接因素有很多，但主要还是由四个方面造成的。

①产品质量问题。

产品是一个品牌的核心，产品质量出现问题最容易引发品牌危机。据调查，企业品牌危机中的60%以上是由产品质量事故造成的。企业产品产生质量问题的原因很多，主要有两种：一是由于在原料采购，产品的生产、营销、储存、运输等过程中，对质量的监督、检查等管理不严，引发质量问题。二是由于设计或生产技术方面，不符合相关法规、标准等的规定，造成产品存在缺陷，出现质量问题。

2011年年初，环保部和海关总署发布的《中国严格限制进出口的有毒化学品目录》中首次将壬基酚(NP)和壬基酚聚氧乙烯醚(NPE)列为禁止进出口物质。但2012年初，耐克、阿迪达斯、李宁、H&M和C&A等十多家国际服装品牌，被检出面料中NPE成分超标，引发“服装品牌NPE含量超标”危机，多家公司先后作出承诺，实施《关于有毒有害物质零排放的联合路线图》。在市场竞争激烈，同类或替代产品众多的今天，企业的这种行为就是自掘坟墓。企业应该珍视品牌，重视质量。无论品牌知名度有多大，企业信誉度有多高，在质量面前都是平等的，来不得半点马虎和虚假，一定要严格按照国家或国际标准生产。

②售后服务问题。

售后服务是企业的无形资产，是指生产企业、经销商把产品(或服务)销售给消费者之后，为消费者提供的一系列服务，包括产品介绍、送货、安装、调试、维修、技术培训、上门服务等。在市场竞争激烈的今天，随着消费者维权意识的提高和消费观念的变化，消费者在选购产品时，在同类产品的质量和性能相似的情况下，不仅应注意产品实体本身，应更加重视产品的售后服务。因此，企业在提供物美价廉的产品的同时，向消费者提供完善的售后服务，已成为现代企业市场竞争的新焦点。

汽车产业可谓是现今的朝阳产业，在日益膨胀的汽车需求背后，人们越来越重视汽车的4S售后服务，常常有媒体介入消费者的汽车售后纠纷，而很多汽车4S店都被爆“售前售后两个样”，因售后问题给汽车品牌带来的负面影响非常多。在消费者的反映中，经常能够听到这样的抱怨：“买的时候那么顺利，修起来手续那么多”、“只换个机油就跑这么远，耽误时间，太不方便了”、“换个灯泡就几分钟，我来去就花了两三小时”……上汽集团将客户的抱怨记在心里，并想出办法给予解决。它们给客户提供了800电话，接受客户的预约并安排4S店技师上门为客户进行保养和小修作业，解决了客户的烦恼，也弘扬了上汽集团的服务理念，使品牌更加稳固。同样是汽车售后，不同的售后处理会使品牌危机扩大化。2009年的JEEP牧马人“自燃”事件，引发社会的广泛关注和讨论。“自燃”事件发生后，拖了几个月都没有得到让人满意的解决方案，售后反应速度慢，使得品牌危机事件加剧，迫使克莱斯勒公司迎来尴尬的JEEP70周年，牧马人在质检总局的勒令下被迫连续召回。售后服务虽然只是产品的辅助部分，但在品牌危机上，却能很好地起到危机处理导向作用。

③不正当竞争。

企业不正当竞争包括不当促销、弄虚作假、商业欺诈，采取贿赂或变相贿赂等手段推销商品或采购商品，搭售与附加不合理条件的行为，为排挤竞争对手而以低于成本的价格倾销商品等。不正当竞争具有两个基本特征：一是不正当竞争一般都违反市场经济运行的公平合理原则和市场规则，对市场经济的正常运行起着干扰和破坏作用。二是不正当竞争一般都直接和严重地损害竞争者或消费者的经济利益。企业不遵守竞争规则，必然会遭受法律法规、竞争对手和市场的惩罚。

④品牌危机缺乏预防。

品牌危机的防范，是品牌危机管理的首要任务，它不仅表现为企业内部的品牌危机监测、跟踪和预警系统的建设与运作，更将品牌危机的防范意识渗透到企业经营管理的全过程中。品牌危机的预防应包含两层含义：第一层是指避免品牌危机，即排除潜伏的品牌危机，把危机忧患消灭于萌芽之中；第二层是指针对引发品牌危机的可能性因素，事先制定各种危机处理预案。

企业若缺乏危机防范意识与长远战略规划意识，忽略在法律层面上的品牌保护意识，会给品牌带来危机。同时，企业对其品牌过于自信、盲目自大、自以为是，往往会忽视问题，酿成大祸。企业应该树立品牌危机意识，成立品牌危机管理常设机构，拥有品牌产品质量危机的应对预案。

(2)品牌危机产生的间接原因

①政府检查。

政府在例行检查或接到投诉而检查的过程中发现问题，从而对企业进行处罚或整改。在 2008 年 9 月的三鹿奶粉事件中，其重要原因就是企业及有关质量检验部门，事前放松了对产品质量的监督、检查，给不法分子有了可乘之机。事后，质检总局在全国紧急开展了对婴幼儿配方奶粉中三聚氰胺含量的专项检查，共检验了 109 家企业的 491 批次产品，有 22 家企业的 69 个批次的产品检出了三聚氰胺，检出不合格产品的企业约为 20%。之后被检出问题的企业所发生的品牌危机就是因政府检查而间接引发的。

②媒体曝光。

信息时代的一个最大特征就是媒体作用爆炸化，媒体履行舆论监督责任，通过记者、网络等各种途径揭露问题。现今网络媒体的作用越来越大，许多负面消息一发生就如喷井般遍布各大消息渠道，尤其微博等平民媒体传播渠道的普及，民众参与媒体曝光，使事件变得更透明化。网络媒体可以在第一时间让消费者了解传播的信息，消费者可以随时在网上了解信息，甚至参与媒体曝光。因此在了解媒体曝光时很有必要了解网络媒体。

2011 年 7 月 10 日，中央电视台《每周质量报告》节目曝出高端洋品牌家具达芬奇造假新闻，这是继 2005 年德国欧典地板之后，家居行业又一个被社会广泛关注的假冒洋品牌的被揭案例。达芬奇家具造假事件犹如一枚深水炸弹，使家居行业普遍存在的伪洋品牌或将集体被炸出水面。这个品牌危机就是十分典型的由媒体曝光而引发和加剧的。

③消费者质疑。

消费者是企业产品销售的对象，是最终服务者，消费者因产品质量或服务对品牌提出质疑，通过向政府、媒体等投诉，甚至寻求法律途径处理事件，很可能会引发企业的品牌危机。

2011 年 5 月，有消费者质疑美的紫砂煲中的内胆材料问题，随后央视《每周质量报告》节目对此进行了媒体调查，发现美的紫砂煲实际上使用的内胆竟是普通陶土，根本没有紫砂。与此同时，美的在制作内胆时还添加“铁红粉”、二氧化锰等化工原料来增色，欺骗消费者。这一事件在互联网上立刻成了讨论的焦点，美的更是成了网友和媒体口诛笔伐的对象，美的集团因此出现品牌危机。

媒体炒作也有失实的时候，最典型的是三株口服液事件。1996 年 9 月 3 日，退休工人陈伯顺服用了 8 瓶三株口服液后死亡。当时事件只在湖南当地很小的范围内传播，但此后两年时间企业仍没有处理好危机，直到 1998 年 3 月 31 日，常德中级人民法院作出判决：消费者陈伯顺因喝了三株口服液导致死亡，由三株公司向死者家属赔偿 29.8 万元。判决一出，三株月销售额从数亿元一下子跌到了不足 1000 万元。各家媒体纷纷报道，三株公司面临巨大的品牌危机。1999 年 4 月 2 日，湖南省高级人民法院的裁决最终证明了三株的清白，但此时三株所有的子公司已全部关闭，产值百亿元的生物制药厂被迫停产，15 万余名员工下岗。

④对手恶意炒作。

同行的竞争对手是商业竞争的重要部分。有时，来自对手的恶意炒作，会使企业品牌“无端惹祸”，引发品牌危机，成为商业战争的有力工具。2012 年 4 月，著名的苹果公司也险些遭受品牌危机，各种各样的调查报道和抗议活动令这家全球市值最大的公司形象受损。危机源头是富士康的用工问题，因为富士康是苹果最大的制造供应链，同行竞争企业抓住这个好契机，把矛头同时也指向了苹果的用工环境，指责苹果中国供应商的工厂存在安全和健康隐患，而且还有长时间加班和低工资等诸多问题。与此同时，《纽约时报》也对苹果最大的供应商富士康进行过长篇报道，导致很多人手拿 iPad 或 iPhone 时都心怀愧疚。这个事件曾一度引发苹果的品牌危机。

2. 品牌危机的分类

品牌危机一般按性质和形态来分类(如图 12-2 所示)。

(1)按性质分

品牌危机按照性质可分为两种：第一种是产品质量问题引发的品牌危机；第二种是非产品质量问题引发的品牌危机(如资金问题、法律纠纷、企业结构变动等)。相比较而言，产品质量引起的品牌危机在曝光数量上明显较大，因为商品质量问题影响着每一个消费者的利益，而且品牌的知名度也是建立在消费者对其产品的认可和对品牌的信任基础上的。公众对于非产品质量引发的品牌危机往往关注较少，非产品质量引发的危机往往是企业内部某方面失误而引起的经营危机和困难，造成客户对企业的不信任，往往体现为资金问题、法律纠纷、企业结构变动、股市异动等。

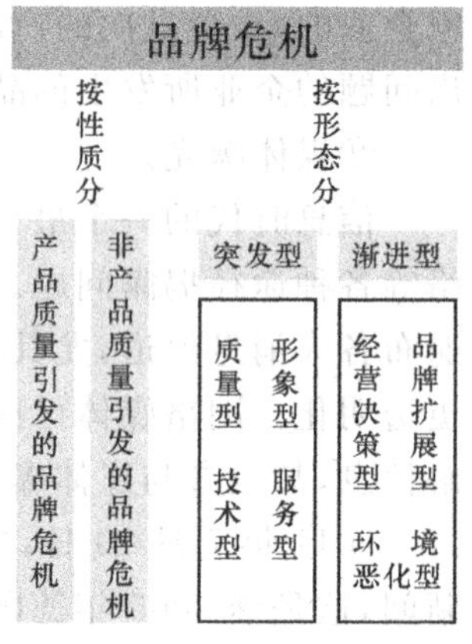

图 12-2　品牌危机的分类

(2)按形态分

品牌危机从形态可分为突发型和渐进型两大类危机。

①突发性品牌危机。

突发性品牌危机是指企业在品牌运营中突然爆发的令企业始料不及的危机，危机一旦爆发，品牌形象将严重受损，公众对品牌的信任度也急剧下降，进而导致企业产品销售量一路下滑，危及企业的生存。突发型品牌危机可以分为以下四种。

一是质量型品牌危机。企业因自身的生产过程或内部管理而引发了产品质量问题，导致突发型品牌危机。质量型品牌危机发生的比率最大，因为质量密切联系着消费者的切身利益，较为敏感，爆发速度快且影响大。

二是形象型品牌危机。形象型品牌危机往往体现为品牌知名度下降、消费者品牌认可度和忠诚度降低。例如企业的税务问题、形象代言人的个人问题、生产环境问题等。富士康员工的跳楼事件就是一例非常典型的形象型品牌危机，一连几起的员工跳楼事件引发富士康公众形象大跌。

三是技术型品牌危机。技术型品牌危机是指企业投放到市场中的产品因为技术或者产品缺陷，遭受检查或者投诉而引发的品牌危机。2009 年 8 月 28 日，美国发生了一起丰田雷克萨斯因加速器失灵造成车毁人亡的惨剧，成为丰田汽车被召回的触发点。2009 年 9 月，丰田公司在美国宣布：因部分汽车可能由于前排处的脚垫“向前滑动并卡住油门”而引发“只能加速不能刹车”的严重缺陷，共召回 380 万辆“脚垫问题汽车”。丰田公司在中国宣布对自 2009 年 3 月开始上市销售的国产 RAV4 全部召回，涉及车辆 75552 辆，同时停止对 RAV4 所有车型的销售。丰田集团顿时陷入“召回门”的品牌危机。

四是服务型品牌危机。服务型品牌危机是指企业为产品提供的销售服务或者售后服务因管理问题或者条件限制，遭受消费者不满，甚至投诉或者走上法律途径解决问题所引发的品牌危机。服务型品牌危机与涉事企业的品牌意识、服务意识相对薄弱有关。

②渐进型品牌危机。

渐进型品牌危机容易被人忽视，其发展是循序渐进的，但是一旦爆发则具有毁灭性。渐进型品牌危机可以分为以下两种。

一是经营决策型品牌危机。经营决策型品牌危机是指由于企业在生产、营销等方面的战略决策失误及管理不善给品牌带来的危机。

美国“派克牌”金笔是世界上最著名的老牌产品之一，一直以来都以一种高档产品的形象出现，是身份和体面的标志，许多社会上层人物都喜欢带一支派克笔。派克笔一向以它的高质量、高品位投放市场，人们购买派克笔不仅是为了买一种书写工具，更主要是买一个形象、一种体面，以表明自己的身份。而新总裁彼特森一上任，不是把主要精力放在改进派克笔的款式和质量，巩固发展已有的高档产品市场上，而是热衷于转轨和经营每支售价在 3 美元以下的钢笔市场，争夺低档笔市场。到了 1983 年，为了占领更大的市场份额，派克公司决定将产品向 3 美元一支的低档产品延伸，并且迅速扩大了产量，结果派克笔不但没有顺利进入低档笔市场，反而使派克笔“钢笔之王”的形象和声誉受到了严重损害。一直是派克笔大本营的高档笔市场，其市场占有率也急剧下降，最终派克公司不得不让出高档笔市场的领导地位，走向衰败之路。

品牌扩展(Brand Extensions)是指企业将某一知名品牌或某一具有市场影响力的成功品牌扩展到与成名产品或原产品不尽相同的产品上，以凭借现有成功品牌推出新产品的过程。恰当的品牌延伸策略可以使新产品迅速打入市场，并利用品牌优势壮大品牌体系，但是品牌延伸策略一旦失误，很可能引发品牌危机。

娃哈哈原本是非常个性的儿童品牌定位，它曾错误地向老年产品“冰糖燕窝”、“白酒”、“房地产”等领域延伸，这显然是一种不当的品牌延伸，不但模糊了原有的品牌定位，而且也损坏了主品牌的形象。

二是环境恶化型品牌危机。这里的环境不是指自然环境，是指企业发展的内外社会环境。品牌的内部环境是指品牌持有公司的内部状况，而品牌的外部环境主要包括消费者、竞争对手、分销商、市场秩序、舆论和宏观环境等因素。内外部环境慢慢发生变化，也会导致品牌危机的爆发，企业需要一个良好的管理和危机预防措施，使品牌拥有稳定的发展环境。

国产奶粉安全事件频频爆发，从三聚氰胺到皮革奶，消费者对国产奶粉的忍耐似乎已经到达到了极限。这样大规模大范围的品牌危机是国产奶制品大环境内的恶化，这个环境恶化型品牌危机使许多国产奶制品企业无辜卷入危机，销量大减，而洋奶粉变成“稀缺品”，价格暴涨。

12.1.2 产品设计与品牌危机

产品是一个企业品牌的核心，从品牌危机的产生和分类来看，产品及产品质量是一个企业品牌危机的主要来源。

所谓产品，是指人类制造的物质财富，它是由一定物质材料以一定结构形式结合而成的、具有相应功能的客观实体，是人造物，不是自然而成的物质，也不是抽象的精神世界。所以，产品的诞生是有一定目的和使命的，产品的设计和制造过程不但是设计师设计理念的体现，更是背后制造企业的品牌体现。

无论是什么样的企业生产的产品，产品必须遵循产品的法则和设计规律。产品设计是为人类的使用进行的设计，设计的产品是为人而存在，为人所服务的。产品设计必须满足以下五项基本要求。

(1)功能性要求

现代产品的功能有着比以前丰富得多的内涵：物理功能，产品的性能、构造、精度和可造型等；生理功能，产品使用的方便性、安全性、宜人性等；心理功能，令人愉悦的产品造型、色彩、肌理和装饰等；社会功能，产品象征或产品所显示的个人价值、兴趣、爱好或社会地位等。

(2)审美性要求

产品的审美价值是产品价值的另一种形式，也是产品竞争的重要因素。产品除了要提供人们物质生活中所需要的特定功能外，还要给人们带来精神方面的享受。所以一件好产品除了好用外，还必须给人们带来心理上的愉悦感，在形态上必须具有美感，具有艺术性。

现实中绝大多数产品都是满足大众需要的物品，因而产品的审美不是设计师个人主观的审美，只有具备大众普遍性的审美情调才能实现其审美性。产品的审美，往往通过新颖性和简洁性来体现，而不是依靠过多的装饰才成为美的东西。

(3)经济性要求

企业生产产品是为了盈利，除了满足个别需要的单件制品，现代产品几乎都是供多数人使用的批量产品。产品设计师必须站在企业的立场，从消费者的利益出发，在保证质量的前提下，研究材料的选择和构造的简单化，减少不必要的劳动，增长产品使用寿命，使之便于运输、维修和回收等，尽量降低企业的生产费用和用户的使用费用，做到物美价廉，这样才能为用户带来实惠，为企业创造效益。

(4)创造性要求

设计的内涵就是创造。尤其在现代高科技、快节奏的市场经济社会，产品更新换代的周期日益缩短，创新和改进产品都必须突出独创性。一件产品的设计如果没有任何新意，就很容易被社会淘汰，因而产品设计必须创造出更新更便利的功能，或是唤起新鲜造型感的设计。世界各地都推崇产品的创新，在国际大范围内，有名的设计奖项，如Red dot、IF等都有创造性的要求，可见创造性对于产品设计的重要性，创造性也是产品设计的评价标准之一。

(5)适应性要求

设计的产品总是供特定的使用者在特定的使用环境使用的。因而产品设计不能不考虑产品与人的关系、与时间的关系、与地点的关系。产品与人的关系尤为重要，产品的人性化也是衡量一个优秀产品的标准之一。所谓人性化产品，就是包含人机工程的产品，只要是

“人”所使用的产品，都应在人机工程上加以考虑。可以将人性化的产品描述为：以心理为圆心，生理为半径，用以建立人与物（产品）之间和谐关系的方式，最大限度地挖掘人的潜能，综合平衡地使用人的机能，保护人体健康，从而提高生产率。

此外产品还得考虑产品与社会的关系，因为社会传统中存在着某些忌讳形态。而中西方的文化差异也是产品在设计过程中应该避免的，而消费者不同的宗教信仰也应在设计中予以考虑。

好的产品设计需要遵循以上五个基本要求，因为这五个要求是产品存在的衡量标准。产品和艺术品的本质区别是产品的诞生是理性的，它不是设计师兴趣爱好的随意发挥，它是顺应市场，立足消费者，为企业谋利或为公益服务的，它更是企业品牌的一个组成部分。一个成功的产品，其设计密切围绕着品牌，而品牌的成功正是由这一个个产品积累而成的。

品牌危机的发生与产品质量息息相关，消费者在使用产品的过程中，与产品最相关的品质最容易引起消费者的敏感关注。产品问题往往有以下两种。

(1)材料型产品设计问题

材料是工业设计的物质基础，人类造物也有几百年的历史了，在这数百年的历史中，人们总是在不断地发现、发明新的材料，并用他们来创造我们周围的一切。对于一个好的产品而言，正确选择材料是品质的一个有力保证。有许多产品设计上没有太大问题，但会因选材不当而引起品牌危机。

2011年央视曝光了锦湖轮胎的生产过程，揭露了锦湖轮胎的原料掺假，以返炼胶代替原片胶，严重影响轮胎的质量，给采用其品牌轮胎的汽车带来了安全隐患。锦湖轮胎“质量门”事件由此爆发，品牌危机影响了整个厂家的销量。

BPA广泛应用于婴孩奶瓶和食品容器的制造。在给婴儿喂奶过程中，低剂量的BPA物质会在高温状态下从含有BPA的奶瓶材料中分解出来进入溶液中。美国卫生机构曾在2008年4月发布实验报告称，低剂量的BPA有致癌作用，高剂量的BPA与心血管病发病率有关。因此，欧盟宣布自2011年起在欧盟境内禁止使用含有化学物质双酚ABPA的婴儿奶瓶，澳大利亚也逐渐淘汰双酚A婴儿奶瓶，美国多个州亦禁止儿童食品容器使用双酚A。而国内的许多奶瓶品牌普遍普遍存在塑料(PC)奶瓶，而在PC材料中含有双酚A成分，这意味着国内许多奶瓶含有双酚A，其中爱得利、NUK、贝亲等知名品牌在奶瓶上标着“PC”，但没有双酚A提示，只写着“安全无毒”、“耐高温，可煮沸或蒸汽消毒”。这使得设计得再好的塑料奶瓶也会因材料问题顿陷品牌危机。

(2)使用型产品设计问题

产品的存在是为了服务消费者，与消费者之间的产品交互过程是产品在其使用状态中最受关注的。如果产品在使用过程中发生状况，损害消费者利益，甚至使消费者受到人身伤害，则会引起企业与消费者之间的纠纷。如果产品使用问题没有得到合理解决，没有给消费者一个满意合适的答案，事件则会慢慢演化为企业的品牌危机。

使用型产品设计问题中，很多产品正是在使用者使用人机交互中产生问题的，企业在设计最初往往忽略了人机交互的重要性。人机交互，本质上是指人与产品的交互，产品在使用过程中应使产品工作界面与人之间产生更好的互动性，达到人们方便、准确、高效地使用产品的目的。而一个好的人机交互能够有效减少产品在使用过程中所产生的问题，能使消费者更快地适应、使用产品，减少使用者在使用过程中的疲劳和伤害。

美国电影《发明之父》中的男主角罗伯特·艾克斯利曾是发明家,凭借其超强的电视推销能力和多项成功的产品发明,已然成为百万富翁和众多人心目中的偶像,创建了自己的企业和品牌。但是,罗伯特一项失败的健身器的发明却引发了一系列的可怕事故:让数以千计的消费者在健身器的使用中损伤了他们的手指。倒霉的罗伯特不得不在监狱里度过漫长的8年时间以偿还他无法弥补的过失,公司顷刻间化为虚无。这虽然只是一个比较典型夸张的电影情节,但是折射出现实生活中的情节,因为现实生活中的确也频频爆出产品在使用过程中发生问题而引发品牌危机的事件。

帅康是以生产厨卫家电系列产品为主的家电品牌,一直是国内厨卫品牌中的领头羊之一,却也因产品问题引发品牌危机。帅康煤气灶在使用过程中屡次发生玻璃面板爆炸事件,但因厂家没有做好积极的事件处理工作,使消费者的不满情绪猛涨,借助媒体的宣传与舆论,使"爆炸事件"慢慢演化为了帅康集团的一个品牌危机。

虽然当今消费者购买产品时,品牌附带的情感性利益很重要,但毋庸置疑它必须以产品功能质量为基础。没有优良的质量、性能作为根本,品牌只能是无源之水、无根之木,像空中楼阁一样虚幻,经不起推敲。质量危机必然引起诚信危机,让消费者对这些曾经信任的品牌重新审视,在消费者心目中形成的近乎"神话、坚不可摧"的品牌形象也会因其中一个产品出现问题而大打折扣。可见不管是什么企业,必须重视维护自己的品牌。

产品是企业品牌生存和延续的基本,而产品设计也因此站上了重要的地位。一个好的设计能够使产品更加符合企业研发的初衷,延续品牌理念,成为品牌的一分子,为品牌的生存和延续做出另一个层面的贡献。所以,对产品设计和研发的投入也是对企业发展的一种保障,更是一个品牌得以完善和加强的保证。优秀的企业会拥有一个优秀的设计研发团队或者设计服务链来保证其产品设计能够符合品牌理念并有利于品牌的发展,而一个优秀合格的设计团队更是企业减少因质量问题引发的品牌危机的有力保障。只有产品设计合格、优秀,满足消费者的使用需求,在使用过程中体现良好的人机及产品交互,产品才会减少出现问题的几率,降低品牌危机的发生率。

12.1.3 品牌危机的危害及应对措施

品牌是企业的无形资产,如果经营得好,它可以为企业创造超值利润。如果经营不好,品牌危机处理不当,消费者对企业品牌失去信任,品牌就会一文不值。对企业而言,危机每时每刻都有发生的可能,无论多么有名的企业,都不可能不遇到危机,而且危机作为一种公共事件,任何组织在危机中采取的行动,都会受到公众的审视。实践证明,一个组织如果在危机处理方面采取的措施失当,将使企业的品牌形象和企业信誉受到致命打击,甚至危及企业生存。

1. 品牌危机的危害

品牌危机可以造成品牌忠实度下降、销量减少、受到法律制裁甚至品牌从此消亡的危害。品牌危机主要有以下四类危害。

①突发性危害:突发性危机爆发的具体时间、实际规模、具体态势和影响深度,是始料未及的。论坛、新闻、网络工具都是品牌突发性危机传播的途径。

②蔓延性危害:进入信息时代后,企业危机的信息传播比危机本身的发展要快得多。媒体对危机来说,就像大火借了东风一样,而且一旦一个产品出现问题将会影响企业的其他产

品，一个品牌出现问题将会影响企业的其他子品牌。

③危害性危害：由于危机常具有“出其不意，攻其不备”的特点，不论什么性质和规模的危机，都必然不同程度地给企业造成破坏，造成混乱和恐慌，而且由于决策的时间以及信息有限，往往会导致决策失误，从而带来无可估量的损失。

④被动性危害：对企业来说，危机一旦爆发，其破坏性的能量就会被迅速释放，并呈快速蔓延之势，企业将会处于被动状态，如果不能及时控制，危机会急剧恶化，使企业遭受更大损失。

2. 重视品牌价值，树立品牌危机意识

世界各国每年都有大量产品问题发生，但是各个企业的处理方法不同，其结果也是大相径庭。有的安然无恙，市场份额不降反升，有的却从此销声匿迹。能否在类似问题发生时迅速摆脱危机，重新树立在消费者心目中的品牌形象，是企业必须学会的生存之道。在当今的信息时代，危机造成的负面影响在极短的时间内就能传遍世界，造成极为严重的后果。正确处理和预防品牌危机是企业应对品牌危机的正确态度。企业面临品牌危机需要自审，找出原因，积极应对，把被动换成主动，从危机中站起来。

品牌价值是品牌管理要素中最为核心的部分，也是品牌区别于同类竞争品牌的重要标志。品牌的规划和形成是企业增强竞争力、提高在市场中的地位和获利能力的一个重要方面。品牌可以将企业自己的产品和服务同竞争者的产品和服务区别开来，品牌能给产品带来超越其功能效用的附加价值。重视品牌价值是解决一切品牌危机的前提和基础，只有认识到位，才会珍惜品牌，才会重视品牌危机应对处理的重要性。

企业是由人组成的，它的发展离不开人，品牌的保护也离不开人，人是品牌的缔造者，也是品牌的终结者。没有危机意识就容易麻痹大意，很容易导致危机的发生。只有把危机意识强化在每一个员工的脑海中，特别是企业领导层中，才能把潜在的危机及时扼杀，避免危机的发生。

比尔·盖茨曾说过：“如果认为自己的企业已经是最好的时候，那么这个企业也就死到临头了。”他把这句话延伸到了管理他的企业和员工身上，“微软离破产永远只有 18 个月”，这句铁铮铮、响当当的语言使他的员工都充满了危机意识，“微软”也因此创造了一个又一个发展奇迹。

3. 建立品牌危机管理机制

一个企业如果没有完善的品牌危机管理机制，在危机处理方面采取的措施失当，将会使企业的品牌形象和企业信誉受到致命打击。品牌危机具有突发性、蔓延性、危害性、被动性等特征。当企业外部环境突变、品牌运营或营销管理失常时，由于品牌运营活动适应外部环境能力低下，以及品牌管理失误，往往会产生品牌危机。品牌危机使企业的形象严重受损，从而影响到消费者对企业及其产品的忠诚度和信任，直接威胁到企业的生存。然而成功的品牌危机管理，不仅能使品牌渡过危机，甚至还能进一步提升品牌的知名度，充分展示品牌对消费者的承诺，使品牌声誉更好。

①建立信息监测系统。信息是品牌危机防范的生命，以科学化、规范化和制度化为标准，建立完整的监测框架，及时、准确地收集相关信息是检测系统正常运作的基础。此外，建立品牌自检自诊制度，定期或不定期地从不同层面、不同角度进行检查、剖析和评价，第一时间发现薄弱环节，及时采取措施，减少乃至消除发生危机的诱因。

②组建品牌危机管理小组。组建一个由职位相对较高的企业中高层及专业人员组成的品牌危机管理小组，负责应对处理突发的品牌危机，使在品牌危机产生初期就得到有效及时的处理。

③制定危机预案。针对发生概率较高的危机，预先制定应对策略是完整的品牌危机预警系统的重要组成部分，它构成了企业品牌危机防范的第二道防线。只有尽可能地为各种可能发生的危机做好准备，制定各种危机预警方案，才能在危机发生时有条不紊、急中有序。

4. 遵循品牌危机的处理原则

当品牌危机发生时，经营者务必冷静面对，迅速反应，并遵循以下五个原则。

(1)及时处理原则

在危机处理中，速度通常是决定危机能否消除甚至转化为机遇的关键，对于危机认识不足或反应速度迟缓，各种猜测、传闻和谣言就会越来越多，结果必然使消费者对品牌的负面印象越来越深，不利联想越来越多，就有造成危机升级的可能。企业应迅速反应将危机扼杀在萌芽之中，避免危机扩散或升级。

日本雪印乳业公司是业界声誉卓著、信用可靠的一家公司。2000 年，其商品低脂牛奶发生饮用者食物中毒现象。事隔两天之后，雪印才公开承认有此事，事情过了快一个月，雪印才在报纸以整版广告的形式向公众致歉，并且由于问题的原因说明颠三倒四，公众认为其缺乏诚意。

日本雪印由于危机处理不够迅速，产品回收与信息公开太慢，应对措施不力，停工两周造成的直接损失就有 110 亿日元，导致雪印品牌受损严重。

(2)真诚沟通原则

为了有效防止品牌危机蔓延，企业需要开诚布公，与消费者真诚沟通。坦诚地公布危机事件的真实情况可以澄清事实、消除误解、制止谣言，还可以让公众看到企业处理危机、解决问题的诚意。

雀巢在中国咖啡生产领域几乎处于垄断地位，这个品牌其他的副产品，如小食品、奶粉、米粉等，也有一定的市场份额。但是由于其“奶粉门”事件使雀巢在中国吃了一次非常大的“亏”，这个“亏”不是来自于外界，而是由它的品牌危机处理态度不当造成的。

2005 年，浙江省工商局公布了该省市场儿童食品质量抽检报告，其中雀巢的奶粉含碘超标几十倍。身体中碘含量的缺乏会导致甲状腺肿大，但是很多人不知道碘服用过多，依然会导致甲状腺肿大。之后，马上就有一位妇女起诉雀巢，原因是她的儿子服用雀巢奶粉后导致甲状腺肿大。但雀巢公司坚持认为他们的配方没有问题，拒绝承认产品有问题。据新浪财经报道当年的调查显示，80.76%的网民将不会考虑购买雀巢奶粉。这一事件导致当时整个中国舆论都在抵制雀巢产品，雀巢中国公司的营销总监在谈到这次事件时承认，雀巢因此次事件直接损失达 5 亿元。本来一个可以迅速解决的事件，因处理态度不当演变成一个巨大的事件，造成了品牌危机。

(3)统一说法原则

在处理品牌危机的过程中，统一说法就是为了让大家明确什么话可以说，什么话不能讲，使品牌危机事件有一个清晰的外在状态，得到消费者理解，拉近消费者与企业之间的距离。对企业来讲最忌讳的是推卸责任，否认或者把责任归咎于事件的偶然性或他人身上等势必会使品牌危机火上加油，使消费者失去信心。

(4)遵循消费者原则

品牌之所以能够形成,消费者对企业品牌或者产品的信任功不可没,因此品牌危机的实质就是企业产品表现与消费者的利益产生重大矛盾。所以,处理品牌危机的一项重大原则就是遵循消费者的意愿,绝对不可与消费者作对。

(5)及时补偿原则

品牌真正的价值在消费者心中有其自身的衡量标准。如果消费者由于使用了本品牌的产品或服务而受到了伤害,品牌经营者就应该在第一时间向社会公众公开道歉以示诚意,并且给受害者相应的物质补偿。对于那些确实存在问题的产品应该不惜一切代价迅速收回,并立即改进品牌的产品或服务,以表明企业解决危机的决心。

12.2　设计管理的伦理基础与品牌信誉

12.2.1　设计伦理的基本问题

所谓伦理,就是指在处理人与人、人与社会、人与自然等相互关系时应遵循的道德和准则,是指一系列指导行为的观念,是从概念角度上对道德现象的哲学思考。它不仅包含着对人与人、人与社会和人与自然之间关系处理中的行为规范,而且也深刻地蕴涵着依照一定原则来规范行为的深刻道理。伦理也指做人的道理,包括人的情感、意志、人生观和价值观等方面。

设计伦理是指设计师在具体的设计事务中处理人与人、人与社会、人与自然相互关系时应遵循的道德和准则。设计的目的不仅仅为眼前的功能、形式、目的服务,更在于设计行为本身包含的形成社会体系的因素,即我们的设计应该在可持续发展的原则下,使产品与客观世界、产品与人之间的关系得到协调。

设计伦理要求设计中必须综合考虑人、环境、资源的因素,着眼于长远利益,发扬人性中的真善美,运用伦理学取得人、环境、资源的平衡和协同。

最早提出设计伦理性的是美国设计理论家维克多・巴巴纳克,他在20世纪60年代末出版了他最著名的著作《为真实世界的设计》。巴巴纳克明确地提出了设计的三个主要观点。

①设计应该为广大人民服务,而不是只为少数富裕国家服务,而且特别强调设计应该为第三世界人民服务。

②设计不但为健康人服务,同时还必须考虑为残疾人服务。

③设计应该认真地考虑地球的有限资源的使用问题,设计应该为保护居住的地球的有限资源服务。

从这些问题上来看,巴巴纳克的观点明确了设计的伦理在设计中的积极作用。

人类生活越来越依赖设计产品,设计对社会的影响也越来越大,设计伦理研究内涵的深入也是势在必行。因为设计伦理关注的范围比较广泛复杂,在结合应用伦理学的研究方法并参考一些其他行业伦理研究的基础上,针对设计伦理的自身特点,可以将设计伦理划分为两个层面的研究范畴,即“宏观”和“微观”两部分。

宏观设计伦理研究的对象是设计与社会之间的关系，考虑的是自然、人类整体和设计活动的秩序、制度等。微观设计伦理研究的对象是设计活动中的个人和组织。设计伦理研究“人”作为设计师、消费者和企业经营者等身份时，如何把握和履行道德责任，去做什么，如何做。

设计伦理学作为设计和造物的道德哲学，它的设计人本位思想和设计的可持续发展问题是产品设计值得参考的两大标准。

(1)设计人本思想

整个时代性发展的社会现实，如资源问题、环境问题、消费商业文化问题，乃至整个社会发展所呈现的“物化”现象等，促使设计走向了空虚。而对这种现状，设计需要更多的人文关怀，注重设计的伦理性思考，使设计有实际的思想引导。

就关注的对象而言，伦理学所关注的是“关系中的人”，而设计伦理反映的是设计过程与结果中人与人、人与社会及自然的关系。设计伦理关系不是通过法律或者规章制度来体现的，它有极为特殊的体现方式:设计产品。并且，只有通过人对产品的使用，设计伦理关系才能建立起来。没有投入使用的产品是没有任何意义的，它不构成设计伦理关系中的任何一环。设计伦理有着它的独特性，即设计的伦理是依赖产品的制造来表达的，是依赖产品的使用被感知的。

设计的本质在于以人为中心，努力通过设计活动来提高人类生活和工作质量，设计一个有利于可持续发展的社会和环境。设计“以人为本”的设计观，是设计学在导入、发展、成长、发展到成熟期以后出现的一种设计哲学。当社会经济水平达到一定程度时，消费者就会对设计物产生更高的要求，它包含了除实用价值之外的更多心理的、精神文化的需求。

设计是否遵循人本思想已成为评判设计优劣的重要指标。设计师在进行设计的时候，把人的生活习惯、心理趋向、人与自然、人与环境的关系作为创新设计的重要依据。设计只有以人为中心，为了物质与精神的全面享受，为了塑造高尚人格精神而倾心服务，设计才会有持续的发展动力。人性化设计的程度和目标是运动变化的，伦理学的讨论对象是人，是人的道德问题。但不管社会生产力如何变化，设计中人性化的思想本质是不变的，即设计要“以人为本”。

(2)设计的可持续发展

可持续发展的设计观就是指我们的设计应该既满足当代人的需求，又不危及后代人生存及其发展的环境。设计创作应寻求人工环境与自然环境的和谐、共存，设计不是对环境的剥夺和污染，而是促进同周围环境的协调，使人类赖以生存的环境能够持续地向健康的方向发展。

可持续发展设计的伦理观要求设计要关注环境，与环境相融合，形成一个共融的空间氛围。设计与环境，既包括设计与自然环境(气候、地形等)的相互影响作用，又包括设计与社会环境(文化、宗教、民族生活习惯等)的相互影响与作用。也就是我们所说的设计要正确处理自然生态与人文生态这两者之间的关系。在实现设计以“自然”为本的前提下，注重人文关怀的设计目的。可持续发展设计的伦理观要求设计更加注重人与人、人与设计物的交流和沟通。

在当代社会中，人们在物质的实用方面需要得到满足的同时，还十分关注精神层面的需求。力求实现人类的和谐共存、悠久长存，用可持续发展的眼光去重新审视设计与自然、设计与人、人与人之间的关系，体现着每一位设计师的道德与责任。设计伦理的提出是设计文化进步的标志。

12.2.2 合乎伦理的设计规范

设计是把一种计划、规划、设想通过视觉或物化的形式传达出来的活动过程。它作为一种差异化的资源被引入到企业中，对其本身来说，有效的管理可以产生高品质的设计作品。设计管理追求的是积极有效地调动设计师的创造性思维，把市场与消费者的认识转移到新产品中，以更合理、更科学的方式影响和改变人们的生活。设计管理的主要对象应该是人，通过对人的管理来实现设计部门的设计职能。只要抓住“人”这个关键要素，运用设计管理采取有效措施调动和激发设计师的工作积极性，就能更好地优化设计。

产品设计不仅是对一个产品的设计，也是对产品与人、产品与社会关系的设计，产品设计离不开社会与人，所以产品设计与设计规范有着十分密切的关联。实际设计中对设计原则、设计立场的选择，也是产品设计中的一个重要内容，尤其是对一个企业，确定设计原则和伦理观更是高于产品细节设计的准则。可是一直以来，有关设计规范，尤其是合乎伦理的规范却缺乏系统的研究和整理。

人为自然立法，其实人又何尝不在为自身立法？在一切可见的产品物质形态之外，都预设了它们的方法和规范。设计师通过自己设计的产品来体现自己的设计立场和设计规范，设计活动也就是在为生活立法。设计规范是建立在伦理基础上的，只有明白什么样的设计是合乎设计伦理的，什么样的设计是有利于产品存在的，什么样的设计是有利于社会、环境和人类的和谐共处的，只有在这样的原则立场上设计的产品才是好的产品。

但是企业生产产品的最终目的是盈利，许多企业会因为盈利而蒙蔽自己的双眼，设计生产出一些违背设计伦理的产品。所以设计需要遵循以下两类合乎设计伦理的设计规范。

1. 自然设计规范

设计与自然有着不可分割的关系，因为设计是人类行为，人类需要设计改善自身生存条件，这意味着设计需要遵从本地化、节约化、自然化、进化式、人人参与和天人合一等原则，强调减量化、再利用和再循环。

在自然生态设计伦理观下设计的产品，必须站在有利于环境资源的概念上。产品设计要在产品开发的每一个基础环节上考虑对环境的影响，最终引导并产生一个更具有可持续性发展的生存和消费系统体系。因此产品设计必须遵循一些设计规范：设计对人和自然环境的伤害最小化；产品的材料含量最小化；产品的回收率高；零部件的再制造利用率高；拆了能进行的逐级循环率高；用户或消费者能够接受并能够实现交换的产品。

这些准则虽然受到社会乃至企业的广泛认可，但在实际生产和销售中却有可能对企业的利润在短时间内产生影响。遵循自然的产品在长远的企业品牌经营策略中有着明显的成效和优势，有利于自然的产品最终会被消费者和社会接纳，并具有良好的市场、品牌前景。

但是在短时期内，企业会认为这些设计准则较为苛刻，或者不利于在短时间谋取暴利。而有的厂家则太过关注实现消费者需求的产品的基本属性，却忽略了产品的环境属性，较少考虑产品使用阶段的使用成本、维修成本，忽略产品生命结束后的处理成本。所以产品必须考虑报废后的回收问题，能否合理回收、再生和再利用，尽量降低废弃产品对环境的影响，这样才能最大限度地提高资源的循环利用程度。

随着商品经济的发展，商家的关注点从“做产品”慢慢倾向于“卖产品”，产品包装的程度因与产品销售相关联而被商家额外重视，近些年的过度包装问题就成为了社会的热点之一。

过度包装是指包装的耗材过多、分量过重、体积过大、成本过高、装潢过于华丽、说词过于溢美等。过度包装主要有以下三种类型。

①结构过度：商品包装增加包装层数，在内包装和外包装间增加中包装，外观漂亮却名不副实。商品包装体积过大，实际产品很小，喧宾夺主。采用过厚的衬垫材料，保护功能过剩等。例如，过度包装的产品礼盒(如图 12-3 所示)。

②材料过度：包装材料过度，使用不必要的材料，或者盲目采用上好的包装原材料，增加包装成本。例如，在月饼的包装中，很多采用实木、金属制品，大大增加了包装成本。

③装潢过度：商品中附加几倍甚至几十倍的商品价值的礼品，提升商品价格。例如，咖啡礼盒中添加咖啡杯、卖酒的礼盒中添加装饰摆件等。

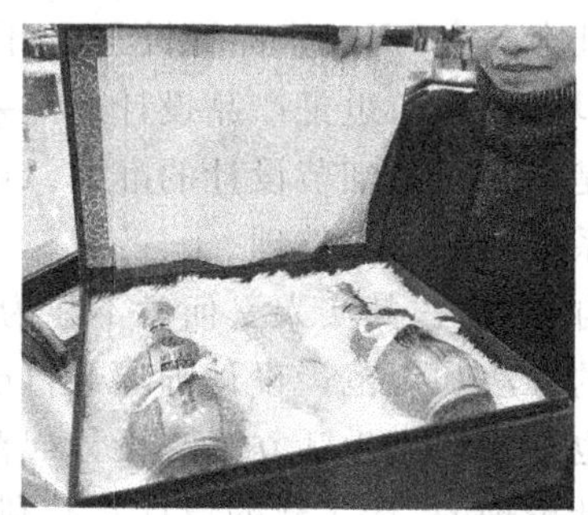

图 12-3　过度包装的产品礼盒

设计师在企业许多领域都起着重要作用，在制造过程与消费者、技术和市场之间起到了连接的作用，设计作为整个大过程的一部分，可以说是十分关键的。所以，设计师对产品的自然影响具有重要的责任和义务。

2. 人文设计规范

设计中的人文关怀是设计伦理的又一个核心问题，它是设计伦理思想的直接反映，是设计实现道德教化的途径。现代设计人文关怀的内涵在设计的发展过程中日益丰富，产品的设计过程需要清晰地反映出现代设计伦理的准则，需要满足生活，需要遵循人与社会、人与自然的和谐发展，但是比这些更重要的是产品背后的人文关怀，而产品如何建立在人文关怀伦理道德基础上，更值得思考。

“人文”是一个内涵极其丰富而又很难确切指陈的概念。虽然人文主义的内涵随着时代的发展不断变化，但无论如何它都是一个有关社会伦理、人性需求的概念，它既包含了对个人的关注，也包含了对个人生活环境中的各种关系的关注。

设计中的人文关怀从个人的角度说，关注的是从低层次的生理需要到高层次的情感与道德需要，不仅满足生活实用的需求，也以美的形式陶冶人的情感，更能构建一种积极、乐观、健康的生活态度和生活方式。这样的设计使人的行为符合道德规范和原则，以维系和调节各种关系的平衡发展。

设计中的人文关怀最直接的体现就是对人类需求的满足，这也是现代设计自诞生以来从未改变过的主题。功能主义曾经是一种无可替代的设计手段，它为世界提供了丰富的物质基础，满足了人类生活的基本需求。美国心理学家马斯洛(A. H. Maslow)把人的基本需要划分为五个层次，即生理的、安全的、情感的、尊重的和自我实现的需要。产品设计正是满足了这五个层层递进的层次。

越来越多的设计师开始考虑消费者对产品的情感需求。Droog 是荷兰的一家设计工作室。Droog Design 以一系列概念化的家具、生活用品设计冲击着当时精致奢侈和华丽夺目的流行风格，成为 20 世纪 90 年代以来最具革命精神的一个设计组织，并让荷兰在世界设计版图上占据了重要的地位。而"人文设计"正是 Droog 取胜的原因，Droog 通过接触和移动与产品进行独特的交互，从而激发对产品设计的进一步探索与思考。

Droog 设计的一款滚珠长椅（凳）（如图 12-4 所示）的椅面上铺满了透明的玻璃珠。人与人之间的距离可以通过移动圆椅面，随意调整。当圆椅面移动时，玻璃珠随着你的位置滚动、碰撞。当朋友移向你时，玻璃珠滚动的噪声也能成为一种情调，拉开情感交流的帷幕。这款椅子对于讲究功能的人而言，显得复杂且没有必要，但它改变了长期以来长椅给人们的僵化、冷漠的感受。这种将生活复杂化的设计承载着心灵交流的温馨和乐趣。坐在这张长椅子上，可以借力下面的弹珠滑向坐在旁边的人，不愧为是一种亲近身边人的特别方式。

图 12-4　滚珠长椅（凳）

12.2.3　设计伦理与品牌信誉

品牌信誉是社会公众及消费者对一个品牌信任度的认知和评价，其实质来源于产品信誉。品牌信誉的建立需要企业各方面的共同努力，它贯穿于整个品牌经营活动中，包含了丰富的内容，即质量信誉、服务信誉、合同信誉、包装信誉、售后信誉、首选信誉等。品牌信誉是维护顾客品牌忠诚度的前提，也是品牌维持其魅力的法宝。

先有产品，才有品牌，每个品牌必定有一个产品，但不是所有的产品都能成为品牌。如果这个产品与消费者没有更强劲的关系，那它就只是一个产品，而不会变成一个品牌。品牌的建立是长期的持续性投资的结果，品牌价值的提高可借助品牌形象的强化来实现。优秀的品牌创造生活文化，提供崭新时尚的生活方式的典范或暗示，改变着人们的生活方式和观念。人们需要的是对商品设立的信任感。

虽然品牌收益是企业的主要目标，但是收益也分长远收益和短期收益。企业的短期收益只是商品的短时间销量、短时间盈利，由于这种收益直接，可以预期，可控性强，而且回报周期较短，所以企业经营者很容易只看见短期收益，把短期收益作为经营品牌的首选目标。企业的长期收益是对品牌的经营，是一个长期的运营，它不是一个产品带来的回报，而是产品与用户交互，得到好的口碑，形成品牌口碑，赢得用户的喜爱和品牌忠诚度，带来更大的利益回报。

品牌是抽象的，是消费者对产品的一切认知和评价。企业品牌的信誉是指消费者认为产品是否值得信赖，是否会再次购买和使用，是否会众里挑一，是否与自己的价值观产生共鸣。随着现代教育的普及和深入，一个具有正确立场和价值观的消费者，会正确判断一个产品是否违背设计伦理，是否与自己的价值观背道而驰。如果一个产品与消费者的价值观产生共鸣，意味着消费者认可该产品及其背后的品牌，这也逐渐形成品牌信誉。

20 世纪初，“有计划的废止制度”是典型的美国市场竞争的产物。“有计划的废止制度”是通用汽车公司总裁斯隆和设计师厄尔在通用汽车公司共同提出的，创造了汽车设计的新模式。在设计新的汽车式样的时候，必须有计划地考虑以后几年之间更换部分设计，使汽车的式样最少每两年有一次小的变化，每 3～4 年有一次大的变化，造成有计划的式样老化过程，称为有“计划的废止制度”。

“有计划的废止制度”是一种通过不断改变设计式样造成消费者心理老化的过程，其目的是促进消费者追逐新的式样潮流，而放弃旧式样，改换新式样的积极市场促销方式。这种设计的目的没有首先考虑是否有利于社会，或者是使人们的生活水平得到改善，而是把能否促进商业销售作为根本原则。

“有计划的废止制度”只是单纯地强调样式改变，也造成了美国汽车设计从 20 世纪 30 年代以来一直重外形而轻视汽车功能的问题。美国汽车外形变化造成每 3～4 年就需要重新购买。这样做虽然促进了销售，但是却没有改善汽车性能，因而在 1972 年前后的能源危机中轻而易举地被日本车打倒。

一个品牌的成长是需要付出心血和努力的，作为企业必须对自己的品牌负责，不能为了利益而泯灭了良心。就如曾一度盛行的“过度包装”、“豪华包装”，只问视觉形式，不重实际功效，只注重经济作用，不考虑社会的文化指向和伦理指向，是不负责任的设计行为。

“无印良品(MUJI)”创始于日本，其本意是“没有商标与优质”。虽然极力淡化品牌意识，但它遵循统一设计理念所生产出来的产品无不诠释着“无印良品”的品牌形象，它所倡导的自然、简约、质朴的生活方式也大受品位人士推崇。为了环保和消费者健康，无印良品规定许多材料不得使用，如 PVC、特氟隆、甜菊、山梨酸等。在包装上，其样式也多采用透明和半透明，尽量从简。由于对环保再生材料的重视和将包装简化到最基本状态，无印良品也赢得了环境保护主义者的拥护。

与其说无印良品是一个品牌，不如说它是一种生活的哲学。它不强调所谓的流行，而是以平实的价格还原了商品价值的真实意义，并在似有若无的设计中，将产品升华至文化层面。如今，无印良品的产品种类已达到 6000 种左右，国际著名的财经杂志《福布斯》也曾经将它评为全球最佳中型企业。

设计师是产品的设计者，也是维系品牌的重要角色，所以设计师需要有自己的价值观，有自己的设计思想，有自己的坚定信念。产品设计师应正确认识设计伦理对品牌和产品设计的重要性，并在设计时对设计、人类、环境和自然进行思考，敢于表达个人鲜明的观点和见解，用自己坚定的设计立场和伦理立场为企业设计产品，为企业赢得品牌信誉，实现历史赋予设计师的时代使命。

【思考题】

1. 分析国内乳制品行业的行业信任危机，分析乳制品行业扭转品牌危机的方式。

2. 举例三种以上“不当竞争”的案例，分析不当竞争给企业带来的不利影响。

3. 从设计管理的伦理角度分析政府和媒体应担当的职责。

4. 结合近期关于品牌危机的新闻，分析品牌危机发生的直接原因和间接原因，并分析其性质。

5. 结合书中的品牌危机应对方式，对近期出现的品牌危机进行模拟应对，写出应对策略。

6. 从设计者的角度分析你对设计伦理的思考，分析设计过程中应该坚持的原则。

参考文献

阿尔文·C.伯恩斯,罗纳德·F.布什著.营销调研:网络调研的应用[M].梅清豪等译.北京:中国人民大学出版社,2007.

陈国强编著.产品设计程序与方法[M].北京:机械工业出版社,2011.

菲利普·科特勒,凯文·莱恩著.营销管理[M].王永贵等译.上海:上海人民出版社,2008.

弗里曼.战略管理:利害关系者论[M].北京:中国人民大学出版社,1984.

管理资源吧,www.zygl8.com.

汉兹著.设计管理的可视化与价值[M].董红羽译.北京:中国建筑工业出版社,2012.

江杉主编.产品改良设计[M].北京:北京理工大学出版社,2009.

凯瑟琳·贝斯特著.设计管理基础[M].花景勇译.长沙:湖南大学出版社,2012.

刘常宝,肖永添主编.品牌管理[M].北京:机械工业出版社,2011.

刘瑛,徐阳著.CIS企业形象设计[M].武汉:湖北美术出版社,2009.

吕瑛主编.品牌管理[M].北京:北京邮电大学出版社,2011.

墨柔塔著.设计管理[M].范乐明等译.北京:北京理工大学出版社,2011.

庞守林编著.品牌管理[M].北京:清华大学出版社,2011.

邱斌.中外市场营销经典案例[M].南京:南京大学出版社,2011.

曲丽主编.市场营销学[M].北京:清华大学出版社,2009.

申光龙.论整合营销传播[J].国际经贸研究,1998(3).

舒咏平,郑伶俐著.品牌传播与管理[M].北京:首都经济贸易大学出版社,2008.

唐·舒尔茨,海蒂·舒尔茨著.整合营销传播[M].何西军等译.北京:中国财政经济出版社,2005.

杨晶,张建军编著.市场分析[M].广州:暨南大学出版社,2004.